人と文化の探究①

バーナード・リーチの生涯と芸術

「東と西の結婚」のヴィジョン

鈴木禎宏著

ミネルヴァ書房

I　バーナード・リーチ《楽焼走兎図大皿》
1919年，日本民藝館所蔵

II　バーナード・リーチ《ガレナ釉筒描人魚文大皿》
1925年，大原美術館所蔵

Ⅲ　バーナード・リーチ《鉄絵魚文壺 Vase “Leaping Salmon”》
1931年，York Museums Trust（York Art Gallery）

Ⅳ　バーナード・リーチ《鉄絵組合せ陶板「生命の樹」》
1928年頃，京都国立近代美術館所蔵

はじめに

I have seen a vision of the Marriage of East and West, and far off down the Halls of Time I heard the echo of a childlike voice. How long? How long?

（私は東と西の結婚のまぼろしを見た。そして、はるかな時の会堂の先に、子供のような声のこだまを聞いた。どの位？どの位長く？）(1)

これは二十世紀のイギリスを代表する陶芸家の一人、バーナード・リーチ Bernard Howell Leach（一八八七〜一九七九）が著した自伝『東と西を超えて』*Beyond East and West*（一九七八年）の最終頁に記されている言葉である。リーチが九十年をこえる己の生涯を締めくくるために選んだ言葉は、このようなものだった。

この引用の中の "the Marriage of East and West" という言葉や、『東と西を超えて』という自伝のタイトルには、リーチが生涯を通じて抱いていた問題意識が端的に現れている。二十世紀になると交通手段・通信手段の発達や市場のグローバル化などにより、世界はその一体性をますます深めていったが、それに伴って芸術のあり方も変容を余儀なくされた。彼は自伝の別の場所で、「近代芸術はどうしても折衷的にならざるをえない。人間の物語が展開してゆく途中で、突然われわれはすべての歴史や地理の後継者となった」と述べ、近代という時代における芸術や文化のあり方についての認識を示している。(2) こうした時代の推移に伴い、二十世紀の作家は自分の出自とは直接には関係のない地域や時代に、インスピレーションの源泉を容易に求めることができるようになった。

リーチはこのような時代の到来を前向きに受けとめた陶芸家である。先にみた「結婚」という言葉が示すとおり、彼は様々な地域・時代の文化が混合していくことを肯定する。彼の考察はさらに、そうした行為がもたらす結果にまで及び、「結婚」の結果としてできた芸術作品・工芸品の善し悪しを判断するための基準について、主として陶芸（ないし工芸）の分野で考察した。そして、それを己の作品や著作、講演活動、テレビやラジオ番組への出演という形で世に問うていった。

こうした観点にたつとき、冒頭の引用はリーチが己の生涯を総括した言葉として今日十分考察に値すると思われるのだが、ここでさらに興味深い事実がある。それは、冒頭の引用はリーチが自伝のために書き下ろした文章ではないという点である。彼が初めてこの文章を物したのは一九二〇年、日本でのことだった(3)。そして、一九〇九年以来滞在していた東アジアを去り、イギリスに帰国しようとしていた。よって、冒頭に引用した言葉一つ一つの背景には、実は十一年におよぶ彼の東アジア体験がある。そして一九二〇年に書かれた文章が、一九七八年に出版された自伝の最後尾に一字一句訂正されることなく引用されているという事実は、彼がその生涯を通じて目指すべき方向性が一九二〇年という時点ですでに定まっていたことを窺わせる。言うなれば、日本・中国・朝鮮で過ごした十一年間がその後のリーチの人生を決定づけたのであり、冒頭の引用に出てくる「東と西の結婚」は、その後の約六十年間の彼の活動を考える上で重要なテーマなのである。この言葉は、リーチの作品を支える理念ないし美学であると同時に、その生涯を支えた信念ないし渇望のようなものであった。彼の創作活動や啓蒙活動、そして彼の一生涯はこの言葉への理解なしには語れない。

バーナード・リーチという人物の持つ特徴は、彼が生涯にわたって複数の文化間で往復運動を続けつつ、文化と文化の混合に積極的な意味を見出した点にあり、かつ彼自身が作品を通じてそれを実践したことにある。本書は、この「東と西の結婚」という言葉に着目し、リーチの生涯と作品を包括的に論じる試みである。

ここで、リーチ研究の現状について簡単に触れたい。バーナード・リーチは一九七九（昭和五十四）年、今から二十七年前に死去した。よって、リーチと親交のあった人物は今なお生存しており、これまでのリーチ論には思い出話としての性格の強いものが少なくない。しかし、これら生前のリーチを知る人々も徐々に鬼籍に入りつつあり、彼らの残したリーチとの交友の記録もまた研究の対象となりつつある。実際のところ、学術的なリーチ研究は、作家論においても作品論においても、この十年ほどの間に本格化してきた観がある。イギリスでは、リーチの生前からキャロル・ホグベン、J・P・ホダン、ジョージ・ウィングフィールド・ディグビィ、ミュリエル・ローズらによって優れた作家論・作品論がなされてきたが[4]、これらを引き継ぐ次世代の研究が出てきたのが、最近五年ないし十年のことである。例として、まず陶芸家エドモンド・ドゥ・ワールによるリーチの評伝（一九九六年）がある[5]。著者はイギリスのデザイン史学会にも論文を投稿している批評家であり、また陶芸家である。ドゥ・ワールによるリーチの評伝は、やや正確さに欠ける点もあるが、一種の批評として興味深い。これとは別に、美術史家ターニャ・ハロッドは、リーチが主導したスタジオ・クラフトという運動に注目し、二十世紀のイギリス工芸史においてリーチが果たした役割を考察している[6]。

一方日本では、リーチに関する基本文献として、式場隆三郎の『バーナード・リーチ』がある[7]。この書には、一九三四年までのリーチの伝記および書誌が式場の手で付され、また日本の友人達がリーチについて書いた文章が収録されている。ここにはイギリスの文献には必ずしも現れない貴重な情報も含まれており、日本とイギリスを含めてリーチ研究の基本文献と言える。より学術的な性格をもつリーチ研究としては、水尾比呂志や乾由明のものがある。水尾はリーチの日本での秘書を務めたという経歴をもち、リーチの著作の翻訳をするとともに、リーチを民芸運動の文脈で位置づける重要な基礎研究を行っている[8]。さらに、研究書ではないが、晩年のリーチに関する資料として、棚橋隆の『魂の壺　セント・アイヴスのバーナード・リーチ』がある[9]。この本には、制作活動から引退した晩年のリーチを、著者が九回訪れた時の対話が収録されている。記述のあり方には少し問題もあるが、貴重な資料には違いない。しかし、これらの先行研究や資料にもかかわらず、日本ではリーチに関する包括的な伝記研究や作品研究はまだ著されていないことは指摘せねばならない。

こうした中、ヴィクトリア・アンド・アルバート美術館陶芸部門のオリヴァー・ワトソンは、『東と西の架け橋セント・アイヴス』展（世田谷美術館、一九八九年）と『バーナード・リーチ』展（一九九七年）という二つの展覧会に関わり、結果的に日本とイギリス双方におけるリーチ研究をリンクさせる働きをしている。特に、一九九七年にイギリスのクラフツ・カウンシルと日本の小田急美術館などを巡回した回顧展においては、リーチの絵画作品と陶芸作品とが総合的に論じられ、この点で意義深いものであった。[10]

しかし、イギリスにおいても日本においても、これまでになされたリーチ研究は、彼が二十世紀のイギリス工芸史（陶芸史）において果たした役割を考察するものや、リーチと日本の民芸運動の関わりを論じたものが主流であり、異文化の狭間を生きたという彼の生涯に注目したものはあまりない。また、「東と西の結婚」という言葉も、有名なわりに論じられることがない。作品展のたびにこの言葉は紹介されるが、しかし筆者の知る限り、正面からこの言葉を論じた本格的な研究はないようだ。それどころか、リーチを論じる際にはむしろ「東と西の結婚」が示す方向とは逆向きの力が働きがちなようである。それは、詳しくは後述するが、「東」と「西」の間で揺れ動くリーチを、そのどちらか一方の枠組み内に固定しようとする力である。また、研究書以外でも、一般にリーチへの理解は低い。例えば、彼が一度陶芸を捨てた人間であることは、ほとんど知られていない。

こうした現状を鑑みると、「東と西の結婚」というリーチの主張を考えるためには、まずは彼の伝記についての基礎研究が必要であるが、これに関連してリーチの自伝『東と西を超えて』についてここで一言しておきたい。この書は視力を失った晩年のリーチが著したものであるが、その実態は、彼の日記、書簡、及び彼が折に触れて発表してきた記事を編集し、それらの合間合間を口述筆記による新たな文章によって繋ぎ合わせたものである。ここに日記などの資料が収録されているのは貴重だが、しかしそれ以外では記述に不正確な点も多い。また、口述筆記のため、あるエピソードの途中に別のエピソードが混入している箇所もある。さらに、この書の巻末に付せられた年譜は、本文の内容に従ってリーチの助手が編んだものだが、もともと本文に誤りがあるため、一部の項目に怪しい箇所もある。もちろん、これらの欠点を捉えてリーチやその助手を非難することはできない。ところが、この自伝が出版された後、人名辞典や一般書の中にはこの年表を典拠としてリーチを論じるものも現れ、不幸なことに、リーチに関して一部誤った情報が世に広まった。一般論として、ある作家が自伝を残している場合は、その自伝の内容を吟味するところから研究が始まるはずであるが、リーチ研究においてはその作業がまだ十分とは言えない。

このような事情から、本書ではバーナード・リーチにおける「東と西の結婚」という理念の形成とその実践を論じるにあたり、できるだけ実証的に彼の伝記的事実を確認するところから研究を始めたい。そのためには、リーチの著作を丹念に読むことがもちろん基本となる。リーチには刊行されている著作が十一冊ある。雑誌に掲載されたものとなると見当がつかない。現在のリーチ研究の水準では、イギリスと日本の双方にまたがるこれらの資料を地道に集めるところから研究を始めなければならない。『バーナード・リーチ全集』など存在しないのだ。また、リーチと交友のあった人物と会い、できるだけ聞き取り調査を行ってその声を記録しておくことも重要であろう(なお、リーチの書簡や手帳はイギリスの Crafts Study Centre に所蔵されているが、筆者は閲覧の機会を得なかった)[11]。

ところで、先に言及した既存の研究の多くは、日本とイギリスそれぞれの工芸史においてリーチを位置づけるものとして意義があるが、ただしその一方で、リーチの活動には「日本史」「イギリス文化史」「工芸史」等の枠組みでは必ずしも論じ尽くせない広がりがあるのも、また確かである。それと言うのも、リーチは生涯にわたり、文化、宗教、芸術制度など、さまざまな枠組みの境界線上を歩んだ人物だからである。例えば、彼はもともとカトリックの信者であったが、やがて日本の禅や中国の儒教・道教に興味をもち、最終的にはバハイ教に帰依した。これは世界の諸文化の平和的な調和・共存を説く宗教であり、リーチはバハイ教の布教活動にも積極的に参加していた。当然、こうした精神遍歴は彼の作品とも無関係ではないはずだが、しかしこのような観点からのリーチの作品研究はまだなされていない。さらに言えば、イギリスの研究者は日本でのリーチの活動や評価について必ずしも知らない。また逆に、日本の研究者は民芸運動の協力者としてのリーチは知っていても、イギリスにおいて「スタジオ・ポタリーの父」と呼ばれ、「リーチ派」と呼ばれる一群の陶芸家を育てる一方、様々な著作を著した知識人＝芸術家としてのリーチについては必ずしも知らない。

ここには、実は根深い問題が潜んでいる。イギリス文化史の中でリーチを捉えること、及び日本文化史の中でリーチを捉えること、これらにはそれぞれ意義がある。それどころか、「イギリス」「日本」「文化史（美術・工芸史）」等々の枠組みが存在しなければ、そもそも「位置づける」という行為が成立しない。しかしその一方で、このようにある枠組みの中で事象を位置づけるという行為には、ある種の政治性が伴うことも忘れるべきではないだろう。イギリスにおいてリーチは二十世紀を代表する陶芸家の一人という評価を得ており、当然のことながら、イギリス文化史の中でリーチを捉えようとする力が働く。例えば、ロンドンのヴィクトリア・アンド・アルバート美術館の展示室の一角で、リーチとその弟子達による一連の作品群は、他のヨーロッパの陶磁器群と比較するとあまりに異質な光彩を放っている。しかし、一見ヨーロッパの伝統と断絶があるように見えても、そして、リーチの作品の中に日本で制作されたものが含まれていても、彼の作品は依然としてイギリスの歴史の中に位置づけられる。これに対し日本においては、リーチといえば日本文化を理解・摂取することによって優れた作品を残した陶芸家として知られており、リーチを「親日家」「日本文化を学んで世界的に有名になった人」という「型」に押し込めるようなマスコミの報道や本の記述からは、時として日本文化が優秀であることを間接的に称揚しているかのような感すら受ける。イギリスにおいても日本においても、リーチは歴史上重要な存在と見なされているが、その評価のあり方は両国の間で一致しないのである。

しかし、バーナード・リーチという人物の生涯と作品がもつ独自性と面白さとは、こうしたナショナリズムやオリエンタリズムを正面から否定することなく、それらを乗り越えるような指向性と運動性をもっていた点にあるのではないだろうか。リーチが「東と西の結婚」という思想を持つに至った背景には、彼自身の経歴が関係している。彼は香港に生まれて、シンガポールや日本で幼年時代を過ごし、イギリス本国で教育を受け、そして二十代から三十代にかけての約十年間を東アジアで過ごした。日本で陶芸家になる決心をした彼は、本国に戻ると窯を築いてヨーロッパ陶磁器の研究に取り組んだ。このように、彼自身が様々な文化を幼少時から経験していたことが、文化の接触という問題への関心に繋がった。また、美術学校で「純粋美術」を学んだ彼が、陶芸という工芸へと転向したことも、さらに、禅や中国思想への関心を経てバハイ教に入信したことも、この問題と無関係ではなかった。たしかに、リーチは諸文化を渡り歩いたエグザイル（放浪者）かもしれない。また当然のことながら、リーチは今日批判されているナショナリズム、文化帝国主義等の枠組みを所与のものとして、その枠組みの中に生きた。しかし、彼はそうした自分の運命に対して前向きであったし、「東と西の結婚」という言葉は彼にとって机上の空論ではなかった。リーチにとって、「東洋」と「西洋」の関わりは己のアイデンティティに関わる問題であり、そうした問題意識は彼の創作活動にも色濃く反映されている。彼は東アジアの芸術・文化を学び、それらの一部が自分の作品の中で、イギリス的（ないしヨーロッパ的）な文化と混合することを望んだが、性質の異なる諸文化を混ぜることは、もしやり方を間違えないならば、より広い世界に通用する文化を生み出すことにつながると信じていた。この意味で、リーチには「文化」という、本質的に保守的な枠組みに挑戦した一面がある。学問という制度ではなく、バーナード・リーチ本人に即して考えるならば、彼の生涯と主張、およびその作品には、先に指摘したようなナショナリズムやオリエンタリズムを批判する言説では必ずしも捉えられない方向性や力が働いているように思われる。

本書の目的は、リーチの生涯と作品を、彼の言う「東と西の結婚」という言葉から問い直すことである。これはすなわち、「東と西の結婚」という観点からリーチの伝記研究と作家論と作品論の三つを試みることである。また逆に、本論における伝記研究、作家論、作品論は「東と西の結婚」という言葉によって一つに統合されることになる。既に述べたように、これはリーチの生涯を貫く主要なテーマであるが、こうした観点からのリーチ研究はまだ十分になされていない上、もともとリーチの基礎研究もまだ不十分であるゆえ、この試みは日本におけるリーチ研究を一歩前進させるものとなるであろう。

以下、「東と西の結婚」という言葉のもとにリーチ研究を行うにあたり、本書では美術史という枠組みを主軸に据えつつも、比較文化論的アプローチを取り入れることで、リーチのもつ多様な側面をなるべく視野に入れるよう努めたい。一般的に言って、見る観点の違いによっては同じ事実が異なった意味を担いうる。本書でこれから論じるのはバーナード・リーチという、文化の狭間で精神的な格闘をした人物であり、かつ彼が複数の文化を経験する過程で形成した思想と作品である。それゆえ、リーチの思想や事跡を、それらを包み込む複数のコンテクストに戻して考察するという、比較文化論的な視座が適当であろう。また、このような視点を持つとき、「日本とイギリス」とか「芸術家 artist と職人 artisan（工芸家 craftsman）」とかといった当時の枠組みの中で、リーチが何を問題とし、何を目指していたのかを、リーチ本人に即して理解することが可能となる。もちろん、「美術史」や「比較文化論」と言えど学問的な枠組みには違いなく、そのような枠組みの中でリーチを位置づけることには、先にみた通り、ある種のイデオロギーが伴わざるを得ない。本書において美術史という時系列の枠組みを縦軸に据えつつも、比較文化論的アプローチという共時的な観点を横軸として取り入れるのは、そうした問題点を十分に意識した上で、リーチという存在がもっていた運動性を、学問という制度によってなるべく損ねることなく、言葉によってすくい取るためである。

リーチの生涯と芸術を論じていくにあたり、本書ではそれらの広がりを便宜的に「日本」と「イギリス」という二者を焦点とする楕円のモデルを用いて考察することになる。「東と西の結婚」における「東」と「西」は、広義ではそれぞれ東アジア（日本、中国、朝鮮）と西ヨーロッパを、狭義では日本とイギリスを意味する。もちろん既に見たように、リーチの人生は「日本文化」と「イギリス文化」という二つの観点だけで割り切れる訳ではない。また、ここでいう「日本文化」「イギリス文化」とは、「リーチが日本的（ないしイギリス的）な文化として認定したもの」のことであり、リーチが「日本的」「イギリス的」として認定しなかった日本やイギリスの事物ももちろん存在する。また、ここで「イギリス」と呼ぶのは「グレート・ブリテン及び北部アイルランド連合王国」のことであるが、この国家の内部にも様々な文化が重層的に堆積しており、決して一枚岩のような存在ではない。同様のことは日本についても言える。しかし、リーチの生涯からみた場合、これら二つの国は彼にとってそれぞれ「西洋」と「東洋」への入り口ないし足がかりであり、リーチはこの二つの観点から世界の諸文化を考察し、理解し、さらにそこで得られた理解をもとに新たな表現を模索した。それゆえ、制約の中で充実した議論を行うためには、日本とイギリスという二つの国を焦点として設定し、この二者が相対的におりなす繫がりと広がりのもとで、リーチの生涯と芸術を考察することが有効であろう。

さらに、こうした営みはいわば地理的、ないし水平的な広がりをもっていたわけだが、その一方でリーチは「東」と「西」を超えるような次元、すなわち垂直方向への志向性をもっていたこともここで指摘しておきたい。このことは、『東と西を超えて』という彼の自伝のタイトルにも現れている。こうした、「東洋」と「西洋」という二元が一元に止揚するような次元の追求はリーチの場合、その宗教遍歴へと反映された。幼少時より複数の家庭、複数の国と地域、複数の文化を体験し、その中で自己のアイデンティティを形成しなければならなかったリーチには、この「普遍」への渇望がその生涯を通じて認められる。それこそ、彼の人生の意味にかかわるものであった。


本書は三つの部分から成り立っている。まず第Ⅰ部では、リーチの「東と西の結婚」という思想が形成される過程について論じる。第一章では、生誕から一九〇九年に来日するまでのリーチについて論じ、なぜ彼が日本に赴くことになったのか、日本に何を求めていたかを探ることで、彼の生涯を論じるための視座を検討したい。そして第二章から第四章においては、一九〇九年から一九二〇年までのリーチの東アジア体験を、時間の経過に従って論じる。ここでは彼の交友関係や異文化体験に注目し、彼が「東と西の結婚」を構想するに至った背景を探る。これら第一章から第四章まで伝記研究を行った後、第五章においては第Ⅰ部及び作家論のまとめとして、「東と西の結婚」という思想の具体的形成過程とその内容について論じる。

これに対し第Ⅱ部では、「東と西の結婚」という思想が一九二〇年以降、具体的にどのように実践されていったかを論じる。これはすなわちイギリス帰国後のリーチの活動を跡づけることになる。第六章から第八章においては、彼が設立したリーチ・ポタリーを中心に、一九二〇年から晩年に至るまでの彼の活動を追う。そして第九章では、リーチにおける制作の実践的方法論と理念を論じ、リーチ・ポタリーという一つの実験がリーチ本人にとって何を意味したかを考える。ここでは、リーチの友人柳宗悦が論じた、個人作家と職人という区分、及び制作における

「自力道」と「他力道」という考えをリーチがどのように理解したか、さらには日本の民芸運動がリーチに何をもたらしたかが問題となる。この議論によって第Ⅰ部と第Ⅱ部の伝記研究及び作家論は、次の第Ⅲ部へと繫がることになる。

最後の第Ⅲ部では、リーチの作品を、「東と西の結婚」という彼の制作理念の下に考察する。これは、これまで個別の作品があまり論じられることのなかったリーチ研究において、ある特定の作品の分析を試みる作品論であると同時に、それを作家論と繫げる試みである。まず第十章でリーチの作品論の総論を試みて、ここでリーチの制作した作品の種類や特徴を論じるとともに、彼の作品を評価する際の視座についても検討する。そして第十一章では各論として、三つの作品を中心として彼の作品を見ていく。これらの作品をリーチの制作史の中で位置づけつつ、それらを成り立たせているリーチの思想を探ることで、リーチの「東と西の結婚」が作品において具体的にどのように実践されているかを論じたい。

それでは、「東と西の結婚」という思想の形成過程とその意味を論じるべく、まずはリーチの生い立ちから議論を始めよう。

バーナード・リーチの生涯と芸術――「東と西の結婚」のヴィジョン　**目次**

凡例

一、文字表記

①漢字――本文・引用文とも原則的に新字体を用いる。ただし、人名および一部の書名については旧字体（正漢字）表記を尊重した。

②仮名遣い――歴史的仮名遣いによる文章の引用を除き、現代仮名遣いを用いる。

二、固有名詞

①歴史的人物名――原則として本文中の初出時に（データの得られる範囲において）西暦による生歿年と外国語の原綴を表示する。

②文書名――書物・雑誌・新聞類は『 』、それ以外は「 」により示す。外国語の書名の原綴はイタリック体、論文等は " " を付したロマン体により註に記載した。

③作品名――陶磁器の作品名はその所有者ないし慣例に従った。

三、引用

①表示――長い引用は散文二字下げとし、本文中に組み込む場合には「 」によって示す。引用文中の［ ］は、とくに断らない限り引用者の補足ないし注釈である。原点の引用箇所は、頁数を註において示す。

②和書――引用者によるルビは［ ］を付して原ルビと区別し、その表記に現代仮名遣いを用いた。

③外国語文献――既訳を利用した場合は、註において邦訳の訳者名・訳書名を掲げてある。

④引用文中や文献名には、今日の人権意識や歴史観に照らすと、差別的な表現や問題のある表現が見受けられることがあるが、歴史的資料としての意義を考え、修正を施すことなくあえてそのまま引用した。

四、註

種類――出典註と説明註とを併用する。

第Ⅰ部　「東と西の結婚」の形成

第Ⅰ部では、バーナード・リーチの作家論として、彼の言葉「東と西の結婚」を取り上げる。「はじめに」でも触れたように、「東と西の結婚」の思想の形成過程において最も重要なのは、彼が東アジアに滞在した一九〇九年から一九二〇年までの期間である。「東と西の結婚」という言葉が文献にはっきりと現れたのは一九二〇年であり、また彼が陶芸と出会ったのもこの東アジア滞在中であった。リーチは複数の文化を経験していくことで、何を問題にし、それに対してどのように取り組み、そしてどのような思想を抱くに至ったのだろうか。

この問題を考えるために、第一章から第四章において、生誕から一九二〇年に至るまでのリーチの伝記的研究を行う。そして第五章では作家論として「東と西の結婚」という言葉を取り上げ、その形成過程を跡づけながら、その意味について検討したい。

第一部で使う主な資料は、リーチの著した「式場博士の伝記的質問への解答」、講演会「日本に在りし十年間」の記録、そして自伝『東と西を超えて』である。(1) 以下、これら三つとその他の補助資料を総合的に判断してリーチの伝記を作成する。三つのうち、「式場博士の伝記的質問への解答」を基本的に信用し、言語や執筆時期に問題のある「日本に在りし十年間」と『東と西を超えて』は参考に留めることとする。

なお、「はじめに」の繰り返しになるが、リーチのいう「東」「東洋」とは主に日本・中国・朝鮮のことであり、「西」「西洋」とは西ヨーロッパのことであることを、あらかじめお断わりしておく。

第一章　十九世紀と二十世紀の狭間
——生い立ちから訪日まで　一八八七〜一九〇九年

一　幼年期

バーナード・リーチ Bernard Howell Leach は一八八七年一月五日に香港で生まれた。父親のアンドルー・リーチ Andrew John Leach（一八五二〜一九〇四）はオックスフォード大学出身の法律家で、弁護士から裁判所の判事になった(2)。両親は共にアングロ・ケルト系だという。母親のエリナー・シャープ Eleanor Sharp はバーナードを産むとすぐに死去したため、当時日本に住んでいた母方の祖父母に彼は引き取られた。これが第一回目の訪日である。祖父ハミルトン・シャープ Hamilton Sharp は京都の第三中学校（第三高等学校の前身）や彦根中学校で英語教師をしていた（挿図一-一）(3)。

四年後、バーナードは父の再婚に伴い香港に呼び戻される。継母は実母の又従妹だった。しかし彼はこの継母にはなじめず、むしろ乳母（アイルランド人と中国人の混血だったという）の方に懐いた。バーナードの人生を考えていく際、彼が生涯顔を見たことのない母に焦がれ、母性愛に飢えていたことは覚えておきたい。彼に兄弟はおらず、幼少期からバーナードは絵を描くことを好んだという。

一八九五年、父親の判事任命に伴い、一家はシンガポールに移住する。この後二年間、彼らはシンガポールやペ

挿図1-1
3歳のバーナード・リーチと祖父母

ナンなどのマレー半島で過ごした。そして一八九七年、十歳になったバーナードは教育を受けるためにイギリス本土へ送られる。彼は伯父グランヴィル・シャープ Granville Sharp（当時香港在住）に伴われ、アメリカを横断してイギリスに渡った。

ここまでで分かるように、バーナードの親類にはイギリスの植民地で活動している者が目立つ。彼が幼少時から様々な地域や文化を経験している点を確認して次に進もう。

二　ボーモント・ジェジュイット・カレッジ

本国を初めて眼にしたバーナードは、ウィンザーにあるボーモント・ジェジュイット・カレッジ Beaumont Jesuit College に入学する。この学校の選択には、父アンドルーの意向が働いていた。アンドルーはオックスフォード大学在学中にオックスフォード・ムーヴメントという、カトリックを範として英国国教会の改革をはかる運動の影響を受けていた。その結果、彼は一人息子をイエズス会の学校に送ったのである。[4] この学校でバーナードは六年間、厳格なカトリック教育を受けた（挿図一-二）。

バーナードは、本人曰く、内気で含羞み屋だった。在学中友達は全くできなかったという。小説家ジェームズ・ジョイス（一八八二〜一九四一）は『若き日の芸術家の肖像』（一九一六年）の冒頭部分において、同時期のイエズス会系寄宿学校の別の例を描いているが、こうした学校には厳しい規則と宗教性がもたらす独特の雰囲気があったらしい。入学当初、リーチは他の生徒から「チャイナ・マン」という綽名《あだな》を付けられて虐めにあった。そのため一日中植え込みの中に隠れたり、死にたいと神や亡母に祈ったりしたこともあったという。彼が虐めから解放されたのは最初の一年が過ぎる頃だった。

バーナードの成績は中位だったようだが、クリケットと演説法、そして図画においては他の生徒より秀でていた。中でも美術に傾倒していった。回想によると、彼は二人の教師の指導のもと、主にアカデミズムの絵画作品の写真を丹念に鉛筆で写し取らされた。(5) また、彼が批評家・社会改革家のジョン・ラスキン John Ruskin（一八一九～一九〇〇）の著作に親しむようになったのもこの頃である。当時を振り返り、講演会でリーチは「ジヨンラスキンの考へを其時阿父さんのやうに考へた」と語っているが、(6) この言葉は彼がいかに深くラスキンに傾倒したかを示している。

この時期で重要なことは二つある。一つは、海外出身のバーナードが、他の生徒との間で軋轢を経験したことである。イギリス本国出身の生徒は海外の異文化についてほとんど何も知らず、ヴィクトリア朝末期のイギリスの繁栄の中にいた。これに対しバーナードは、イギリス以外の文化を知っている者として、周囲と完全には同調できなかった。(7)

次に重要なのは、バーナードがカトリックの教育を受けたことである。彼はこの厳格なイエズス会の学校で、無条件に神を愛すことを教え込まれ、カトリック的な物の見方と考え方を身につけた。以後、彼の思考はこれによって規定されることになる。彼は後に仏教（特に禅）や中国思想に近づき、ついにはバハイ教に入信することになるが、こうしたその後の人生を考えるならば、ボーモント・ジェジュイット・カレッジは彼の宗教遍歴の出発点となったとも言える。

挿図１－２
14歳のバーナード・リーチ

一九〇三年春に本国に帰国した父アンドルーは、ボーモントの僧侶や教師と相談の上、バーナードが芸術家を目指すことを認めた。こうしてバーナードはこの学校を後にし、明るい気持ちで夏の休暇を過ごした。(8)

三　スレード美術学校

ボーモント・ジェジュイット・カレッジを卒業したバーナードはロンドンのスレード美術学校 The Slade School of Art に入学した。十六歳の彼がこの学校で最年少だったという。ここは反アカデミズムの色彩が強い学校であり、その卒業生の多くは新英国美術協会 New English Art Club に集った。これは学校の歴史が浅く、王立美術院との結びつきが薄かったためである。(9) ここで彼はヘンリー・トンクス Henry Tonks（一八六二～一九三七）に師事した。

トンクスは外科医から画家に転向したという経歴の持ち主である。彼は有能な教師として知られ、オーガスタス・ジョン Augustus John（一八七八～一九六一）やウィンダム・ルイス Wyndham Lewis（一八八二～一九五七）など、イギリス美術史における重要な画家を何人も育成した。解剖学に造詣の深いこの教師は生徒の作品を容赦なく批判することで知られ、リーチはトンクスの鋭い舌鋒によって年上の生徒が泣き出すところを何回も目撃したという。

リーチはトンクスのもと、デッサンを習った。先に述べた通り、彼がボーモントで行ったのは写真の模写であったが、このスレード美術学校では石膏像などを前にして一時間に三、四枚のデッサンを仕上げることが要求された。彼は、最初は戸惑ったものの、慣れるに従いわりと自由にデッサンを行ったという。こうして、ボーモントでのやり方はリーチから払拭されていった。

ただし、作品がトンクスの眼にとまった時には、彼から浴びせられる辛辣だが的確な批評に耐えなければならなかった。彼は生徒たちに対し何時でも、「動き・構成・均衡 action, construction, proportion」という三つの原則を尊重するよう求めた。(10) この学校では、アルフォンス・ルグロ Alphonse Legros（一八三七～一九一一）が教鞭をとって以来、素描に関しては輪郭線による形の再現と表現が重視された。また、何度か描いた対象を、後で全くの記憶のみを頼りにして再現するというトレーニングも、ルグロが導入したものである。[11]トンクスもこの方針の延長上におり、物の形態を不明瞭に処理するやり方は好まず、また輪郭線以外の要素（例えば律動的な線や装飾的な線、そして線の量により動きを表現することなど）はあまり重視しなかったという。

スレード時代に関し、デッサンなどの訓練以外で触れておきたいのは、レジナルド・ターヴィー Reginald Turvey という南アフリカ出身の生徒と友達になったことである。リーチにとってイギリス本国における最初の親友であった。共に海外出身であることが二人を引き寄せたようだ。[12]ターヴィーは後に、リーチを追って日本に渡航することになる。またさらに後には、デヴォン州のダーティントンという場所でリーチと再会を果たし、リーチに先んじてバハイ教の信仰を受け入れることになる。

他の生徒と同様、リーチもトンクスの批評には辟易したようだが、しかし自伝などによれば、この学校での日々は充実したものだった。特に、見た物を記憶によって再現するという訓練は、リーチが陶芸家になった後、作品の図案や模様を考案するときに役立つことになる。たしかに、トンクスの唱えた「動き・構成・均衡」という三つの原則はやがて束縛となり、リーチはそこから抜け出すためにこの後相当の努力と時間を要することになるのだが、[13]リーチは自伝の中でトンクスに対して感謝の意を表している。

ところが、スレード美術学校での生活は一年も続かなかった。父が癌を宣告されたのである。息子の行く末を案じたアンドルーは、バーナードの芸術家としての将来性をトンクスに尋ねた。するとトンクスは、バーナードがまだ若すぎて断言はできないと断った上で、否定的な見解を示した。このトンクスの言葉によりバーナードが敗北感を味わったのは確かである。彼は夏休みになると学校を辞めさせられ、ボーンマスの父親の元に引き取られた。

四　マンチェスター時代

ボーンマスに移ると、バーナードは銀行員になると父親に約束し、試験勉強を始めた。父親の病気は悪化していったが、長く離れて生活していたため親子は沈黙の壁によって最後まで隔てられたままだったという。アンドルーが死去したのは一九〇四年十一月だった。[14]

父の死後、十七歳のバーナードはボーンマスの継母の元を去ってマンチェスターの親類の元に身を寄せた。その背景には、銀行の試験を受けるには年齢が一つ足りなかったことと、継母との相性の問題を指摘できる。この頃から一九〇九年までの期間、彼の動向は摑みづらくなるが、おそらく一九〇五年のほとんどを彼はマンチェスターで過ごしたと思われる。

この地にはバーナードの実母の妹イーディス Edith が住んでいた。彼女の夫ウィリアム・エヴァンス・ホイル博士 Dr. William Evans Hoyle はマンチェスター博物館に勤めており、後にカーディフのウェールズ国立博物館の初代館長になった人物である。[15] 叔母はバーナードに好意的であり、彼は母性愛に近いものを彼女に感じたと自伝で述べている。叔母一家は知的な中流家庭だったようで、家には大学の教授などが出入りし、また叔母夫妻はシェークスピアの読書会に参加していた。バーナードはこうした環境の中で、ロバート・ルイス・スティーヴンソン（一八五〇〜九四）がサモワ群島で著した『ヴェリマ書簡』やシェークスピアなどに親しんだ。また、大学に約一年間通ったともいう。[16]

この地でバーナードは第二の親友を得る。それは、ヘンリー・ラム Henry Lamb（一八八三〜一九六〇）という、オーストラリア出身の医学生だった。バーナードがマンチェスターに居る間に、ラムは親の期待をよそに、画家になるために家出同然でロンドンへ行くという事件を起こした。この出来事は、まだ芸術に未練があったバーナードを動揺させた。彼もラムに倣うことを考えたが、結局そうはしなかった。[17]

またさらにここで、バーナードが叔母夫妻の一人娘ミュリエル Edith Muriel Hoyle（一八八三?〜一九五六）と恋に落ちたことにも触れておきたい。彼女は彼より四歳年上であり、後に最初の妻となる。ただし、この時は近親であることを理由に二人は結婚を許されなかった。

恋に敗れたバーナードは失意のうちに叔母夫婦の家を去り、ボーンマスの継母のもとに戻った。そして、父の遺言通り香港上海銀行の試験を受けて、合格したのだった。

五　銀行員時代

ロンドンでの銀行員時代は、リーチが徐々に日本に興味を持ち始めた時期として重要である。香港上海銀行 The Hong Kong and Shanghai Bank に採用された彼は、ロンドンの経済の中心地、シティのロンバート・ストリートで働き始めた。俸給は一年に約百ポンドだった[18]。彼がこの銀行で働いた期間は不明だが、おそらく一九〇六年から翌年にかけての約一年間であろう。

リーチは真面目に働いた。毎晩十一時まで、銀行の地下室で一人仕事をしたという[19]。銀行での生活は美術と全く縁のないものだった。彼に出来ることと言えば、芸術家の多いチェルシー地区に下宿を定めて芸術家の気分を味わうこと位だった。銀行では友人もでき、一時は芸術家になる望みを捨てられるとも考えた。

しかし、結局リーチは諦められなかった。ここで少なからぬ役割を果たしたのが前述の友人ヘンリー・ラムである。リーチはチェルシーに住んでいたラムの所へ遊びに行くようになり、そこで色々な人物と面識を得た。この頃ラムは後のブルームズベリ・グループのメンバーの一部と交遊があり、フライデー・クラブというグループを形成していたという。リーチがオーガスタス・ジョンと初めて会ったのもラムのアトリエにおいてであった[20]。ジョンはスレード美術学校の卒業生で新英国美術協会に参加しており、リーチはスレード美術学校在学中、彼を最も尊敬していた。このような交遊はリーチの内面に変化をもたらした。

また、リーチの内面には別の変化も起きていた。この頃彼が読んだ本として、イプセン（一八二八〜一九〇六）の『ブラン』、ロバート・ルイス・スティーヴンソン（一八五〇〜九四）の『新アラビアン・ナイト』、ウォルト・ホイットマン（一八一九〜九二）の詩、E・フィッツジェラルド（一八〇九〜八三）訳のオマル・ハイヤームの詩集『ルバイヤート』などがある。特に、ラムから勧められたウィリアム・ブレーク（一七五七〜一八二七）の詩やジョージ・

ボロー George Borrow（一八〇三〜八一）のジプシー小説『ラヴェングロ』*Lavengro* には熱中した。このようなエキゾチシズムの強い読書を重ねるにつれ、リーチの内面ではキリスト教に対する疑念が高まった。しかも、銀行での業務は彼の性質に全くあわないことが明らかになっていた。こうして、信仰の面でも仕事の面でも、彼は精神的に追い詰められていった。(21)

これらのことが積み重なり、ついにリーチは再び芸術家を目指す決心をする。だが彼には金がなかった。まだ二十一歳になっていなかったため、父親の遺産は継母が管理していた。そこで彼は出来るだけ安い下宿に引っ越して金を貯め、四十ポンドほど貯金ができるといよいよ銀行を辞めるべく、その旨継母に知らせた。(22)ところが、ここで一寸した事件が起きる。知らせを聞いた継母は、バーナードは気が狂ったのではないかと考えた。彼女は銀行の嘱託医に手紙を書いてバーナードが正気かどうか確かめるよう依頼した。リーチによると、この医者ハーティガン Hartigan は彼の実母の主治医として彼のお産に立ち会った人物で、彼には好意的だった。(23)ハーティガンは依頼に従ってバーナードと会い、特に変わった様子がないことを確かめると、継母の手紙を彼に見せた。この出来事は継母とバーナードの関係を決定的に悪化させたようだ。彼は良いきっかけを得たと考え、銀行を辞職した。(24)

銀行員時代を振り返り、リーチは自伝に「総じて嫌な一年であった。私は芸術にも恋愛にも挫折し、さらにローマン・カトリックとしての信仰を失った」と書いている。(25)窮屈な銀行員生活に疲れていた彼は、職を辞すと気晴らしに犬を飼い始め、この犬と共に三カ月ほど北ウェールズを放浪した。この時彼が描いた水彩画は後にフライデー・クラブの展覧会に出品され、新聞で賞賛されたという。(26)

ところで、先に述べたように、リーチが日本に興味を持つようになったのはこの時期である。彼はラフカディオ・ハーン Lafcadio Hearn（一八五〇〜一九〇四）の著作を愛読した。また画業においては、この頃ジャポニスムに関心を寄せ、J・A・Mc・ホイッスラー（一八三四〜一九〇三）の作品の模写を行っている。(27)彼がホイッスラーの作品で注目したのは、その左右非対称の構図感覚や、画面に描かれている事物が高度に洗練されている点だった。ここには彼がスレード美術学校で植え付けられた、「動き・構成・均衡」というトンクスの三原則への反発が窺える。このように、ハーンやホイッスラーというフィルターを通してではあるが、リーチは日本に対し次第に関心を高めていった。

六　ロンドン美術学校

北ウェールズから戻ると、リーチはロンドン美術学校 The London School of Art へ通い始めた。一九〇七年十一月頃のことである。ここはジョン・スワン John M. Swan（一八四七～一九一〇）とフランク・ブラングウィン Frank Brangwyn（一八六七～一九五六）という二人の画家が主催する研究所ないし私塾のような所だったらしい。リーチはこの学校で重要な人物と出会う。

それは留学中の日本人、高村光太郎（一八八三～一九五六）である。学校の教室でラフカディオ・ハーンの本を読んでいたリーチの前に、はからずも高村が現れたのである。この出会いは二人の生涯において重要な意味を持っている。高村の出現により、リーチの日本渡航は円滑に進むことになった。一方高村は「よろこびを告ぐ」「廃頽者より」というリーチに宛てた詩作品を書くことになる。さらに、この時期のリーチに関して、高村という記録者を得たことは、われわれとしても心強い(28)。

リーチと高村はすぐにうちとけ、互いの下宿を行き来するようになった(29)。リーチは日本に関する様々な疑問を気軽に光太郎に質問できた。中でも彼が興味を持ったのは禅である。高村は臨済禅に傾倒しており、ロンドンでも彼には座禅する習慣があった。キリスト教徒としての信仰を失いつつあるリーチは、高村から聞いた禅の説明に興味をもった(30)。推測ではあるが、岡倉覚三（天心、一八六二～一九一三）の『茶の本』*The Book of Tea* も二人の話題にのぼったかもしれない。

また、リーチは高村を通じて他にも何人かの日本人と知り合った。当時ロンドンにいた帝大教授の建築家大澤三之助（一八六七～一九四五）や、画家の南薫造《みなみくんぞう》（一八八三～一九五〇）らである(31)。高村と共同生活をしていた、画家の白瀧幾之助《しらたきいくのすけ》（一八七三〜一九六〇）もおそらくリーチは知っていただろう。高村と白瀧に対しチェルシー地区に下宿を斡旋したのはリーチである。(32)高村によれば、出会って間もない頃のリーチは日本に興味を持ってはいたものの、実際に日本まで行く気はなかったというが、この証言が正しいとするならば、リーチの日本への関心はこれらの日本人達との交遊の結果膨らんでいったと言えるだろう。(33)

一方、ロンドン美術学校はリーチの画業においても重要である。彼は週に一、二時間、ほとんどつきっきりでフランク・ブラングウィンの指導を受け、エッチングを習った。(34)リーチは油彩や水彩というよりは線描を得意としていたことから、エッチングに興味をもったらしい。彼はこの教師の作品にはなじめなかったが、その技術的手腕には感心していたようだ。(35)

このブラングウィンという教師は多才であった。彼は一八八二年から二年間、ウィリアム・モリス（一八三四〜九六）の経営するタピストリー工場で働いた。そして一八八五年から翌年にかけてはパリでサミュエル・ビングの店「アール・ヌーヴォー」のためにカーペットやステンドグラスなどをデザインしている。他にも家具や宝飾を手がけ、一九二六年にはドルトン社のために陶磁器のデザインをする。(36)また、第四章でも触れるが、ブラングウィンは松方幸次郎（一八六五〜一九五〇）と交友を持ち、いわゆる「松方コレクション」の形成にも寄与している。

リーチがエッチングを自分の専門としたことの意味は大きい。以後彼の創作はエッチングが中心になる。版画を専門とすることで彼はますます素描へと関心を向けていった。このことは、スレード美術学校で学べなかった装飾的・律動的な線への関心も多少反映していると思われる。「式場博士の伝記的質問への解答」によると、エッチングを始めた彼はフランスの版画家シャルル・メリヨン Charles Meryon（一八二一〜六八）の感化を受けるようになった。本人曰く、この頃の彼には二つの課題があった。一つは事物を正確に、詳細に描写すること。そして二つ目は、作品全体からある種の生き生きとした雰囲気をにじみ出させることである。たしかに、百科事典の挿絵のように正確な描写を行うことは、作品が芸術的な趣をもつことを必ずしも意味しない。メリヨンが描くパリの風景には、以上の二点がうまく調和しているとリーチには思われた。(37)また、後年リーチが陶芸家に転身する時のことを考える

だからである。

と、エッチングは平面美術の中でも、比較的工芸に近い性格を持っている点に留意したい。銅板の扱い方や、腐蝕液の種類・調合・温度・濃度など、エッチングは各工程において職人的な熟達と科学的知識が要求される専門分野だからである。

リーチはブラングウィンに関し、次のエピソードを残している。ある日彼は学校でブラングウィンから、「君はどのくらい美術学校にいるのか」と訊ねられた。そこでリーチが「スレード美術学校時代を含めて五学期程［あるいは二カ年ともいう］になります」と答えたところ、ブラングウィンは「十分だ。学校を辞めなさい。自然に行きなさい（Go to nature）！」とリーチに言ったという(38)。このエピソードのポイントは、「自然に行け」という言葉が間接的ながら、様々なしがらみのあるロンドンを離れ、日本という異なる環境で自分を見つめ直して自らの思想と芸術を深めるべく努力する決心をリーチに促した点にあると思われる(39)。

ブラングウィンのもとを去ると、リーチはイギリス本国に移ってから初めて海外旅行に出かける。また、従姉のミュリエルと再会し、婚約したのもこの頃である。彼はまず、南仏の海岸に二週間ほど滞在した後、イタリアに向かった。このイタリア旅行は六週間にわたる。おそらく一九〇八年の四月から五月にかけてのことだろう(40)。彼はルネッサンスの巨匠たちの足跡を追いつつ、ローマ、フィレンツェ、ペルジア、パドヴァ、ヴェニス、ミラノを廻った。当時彼は、カトリックはおろかキリスト教徒としての信仰そのものを失っていたが、ルネサンス期のキリスト教美術は親しみやすいものだったという(41)。

イタリアからの帰路、リーチはパリに立ち寄り一カ月留まった。この地では友人レジナルド・ターヴィーと落ち合い、バルビゾン派や印象派の作品を主に研究したらしい。特にセザンヌには感心し、その感動をパリに移ってきた高村光太郎（一九〇八年六月にロンドンからパリに移った）にも語っている。高村によれば、リーチが日本渡航を最終的に決心したのはこの時である(42)。

パリからロンドンに戻ると、リーチは日本渡航の準備を始めたはずである。しかし、一九〇八年後半の彼の行動は明らかではない(43)。「式場博士の伝記的質問への解答」には、婚約後ヨークシャーやドーセットでミュリエルと休暇を過ごしたと書かれている。また自伝には、ドーセットでスレード美術学校時代の恩師ヘンリー・トンクスと再会する場面がある。確証はないが、これらの事項はいずれもパリからイギリスに戻った後のエピソードだと推測できる。

こうしてリーチは、一九〇九年三月にドイツ船の三等船客として日本へ向けて出発した。船賃は二十八ポンドであった。そして、長崎に寄港したあと船で横浜に向かう途中、甲板から富士山を仰ぎ見た時、リーチはラフカディオ・ハーンの短編「ある保守主義者」の最後の場面、外国での放浪生活の末に日本に戻ってきた主人公が、船から富士山を見上げるというくだりを思い出したという(44)。この時彼の脳裏では、長い放浪を経て日本にたどり着いた小説の主人公と、幼年時代を過ごした日本へ約二十年ぶりに戻ってきた自分とが重なっていたのかもしれない。二人が沖合から望んだのは、いずれも四月の富士山であった。

七　十九世紀と二十世紀の狭間

さて、ここまでを通観して注目すべき点を幾つか指摘しよう。

まず、リーチの出自及び育った環境について考えると、彼の身辺にイギリス本国以外の地域と関わりのある人物が多いことを指摘できる。植民地で法律家をしていた父に、日本の祖父母、香港の伯父、アイルランド人と中国人の混血の乳母など。また、数ある銀行の中でなぜ香港上海銀行を就職先に選んだかを考えると、父親とこの銀行の間に何らかの関係があったと推測されるし(45)、彼の誕生に立ち会ったのはこの銀行の嘱託医のアイルランド人であった。さらにリーチの自伝によれば、香港にはマチルダ病院という、「父の家と大伯母マチルダ・シャープの名にちなんだ」病院があったという(46)。この他にも、スレード美術学校での友人ターヴィーは南アフリカ出身であり、マンチェスターでの友人ヘンリー・ラムはオーストラリア出身である。これらの人々の多くが海外で生まれたり活動したりした背景として、当時のイギリスが海外に広大な植民地を持ち、「大英帝国」としての繁栄を迎えていたことを思い起こさねばならない。

家柄として、リーチ家の社会的ステイタスは低くない。バーナード本人によれば、父方の先祖には大法官代理 Vice Chancellor of England を努めた政治家ジョン・リーチ卿 Sir John Leach（一七六〇〜一八三四）をはじめとして法曹界で活躍した者が多く、一方母方の先祖には奴隷解放運動で知られるグランヴィル・シャープ Granville Sharp（一七三五〜一八一三）など、僧侶が何人かいたという。(47) また、彼の父親はオックスフォード大学出身の判事であり、婚約者の父は後に博物館の館長になった人物である。バーナードが身につけた価値観を考える際には、彼の親類が専門職に就いていたことや、その知的サークルを考慮しなければならない。(48) 蛇足ながら、リーチが思春期を迎えた一九〇〇年代は、エドワード七世の統治期（エドワード朝、一九〇一〜一〇）にあたり、その前のヴィクトリア朝時代（一八三七〜一九〇一）とは異なる価値観が現れた時期である。

次に指摘したいのは、リーチの信仰の問題である。ボーモント・ジェジュイット・カレッジでの教育の結果、リーチは当初敬虔なカトリックであった。しかし、銀行員生活を続けるにつれ、徐々にそのカトリックとしての信仰を失っていった。その背景にオマル・ハイヤーム等の読書の影響があることは既に述べた。そして、日本渡航を決意する頃、彼はカトリックはおろかキリスト教徒であることそのものをやめてしまう。その一方で、日本への関心は次第に高まりをみせる。彼が最初に惹かれたのはホイッスラーやラフカディオ・ハーンの作品であった。これらの作品に現れる日本が理想化されていればいる程、リーチは日本に思いを募らせていった形跡がある。あるいは、彼が日本で育ったことを考えると、自分の文化的ルーツの一部が日本に在ると感じていたのかもしれない。いずれにしろリーチの場合、キリスト教の信仰を失うにつれ、それと反比例するように日本への関心が高まっていったと言えるだろう。

三番目に、リーチが放浪を好んだことが挙げられる。ここで、彼の愛読したジョージ・ボローの小説『ラヴェングロ』（一八五一年）を再び取り上げたい。文学史においてボローは、イギリスのピカレスク文学を代表する作家とされる。彼は若い頃ヨーロッパ諸国や中近東を放浪したと言われ、その作品は彼自身の経験を基に書かれている。

ボローはジプシーとの交遊を楽しむ一方、カトリック教会には激しい敵意を抱いた。友人ヘンリー・ラムからこの本を教えられたリーチは、すっかりボローの小説に傾倒し、あるときボローの真似をしてロンドンからボーンマスまで歩いたという[49]。また、銀行を辞めたリーチは犬と旅に出るが、この時も脳裡にはボローの本があっただろう。弁護士になる道をすてて小説家になったボローと、銀行員をやめて美術家を目指したリーチには、地味ながら着実な仕事を捨て、自由だが危険の多い職業を選んだという共通点がある。さらに言えば、リーチの自伝『東と西を超えて』の構成や体裁は、内容の小見出し（特に地名）をそのままつなげて目次にしている点や、一人称の主人公が自らの世界遍歴を語っていく際の語り口などにおいて、『ラヴェングロ』を意識しているのかもしれない。

また面白いことに、リーチの周りには放浪を好む人物が多い。エッチングの師フランク・ブラングウィンは、一時期ウィリアム・モリスと関わりのある工房で働いていたが、その後ヨーロッパ各国や中近東、南アフリカで数年を送ったと言われている。また、リーチの尊敬する画家オーガスタス・ジョンも、ジプシーのようにウェールズやアイルランドなどを放浪して廻った人物である。リーチがエッチングにおいて感化を受けたフランス人メリヨンは、放浪とは言えないまでも、軍人として船で色々な国を廻った経験の持ち主である。このように見てくると、リーチを語る際には「放浪」や「遍歴」が有効な視点となりうるだろう。

以上、リーチの育った環境、信仰と日本への興味、そして放浪という三点について述べたが、これら総てを締めくくる存在がラフカディオ・ハーンである。この小説家の経歴はリーチと実によく似ている。イギリス本土外で生まれたこと、幼いときに母親を失い母性愛に飢えていたこと、全寮制のカトリックの学校を経て信仰を失ったこと、「放浪」を好んだこと、日本に関心をもったことなど、二人には共通点が多い。リーチはロンドン美術学校時代を振り返り、次のように述べている。

私は当時小泉八雲（Lafcadio Hearn）のものを読んでゐた、彼の日本に関する本のみならず初期に書いた西印度に関する本も読んだ、そして私の「他国人」に対する同情、即ち非欧羅巴人、黒色人、褐色人或は黄色人種に対する私の同情が昴り出した。そして東洋に対する私の好奇心が漸次育つて来た、そこで私は日本の現状を知らうと決心した、そして出来ることなら其処へ出かけたいと思つた。(50)

この引用が示すように、リーチの日本渡航にハーンが大きな役割を果たしたことは疑えない。リーチはハーンと同様、「風変わりで美しいもの the strange and beautiful」(51)を日本の生活に求めたのである。(52)

ただし、先にも指摘したように、当時リーチが抱いていた日本のイメージが多分に理想化されていた点には注意を要する。ロンドンでリーチが日本へ向けていたまなざしを考えるにはその時代背景もおさえておきたいが、その一つとして中世主義を指摘したい。中世主義とは、中世の価値観に現代よりもすぐれたものを見出し、現代に中世の理想を再興させようという考え方である。この思想は「近代」という現実からの逃避という保守的な思想になりえる一方で、ある理想のもとで社会改良を推し進めようとする革新的な思想にもなりえる。この、保守とも革新ともなりえる歴史観はヴィクトリア朝時代のイギリスを彩る思潮の一つであり、歴史家ではトーマス・カーライル（一七九五～一八八一）、美術家ではラファエル前派、ウィリアム・モリス、建築家ではゴシック・リヴァイヴァルを推し進めたウィリアム・バージェス（一八二七～八一）やA・W・N・ピュージン（一八一二～五二）などの名が知られている。(53)中世主義思想の内容は多岐にわたり、矛盾が含まれることもある。しかし、中世主義者が思い描く「中世」は歴史上の中世とはあまり関係なく、むしろ近代人が「中世」という言葉のもとに何を夢見たかを示している点は共通していると言える。

リーチはボーモント・ジェジュイット・カレッジ時代にジョン・ラスキンの著作に親しみ、この思潮の一端にふれた。そして一九〇八年には、《ゴシック精神　セント・ルーク教会 Gothic Spirit》というエッチングの作品において、下宿のあったロンドンのチェルシー地区にあるセント・ルーク（聖ルカ）教会 St. Luke's Chelsea の西正面をエッチングで描いているが、ここにも彼の前近代への関心が現れているように思われる（挿図一-三）。この高さ四十三メートルの塔をもつ教会は、ロンドンにある教区教会としては最大規模で、一八二四年に完成した。この建

挿図１－３
リーチ《ゴシック精神　セントルーク教会》

挿図１－５　セント・ルーク教会(2)

挿図１－４　セント・ルーク教会(1)
St. Luke's Church Chelsea.

物はゴシック・リヴァイヴァルの最初期の例であり、このような石のアーチや飛び控え壁が試みられたのは実に三百年ぶりのことであった[54]。当時既に築八十年をこえていたこの建築とリーチの作品を比較してみると、塔が実際よりも細く高く、垂直方向に引き延ばされ、地上から天へ向かう塔の動きが強調されていることがわかる（挿図一-四、五）。塔の両脇に一対の天使が加えられているのは、あるいはウィリアム・ブレークの影響であろうか。こうしてできあがった作品に「ゴシック精神」というタイトルがつけられているところをみると、やはりリーチは十九世紀の中世主義者の末裔であったと言ってよいように思われる。

この中世主義という要素は、一九〇九年当時のリーチの日本観を規定していたと考えられる。それというのも、十九世紀の欧米には、進化論を人種に当てはめた世界理解、すなわち欧米を地上で最も進んだ地域とし、アフリカを歴史的発展段階において原始時代に留まっている地域と見なすような世界理解が存在しており、このような単線的歴史観を地理的に横倒ししたような世界観において、日本には前近代、ないし「中世」が割り振られることがあったからである[55]。事実、建築家のウィリアム・バージェスは、万国博覧会で見学した日本建築に、ヨーロッパでは既に失われてしまった、最も完全な中世芸術の姿を見たと確信した[56]。また、リーチ自身の場合について言えば、彼は一九一二年に書いたエッセイの中で、ヨーロッパが近代にあるのに対し、当時の日本の手工芸が中世から近代への過渡期にあるという理解を示しており、やはり日本を「中世」という視点から眺めていた[57]。

このような、「日本」という場所に「中世」という時代を見出すような傾向はまた、日本を芸術的な理想郷のように見なす別の思潮とも重なりをみせる。もともとヨーロッパには十八世紀以来、日本を一種のユートピアと見る思潮があったが、十九世紀になって日本の芸術が次第にヨーロッパで紹介されはじめると、日本は特に芸術的なユートピアと想像されるようになった[58]。このようなヨーロッパの文化・芸術における日本の影響は、ジャポニスムと呼ばれる。リーチもまたこのジャポニスムという流行の中にいたことは、既に触れたように彼がホイッスラーの作品の模写を行っていたことからもうかがえる。

これらのことをふまえると、ロンドンで日本への関心を強めていたリーチの目に、日本がどのように映っていたかが浮かび上がってくる。一般にユートピアというものは、時間的には遠い未来、地理的には遠い場所にあると信じられるが、(59)これに「中世」という過去に理想を求める中世主義的（ないしロマン主義的）思潮が加わることにより、十九世紀になると日本は地理的にも遠く、歴史的発展段階においてはヨーロッパの中世に相当する場所として意識され、理想化されることになった。また、ジャポニスムは日本を単なるユートピアではなく、特に芸術的なユートピアと見なす傾向を作り出した。こうした当時の日本観の中で、リーチも中世的な生活が残るユートピアを日本に見出そうとしていたのである。

このような推測があながち間違いでないことは、高村光太郎の証言によって確かめられる。高村は日本渡航前のリーチの日本観について次のように書いている。

私達が母国を観る感じとは余程違ふ。［リーチは］つまり一種のベイルをかけて日本を慕つてゐたのだ。どうも日本人の感じや、連想は、神秘的《ミスチック》で不可解だといふ。私の会話《はなし》なぞが、連想から連想へ飛び移つてゆく時には、不思議な心の驚きを顔に表はして聴いてゐる事もあつた。芸術が日本で安価に見られてゐるといふ事がかれには羨ましかつた。(60)それは、芸術は日本にあつては本能的《インスチンクチブ》にあるから、わざわざ重んずる事をしないのだと解釈してゐた。

引用から察するに、この頃のリーチにはロマン主義的異国趣味とでも呼ぶべき傾向が窺え、彼もやはり日本を一種の中世的ユートピアとして思い描いていたと考えられる。

その一方、リーチが理想を日本に求めたということは、裏を返せば彼がイギリスでの現状に不満を抱いていたことを意味する。既に見てきたように、リーチはどちらかというと既存の権威に対しては反抗的だった。王立美術院を中心とする体制側の画壇と繋がりのない彼は、むしろホイッスラーやオーガスタス・ジョンなど、反アカデミズムの画家を尊敬した。彼がセザンヌや印象派などフランスの画壇に関心を抱いたのも同じ理由による。次に引く高村光太郎の証言は、当時のリーチがイギリスでおかれていた立場を興味深く言い表している。

> リイチと会へば話はいつもアウガスタス［アキママ］ジヨオン、モネエ、ロダン、セザンヌ、さうして日本。その頃の英国美術界ではセザンヌはまだはるか遠方にある異端の鬼に過ぎなかつた。セザンヌの名を口にする事すら或る禁断の掟を破る心の興奮を感ぜずには居られなかつたのである。ジヨオンとなると当時ロンドンに於ける殆と［ママ］唯一の反アカデミツクな力ある新興画家としてリイチの神のやうであつた。(61)

この引用から、当時のリーチがイギリスの芸術制度を息苦しく感じていたことが窺える。

それと同時に、リーチは自身の画業においてもやや行き詰まっていたようだ。たしかに、彼はメリヨンの作品に活路を見出し、前述の《ゴシック精神》（一九〇八年）のように自分でもある程度満足し、周囲からもそれなりの評価を受けた作品を生み出しもした。しかし、自分のスタイルを確立したという確信には至らなかったようだ。ロンドン美術学校時代のリーチについて、再び高村の証言を引用する。

> 英国の現今の画風を一概にいふと、綺麗で上品で、作られた絵である。それがかれには慊《あきた》らなかつた。で無暗と破壊的の絵をかいた。そして日本人が仏国を憧憬すると同様に、日本の芸術といふものが非常に新鮮にかれの眼に映つたのだ。かれは版画を集めたり、日本に関する記事を集めたりしてゐた。(62)

「無暗と破壊的の絵」という言葉に、ヴィクトリア朝の余韻が続いている状況下で、自分のスタイルを模索している若きリーチの姿が窺える。そして、こうした閉塞した状況を打開したかったからこそ、ブラングウィンの「自然に行け」という言葉がリーチの心で響き、彼は遠く離れた日本という国に行くことを決心するに至ったと考えられる。

以上を踏まえると、リーチの一九一〇年代の日本体験は次のような視座から捉えられるだろう。

第一に、リーチの日本渡航は一種の放浪 wandering と見なすことができる。この点では、われわれはラフカディオ・ハーンやロバート・ルイス・スティーヴンソンといった小説家や画家ポール・ゴーギャン（一八四八～一九〇三）などを見る時と同じ眼差しをリーチに向けても差し支えないだろう。彼は「西洋」を脱出し、日本という未詳の土地で自分にとって好ましいハプニングが起きることを漠然と期待していたはずである。

第二に、なぜリーチが放浪に出る気を起こしたかと言えば、そこにはイギリスで彼の置かれた状況が関係している。すなわち、イギリスでの画業に行き詰まりを感じたため、彼はイギリスを離れようとしたのである。よって、日本でのリーチをこの先考えていく際には、彼が「日本人から何かしら暗示《ヒント》を得る」(63)ことを期待していたことを念頭に置いておかねばならない。この点で、リーチをジャポニスムの芸術家と見なすことができる。

三番目に、リーチが放浪の目的地として日本を選んだ理由には、ジャポニスムの影響の他に、日本滞在の経験をもっていたことと、ロンドンで偶然日本人の友人ができたことをつけ加えられる。前者に関連して言えば、リーチが自分の育った日本に対して「戻る」という感覚をもっていたことは興味深い(64)。また後者については、リーチの日本渡航に際し高村光太郎の果たした役割は特筆に値する。高村はリーチのために六通の紹介状を認めた。その宛名は、正木直彦（一八六二～一九四〇、東京美術学校校長）、岩村透（一八七〇～一九一七、東京美術学校教授）、高村光雲（一八五二～一九三四、岩村透の同僚で光太郎の父）、水野葉舟（一八八三～一九四七、光太郎の友人の小説家）、石井柏亭（一八八二～一九五八、画家）、川崎安（雑誌『日本美術』編集兼発行人）である(65)。これらの紹介状により、リーチは日本にて比較的容易に文化人の間に人脈を築くことになる。リーチがロンドンで築いた日本とのコネクションは、偶然のものとはいえ、見過ごすことができない。

そして最後に、今日からみるならば、一九〇九年の時点でリーチがおかれていた状況には二つの側面があった。既に指摘したように、十九世紀の一部の芸術家達とリーチの間には類似する要素があり、両者には連続性が認められる。リーチが日本へ向かったのは「日本人から何か暗示《ヒント》を得る」ためである。そして彼はまた、当時の他のイギリス人と同様、中世主義的異国趣味を抱いていた。こうした関心から実際に日本へ旅立ったリーチは、十九世紀のジャポニスムの画家達と変わるところがない。もちろんリーチの日本渡航には、日本美術の研究という積極的な面だけでなく、イギリスという現実からの逃避という消極的な面もないわけではないが、これすらもまた既に十九世紀から存在する枠組みである。ヨーロッパという「文明」を遠く離れ、「自然」へ分け入っていった人物として、われわれは画家ゴーギャンや作家スティーヴンソンの名前をあげることができる。また、画家ジェームズ・ティソ James Tissot（一八三六〜一九〇二）は《放蕩息子　異国の土地で》（一八八〇頃〜八二）において、聖書の画題を現代風にアレンジしつつ、白人男性を魅惑する異国の情景を描いている。よってわれわれは、この「文明からの逃避」というヨーロッパ文化史上の系譜にリーチを位置づけることも、あるいはできるかもしれない。

だが、リーチの日本滞在を考えるとき、このようなジャポニスムや「(ヨーロッパ）文明からの逃避」という十九世紀以来の枠組みが存続しながらも、それらが既に変質しはじめていた点にも注意する必要がある。その変質を考える際の目安として、日露戦争が挙げられる。リーチの向かった先は戦争でロシアを破った近代的独立国家であり、ゴーギャンやスティーヴンソンが赴いた植民地ではない。この日露戦争により、日本は東アジアの近代国家という新たな姿でヨーロッパの前に立ち現れ、ヨーロッパ側は日本認識の修正を迫られた。黄禍論はその良い例だろう。こうした日露戦争を境としたヨーロッパ側の日本認識の変質及び日本側のヨーロッパ認識の変質を考えるとき、ラフカディオ・ハーンとリーチは興味深い対照を示している。日本の側から言えば、明治時代に日本に来た外国人は、その多くが基本的に観光か、教職やビジネスを来日目的としていた。リーチの祖父ハミルトン・シャープも、またハーンも、英語教師という一種の「お雇い外国人」であった。そしてハーンは、日本から古き良き伝統が次第に滅んでいくのを嘆きつつ、日露戦争の年に死去した。これに対しリーチは一九〇九年（明治四十二）に日本渡航を果たしたが、その目的は物見遊山でも、教師として雇われることでも、あるいは一攫千金を狙うことでもなかった。リーチが日本渡航を決行したのは、日露戦争を経て日本がもはやヨーロッパ側の異国趣味的な見方を必ずしも受け付けなくなりはじめた時期であり、ピエール・ロティ Pierre Loti（一八五〇〜一九二三）が来日して『お菊さん』

（一八八七年）を執筆した時期とは政治的、経済的、文化的、社会的に状況が異なると言わねばならない。(66)

象徴的な言い方をすれば、バーナード・リーチは十九世紀と二十世紀の狭間に位置する作家であった。彼は十九世紀の余韻の中に留まりつつも、実際に私費で当該地まで出かけ、真面目にその文化から何かを学ぼうという姿勢をもっていた。来日当初リーチは日本でエッチングを教えて生計をたてようと考えていたが、しかし日本での身分が全く保証されていなかったことを考えるならば、これは日本文化研究という目的のための手段にすぎず、本質的な問題にはならない。そして、結果論ではあるが、リーチが日本渡航を実行するにあたって、彼を日本に呼び寄せる呼び水の働きをしたのが、当時ロンドンにいた日本人留学生たちであった。特に、リーチが美術学校の教室でたまたまハーンの著作を読んでいたことが、留学中の高村光太郎と知り合うきっかけとなった点は、当時「日本」と「イギリス」の間の文化接触が新たな局面を迎え、両者の対話がいよいよ双方向的になりつつあったことを物語るエピソードであるように思われる。こうして来日を果たしたこのイギリス人は、やがて陶芸をはじめとする「東洋」の美術を学び、それを「西洋」へ伝えるようになる。

第二章　日本滞在――日本　一九〇九～一九一四年

一九〇九年（明治四十二）四月、横浜に到着したリーチは、高村光太郎の紹介状六通を懐に、高村光雲と岩村透を訪ねる。(1)光雲も岩村も東京美術学校の教授であり、光雲に息子光太郎の留学を勧めたのは岩村だった。岩村はリーチが日本語を全く解さないのを見て取ると、教え子の森田亀之輔（一八八三～一九六六）に面倒を見させることにした。

第二章では、来日から一九一四年までのリーチについて、日本での生活と交友関係、美術・文化研究、創作活動という観点から見ていきたい。

一　日本での生活

リーチは森田亀之輔の世話で、まずは日暮里に落ちついた。そして、しばらくしてから再び森田の世話により、上野桜木町四〇番地へ自宅を建て、一九〇九年の九月頃に移る。(2)この地には一九一三年十一月まで留まり、その後一九一五年七月に日本を離れるまでは、赤坂区福吉町一番地甲ノ七号で過ごした。

リーチは当初エッチングを教えることで生計を立てようと考えていた。上野桜木町の寛永寺の貸し地に自宅が完成すると、彼はエッチング教室の生徒を募集するために、新聞に広告を出して三日間にわたりエッチングの製作実演を行った。(3) この機会に柳宗悦（一八八九～一九六一）、児島喜久雄（一八八七～一九五〇）、里見弴（一八八八～一九八三）、武者小路実篤（一八八五～一九七六）、志賀直哉（一八八三～一九七一）など、翌一九一〇年に『白樺』を興すことになる若者が集まった。エッチングは当時雑誌『方寸』の同人が手探りで行っていたが、ヨーロッパから専用の印刷機を持ち込んでその紹介に努めた専門家として、リーチは特異な存在だったのであろう。(4) しかし、この時入門したのは児島と里見の二人だけで、時折森田亀之輔や石井柏亭（一八八二～一九五八）が加わることもあったが総じて人の集まりは悪かった。またリーチも、自分が生徒に教えることよりも、日本のことなどに関し自分が生徒から教わることの方が多かったという理由で、翌年にはこの教室を止めてしまったようだ。(5) なお、リーチは後に富本憲吉（一八八六～一九六三）、柳宗悦、岸田劉生（一八九一～一九二九）にもエッチングを教えたが、これらは金銭目的ではなかっただろう。

エッチング教室を別にすると、当時のリーチが生活資金を得る手段は三つあった。第一に父親の遺産。アンドルーは南アフリカの鉱山の株を残したらしい。(6) 第二に、各種の副業。例えば、リーチはイギリスの会社に頼まれ、絵具を日本に売り込んだり、(7) 妻と共に自宅や近所の女学校で英語を教えたりした。(8) 最後に、自分の作品を売ること。すなわち本業である。

当時の日本は物価が安く、リーチには生活が楽だったという。彼は桜木町に自宅を建てると使用人を何人か雇い、本国から許嫁ミュリエルを呼んで一九〇九年末に京都の同志社で結婚式を挙げた。そして、リーチの上野桜木町時代の友人、桜木谷《さきや》慈宣《しげのぶ》（生没年不詳）によれば、リーチは「茶の湯、尺八、三味線、弓、撃剣」などにも挑んだという。(9) 二十二歳の彼にこのような生活ができたのも、経済的に余裕があったことの証左だろう。

次に、リーチの行動範囲について述べよう。彼は基本的に東京で活動したが、時には旅行に出かけた。例えば、一九一〇年夏には妻と親友レジナルド・ターヴィー（スレード美術学校時代の友人。リーチの招きで来日していた）と共に房州に赴いているし、一九一三年と一九一四年には赤城山に行っている。また、避暑には毎年のように出かけており、一九一一年から一三年までは箱根で、一九一四年は軽井沢で夏を過ごした。リーチが一番遠出したのは、一九一一年に奈良と京都を訪れた時だろう。

こうした事実だけを見ていると、リーチは日本滞在を楽しんでいたかの感があるが、実際は必ずしもそうではない。前章で見たように、来日前の彼はハーンの著作を通して日本を思い描いていたが、当然のことながら現実に目にした日本は予想と異なっていた。食べ物や生活習慣、衛生観念の違い、言語など、異文化の接触において誰しもが経験する問題をリーチも経験した。そうしたストレスは、ミュリエルが来日して話し相手が出来ると一時的に緩和されたが、今度は慣れぬ新婚生活が逆にストレスの原因となった。また、一九一〇年六月にリーチの招きでターヴィーが来日し、リーチは再び良き話し相手を得たが、しかしこの友人は結局日本に馴染めず、半年余で故郷へ帰ってしまう。自伝によると、この出来事はリーチを悲しませた。彼のストレスが頂点に達したのはこの頃である。当時を振り返り彼は、「半歳位の間日本がすつかり嫌ひになつた。春の暮の夢一遍で醒めました」と述べ、日本文化への心酔から醒めた経緯を告白している。(10) また、一九一一年一月二十五日の日記に彼は、「あと一年でイギリスに帰りたい。だけど自分には家庭がある。子供が生まれるはずだ。古い美術の伝統を何とかつかまねばならないし、また金を稼いで蓄えねばならない」と記し、帰国の意志があるものの、日本美術の研究が進展していないのでまだそうはできないという、複雑な心境をのぞかせている。(11)

しかし、このような精神的な浮き沈みを経験しつつも、結局彼は一九一四年まで日本に留まった。これを考えるには、リーチの来日目的である日本文化の研究と、日本美術界への参加について考えなければならない。

二　交友と活動

ここで、リーチの日本での交友関係を論じつつ、彼の活動を見ておきたい。来日直後に話を戻そう。

既に述べたように、岩村透の指示により森田亀之輔はリーチの面倒を見ることになった。彼は東京美術学校で英語の助手をする傍ら、『美術新報』の編集をしていた人物である。森田はリーチの身の回りの世話をし、日本語を教える一方、この雑誌とリーチを繋ぐ役割を果たした。もちろん森田がリーチから教わることも多く、彼の書いた記事の中にリーチの意見・知識が反映されることもあった[12]。

リーチが日本に来て最初に正木直彦、高村光雲、岩村透、森田亀之輔といった東京美術学校の関係者と出会ったことは、その後の彼の交友関係を考える上で大きな意味を持っている。例えば、一九〇九年五月発行の『美術新報』には早くもリーチの名が現れるが、このような雑誌に無名の作家リーチの記事が出たのも、岩村がこの雑誌と深く関わっていたためだろう。また、この『美術新報』で忘れてならないのが、坂井義三郎(犀水、一八七一～一九四〇)である。犀水は一九〇九年にこの雑誌の主筆を引き受けるが、ちょうどその頃彼はリーチが自宅で行った個展を取材している[13]。こうして、犀水がリーチと知遇を得た結果、犀水が関係した『美術新報』『美術週報』『美術月報』『美術』等の雑誌の消息覧には、この後リーチの名が登場するようになった。これらの雑誌記事は、リーチの日本での行動を追跡するための基礎資料である。

一九〇九年からリーチは東京で様々な人物と知り合い、交友を持つが、その中でも重要な者は七人いる。すなわち、高村光太郎、富本憲吉、長原止水、淡島寒月、山脇信徳、岸田劉生、柳宗悦である。リーチは一九一四年に最初の著作 *A Review 1909-1914* を著しているが、この本はこれら七人に献じられている[14]。いずれもこの時期、リーチの日本文化研究の手助けをした人物である。以下、これらの人物のうち、既に触れた高村光太郎を除く六人について見ておこう。

まず取り上げるのは画家の止水長原孝太郎(一八六四～一九三〇)と作家の淡島寒月(一八五九～一九二六)である。止水は東京美術学校助教授として洋画科で教鞭をとっていた。同僚の岩村透から「今度エッチングをやる人がきた」と聞いて、止水が日暮里にリーチを訪ねたのは一九〇九年六月である[15]。一方の寒月は、幸田露伴や尾崎紅葉と共に西鶴ブームのきっかけを作った人物として知られており、リーチは止水から寒月を紹介されたという[16]。止水も寒月もかなりの教養と趣味をもち、例えば二人とも子供向けの絵や玩具の蒐集をしていた[17]。『美術新報』には止水が描いた日本人形が掲載されているが[18]、ひょっとしたらリーチの描いた絵画作品《人形[19]》は長原ないし淡島の蒐集と関係があるかもしれない。若いリーチはこれら年輩の日本人との交遊を通じて、江戸時代の文化などを学んだと考えられる。リーチは後に寒月について、「寒月さんは一年に一ぺんくらい遊びに行った。向島。あれは面白いおじいさんでした。あの家から出るときには、いつも春の空気が出たような感じがした」と回顧している。[20]ちなみに、陶芸を学ぶ決心をしたリーチに六代乾山を紹介したのは寒月である。[21]

この二人に対し、残りの人々はリーチとほぼ同年代である。柳宗悦がリーチと出会ったのは一九〇九年のエッチングの制作実演（前述）の時である。以後リーチが生徒の里見弴や児島喜久雄に誘われて白樺主催の美術展に通うようになると、それに応じて柳もリーチと親しくなったようだ。[22]当初、リーチは柳をドイツ贔屓の人間として距離をとっていたようだが、しかし英語の得意な柳は『白樺』同人の中でもリーチに近しくなっていき、一緒に赤城山に旅行するまでになった。柳は後に民芸運動を興してこれを指導し、リーチとは生涯交渉を持つことになる。

次に、画家山脇信徳（一八八六～一九五二）を取り上げる。彼が第三回文部省展覧会（文展、一九〇九年十月）に出品した油彩画《停車場の朝》は、高村光太郎と石井柏亭の間に論争を巻き起こしたことで知られる。[23]この論争そのものには立ち入らないが、この論争にリーチが絡んでいたことには触れたい。そもそもこの論争の発端は、柏亭が主催する『方寸』（三巻九号）にリーチの文展評（談話筆記）が載ったことである。この中でリーチは、件の山脇の作品はモネの隣に並べても遜色はないと柏亭に語った。その後、山脇の作品に否定的な見解を示す柏亭と、山脇を評価する高村との間に論争が起きた時、リーチの名は彼らの文章に登場し、識者の間で知られることとなった。[24]なお、山脇本人は『白樺』の準同人として、リーチと親しくなって行った。

その次の岸田劉生は、大正時代を代表する画家の一人である。劉生とリーチが出会った経緯は定かではないが、二人の交友が始まったのは一九一一年から一二年初頭にかけてのことだろう。[25]そして、一九一二年二月の第四回白樺美術展においてリーチが大量の陶器の注文をうけた時、劉生はリーチの絵付けの手伝いをしたことがある。[26]これがきっかけとなり、二人は「だん〲親しくなつて御互に行き来し合ふ」ようになった。[27]一九一三年五月には、リーチはエッチングで劉生の肖像を、劉生は油彩でリーチの肖像を描いている。リーチは劉生を高く評価しており、後年劉生を「心のともだち」と呼んでいる。[28]

そして最後は富本憲吉である。リーチが富本と知り合ったのは一九一〇年七月である。富本は東京美術学校在学中、大澤三之助のもとで建築デザインを学び、後にイギリスに留学した。そして日本への帰途、同じ船で偶然リーチの友人、レジナルド・ターヴィーと知り合った。リーチはターヴィーから紹介された富本と意気投合し、後には一緒に六代乾山に弟子入りすることになる。

以上、リーチの交遊について簡単に見てきた。前節での議論と合わせると、彼は（一）東京美術学校・『美術新報』を中心とする美術関係者グループと、（二）学習院・東京帝国大学・『白樺』を中心とする文学グループの双方と接点があったことがわかる。

ただし、これは必ずしもリーチに限ったことでなく、当時両者の繋がりはそれなりに密だったことに注意されたい。例えば、まず画家では、山脇信徳と岸田劉生は、時期的な問題があるにしろ、共に『白樺』の準同人と言える。また、リーチがロンドンで知り合った南薫造と、リーチの生徒里見弴の兄、有島壬生馬の二人は、一九一〇年に「南薫造・有島壬生馬滞欧記念展覧会」を『白樺』の主催で開いた。さらに、南薫造、富本憲吉、森田亀之輔の三人は東京美術学校在学中、マンドリンクラブに所属していたが、この部活の顧問は岩村透であった。[29]一方、美術研究者では、児島喜久雄（リーチの生徒）は、柳宗悦らと共に『白樺』誌上でポスト印象派の紹介を精力的に行っており、一九一六年には矢代幸雄（一八九〇〜一九七五）と共に、坂井犀水の後任として『美術新報』の主筆になる。そして、ここにでてきた矢代幸雄とリーチの世話役の森田亀之輔は後に、岩村透の後任として一九一五年九月から東京美術学校で西洋美術史を分担講義する。[30]この他にも、東京美術学校出身の高村光太郎が『白樺』に寄稿していること、一九一二年の第一回ヒュウザン会には高村と劉生とリーチの三人が出品していること、光太郎と論争した石井柏亭は岸田劉生のライバルであったことなど、様々な繋がりを指摘できる。

少々複雑になったが、ここでは当時の画壇と文壇の繋がりが確認できればそれでよい。その人脈は楕円状にひろがっており、その楕円の焦点は東京美術学校と『白樺』である。そして重要なことは、リーチがこれらの人々と知遇を得て、この楕円の内側を行き来できるようになったことである。

このような東京での日本人との交際は、リーチの日本での活動を円滑にし、また活動の幅に広がりをもたせた。その例として、一九一一年四月に開催された「美術新報主催新進作家小品展覧会」を取り上げよう。この展覧会は、若手の画家に作品発表の機会を与えることと、洋画と日常生活を接触させることを主たる目的としていた。『美術新報』の坂井犀水から誘いを受けたリーチは、この展覧会に自分の作品を出品したばかりでなく、会場となった吾楽殿という建物の室内装飾を富本憲吉と二人で担当した（挿図二-一）。富本が会場に自らデザインした椅子を用意したのに対し、リーチは会場にかける幕や看板を作成したり、徽章や記念栞のデザインをしたりして、それぞれ好評を得た。[31]また作品では、リーチはエッチングのほか、自ら開発した技法で描いた絵画（和紙に油絵の具で着色したもの）を出品して異彩を放った。[32]この展覧会の様子は『美術新報』十巻七号で詳しく紹介されている。この号の三頁に掲載された集合写真には岩村透、坂井犀水、森田亀之輔、高村光太郎、山脇信徳、富本憲吉等々、約三十名の顔ぶれが並んでいるが、その中で外国人はリーチ一人だけである。

このようにリーチはさまざまな意味で友人・知人に恵まれた。この人脈により彼は日本の美術界に参加するばかりでなく、日本はもちろん、日本以外の文化についても学ぶことになる。

挿図２-１　美術新報主催小品展
後列左より，リーチ，森田亀之輔，
前列左より，坂井犀水，富本憲吉。

三 『白樺』

一九一〇年代におけるリーチの交遊関係、日本の美術界への参加、日本研究のあり方を考えるとき、とりわけ重要な働きをしたのが『白樺』同人達である。リーチと同人達の交遊は、例えば武者小路実篤の小説『彼が三十の時』(一九一四年)からも窺える。ここでリーチと『白樺』の関係を改めて取り上げてみたい。

リーチと同人達は、先に触れた一九〇九年のエッチングのデモを機に知り合った。最初の頃はやはりリーチの生徒の里見弴と児島喜久雄がリーチと『白樺』同人を繋ぐ働きをしたようだ。リーチの名が初めて『白樺』誌上に現れたのは第一年八号である。以後、彼の名は徐々に現れるようになり、やがては文章を寄稿したり、表紙を担当したりするようになった(挿図一‐四七)。当然、同人達とリーチも親しくなっていき、彼は同人と能やコンサートに出かけたり、『白樺』主催の展覧会の手伝いをしたりした。第四回美術展(一九一二年)の際、同人の一人は「今度の展覧会ではリーチが一番働いたと云つていゝ」と記している。[33]

当時『白樺』の展覧会では様々なヨーロッパの美術品が紹介されていたが、そこからリーチが学ぶことは少なくなかった。展示の多くは複製品であったが、時にはロダンなどのオリジナル作品もあった。ここで重要なのは、リーチが『白樺』の展覧会を通じて初めてゴーギャンなどのポスト印象派(当時の言葉では「後印象派」)を知ったことである。当時のリーチについて柳宗悦は次のように書いている。

或日リーチと山脇と自分とで武者の家を訪ねた。リーチは此時ヴァン・ゴォホに就ては何も知らなかつた。然しゴォホの画いた「囚人」の一枚はリーチをその日から目醒した。「英国人は眠つてゐる眠つている。吾々は醒めなければばならない」と云ひ出した。ゴォホはリーチにとつて実際一種の期待しない驚きだつた。帰る途中で興奮してきて石を蹴つたり電信柱を打つたりしてゐたと山脇から後で聞いた。[34]

この引用からはリーチが同人達（武者小路実篤、山脇信徳、柳宗悦）と共に初めてゴッホの作品に出会い、興奮している様子が伝わってくる。彼は日本に来るまで、セザンヌを除けばポスト印象派については知らなかった。日本の文化・美術を勉強するために来日したリーチであったが、同時代のヨーロッパの美術界の動きをも日本で知ったことは、彼にとってまさしく「期待しない驚き」であった。リーチがゴッホの影響を強く受けていた時期のエッチング作品として、《男の肖像》（一九一三年、東京国立近代美術館所蔵、挿図二－二）がある。

一方、リーチは白樺の展覧会に自分の作品も出品している（一九一一年の洋画展覧会と一九一二年の第四回美術展）。そして、先に見た美術新報主催の展覧会の時と同様、色々な人々と知遇を得た。試しに白樺主催洋画展覧会（一九一一年）の際の懇親茶話会の出席者の顔ぶれを見ると、リーチと同人の他には、藤島武二、湯浅一郎、白瀧幾之助、坂本繁次郎、柳敬助、斉藤與里、山下新太郎などがいた(35)。ここに名を連ねているのは、その多くが後に文部省展覧会（文展）に反発して二科会を旗揚げする画家たちである。『白樺』の同人達も学習院など既存の権威には反抗的だったゆえ、これらの画家達と同人達には気脈の通じる所があったのだろう。このように見てくると、イギリスで王立美術院という権威に反発し、フライデー・クラブに近づいていたリーチは、日本でも似たような位置に収まったと言えるのかもしれない。余談であるが、リーチは一九一〇年秋に油彩画を文展に出品し、落選したらしい(36)。

挿図２－２　リーチ《男の肖像》
エッチング，1913年　東京国立近代美術館所蔵

次に、当時のリーチと『白樺』同人達を包んでいた文化的背景を、別の角度から探ってみよう。次の人名群をご覧頂きたい。

・カント、ベルクソン、ニーチェ、メチニコフ
・トルストイ、マーテルリンク、イプセン、ユー

ゴー、ブレーク、ホイットマン、エマーソン、ダンテ、ゲーテ、シェークスピア・レオナルド、ミケランジェロ、レンブラント、シャヴァンヌ、クリンガー、フォーゲラー、ロダン、セザンヌ、ゴッホ、ゴーギャン、マティス、ジョン

これらは、一九一〇年から一九一四年までの間に柳宗悦が中島兼子（後の柳夫人）に宛てた書簡に現れる西洋人名の一部である。[37] このリストから、大正初期の『白樺』同人達がどのような思想圏の中にいたかが窺える。もちろん、武者小路実篤が『白樺』に寄稿した文章を参照してもこれとほぼ同様の人名リストを入手できるが、ここでは敢えて柳に注目した。その理由は、武者小路より柳の方がリーチに親しいこと、書簡の時期がこの章で扱う期間とほぼ一致すること、右のリストにはリーチから柳への感化の跡が窺えること（オーガスタス・ジョンやブレーク）、そして何と言っても、「無車」の文章が雑誌で公にされたのに対して柳のものは私信であり、彼らの日常により近づけると思われたからである。

このリストに並ぶ顔ぶれは実に多様である。たとえ社会のほんの一部であるにしろ、当時の日本にはこれだけの欧米文化が既に流入し（あるいは流入しつつあり）、少なくともラブレターの中で言及される程度の話題となっていたのである。

当時のリーチも凡そこうした雰囲気の中におり、これらの作家や画家について同人達と話を交わしたと考えてよい。その証拠に、例えばリーチは一九二五年十月にイギリスのセント・アイヴスで講演を行い、そこで西洋文学・思想の日本への影響について論じたことがあるが、その時彼が日本に影響を与えた芸術家として言及したのは次の通りである。

トルストイ、ドストエフスキー、ツルゲーネフ、クロポトキン、ベルクソン、カント、ショーペンハウアー、ニーチェ、スペンサー、ミル、ジェイムズ、ゲーテ、ズーダーマン、シラー、イプセン、ビョーンセン

Bjornsen、ストリンベリ、メーテルリンク、ヴェルハーレン、エマーソン、ポー、モーパッサン、フローベール、ヴェルレーヌ、バルザック、ドーデー、ロマン・ロラン、ブレーク、ジョン・スコッツ、ショー、シング、クラショー、レーム Roeme、ヴォーン、シェークスピア(38)。

この人名リストには美術家は含まれていないが、しかし先に見た柳宗悦の書簡に現れる文学者と思想家は、ほとんどここにも現れている。

リーチにとって、日本の若者たちがこのような欧米の美術・文学・思想に親しんでいたことは、ある意味で彼をも鼓舞し、成長させるものであったと思われる。ポスト印象派などの新知識については当然情報交換が行われただろう。特に、学者肌の柳とリーチは、英語の文献を互いに貸し借りしていた形跡がある（リーチは日本語をかなり話せる様になったが、読み書きはできなかった）。柳は『白樺』のゴッホ号に「ヴァン・ゴオホに関する著書」を寄稿しているが、この文献リストに現れている本のうちの何冊かはリーチも読んでいる(39)。彼がマイアー・グレーフェの本によってゴーギャンを知ったのは、一九一二年の五月だった。また柳の方も、ホイットマン詩集、エミリー・ブロンテの作品、イェーツ編ブレーク詩集などをリーチから借りて読み、これらはやがて彼のブレークやホイットマン研究へと発展して行った(40)。柳が一九一四年十二月に洛陽堂から出版した『ヰリアム・ブレーク　彼の生涯と製作及びその思想』には、リーチへの献辞がある。

以上見てきたとおり、リーチが『白樺』の活動から学んだことは大きいし、またリーチという存在が『白樺』同人に与えた影響も小さくはない。『白樺』同人とリーチの交遊は、彼らの生涯続くことになる。

四　陶　芸

次に、リーチの日本文化研究へと話を進めよう。彼がヒュウザン会、文展、『白樺』等のさまざまな美術展を訪れていたことは既に指摘したが、彼にはこの他にも勉強の機会や手段があった。それらの中でも注目に値するのは、特定の個人への弟子入りと、社会教育施設や各種展覧会・博覧会に通うことの二つである。この項では前者について論じる。

話を一九一一年（明治四十四）に戻そう。この章の第一節でわれわれはリーチの同年一月の日記を読み、彼が日本文化研究において行き詰まり、精神的に落ち込んでいたことを知った。さらに、二月中旬に友人ターヴィーが日本を去ったこともリーチを落胆させた。

ところが、意気消沈していたリーチに程なくして一大転機が起こる。二月十八日、リーチは富本憲吉、森田亀之輔と共にある茶会へ招待され、この席で生まれて初めて楽焼を体験したのである。リーチは自分の絵が皿に焼き付けられるのを見たときとても興味深く感じ、どうしてもこの工芸を学びたいという欲求が沸き起こったという[41]。楽焼に魅せられたリーチは、その頃上野で開かれていた勧業博覧会の会場へ富本と出かけ、そこにあった堀川光山の店で盛んに楽焼の絵付けを試みた[42]。そしてさらに本格的に陶芸を学びたくなったリーチは、友人達に相談して師匠をさがした。

こうして一九一一年十月、リーチは淡島寒月の紹介で、三浦乾也（一八二五〜八九）の弟子、六代乾山こと浦野繁吉（一八五一〜一九二三）に弟子入りする[43]。下谷に住んでいた乾山を初めて訪ねた時、通訳として富本憲吉が同行した。二、三日通って頼み込み、ようやく入門を許された彼は以後毎日のように乾山の工房に通う[44]。そして約一年後、彼は桜木町の自宅に簡単な轆轤と窯をもつようになり、さらに一年後には伝書を授けられ、免許皆伝となった[45]。

リーチがここまで陶芸に熱中した理由としては、この工芸自体に魅力を感じたことに加えて、この工芸に親しむことで、日本文化への理解を深める手がかりを得たかったからだと推測できる。この章の第一節で触れたように、一九一一年初頭の時点でのリーチには、来日して二年近くが経つにもかかわらず、日本美術について本質的な理解が得られていないという焦りがあった。そのような時に出会った楽焼はいろいろな意味でリーチを惹き付ける要素があったと考えられる。上野桜木町時代のリーチが茶道に親しんでいたことは先に指摘した。また、理解の程度はともかく、リーチはロンドン時代から禅には興味をもっていたし、天心岡倉覚三の *The Book of Tea* は愛読したという。さらに、造形芸術としての陶芸という点から考えると、陶芸は偶然性によって作品の出来が左右されるが、日本では茶道の発達の結果、茶碗の歪みやヒビ（貫入）をも審美的に愛でる伝統があり、しかもそれは実際の使用に供される。イギリスで油絵という純粋美術やエッチングを学び、作品の完結性・完全性を意識的に目指すことに慣れていたリーチには、これが新鮮に感じられたのではなかろうか。

陶芸を通じて日本文化への理解を深めるというこの試みは、結果的に見てかなり成功したと思われる。例えば、乾山のもとで修行している時、リーチは次のような体験をした。彼はイギリスの学校で教育と訓練を受けた者として、乾山に向かって酸化炎や還元炎、釉薬などについて筋道だった説明を求めたことがある。ところが乾山の答えとは、「君の質問を聞いていると頭が痛くなる。私が示した通りにやってごらん。私も師匠からこうやって教わったんだ」であった。[46] つまりこの老人は、窯の中で何が起きているかを科学的には説明できなかったが、しかし何をすればどのような結果が得られるかについては知っていた。リーチが後年、このエピソードを自伝などで何度か言及していることから判断すると、体系的な論理や言葉ではなく、模倣という行為を通じて経験知を弟子に伝えるという教え方などから、リーチは日本という異文化の一端を捉えていたことが窺える。[47]

日本文化の性質を知るということに関しては、リーチの次の師、宮川香山（一八四二〜一九一六）も同様に興味深いエピソードを残している。宮川は真葛焼を海外に輸出し、欧米で行われていた数々の万国博覧会で受賞していたことで知られる。リーチは乾山のもとで二年ほど学んだあと、軽井沢でたまたま宮川と知り合いになり、宮川に誘われて横浜の彼の工場に半年ほど通い上絵付の勉強をした。[48] だが、リーチは香山にあまり親しみをもてなかったらしい。何でも隠さずに教えた乾山とは違い、宮川は幾つかの技術を彼に隠したため、リーチは独力で試行錯誤を繰り返したという。また、リーチは宮川について次のように書いている。

軽井沢に居た頃私はコーヒー茶碗や土瓶や砂糖入れ等を作つたが、それが大変宮川さんの気に入つて賞めて居られた。そして一月二月それを貸してくれとのことであつたから、私はなんの気もなく云はるゝまゝにお貸したが暫《しばら》くすると宮川さんの処から同じ好恰《(ママ)》のものが売出されてどつさり売れた。その時は流石《さすが》に私も余りいゝ気持はしなかつた。(49)

この出来事によりリーチは、日本では個人のデザインという考え方が明確ではなく、「うつし」――ヨーロッパの「コピー」とは異なる――という行為に対しては批判や制裁は必ずしも起こらないことを身を以て知ったのである。

陶芸を学ぶ過程でリーチは、イギリスと日本の文化や教育のあり方の違いを実感したはずである。そして、科学的理論を意識はしていないが、伝統と経験に支えられている日本の手作りの陶芸には、ヨーロッパの陶芸にはない深い味わいがあると考えた。その一方、職人の秘密主義や教育の低さ、審美眼の低さ、そして社会にデザイン保護の意識がないことは欠点だと彼は認識した。(50)

また、陶芸を研究するうちにリーチの関心は初代乾山や光悦に向かう。彼にとって運の良いことに、大正初期は江戸時代の再評価が起きた時期であり、例えば日本橋の三越デパートで「江戸趣味博覧会」（大正四年）が開かれたり、同じく大正四年は光琳の二百回忌として雑誌で特集が組まれたりと、琳派についての研究会や展覧会が開催されていた。このことは偶然であったにしろ、彼の日本美術学習に弾みをつけさせたことだろう。リーチは生涯にわたり初代乾山には関心をもちつづけ、晩年に『乾山　四大装飾家の伝統』という書を著すことになる。しかし、この大正時代初期の頃はまだ、自分が師の六代乾山と共に歩いた入谷や鶯谷が、初代乾山とゆかりの土地であることは知らなかった。(51)

このように、リーチは陶芸を学ぶことによって、日本の工芸、さらには日本の美術一般にまで理解を深めていったといえる。ただしここで注意したいのは、この時期の陶芸修行は彼にとって日本美術研究の一環にすぎなかった点である。後述するが、リーチが陶芸を一生の仕事と決めたのは、一九一六年後半、北京でのことである。

五　拓殖博覧会

陶芸に続き、ここではリーチの研究の手段として、社会教育施設や各種美術展覧会・博覧会を利用することについて取り上げたい。一九〇九年に来日したリーチは、日本が明治の開国以来整備してきた各種社会教育施設を利用することができた。

まず、恒常的な社会教育施設について考えると、これらの施設は東京では上野に集中していた。その多くは、毎年のように行われる博覧会で使用した施設を、開催期間後に流用することで造られた。当時上野にあった文教施設としては、帝室博物館（現・東京国立博物館）、帝国図書館（現・国立国会図書館上野支部）、動物園、東京美術学校と東京音楽学校（現・東京芸術大学）がある。また、上野以外の施設としては、例えば奈良帝室博物館（現・奈良国立博物館）などがあった。上野の桜木町に住んでいたリーチにとって、これらの施設や上野で開催される各種催し（例えば文展など）を見学することは容易だったはずである。現在の上野桜木町二丁目にあったと思われるリーチ宅から東京国立博物館の正門まではゆっくり歩いても十分とかからず、その気になればリーチは毎日博物館や動物園に通うことが出来たであろう。事実、リーチの自伝には、彼が動物園で鳥のスケッチをしたり、博物館を見学したりしたエピソードが記されている。また、リーチは一九一一年に奈良県安堵村の富本憲吉を訪ねた際、奈良帝室博物館にも足を延ばしている。これらの施設を利用することで、彼は日本の近代美術から古代美術まで、そして地域的には日本のみならず中国の磁器やオランダの陶器まで見ることができた[52]。

このような公共施設を利用できた点で、大正時代にリーチが日本とその周辺の文化を見たときのまなざしには、明治時代とは異なる要素が入りこんでいる。それを分けるのが、日本による異文化の表象と自文化の表象である。例えば明治時代に「お雇い外国人」アーネスト・フェノロサ（一八五三～一九〇八）は日本人の協力者、岡倉覚三を伴い、日本全国の神社仏閣で「日本美術」を「発見」し、ひいては「美術」や「美術史」等の概念や学問の整備を行い、博物館等の施設設置に間接的に関わった。これに対し、リーチが来日した時期にはこれらの諸制度は一応の整備を終え、日本人が日本文化や日本周辺の異文化を研究し表象していく制度が整っていた。すなわち、リーチが上野や奈良の博物館で見た日本や中国やオランダの焼き物は、日本政府の手で演出された「日本」であり「中国」であり「オランダ」であった。いわば、フェノロサらが日本美術を「創出」していく過程に関わったのに対し、リーチはそのようにして作り出されたものをまずは消費し、その後にフェノロサとは異なる形で「日本美術」を創出して英語圏に伝えたことになる。

このことは、恒常的な社会教育施設ももちろんであるが、リーチが見学した博覧会を考えるとき、よりはっきりするだろう。リーチが来日した時期はちょうど日本における博覧会の転換期であった(53)。明治の博覧会は基本的に近代化のための手段であり、そこで展示されるのは新技術や新兵器などであったが、日露戦争後からこうした性格は変化していった。その変化の一つは、帝国主義的要素が強まったことである。博覧会や博物館の発達には、ヨーロッパの百科全書的な知識の構築や、植民地の拡大と学問の発達が深く関与している。その背景には、日本の博覧会においても、明治末から日本の周辺地域を紹介するパビリオンの数が増していく。ヨーロッパを範とした日本が一九〇五年以降、大陸に進出して、一九一〇年には朝鮮を併合したという経緯がある。博物館、博覧会のもつ文化帝国主義という性格に深入りはしないが、リーチが体験した当時の日本の社会状況一般を考える際、この点を念頭に置いておく必要がある(54)。

ここで、リーチが見学した様々な施設や催しの中から、一九一二年十月に上野で開かれた拓殖博覧会を取り上げよう。この博覧会は日本の植民地や周辺地域の文化や資源を国民に紹介することを目的としており、会場には朝鮮館、台湾館、満蒙館、南洋館などのパビリオンがあった。リーチはこの博覧会を友人の富本憲吉と共に訪れた。この時の博覧会の様子やそれへのリーチの反応については、富本が『美術新報』に寄せた「拓殖博覧会の一日」という一文により知ることができる(55)。

具体的にこの博覧会の様子を見ていこう。会場を訪れた二人が最初に見学したのは朝鮮の部屋である。既に陶芸に親しんでいた二人は、李朝の王家から「拝借」したという陶器に感心し、その土に関心をもち、手に入れられないだろうかと考える。そして次の満州の部屋では紙を見て、リーチはエッチングや木版画をやるのにそれが適しているると富本に言う。さらに二人は、台湾の部で現地の女が糸を紡ぐ様を見物し、その次には北海道アイヌ、樺太アイヌの展示を訪れた。会場には原住民村が作られ、現地の人々が物と一緒にそこへ住まわされ、「展示」されていた。彼らは展示の説明をしたり道具の実演をしたりして見学者を喜ばせた。富本は樺太アイヌの部で見た十四、五歳の美しい娘に心を動かされ、「女房にするならコノ形と心をした女」と言いだし、リーチを一寸あきれさせる。リーチと富本が会場を去ろうとすると、先程まで展示されていたような品々が売店で売られているのを見付ける。そして売店の主が、「此れは蛮女の正装に用ふるキモノで、縫ひ目に小さい骨を附けたもので、木の枝から糸を下げて一年もかゝつて織つたものです［。］此れが蛮刀、此れが蛮布、これが蛮人首取りの祝ひに使用し……」と、「蛮」という言葉を何でも頭につけて商品の説明をするのを耳にする。二人は「蛮衣」などを買い込んでリーチ宅に戻った。

文全体を通し、富本が現地人を「土人」「野蛮人」と呼んでいる点は興味深い。もちろんその背景には、ヤマト中心の文化観がある。博覧会会場で物と一緒に展示されている現地の人々は、複雑な状況に置かれていた。先のアイヌの少女は「内地語」が上手であるにも関わらず、会場で客に顔を見られるようになってから俯いて何も言わなくなった、と富本は紹介している。この少女は、日本の国民として「内地語」「日本字」の学習を要求される一方、東京では「外地」出身者として振る舞うことを求められるという、二重の状況に置かれていた。そして展示物は、紙や土にしろ工芸品にしろ、いずれも資源として開発し、利用すべきものであった。

「拓殖博覧会の一日」の最後部分で富本は「蛮刀」「蛮布」に関連し、「自分等より確実に良い工芸品を造り得る土人の作品に蛮の字を加えない事にしよふ」とリーチに言っている。これに対しリーチは、「サベーヂと云ふ字の意味を自分等は普通の人と異つて考へて居るのだからかまわない」と答える。この二人の態度は同じではないが、しかし「野蛮さ」の中に「美しさ」というプラスの価値を見出している点で、二人にはプリミティヴィズムと呼ぶべき共通の態度が認められる。大正時代の日本が、周囲の朝鮮、台湾、アイヌ等々の文化を見るときのそのまなざしに関して深く論じる余裕はない。しかし、「野蛮」を創出する時の装置（博覧会の展示というメディア）にしても、その「野蛮」への態度（啓蒙すべき対象として見たり、むしろ「文明」よりも優れた点を見出して「文明」を批判する際の根拠としたりする）にしても、当時の日本で行われていた展覧会には、西ヨーロッパ諸国における植民地文化の表象がもつ問題と同質のものが含まれているように思われる。(56)

このように見てくると、リーチは日本の博覧会や博物館において、またしても期せずして日本以外の文化を学んだことになる。それは日本の植民地及び周辺地域の文化である。無論、博覧会や博物館には、いわば異文化の収奪という要素があり、リーチが見た植民地文化とは、あくまでも日本人の目で見た異文化を日本の見方で展示したものである。しかし、たとえ日本というバイアスがかかっていたにしろ、リーチの視野にアイヌや朝鮮等の文化が新たに現れたことも確かである。そして、博物館や博覧会を通してリーチが学んでいったこれらの要素は、やがて彼の作品にも反映されていくことになる。

六　「咀嚼し活現し得た人」

ここで第二章をまとめてみよう。リーチの日本滞在の意義を、リーチ本人の立場からと、日本側からと、両面で考えてみたい。

最初に、リーチの立場になって考えると、三つの点を指摘できる。第一に、当時の日本を文化面で牽引する立場にあった知識人の間で、リーチはかなり広範な人脈を築くことに成功した。彼が『白樺』と二科会に集う、一八八〇年代生まれの世代と親交を深めたことはとりわけ大きな意味をもっており、彼らとの交遊はこの時期だけでなく一生続く。この点で、日本人の話し相手にはあまり恵まれなかったラフカディオ・ハーンとは対照的である。(57)

そして第二に、リーチはこうした人脈を活用し、日本の美術や文化を学ぶという、来日の目的を果たした。来日当初の彼は、日本の事物を何でもラフカディオ・ハーンの著作に書いてあるような見方で理解したが、やがてはそこから脱却することを余儀なくされたという。こうした、イギリス時代に抱いた日本イメージを修正することから始まった彼の日本理解は、特に陶芸を試みた時期を境として進展を見せた。この意味で、リーチの日本体験とはハーン的日本観を脱する過程でもあり、リーチ本人もこのことを自覚していた(58)。なお、彼は基本的に先に述べたような日本の知識人の目を通して日本を見たが、しかし日本文化の様々な位相にも目を向けている点にも注意したい（下谷の六代乾山や向島の淡島寒月との交遊、「農民芸術」への注目など）。そしてリーチは、分野では日本画や陶芸を、時代的には法隆寺の壁画から琳派を経て当時の現代美術までを一通り学んだ。その結果、例えばボッティチェリと宗達、あるいはレンブラントと雪舟を比較したり(59)、「雪舟は骨、光琳は肉」などと評したりする位の見識を得た(60)。陶芸の方では、土の配合・轆轤の引き方を経て、上絵付けにまで進んだ。またリーチは、乾山のもとで修業をしていた頃、楽焼のみならずストーンウェアと磁器をも試みていたという(61)。

第三に、リーチは日本の伝統文化を研究する一方で、結局それ以外のものも学ぶことになった。それはすなわち、日本の植民地や「外地」の文化、及び東アジアと西ヨーロッパの文化である。彼は日本の各種社会教育施設や様々なイベントを利用してこれらのものを学んだ。特に、『白樺』の展覧会でポスト印象派を知ったことは、「期待しない驚き」であった。一九一二年にゴッホと邂逅した時、リーチの作風は大きく変わる。例えばエッチングでは、ロンドン時代の作品《ゴシック精神》（挿図一-三）と、日本で制作された《自画像》（一九一四年、挿図二-三）を比べてみると、後者においては一本一本の線がリズミカルに躍動しており、研鑽の跡が窺える。また、詳しくは第十章で述べるが、リーチはある陶器作品においてもポスト印象派の影響を受けていると自ら認めている。リー

挿図２-３　リーチ《自画像》
エッチング，1914年

チがロンドン時代以来の課題、事物の詳細な描写と、そこに感情を込めることという二点を解決したのは、日本での絵画の研究に加え、ポスト印象派が大きく関わっていよう。ただし、彼は中国に渡航する一九一五年頃にはポスト印象派に対して批判的になっており、後には日本に留まったお陰でポスト印象派に足下をすくわれずに済んだ、と考えた(62)。また、日本の陶芸を学ぶようになってから、リーチはそれまで全く興味をもったことのなかったヨーロッパの陶芸に注意を向けるようになった(63)。これは異文化体験をした者にはまま起きる現象であるが、彼は異文化の研究を通して自己の文化についても理解を深めることになったのである。

前章において、リーチにとって日本滞在は一種の放浪 wandering だと論じたが、事実、彼は日本で『白樺』派や陶芸、日本の植民地の文化、ポスト印象派という予期せぬものと出会った。リーチは一九〇九年の来日以前から、ラスキン等の議論に親しむことにより、「純粋美術」と「応用美術」という区分や、「西洋美術」と「非西洋美術」(プリミティブ・アート)といった区分を超えるような視点を獲得し、これらの間に優劣を認めず、同等の価値を見出せるようになっていたと思われるが、日本での滞在経験によってこうした視点に確信を得られたのではなかろうか(64)。この度の放浪の途中で起きたこれら偶然の出来事により、リーチの一生はこの先大きく左右されることになる。

次に、リーチの日本滞在の意義を日本側のコンテクストで考えてみよう。次の引用を見ていただきたい。出典は一九一二年の『白樺』である。

○リーチの話によれば近頃英国では後印象派の運動で殆ど画界に一革命が起つて來たそうだ。国からの友達の手紙で「日本等に居ては後印象派と云ふ名□〔脱字〕まだ知らないだろうが」と云ふ様な事を書き加へてあつたそうだ。リーチは先に自分達の処に来て、ゴオホ、ゴオガン、マテイス等の画を見て非常に興奮して、早く欧羅巴に帰りたい帰りたいと云つてゐたが、英国の其新しい運動を聞いて、とうとうもうぢき帰る事に決めたそうだ。

［中略］

○吾々が一昨年の十一月「ロダン号」を出した時、丁度英国では初めての「後印象派」の展覧会が開かれた。

近頃は其運動に対する評論も中中多くなつてゐるが、読んで大した深みのあるものもない、皆んなこちらが知つてる様な事ばかりだ。伝説のない自由な吾々日本人は、凡ての意味ある新しい気運を理解し摂受する上に於て、英国人等より遥かにいい境遇にゐる。書いたものを見ても、もう大した差はない様な氣がする、おい越す事もそんなに困難ではないと思ふ。(宗)(65)

これを書いたのは、当時二十三歳の柳宗悦である。引用から、リーチは白樺の展覧会で「後印象派」のことなどもう既に知っているのだ、という柳の得意気な様子や、美術や芸術に関して日本はやがてヨーロッパを追い越すことも可能だろうという楽観的な見解が窺える。

ここには、日本は近代化を達成し欧米に追い付きつつあるのだという意識が現れているが、このような見解は明治時代にはあまり見られなかったものであろう。その背景には、やはり日露戦争での勝利がある。大正初期の『白樺』同人の世代には、国家の独立をかけ必要に迫られて欧米の文化を導入した祖父や父親の世代とは違い、差し迫った危機感はなかった。こうした精神的余裕は、交通・通信手段の発達によっても裏打ちされていた。例えば、『美術新報』の編集者坂井犀水が手がけていた別の雑誌、『美術週報』を見れば、当時の日本の知識人達が欧米の画壇の動きを正確に、しかもほぼ同時に捉えていたことがわかる。それゆえポスト印象派はイギリスとほぼ同時に日本で広まるという事態が起き得たし、ロダンの紹介をしていた『白樺』同人のもとにロダン本人から手紙とブロンズ作品が届くこともあった。同人たちがヨーロッパとの同時代意識を持っても不思議はない。

また、『白樺』同人の精神的余裕の背景には、日本側で外国文化研究の体制が整備された点も指摘できる。明治の第一世代が外国語による大学教育を受け、予備知識の少ないまま留学先へ飛び込んでいったのとは違い、『白樺』の世代が教育を受ける頃には日本語による外国研究がかなり蓄積されていた。また、学校教育だけでなく社会教育施設もそれなりに充実していたことは、先に論じた通りである。

こうした状況下にリーチが来日したことは、日本側でもそれなりの意味を持っている。もちろん日本文化を研究するために来日したヨーロッパ人は明治時代にも数多くいた。しかし、リーチの場合は二つの特色があったように思われる。それは第一に、彼は「お雇い外国人」とは違い、教えるためではなく教わるために来日したのだという、謙虚な考えの持ち主だった点である。[66] そして第二は、リーチは日本の若者達と共に考え、そしてその考えを雑誌で直接日本の読者に対して表明した点である。これら二点はリーチの周辺にいた日本人が「西洋」の文物に相対するときの態度に、間接的ながらも影響を与えたと思われる。例えば『白樺』同人達は、自分達と肩を並べて「後印象派」の絵（の複製）を覗き込み、一緒になって興奮しているリーチの姿を目にすれば、自分達は欧米と同じ時代の空気を共有しているのだと肌で感じたかもしれない。[67] そしてそのリーチは、『白樺』の同人達と同様、ゴッホなどの新知識に関する感想や持論を雑誌で発表した。大正時代の日本の文化的状況を考える場合、明治時代との差異、特にヨーロッパとの同時代意識という点は見逃せない。

こうした意識に注目するとき、リーチ本人のみならず日本側でも、リーチをラフカディオ・ハーンとの対比において受けとめる傾向があったことは興味深い。やや年代が下って一九二〇年のことになるが、柳宗悦は次のように述べている。

彼［リーチ］を知る多くの友達は、彼がハーン以後、日本の内面を理解し得た唯一の外国の芸術家だと云ふ私の意見に、必ずや一致することゝ思ふ。ハーンが古い日本に温く活きたのに対して、新しい日本に親しい心を味つたのはリーチであつた。彼は吾々の心が親しく嘗めた希望、渇仰、苦悶、努力を自らにも嘗めた唯一の外国人であつた。否、吾々と同じく生活した意味に於て、彼は外国人であると云ふよりも一層日本人であつた。私はハーンが古い日本を限りなく愛したやうに、彼も古い日本に尽きない愛を持つてゐることを知つてゐる。而も亦彼が製作の衝動をハーンと同じく古い泉に求めることがあるのも知つてゐる。[68]

引用中の「吾々の心が親しく嘗めた希望、渇仰、苦悶、努力を自らにも嘗めた唯一の外国人であつた」という言葉には、『白樺』同人とリーチとの間の同時代意識と連帯感が表れている。

もちろんこのような、リーチという存在そのものが及ぼした無形の影響の他に、リーチは具体的な影響も日本側に残した。例えば、岸田劉生はヨーロッパに渡航することなく一生を終えた洋画家であったが、そのような彼がイギリスの美術学校で訓練を受けたリーチから自分の作品の感想を聞いたり、一緒にいろいろな作品を見て意見の交換をしたりしたことは貴重な体験だったろう。一九一二年から翌年にかけて岸田は「後印象派」の影響を受けるが、この時期の彼の作品の中で今日評価が高いのは、《バーナード・リーチ像》（一九一三年五月、東京国立近代美術館所蔵）である。そして、一九一三年末から岸田は「後印象派」の影響を脱し、いわゆる「クラシックの感化の時代」に入るが、興味深いことにこの方向転換においてもリーチは関与している。岸田にウィリアム・ブレークの作品を伝え、そして一九一三年から一四年にかけてエッチングを教えたのはリーチだった。また劉生が素描の重要性を認識したり、「装飾」という概念への理解を深めるたりする際には、リーチとの交友が一つの契機になったことを劉生自身が認めている。(69) こうして見ると、劉生が後に「内なる美」を構想していく際に重要となる「写実」「装飾」という二つ概念が、既にこの時期リーチとの関連において現れていることが明らかになる。(70)

一九一四年末からリーチは中国に渡航する準備を始めるが、この時『美術新報』はリーチ送別のために特集を組んだ。最後にその中から二人の文章を引いてこの章を終わろう。まずは高村光太郎の送別文である。

〔リーチは〕日本に来た外国の芸術家の中で一番よく日本を了解した人であるといふ事が言へます。しかも其が研究といふ様な独逸流のゆき方でなくて、自分自身の生長といふ事とぴつたり関係して、自分自身の生命の問題となりつつ苦悩して行つた処がまるで根本から他の外国芸術家と違ひます。(71)

高村は、リーチが日本文化の研究をそのまま自分の精神的成長へと役立てていった点を指摘している。こうしたリーチの姿勢は、己の「生命」の「生長」を重視していた『白樺』同人達の姿と重なる。そしてこの点で、リーチは明治の「お雇い外国人」とも、十九世紀のジャポニスムの画家とも違うのである。それというのも、前者は日本から学ぶという姿勢は必ずしも持っておらず、後者は日本美術に学ぶと言うよりは、そこに自らの主張の正当性を見出した。それに対しリーチの場合は、異文化の学習がそのまま自己の内面の変化・成長に繋がったという点が顕著である。この意味で、日本側から見てもリーチは、明治時代にはあまり見られなかったようなタイプの外国人だったといえる。

次に、坂井犀水がリーチの一九一四年の個展を見たときの感想を引用する。

> エッチングで「箱根」の如きは能く南画の気持を取り入れて居る。黄釉を豊かにかけて形の引締つた楽の茶碗に良き日本趣味を表はしたのがある。唐三彩の写に成功したのがある、鼠色釉の光沢の消えたのに含蓄の深い愉快なのがある。本焼の堅牢なのがある。又支那や日本の模様や形を自由に駆使して居る、中には我々日本人には思も付かぬ見方や表し方をしたのもある。西洋人にして此処まで東洋の趣味を咀嚼し活現し得た人は珍らしいと思ふ。(72)

犀水はリーチを高く評価している。たしかに、リーチの陶器には実用面で問題があると指摘する論者も中にはいたが(73)、しかし坂井の言うように、リーチが「東洋の趣味を咀嚼《そしやく》」してそれを「活現」している、というのが当時の日本側のリーチ評に現れる共通した見解である(74)。作品において、リーチには「東洋」と「西洋」の両方に足をおろそうとする姿勢が既に顕著である。彼は日本での学習を自分なりに咀嚼して摂取したのであり、単なる模倣で終わることはなかった。陶芸において、彼は師の乾山の作風すら拒否した。また絵画においては、和紙と油彩による日本画を独自に試みた。《婦人図装飾画》油絵試作掛物はそうした実験的試みの一つである(75)（挿図二-四）。

当時日本で活動していた外国人芸術家は決してリーチだけではない。しかし、日本を去る時に雑誌で特集が組まれたのは、彼だけだったのではなかろうか。彼がこれ程高く評価されたことは、日本人の知己に恵まれたことや彼の作品が優れていただけでなく、おそらく日本が抱えていた事情とも関係があろう。「皮相上滑り」な欧米文化の導入に対しては当時から既に批判が出ており、日本では次々に流入する外国文化を在来の日本文化と如何に調和させるかが課題となっていた。外来文化と日本文化の調和を模索していた日本人には、作品の中でそれを、日本のものとは違うやり方で実践するリーチから、考えさせられる所があったのだと思われる。

そして、この「東洋」の文化と「西洋」の文化の協力・調和という点は、日本側のみならずリーチ自身の問題でもあった。この問題を機軸として、この後のリーチの人生は展開していくことになる。

挿図2－4
リーチ《婦人図装飾画》1911年頃

挿図２－６
リーチ《十字架》

挿図２－５　リーチ《十字架と燭台》 1954年頃,
日本聖公会神愛教会所蔵（第二章の註47参照）

挿図２－７　リーチ《十字架（背面）》

挿図２－８　リーチ《燭台》

第三章　東洋と西洋——中国　一九一四〜一九一六年

バーナード・リーチは一九一四年（大正三）末から一九一六年までを主に中国で過ごす。その経過を示すと、まず彼は一人で一九一四年十一月八日に神戸から天津経由で北京に向かい、約一カ月後に日本に戻る。(1)そして翌年一月十七日に再び日本を離れて北京へ赴き、今度は五月初めまで滞在する。(2)これら二度の準備を経て、彼は一九一五年七月四日、ついに家族を連れて北京に移住する。(3)イギリスに帰るべきか中国に渡るべきか迷ったようだが、結局リーチは中国を選んだ。その背景には第一次世界大戦があるだろう。この時彼に日本へ戻る意思はなく、日本では送別会が行われた(4)（挿図三-一）。

一家が中国に渡った時、リーチには四歳の長男デイヴィッドと二歳の二男マイケルがおり、妻は妊娠八カ月であった。しかも、リーチもその妻ミュリエルも、中国語ができたわけではなさそうである。幼児二人と身重の妻を連れて、なぜ彼は日本を去らねばならなかったのだろうか。

リーチの中国での活動や、中国渡航に関しては資料がほとんどない。この章では、限られた資料をもとにして、可能な限りその行動を跡付けるとともに、中国滞在がリーチにとってどのような意味をもっていたのかを解釈してみたい。以下、第一、二節でリーチが中国渡航を決心するに至った背景を考える。その議論の中心はリーチの「東洋」「西洋」観であり、この観点から前章で論じたリーチの日本滞在を振り返ることになろう。第三節ではリーチの北京での行動を追う。そして第四、五節において、彼が北京から日本へ再渡航するに至った事情を考察し、リー

挿図３－１
リーチ送別会
1915年６月23日，「八百善」にて。前列右より，田中喜作，梅原龍三郎，リーチ夫人，有島生馬，長原孝太郎。後列右より，三浦直介，齊藤豊作，山下新太郎，柳宗悦，高村光太郎，リーチ，森田亀之輔，石井柏亭，坂井義三郎（犀水）。

チにとっての中国滞在の意義を考えたい。

一 リーチの東西観（一）

前章で論じたとおり、日本においてその近代化の様、東アジアの文化、ポスト印象派などのヨーロッパ美術等の見聞を広めたリーチは、やがて「東洋」と「西洋」の関係について関心をもつようになった。彼は香港生まれであり、もともと本土出身のイギリス人とは多少異なる価値観を身に付けていた。「西洋」の文明を受け入れながらも、それにどこかで違和感を感じているという点で、小説家ラディヤード・キップリング（一八六五～一九三六）と似ていなくもない。そうした屈折した思いはリーチの場合、権威への反発、ジプシー生活への憧れ、「東洋」への関心などの思想傾向に現れた。だから、そのような彼が自分の生まれ育った極東で数年を過ごすうちに、東アジアと西ヨーロッパの関係についてますます真剣に考えるようになったとしても、一応は頷ける。

一九一〇年代に現実の日本を体験した後でリーチが抱いた日本観は、次の言葉にほぼ集約される。

> 子供でも男の子供十六位になると子供ぢやない、大人ぢやない、間に変な一年位身体が変になる、日本も丁度其時が来ましたと私思つた。東洋でもない西洋でもないのでした。(5)

リーチの講演の速記録からの引用なので文法的には少し変だが、意味は通じよう。内容を補うと、この引用でリーチは、「たしかに日本はある程度近代化に成功した。かつてラフカディオ・ハーンが描いたような古い日本はもうない。しかし、欧米に追いついたと言うにはまだ早いのではないか。もはや日本を他のアジア諸国と同列に扱うことはできないにしても、まだ欧米の先進国と比肩はできないのではないか」という意味になろう。前章でわれわれは、やがて日本は文化面でもヨーロッパに追い付き、追い越すだろうという柳宗悦の言葉を取り上げた。これに対し、リーチは日本の現状について、柳ほどは楽観していなかったことが分かる。またその一方で、「子供」がやがて「大人」になるように、「東洋」もやがて成長・発展して「西洋」のようになるはずだという理解がここにみられる。これはリーチの日本語の語彙が限られていたせいばかりではなく、ここには彼の抱いていた単線的な歴史観も見え隠れしている。

リーチの「日本は東洋でも西洋でもなくなってしまった」という理解は、彼の日本での経験に基づいている。例えば、彼は「保存すべき古代日本芸術の特色」（一九一一年）の中で次のように書いている。

現代の日本画家は少数の除外例を別にして皆単に旧格を反復してをるに過ぎない。そして洋風の画を描くものは新らしき研究の為めに総てを犠牲にし昔しのトラヂシヤンを忘れてる。此両画風の間には何故にさる溝渠があるのか、これは是非其間に橋梁を設けなければならない。誰れも昔しの理想を新らしい状態に適応させる人は無いのだらうか、日本人の特長なる採用性《アダプタビリテ》は何処へ行つた？。(6)

これは当時の美術界についての意見である。その大意は「伝統的な日本画家はマンネリズムに陥っていて進歩がないし、洋画家はヨーロッパからの新思潮・新技法の理解に手一杯で足下が危うい。誰か日本の伝統にしっかりと足をおろし、新しい創造的な仕事ができる芸術家はいないのだろうか」という意味になろう。また同じ文章の中で、彼はこれとほぼ同様の観察を、工芸についても書いている。

工芸についてさらに言えば、リーチは陶芸を学び始めてから、当時の日本で起きていた混乱を目の当たりにしていた。一九世紀後半に欧米でジャポニスムが席巻し、日本の工芸品がもてはやされると、日本政府は工芸品の輸出を奨励したが、その結果諸家が論じているように、日本の工芸品は欧米の意匠を無批判に取り入れるなどして、その品質を落としていった。(7)リーチの師、六代乾山もある意味でこうした時代の波の犠牲者である。六代乾山はいわゆる乾山風の作品だけでなく、ヨーロッパの陶芸を参照した作品も作っていたが、そうしてできた作品は乾山風の作品ほどには芸術性も完成度も高くはないようにリーチには思えたという。(8)また、帝室技芸員の宮川香山は、日本の陶芸は西洋の嗜好に迎合した結果すっかり品質が落ちたと嘆いていたが、(9)その彼もリーチのデザインを「うつし」ていたと思しきことは、前章で見た通りである。これらの問題は陶芸に限らず、工芸全般に当てはまる。伝統を犠牲にすることなく、外国の文化を取り入れることが必要だと当時唱えていたのは、決してリーチだけではない。これらのリーチの観察、すなわち「東洋」の事物と「西洋」の事物が日本という場所で併存・対立し、混乱を起こしているという見解は、まず妥当だったと言えるだろう。

ここでリーチの言葉を離れ、当時の日本を振り返ってみると、確かに明治から大正時代にかけて、「日本美術」や「日本文化」という言葉は必ずしも確固としたものではなく、そこには揺らぎがあった。そうした例を幾つか指摘するならば、まず絵画について言えば、「日本画」と「西洋画」という枠組みは必ずしも決定的ではなく、両者の関係については盛んに論じられていた。当時の『美術新報』等の雑誌には洋画家の日本画観、日本画家の見た洋画評といった類の記事や特集がしばしば登場するが、これらは当時の画家達が絵画のあり方に関し、決して無自覚だった訳ではなかったことを示している。明治時代以来続いていた議論に対し、制度的に一応の解決を与え、「日本画」「洋画」という区分の併存を制度的に確定させたのは、一九〇七年の文部省展覧会（文展）の開始であろう。(10)

また、文化的アイデンティティの揺らぎの二番目の例として、「日本」画を「洋」画から峻別するような動きが存在した一方で、明治時代末から大正時代にかけての日本には、日本を他のアジア諸国からも区別しようとする論調が存在したことを指摘できる。日本を「東洋」からも「西洋」からも区別する観点は、日本人の世界認識の基本的枠組みとして、日露戦争以降機能しはじめた。例えば、東京帝国大学の歴史学が東洋史・西洋史・国史という構成になったのは、（名称の上では）一九一〇年である。[11]文化というよりは政治と経済の分野の議論ではあるが、竹内好によれば、明治以来日本には二つの国是があった。すなわち、欧米列強に対して国家の独立を保つことと、対外進出である。前者において、日本は他のアジア諸地域と同様、被害者の立場に立っている。ところが、後者においては、福澤諭吉の「脱亜論」などに見られるように、日本は欧米と同様の論理で大陸に進出する。このような、時と場合によって「東洋」と「西洋」の立場を使い分けるという二重性が、近代日本史のアポリアの一つである、と竹内は論じている。[12]竹内が指摘する、日本が「東洋」と「西洋」の両方になれるという事態は、見方を少し変えれば「日本は東洋でも西洋でもなくなってしまった」というリーチの言葉とも符合すると言えよう。

以上、リーチの日本美術への理解を紹介した上で、彼の見解を検討してみた。「日本は東洋でも西洋でもない」という彼の観察は、当時の日本文化のある一面を捉えていると言えそうである。たしかに、リーチ本人に「東洋」と「西洋」に関して特別な感覚が生来あったことも否めないが、しかし彼が両者の関係に目を向け始めたことに関しては、彼の個人的経歴と同様、彼が目の当たりにした、当時の日本の社会状況という要素も深く関わっていよう。

二　リーチの東西観（二）

当時のリーチの考えは、東京で発行されていた英語の週刊誌『ファー・イースト』*The Far East* で知ることができる。彼がいつからこの雑誌と関係を持ったのかは不明だが、少なくとも一九一二（大正元）年十月には彼の名が誌面に現れる。そして、一九一三年十二月に彼は“Art and Commerce”（芸術と商業）を、翌年には富本憲吉の個展の紹介を、さらに一九一五年には“The Meeting of East and West in Pottery”（陶芸における東洋と西洋の出会い）という論考を寄稿している。この節では“Art and Commerce”と“The Meeting of East and West in Pottery”の二つを取り上げて、当時のリーチの思想をさらに掘り下げ、そして彼と中国の関わりを探りたい。

まず“Art and Commerce”を中心に、当時のリーチの東西観を追ってみよう。[13] この論考においてリーチは芸術(工芸を含む)のあり方を、「東洋」と「西洋」の接触という観点から論じている。そして議論を進めるに際して、「東洋」と「西洋」を対立するものとして捉え、両者には正反対、ないし対照的な性質があると措定する。リーチによれば、基本的に「東洋」が感性的で精神的であるのに対し、「西洋」は理性的で物質的だという。こうした枠組みのもとで彼は芸術のおかれた条件を論じる。

リーチによると、「西洋」では産業革命の結果、理性や物質というものが偏重されるようになり、直感・想像力といった精神性が軽視されるようになった。そして、その弊害は至る所で起きている。彼は日本で「中世的」な性格を残す工芸や慣習が次々に消えていく様を目の当たりにするにつけ、「西洋」も工業化に伴い多くの物を失ったのだと逆に気が付いたのだった。たしかに産業化・工業化には良い面もあるが、その結果、実用性と美が分離してしまい、生活が醜くなったと彼は指摘する。しかも、「西洋」は産業や科学を世界に伝えることで、その醜さを今や「東洋」にまで押し広げつつある。リーチのこうした見解は、ところどころウィリアム・モリスの主張と重なりを見せつつも、彼の日本の観察と自文化への反省に基づいている。

次に、リーチの「東洋」観を見よう。「西洋」の物質重視の風潮、すなわち産業化の動きは「東洋」にも波及し、「東洋」諸文化間の壁を壊しつつある。そして、こうした実用的な知識については「東洋」よりも「西洋」のほうが優れているから、「東洋」はこれを学ぶべきだ、と彼は考える。しかし、その移植の過程で混乱が生じているのも事実で、商業主義や物質主義は「東洋」の良質の精神文化を破壊しつつある。リーチはこれをある程度仕方がないことだと考える。

そして、リーチは「西洋」と「東洋」の関係については、「東洋」が「西洋」から学ぶという姿勢を持っているのに対し、「西洋」は「東洋」から学ぼうとしないという点、すなわち「東洋」と「西洋」の不平等な関係を批判する。[14] 彼は、「東洋」には「西洋」の失ったものが、消えつつあるとはいえまだ多く残っていると指摘した上で、「西洋」は文明の発達と共に自分達が失ってしまった物、とくに精神性を、「東洋」から教えてもらわなければならない、としている。

リーチの結論は楽観的である。「西洋」では、近年精神的な方面（例えば無意識など）への関心が高まっているから、やがては理性と感性のバランスは回復するだろうと彼は見ている。また、「東洋」では近代化に伴って混乱が起きているが、これもやがては収束し、在来の精神文化と「西洋」の物質文化が調和すると考えている。そして、リーチによると、事実そのような試みは日本の若い芸術家達の間で始まっており、「西洋」の絵画を鑑賞する大衆が存在することは、その試みを遂行するだけのエネルギーが日本に存在していることの証拠であるという。こうした見解は、彼が『白樺』や二科会に集う若い芸術家達と親交をもったこと、『白樺』の美術展に訪れる熱心な来場者を観察したことに基づいているのだろう。

以上が大体一九一三年から翌年にかけての、リーチの基本的思想だと考えて良い。リーチは「東洋」の文化を参照することで、「西洋」に対して批判的な眼差しを向けている。しかしその一方で、「東洋」の近代化・産業化を当然のこととして受け止めるなど、基本的に彼は「西洋」側に立って発言している。

リーチはこのような二元論の立場を一九一四年頃からいよいよ固めていったが、そうした思考法は次に取り上げる一九一五年の“The Meeting of East and West in Pottery”にも顕著に現れている。(15)この一文においてリーチは「西洋」が物質的・客観的・知性的・動的であるのに対し、「東洋」は精神的・主観的・道徳的・静的である、と述べ、“Art and Commerce”での枠組みを発展させながら堅持している。そしてリーチは「東洋」・「西洋」に関し、ここでは次のように述べている。まず、「西洋」の長所は理性を用いることによって、科学など実践的な知識を発達させた点にあるが、その反面短所として、理性や物質を重視しすぎるあまり精神性が軽視され、例えば応用美術においては美と実用性の乖離が起きている。これに対し、「東洋」の長所はその精神性・直感・本能・想像力である。ただし「東洋」においては、これらの精神性は科学技術など実践的な知識という裏付けがないため、夢想におわりがちである。リーチはこのように分析した後で、「東洋」と「西洋」が互いに己の長所を相手に提供して補い合うこと、すなわち極端に性質の異なる両者が「出会う」こと（meeting）には意義がある、と一つの結論を出している。

もちろん、このような結論は、「東洋」と「西洋」という二項対立を認めた時点である程度予想されることであるが、リーチはこのような思考法を用いて思索を進めていった結果、逆に行き詰まっていった。[16] 例えば、一九一四年十月に発行された彼の初の著作、『回顧：一九〇九―一九一四』*A Review: 1909-1914* の中で、彼は霊的なエネルギー（「神」）と物質的なエネルギー（「サタン」）を設定し、両者が結合して人間の中で機能する様を三種類に分類して、それらを天国・地獄・煉獄という名称で呼んでいる。すなわち、霊的なものに導かれつつ物質的な力を用いる人が天国に向かうのに対し、物質的なもの・理性のみに導かれている人は地獄に向かう。そして、理性と感性の間の齟齬を経験している人が煉獄に行くとリーチは述べる。あるいは、「天国 Heaven」とは「精神と肉体の結婚 the marriage of soul and body」のことであるのに対し、「地獄 Hell」は「精神と肉体の離婚 the divorce of soul and body」であるとも彼は述べている。そして、このような個人レベルでの精神と肉体・物質の分析からの類推で、「東洋」と「西洋」ばかりでなく、動物界と植物界、天才と凡人というものまでをも説明しようとする。このリーチの著作における天国、地獄、神、サタン、エナジー、理性等の用語や、天国と地獄の対立と相克には、ウィリアム・ブレークの『天国と地獄の結婚』*The Marriage of Heaven and Hell*（一七九〇～九三）の影響が濃厚に認められる。[17]

また、リーチの別の特徴としては、彼が「東洋」と「西洋」の関係を、芸術における「伝統」と「現代」の関係にリンクさせている点が挙げられる。「東洋」の立場に立てば、次々に流入する「西洋」の文化を自国の土着の伝統文化といかに調和させるかが問題となる。また、「西洋」の側からみれば、産業の発達と共に土着の文化が失われ、味気ない機械製品が氾濫していくという現実に対し、芸術家はどのような態度で望むかが問題となる。先に見た「保存すべき古代日本芸術の特色」からの引用で、リーチが日本の伝統美術と西洋式の新美術の間に「橋梁を設けなければならない」と書いていたことをここで想起されたい。[18] リーチにとっては、広まりつつあるギャップの上に、いかにして橋を渡すかが問題であった。

さらに、話はこれだけに留まらない。ここで再び“The Meeting of East and West in Pottery”に戻ると、リーチはこの中で、直線と曲線、正方形と円、立方体と球といったものをも二項対立として捉え、これらの組み合わせに、母音と子音とか理性と想像力とかという意味を付与して、中国の陶芸に独特の解釈を加えている。[19]

こうして、リーチは問題を錯綜させていったと思われる。彼は、「東洋」と「西洋」、天国と地獄、物質主義と精神主義、伝統と革新といった二項対立を互いに関連づけようとした。そして、それらの間に立って両者の溝に「橋梁」を架けようと試みた結果、ついにその狭間で身動きがとれなくなったのである。彼は自分自身の進むべき道をも見失った。一度目の中国訪問を終えて日本に戻ったとき、リーチが富本憲吉に向かって、「自分は絵をかくか、陶器をやくか文章をかくか未だ解らない」と述べているのは重要である。[20]リーチは二項対立の中に自分の身を置き、自分に何が出来るか、何をなすべきかを考えたとき、絵画や陶芸を捨て物書きになることすら考えたのである。

さて、このように行き詰まっていったリーチに光明を与えたのは、前述の *The Far East* 誌であった。彼はこの雑誌で、アルフレッド・ウェストハープ Alfred Westharp という人物の論考を見つけ、その内容に自分の関心と重なる点を見出した。

このウェストハープの正体は不明である。リーチによれば、ウェストハープはドイツ出身のユダヤ人で、音楽と哲学の博士号を持ち、当時北京で孔子の研究をしていたという。ウェストハープはまた、日本音楽について発言していたことでも知られ、一九一三年六月に来日し、十月に講演を行い、十一月に北京に帰ったという。[21]彼が *The Far East* 誌に投稿した論考や書簡には、「日本音楽による芸者のルネッサンス」「世界平和の実現」等がある。[22]日本音楽に関するウェストハープの主張が日本で受け入れられることはなかったようだが、[23]リーチはこの人物に惹かれ文通を始めた。一九一三年十一月には既に接触を始めていたようだ。そして、翌年末から北京にウェストハープを二回訪ね、一九一五年七月にはウェストハープと共に働くべく、日本から中国へと移住することになる。

その経過を細かく見ていこう。ウェストハープと接触するようになってから、リーチの内面では思考の方向性が少し変わったように見受けられる。もちろん、「東洋」と「西洋」の「出会い」が彼の一貫したテーマであるが、一九一四年になると彼は、自分の理想を現実の社会でいかに実現するかという方向に発想を転換した形跡がある。その時彼の関心は、興味深いことに、教育という方面へ向かった。リーチがこの時期に傾倒したウェストハープ博士は、孔子の教えと、イタリアの教育思想家、マリア・モンテッソリ（一八七〇～一九五二）の理論に基づいた教育を構想していた。[24] その結果、リーチもウェストハープの影響を受けて一九一〇年代半ばに中国思想とモンテッソリ教育を学んでいる。前者について言えば、この頃リーチが読んだのは孔子と老子であるが、二元論の立場をとるリーチにとって、タオイズムは興味深く感じられたようだ。また自伝によると、リーチはウェストハープの薦めに従って『中庸』の英訳を読んで熟考するとともに、この本についてウェストハープ博士と討論したという。[25] こうして、リーチはウェストハープの思想に同調し、モンテッソリの唱える方法で「西洋」の科学と「東洋」の道徳を結合させるような教育を行うことを構想した。[26]

リーチの自伝には、彼が読んだ『中庸』の英訳を行ったクー・フン・ミンという人物に宛てて書いた当時の書簡の引用がある。その中で彼は次のように述べている。

私は目下北京に訪問しているだけですが、しかしここで私が目にしたものは、できるだけ早く、おそらく来月中にでもまたここ北京に戻ってきて、孔子を北極星として頂く中国文明についてより深い理解を得ようと私が決心するのに十分でした。孔子の教育思想のもつ知恵と私たち西洋の進歩を結合すべく、これら両者について洞察を深めている最初の人は、ウェストハープ博士であると思います。［中略］私が日本に住むようになって六年になりますが、その間に私はこのような過程［ヨーロッパに倣った、功利主義的〈進歩〉という忌まわしい過程］が日本に押し寄せたことは、激烈であったにせよ、避けられないものであったと認識するようになりました。ウェストハープ博士の著作のお陰で、私は中国には［日本とは］全く異なる発展の可能性があること、そしてその中国を通じ、日本とさらにはインドで起きている事態をも修正させる可能性があることを認めるようになりました。モンテッソリが始めた教育方法は、知的ないし客観的なヨーロッパと、道徳的ないし主観的な中国という、極端に違うものが間違いなく出会うことができるような、最初の科学的体系だとウェストハープ博士は考えています。[27]

この引用からもわかるように、リーチは日本やインドにおいて、近代化という名の下での「西洋」化が起きており、それによってもたらされた「進歩」が現地の在来の文化や社会慣習を押し潰していることを問題と見ていた。しかし、引用の末尾に書かれているが、ウェストハープが説くように、モンテッソリ教育を用いることでヨーロッパの科学と孔子の道徳の二つを調和させるような教育を行えば、日本やインドとは違った「西洋」化ないし近代化が可能であるとリーチは考えていた。さらに彼は、そうした新しい教育は中国では可能であり、中国でその試みが成功したならば、それはやがてインドや日本にもそれまでの近代化の過程を再考・修正させることになるだろうと信じていたことが、右の引用からわかる。

このように見てくると、リーチが中国渡航を決心した背景には、彼がそれまで抱いていた「東洋」と「西洋」の関係にまつわる問題、特に「東洋」の特質・長所が「西洋」を範とする近代化によって消されつつあるという問題が一貫してあったことがわかる。そして、この問題の解決を図るためにリーチが教育という観点をもったとき、彼は日本よりも中国の方により大きな将来性を見出したようだ。彼は中国から日本へ戻り、初めての中国訪問の感想を富本憲吉に語ったとき、「日本には欧州の風が多少消化されて一種の厭やな気風がある」のに対し、中国では「欧州の風が唯ウワ面を吹く。而して深い底には未だ未だ強い幾千年来積み上げて来た文明（欧州人の使ふシビライゼーシヨンとはまるで異つた）が広く静かに横たわつて居る」と述べている。[28] そしてさらに、リーチが昭和九年に「私が一九一四年に支那へ行ったのはモンティソリー教育をやるためだったので陶器はつくりませんでした」と発言していることを考え併せると、[29] リーチが自分の理想とする教育の実践を考えた場合、既に近代化が達成されつつあった当時の日本よりも、植民地化が進んでいるとはいえ「西洋」に侵される前の「東洋」がほぼ完全な形で残っている中国の方が、適当であると判断したのだと思われる。もちろん、彼は日本文化が歴史的に中国文化の影響を受けていることにも気がついていただろう。このような教育事業を構想した時点で、芸術家としてのリーチは影をひそめる。「自分は絵をかくか、陶器をやくか文章をかくか未だ解らない」という先に見た彼の言葉は、こうした文脈の中で捉えなければならない。

結局、中国渡航時のリーチとしては、(1)ウェストハープと協力し、「東洋」と「西洋」の関係についての問題点を整理して自分の思索を深めること、(2)ウェストハープと協力し、教育において自分の理想を実践すること、(3)中国の文化・思想・美術を学ぶこと、という三つの期待があったと考えるのが妥当であろう。

三 中国での生活

以上のような経過を経て中国に渡航し、「李奇聞」と名乗って活動を始めたリーチであるが、彼はその後どうなっただろうか。彼の中国時代については資料がほとんどない。ここではリーチの自伝に従って幾つかのポイントを指摘する。

まず、ウェストハープとの仕事であるが、結論から言えばこれは失敗に終わった。北京に着いたリーチは、ウェストハープの秘書のような仕事をした。しかし、「東洋・西洋」について思索を深めるどころか、むしろリーチはウェストハープとの性格の齟齬によって生じる軋轢に苦しめられた。当初、己を押し殺してウェストハープに従っていたリーチであるが、結局二人の関係は約一カ月で決裂した。二度の予備調査も無駄だったようだ(30)。さらに、リーチが北京で教育活動に携わっていたという証拠は全く見あたらない。

こうして、当初の計画は失敗に終わったわけだが、しかしリーチは中国での生活を楽しんだ。「西洋」の影響はさほど見られない北京で、彼は日本とはまた違う「東洋」の姿を見たはずである。日本に居たときと同様、旅行も数度行っており、万里の長城や明朝の歴代王の墓、あるいは奉天も訪れたという。また、彼が北京の自宅でみたという影絵芝居については、“A Night at the Chinese Shadow Play”という一文が残されている(31)。

その一方、リーチは中国の美術も学んだ。街では美術品が安く入手でき、また王室の古いコレクションを見学したという記述も自伝にある。これらの見聞の中で重要なことは、彼が中国の良質な磁器を見たことである。当時、北京では鉄道の建設に伴い、磁器が出土していた。そうした発掘のおかげで、リーチが宋代の磁器を研究できたことは強調されなければならない[32]。また彼は、博物館でも磁器を見たという[33]。リーチは後年、陶芸における美の基準について考察し、様々な文化の融合の結果できた作品は、その美的価値を過去の名作との比較によって計られるべきだと主張する[34]。その時、彼が基準として参照する作品群の中でも、宋代の磁器は最も重要な位置を占めることになる。ただし、リーチが中国の窯場を訪れたことはなかったようだ[35]。

また中国滞在は、リーチが「西洋」ばかりでなく「東洋」をもより広い見地から眺められるようになった点でも重要である。この期間に彼は一九一〇年代前半の日本滞在を反省する一方、第一次世界大戦中の日本の行動を北京からみていた。そうして、次の引用のように日本を批判する視座を獲得したと思われる。

老年が若者から学ぶことはむつかしい。老年は保守的で、若者は我侭である。しかし大陸は、日本の傲慢をすらさげすむだけの力を持たぬ。さめよ支那と朝鮮！　どこにお前の昔の知恵があるか？［中略］日本が持つ一般の思想はいやなものである。しかしその奥に深く横はる思想は実に美しい。支那はいつか日本の工業をうちくだくだらう、そして恐らくその時日本は美しい姿をとりもどすだらう。［中略］娘のやうな日本は身も心も西洋に与へきつてゐる。古い支那は、男らしく、吸収せず解体せず毅然として立つ[36]。

これは一九二〇年にリーチが書いたエッセイ“China, Corea [sic.], Japan”からの引用である。引用前半でリーチは日本を我儘な若者に、中国・朝鮮を老人にたとえ、大陸における日本の振る舞いを傲慢だと批判している。そしてその後で、日本は女性的であるのに対し中国は男性的であると述べている。ここから判るのは、一般に彼が女性的と考えている「東洋」の中にも多様性が存在していることを彼が認識していた点である（もっとも、彼がその多様性をいざ口に出そうとすると、再び「男」「女」という二元論的表現を使うことになってしまうのだが）。北京でラングドン・ウォーナー Langdon Warner（一八八一～一九五五）と接触したことも、日本を振り返る機縁となっただろう。[37]

リーチが中国滞在中にどのくらい作品を残したかは不明である。先に見たように、リーチ本人が陶芸作品は作らなかったと述べているし、またリーチの長男デイヴィッド・リーチも、「自分の知る限り父が北京で陶芸作品を制作していたという事実はない」と筆者に証言している。[38] よって、リーチがもし何らかの作品をこの時期に制作したとしても、それはおそらく絵画作品が主体だったのだろう。ダーティントン・ホール・トラストには中国時代のも

挿図 3-2　リーチ《草花図》
毛筆，制作年不明，
Dartington Hall Trust Archive

挿図 3-3　3-2 の落款（拡大写真）
Dartington Hall Trust Archive

のと思われるリーチの絵画作品が残っているが、他に例がないだけにこれは極めて貴重である（挿図三-二、三）。中国時代にリーチは「李奇聞」と名乗っていたとされるが、この作品にはそれを裏付ける朱印がある。なお、リーチは日本を去るときにエッチングの印刷機を処分していたので、中国時代にエッチングの作品は制作していないはずである。リーチには北京の天壇を描いたソフト・グラウンド・エッチングや南大門を描いたエッチングの作品があるが（挿図三-四）、これらは彼が北京を去り日本に戻った一九一六年末以降にスケッチに基づいて制作されたものであり、北京で製作されたわけではない（素描の例として挿図一〇-九）。なお、柳宗悦によればリーチは中国滞在中に個展を行ったようだが、確認できない。[39]

　しかし、創作はどうあれ、右に述べたような新知識の獲得、日本体験の反省という二点だけを取り上げてみても、リーチの中国体験には意義が認められるだろう。

挿図3-4　リーチ《北京の前門》
エッチング，1918年，日登美美術館所蔵

四　柳宗悦からの呼びかけ

　リーチ一家は一九一六年後半に北京から日本へ戻る。リーチが再度日本渡航を決心する際、重要な働きをしたのが柳宗悦である。

　柳は、リーチが中国に興味を持ち始めた頃から、ウェストハープには良い感情を抱いていなかった。彼は『ファー・イースト』誌上でウェストハープの論文を読み、その知的な議論の進め方を認める一方で、高所から低所を見下ろすような態度で日本を論じるウェストハープの視線には反発を覚えていた。(40) リーチが『白樺』のブレーク特集号で、ブレークを讃えるための引き合いとしてウェストハープの名を挙げた時、(41) 柳は雑誌の巻末で次の様に書いた。

リーチはヱストハープ氏を"a living influence here in the East"と云つてゐるが、若し東洋人の中に吾々も入つてゐるならそれも不服だ。ずばぬけて偉い人には頭が下るが、もう大概の西洋人には思想上決して負けてはゐない。又おくれてもゐない。ヱストハープ氏は吾々と一緒に歩ゐてゐる人かも知れないが、吾々の leader ではない。同氏の思想は吾々にとつて何等の Novelty をも含んでゐない。同氏が吾々のい、Friend である事は慥《たし》かだろうが。(42)

前章第六節でみた通り、柳は欧米との同時代意識を持ち、彼を含めた『白樺』同人は「西洋」と対等の立場にいると考えていた。この引用の中で、『白樺』同人が「西洋」よりも遅れた土地に住む「東洋人」として扱われることに関し、柳が友人のリーチに対してすら不服を唱えている点は注目に値する。柳がウェストハープに反発を感じるのも無理はない。

柳は『白樺』同人の中でもリーチとは特に友好的な関係にあった。それゆえ、柳がリーチに送った当時の書簡には、リーチへの気遣いの裏側に、リーチがウェストハープに傾倒していくことへの苛立ちが時々感じられる。(43) そうした思いを柳がリーチに向かって直接ぶつけたのが、一九一五年七月二十二日付けの手紙である。柳はこの中で、ツルゲーネフがトルストイに送った言葉、「親しい友よ、もう一度耳を傾けてくれ。どうか自分本来の芸術に戻ってくれ」を引用しながら、北京のリーチに次のように書いている。

北京でのウェストハープ博士との仕事とは君にとって何だったのか、そして今はどうなっているのか、僕には解らない。君はそちらに行ってから、特に思想的には、何ら進歩していないと思う。それなのに、君にとってウェストハープ博士とは何なのだろうか。僕も博士の仕事に対しある程度は共感を覚える、これは本当だ。だけど、僕の個人的な気持ちと考えを率直に言わせてもらえば、博士の思想よりも君の芸術作品の方がよほど価値があると思う(44)。

これはリーチ一家が日本を去った後間もなくして書かれた手紙であるが、この中で柳はリーチの中国移住に早くも疑問を呈し、芸術家としての仕事に戻るよう呼びかけている。ただし、彼がリーチに対して明確に意見を述べたのはこの時だけで、この後の手紙ではリーチにかなりの理解を示している。

柳は東京帝国大学の哲学科を経て、キリスト教神秘思想についての論考を『白樺』誌上で発表していた。そこでは精神と肉体、天国と地獄、神と人間など、二元論の問題を主に扱った。だから、彼は思想面でリーチに近い関心を持っていた。一九一五年六月にリーチに送った手紙で、彼はリーチの東西観に何点か批判を加え、次のように述べた。

僕は東西の隔たりという観念を一掃したいと思う。これは吾々が理屈でつくりだした人為的なものなのだ。だから、東洋と西洋の出会いとは、両者の間の溝に橋を架けることではなく、両者に隔たりがあるとする仮定の方を打ち破ることにあると思う(45)。

本章第一節で、リーチが「東洋」と「西洋」の間の溝に「橋梁」を架けることを主張していたことを指摘したが、これに対し、柳は右の引用で反対を唱えている。「東洋」「西洋」とは、結局人間の心が外部に投射されることで生み出された、架空の世界であると柳は述べているようである。だから、「東洋」と「西洋」に、相互に還元することの出来ない二つの異なった原理を見出し、それらを組み合わせて現実にあてはめる試み、すなわち二元論は、柳に言わせれば思考実験の域を出ないことになる。こうした柳の見解は、「東洋」・「西洋」という二項対立を現実世界に当てはめようとして行き詰まったリーチの弱点を、的確に指摘していると言えるだろう。

さて、リーチの方は柳宗悦の批判にどのような意見を持ったのだろうか。これは残念ながら不明である。しかし、思想面では柳から既に感化を受けていた。十字架の聖ヨハネ、エックハルト、老子、孔子、荘子をリーチに教えたのは柳である(46)。また、リーチは晩年に著した自伝の第六章を柳宗悦に当てており、そこには彼が北京滞在中に柳から受け取った手紙が約八頁にもわたり引用されている。こうしたことから判断しても、中国滞在中に彼が柳から考えさせられたことは多分にあったはずである。

柳が北京のリーチに宛てて書いた書簡の中で一番重要なのは、一九一五年十一月八日から二十四日にかけて書き継がれた長大な手紙である(47)。柳はここで二元論の問題を扱っており、そこで「二元論の中に合一は存在するのです！　二人の人間が出会う所に愛は存在するに違いないのです」と書かれている箇所が注目される(48)。すなわち柳は、二元論における二つの原理の対立を肯定した上で、その対立そのものを「愛」によって合一することを構想しているのである。この一文の後で柳は「東洋の神秘主義」である禅に傾倒しつつあることをリーチに告白し、二元論を日本の禅思想によって克服しようという姿勢を見せている。そして柳は、リーチが禅を知らぬまま日本を離れてしまったのは残念だと述べ、「いつかこちらにまた来ることがあれば、君は禅を研究しなければならない。日本の禅は、日本で比類なく重要なものだ。知っての通り、発句も茶の湯も皆禅の精神から生まれたのだ」と述べている(49)。

リーチが数頁を費やしてこの書簡を自伝に引用しているからには、彼もこの手紙を重要だと認めていたのだろう。特に二元論における二つの原理の対立の最中に「愛」による合一という一元的なものを見出そうという柳宗悦の思想は、リーチにも興味深いものだったのではなかろうか。リーチがこの手紙を受け取ったのは一九一五年の十一月か十二月であろうが、その約半年前の五月から六月にかけてリーチは前述の“The Meeting of East and West in Pottery”を *The Far East* 誌に寄せており、ここでは「東洋」と「西洋」を対立するものではなく、互いに補うものとして捉えていた。これに対し柳は、「東洋」と「西洋」の対立や補完を共に肯定し、そこにさらに「愛」を見出そうとしていたのである。

リーチが柳の思想から受けた心の揺れは、柳がリーチを訪ねて北京まで来た時、振幅を増したらしい。柳は一九一六年（大正五）九月、北京でリーチと一年二カ月ぶりに再会し、約半月の間行動を共にした。この間にきっと二人は先に触れた二元論の問題や禅、そして中国文化について話し合っただろう。リーチはこの時、ウェストハープとの不和を柳にもらした。すると柳は、「日本へ帰って来給え。君は間違った指導者についたんだ。君は彼を必要とはしていない。君の描く物にはひらめきがあると僕は見ている。我孫子の僕の家族の土地に来て窯を建て、我々のグループにもう一度加わり給え」と言ったという。(50) リーチがこの申し出を承諾するまでにはやや時間がかかったようだが、結局彼は日本に戻ることを決意した。リーチが再び日本の土を踏んだのは、一九一六年の年末である。

五　再び陶芸へ

リーチの自伝における中国時代は、「東洋と西洋の間で揺れている自分の思想に焦点を結ばせるためには、芸術、教育、哲学について深くて広い見識を備えた指導者が必要だと、私は長い間、ますます感じるようになっていた」という一文で始まる。(51) そして、彼がその指導者として選んだのは、ウェストハープという学者だった。この人物と会うために彼は二度日本から中国に赴き、その後で一家を連れて北京に移住した。しかし、結果は芳しくなかった。自伝でリーチは当時を振り返り、中国渡航に要した費用と労力は大変なものだったと述べている。また、創作活動では、陶磁器の制作は行っていなかったと思われるし、エッチングの印刷機は日本を去るときに処分していた。制作という観点からするならば、彼の中国滞在は不遇だったとも言える。

しかしその一方で、制作以外の点でリーチの収穫は大きかった。特に、青磁と白磁を研究できたことは、後年の制作において大きな意味を持つことになる。また、中国において、日本とは違う「東洋」を経験した点を見逃してはならない。

この他にも、中国時代はリーチにとって二つの点で重要であった。第一に、リーチが柳宗悦を見出したことである。彼は柳宗悦の住む我孫子に行くことを決意するが、これはつまり、ウェストハープに代わる「指導者」として、彼が柳を選んだことを意味している。そして第二に、これに劣らず重要なことは、リーチが陶芸に復帰したことである。彼が陶芸を生涯の仕事と決めたのは北京においてであった。

リーチの中国時代については従来あまり言及も評価もされていない。例えば水尾比呂志は、中国時代のリーチは不遇であったとして、中国時代はリーチにとって「ひとつの試練」だったとひと言で片づけている。(52) しかし、リーチの中国時代についてはむしろ積極的に評価すべき点も少なくない。たしかにリーチは当初の期待に反し、「東洋」と「西洋」という問題について中国で解決策を見出すことができなかった。しかし、中国文化に親しむと共に、問題解決への糸口を見出した。それは日本に戻って『白樺』同人をはじめとする友人のグループに復帰することと、一度捨てた陶芸に再び取り組むことである。こうした意味で、中国時代はリーチの一生を定めた、重要な転換期なのである。

第四章　陶芸家リーチ誕生——日本　一九一六〜一九二〇年

一九一六年（大正五）末に日本に戻ったバーナード・リーチは、イギリスに帰国する一九二〇年まで再びこの地に留まった。この度の日本滞在は、その活動拠点によって我孫子時代と麻布時代の二つに分けられる。

リーチが日本に戻ったのは一九一六年の十月以降だろうが、正確な日付は判らない。(1) 同年十二月中旬には柳宗悦の世話で東京の原宿に借家を見つけたようだ（東京市外青山原宿二〇九肥田氏右隣）。(2) 以後リーチは一九一九年前半まで この自宅から我孫子に通う生活を続け、その後仕事場が麻布に移ると駒沢に引っ越した。

この頃の経緯については、講演「日本に在りし十年間」と自伝 *Beyond East and West* のほか、リーチの「富本、濱田その他の友達」、柳宗悦の一連の文章、そして黒田清輝の日記などが参考になる。(3) 以下、中国時代以降のリーチの行動を追ってみよう。

一　我孫子時代

前章で述べたように、リーチは柳宗悦の誘いを受けて千葉県の我孫子に窯を築き、再び陶芸に取り組む決心をした。この我孫子時代については、作陶活動、友人との交流、著述活動という、三つの観点から論じたい。

まず制作活動を見てみよう。リーチは作陶を我孫子で再開するにあたり、一九一六年の末に奈良県安堵村に富本

挿図４－１
我孫子の仕事場でのリーチ

憲吉を訪ねて三週間滞在し、富本の窯を使用して久しぶりに焼物に取り組んだ。この時の制作結果は芳しくなかったようだが、勘を取り戻すことは出来ただろう。富本憲吉はリーチが六代乾山に入門する時に通訳としてリーチに同行したが、それがもとでリーチと同様に乾山から陶芸を学び、陶芸家になっていた。富本はリーチが我孫子に行くことに反対したが、リーチはこの富本の指摘を受け入れなかった[4]。

その後東京に戻ったリーチは、我孫子に窯を築くための準備を始めたはずである。第三章で指摘したように、今回の彼の来日には柳宗悦が大きな働きをした。その献身ぶりは柳の書簡からも窺えるが[5]、そうした世話の中でも、柳がリーチ一家に原宿の借家を紹介し、さらに我孫子の自宅の土地をリーチの窯のために提供したことは特筆されるべきだろう。リーチは師匠の六代乾山と再会し、彼の窯と道具類を譲り受け、我孫子の柳邸内に移築した。窯とアトリエは一九一七年三月に完成した[6]。

これ以後リーチは、平日は我孫子で制作に打ち込み、週末は原宿で家族と共に過ごすという生活を送る（挿図四-一）。彼が初めて我孫子の窯を使用したのは一九一七年八月である。この時は富本憲吉も応援に駆けつけた。この初窯の様子は柳の「私の知れるリーチ」に詳しい[7]。リーチは中国での見聞を踏まえて磁器に初めて師匠の助けなしで挑んだが、結局窯の温度を上げることが出来ずに失敗した。それというのも、リーチも富本も、本窯を使うのはこの時が初めてだったからである。二つの焚き口を交互に使うべきところを一度に用いたため、二昼夜焚いても温度は上がらなかった。ただ教訓として、青磁には還元炎が関係しているらしいことが判明しただけだった。その後、この窯は師乾山によって改良された。そしてリーチは一九一九年五月までに十一回この窯に火を入れ、本格的な青磁・白磁の再現、還元炎の研究に励んだ[8]。

こうした作品は、リーチの個展で売られた。彼は一九一七年から一九二〇年までの間、毎年一回の頻度で個展を開いた（挿図四-一一、一二）。その会場となったのは、東京の神田にあった流逸荘《りゅういつそう》という画廊である。この画廊については後でまた言及する。

次に、この頃のリーチの交遊に目を転じよう。当時我孫子には柳宗悦、武者小路実篤、志賀直哉という三人の『白樺』同人が住んでいた（挿図四-二）。これにリーチを加えた四人は、互いの家を行き来して交遊を楽しんだ。その様子は柳兼子の回想や、少し時期はずれるが志賀の「雪の日」という一文からも窺える[9]。手賀沼の美しい風景は同人達を惹き付けた（挿図四-三）。こうした自然の中でリーチは武者小路とテニスをしたともいう[10]。また、我孫子には『白樺』同人を慕う人々（草土社及び『白樺』の衛星誌の関係者など）がやって来た[11]。特に柳家には来客が多かっ

挿図４-２　我孫子での白樺派
我孫子根戸の武者小路邸の庭にて（1917年）
後列左より，金子洋文，中西よし子（柳宗悦妻兼子の妹），武者小路実篤，柳宗悦，志賀直哉・康子，お手伝いさん，『和解』に出てくる三造，前例左より柳兼子，武者小路房子，武者小路喜久子

挿図４-３　リーチ《手賀沼》
エッチング，1918年頃

たらしく、リーチが居た関係から、外国人もいたようだ。(12) その中で特筆すべき人物として、陶芸家濱田庄司（一八九四～一九七八）がいる。濱田は東京高等工業学校（現・東京工業大学）を経て、京都市立陶磁器試験所に勤めていた人物である。「東洋の精神性と西洋の科学」の結合を唱えていたリーチにとって、濱田は窯の中の変化を科学的に説明できるという、得難い人材であった。(13) 濱田は一九二〇年にリーチと共に渡英し、リーチがセント・アイヴスに窯を造るのに協力することになる。

こうした交友はまた、リーチの作品にも現れている。この我孫子時代（及び、次の麻布時代）にリーチは、武者小路実篤と志賀直哉の著作の装丁や、『白樺』の装丁を手がけている。それらを列記すると、次のようになる。

『白樺』第四年、第八年（九-一二号）、第九年（二-六号）、『白樺の森』（一九一八年三月）、『白樺の園』（一九一九年三月）、『白樺の林』（一九一九年一二月、挿図四-四）

武者小路実篤『不幸な男』（一九一七年七月）、『雑感』（一九一七年九月）、『一つの道』（一九一九年一一月、挿図四-五）

志賀直哉『夜の光』（一九一八年一月、挿図四-六）

リーチと『白樺』同人たちとの交友が、これらの本や雑誌の装丁となって現れたことを考えると、大正時代の我孫子は一時、一種の芸術家コロニーのような様相を呈していたと言えるかもしれない。

リーチはこれらの人々との交遊を楽しみつつ、議論をした。その内容には彼が持ち越している課題、すなわち「東洋」と「西洋」の関係という問題も含まれていた。当時を振り返り、彼は次のように発言している。

武者小路君と志賀君は、よく、われわれ［柳とリーチ］の所に遊びに来ました。週末になると、東京から来た他の人々も加わつて、われわれは、ありとあらゆることを語りあつたのです。我孫子に住んでいた数年間に、

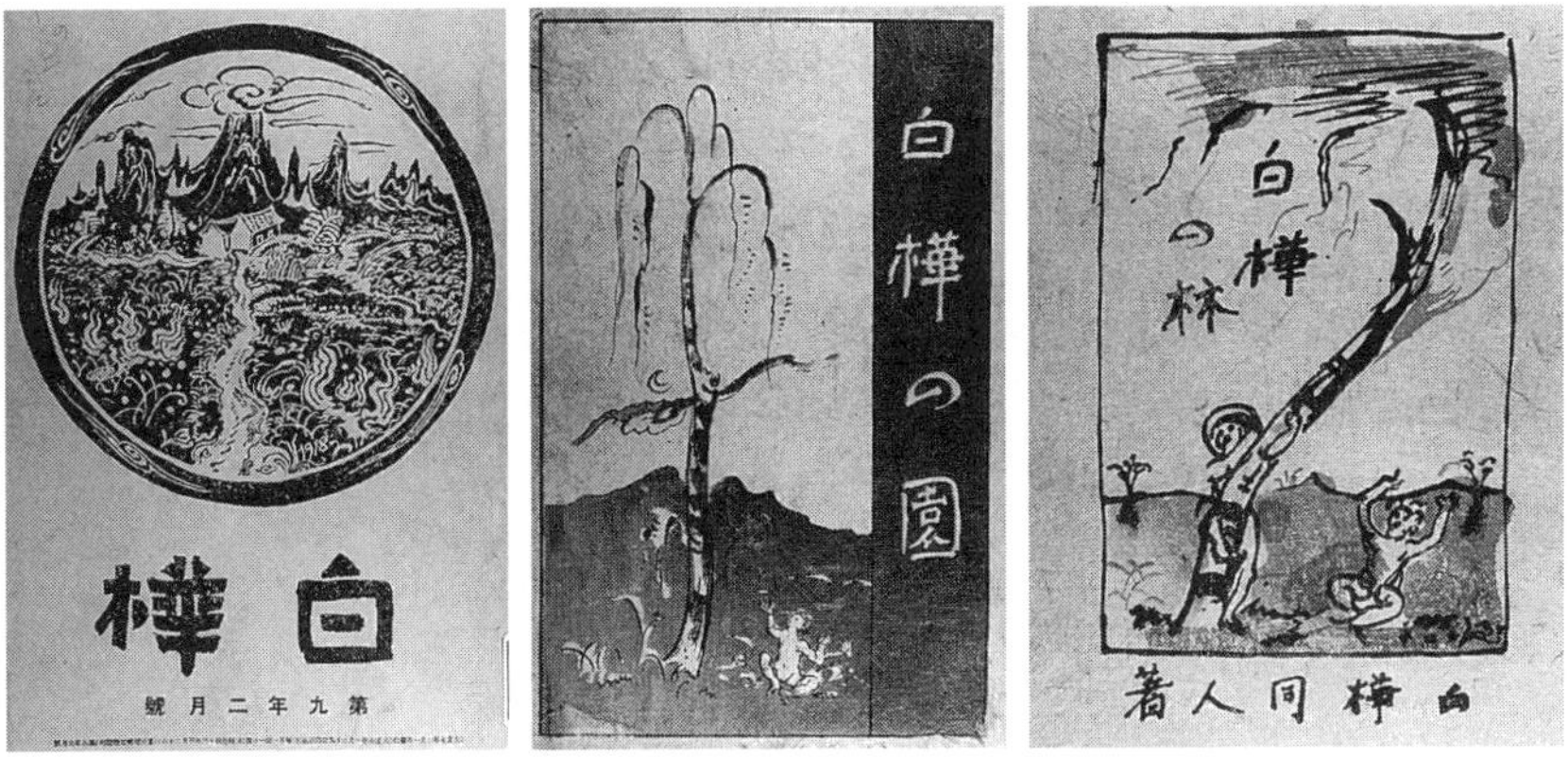

挿図４－４　リーチの装丁：『白樺』及び，その別冊

挿図４－６　リーチの装丁：
志賀直哉『夜の光』

挿図４－５　リーチの装丁：
武者小路実篤『一つの道』

われわれの話は、わたしの作品や、やきものの作り方から、さらには、科学や機械万能の新時代における工芸や、その製作技術一般にまで及びました。もちろん、われわれは、ウィリアム・モリスや、彼がイギリスで起した運動についても話しあいました。(14)

吾々は東洋及西洋の芸術に対して色々の知識を持つてゐた一群の熱心家達でした。間隔は吾々に世界を見る鳥瞰図を与へます。セザンヌ、ファン・ホッホ、オーガスタス・ジョーン、ブレイク、エル・グレコ、ロダン、メストロヴィック及デュウラー等が同時に唐や推古の彫刻と比肩し、宋の陶器や絵画、或は明朝の南画風な山水画等が二三軒の家の中に、皆一緒になつてゐるのは驚くべきことでした。のみならず、西洋から送られて来た新しいものを見る為に、毎週東京から若い人達がやつて来るのです。そして本や絵や彫刻を見たり、音楽を聴いて感動して帰つて行くのでした。(15)

一部翻訳に問題があるが、原文が不明のため如何ともしがたい。しかし意味は通じるだろう。『白樺』同人とリーチが古今東西の美術品を前にして、鑑賞したり議論したりしていた様子や、一同がレコードの音楽や柳宗悦の妻の声楽家、柳兼子の歌声に耳を傾けていた様子が窺える。右の引用の中でウィリアム・モリスの名とアーツ・アンド・クラフツ運動が言及されていることは特に興味深い。こうした我孫子で交わされた芸術談義は、リーチだけでなく日本側でも重要な意味をもっていた。今度はリーチの自伝から我孫子についての記述を引用しよう。

私は月曜から金曜までは柳とその妻のもとで過ごした。そして日本の人々と友情を固め、互いに友達を紹介しあって交遊を広げていく一方で、今なお世界に波紋を及ぼしつつある芸術運動の初期に参加した。実際、それは何か偉大なものへと融合していった——二つの半球が結婚する前触れであった。我々が二元論の役割から抜け出すには、このようなやり方が唯一の方法である。もしこの言葉の意味が曖昧であるならば、次のようにつけ加えさせて欲しい。この運動は東洋によってなされた西洋へのもっとも普遍的な批判であり、それゆえ極めて重要であると。(16)

引用で言及されている芸術運動とは、柳宗悦が興した民芸運動のことである。民芸運動の開始は、「日本民芸美術館設立趣意書」が柳宗悦、濱田庄司、河井寛次郎、富本憲吉の四人の名で発表された一九二六年四月一日とされるのが一般的であるが、しかし先の引用にウィリアム・モリスの名が現れていたように、その構想はリーチと柳宗悦が我孫子にいた一九一七年頃に既に始まっていたと考えられる。右の引用より、自伝を執筆していた晩年のリーチが、この民芸運動を「東洋」から「西洋」への反発・批判と見る一方で、この運動は東西の分裂という二元論を強化するものではなく、むしろそこから抜け出す契機になりうるものとして捉えていた事が解る。

リーチがこの時期の我孫子で、民芸運動の揺籃期に立ち会ったことは、彼にとっても柳にとっても重要である。リーチはモリスと同様、中世の民衆が共同作業で、無意識の中に生み出した工芸品に美を認め、手仕事に倫理性を見出した。現代生活と芸術の関係に注目したという点でリーチはやはりモリスの後継者と言える。ただし、こうした工芸における協同的、無名的で、実用性に裏付けられた「美」というものの認識においては、リーチは柳宗悦という日本の思潮にも影響を受けている。柳宗悦の主張はその後に「民芸」として提唱されるが、ここにはモリスの思想の継承と発展が含まれている。モリス、リーチ、柳の三者は、皆「近代」という時代を批判するための視座として、「中世」や「手仕事」というものを設定した。ただし、モリスが想定したのがイギリス（ないしヨーロッパ）の「中世」だったのに対し、リーチと柳が想定したのはイギリスと日本の両者にかつて存在した共通の過去としての「中世」であり、この点で十九世紀のモリスと二十世紀のリーチ、柳とでは差異がある。(17)また、前章で論じたように、柳宗悦は二元論の対立性の中に二者相互の依存関係を見出し、「愛」という言葉のもとに二元を肯定したが、こうした相対立するものの肯定については、柳はリーチから借りて読んだウィリアム・ブレークの『天国と地獄の結婚』の影響を受けていると思われる。このように、リーチは友人との交遊・議論を通じて、中国以来の課題である、「東洋と西洋」という二元論の問題や芸術上の問題を整理し、思索を深めたのである。

リーチはこうした友人達との議論の他にも、本や雑誌を読むことによっても己の考えを整理していったと思われる。ここで彼が我孫子時代に関わっていた雑誌、『新東洋』*The New East* を取り上げたい。これは一九一七年に東京で創刊された和英両文の月刊誌である。編集長はJ・W・ロバートソン＝スコット J.W. Robertson Scott（一八六六～一九六二）というイギリス人であり、誌面には鈴木大拙（一八七〇～一九六六）、姉崎正治（一八七三～一九四九）、アーネスト・サトウ、ジェームズ・マードックなどの名が散見される。[18] ロバートソン＝スコットはこの雑誌の読者として、日本人、日本及び極東に住む欧米人、その他世界中の人々という三者を想定し、「東洋」と「西洋」の相互理解をこの雑誌の目的として掲げた。この雑誌は第一次世界大戦中に、日本での反ドイツ・キャンペーンを目的としてイギリス政府の資金によって創刊された雑誌であるゆえ、誌面には反ドイツ感情を露にした記事が目立ち、また「東洋」と「西洋」を繋ぐ軸として日本とイギリスの関係が重視されていたように思われる。ただしそれでも、たとえ偏った形であるにせよ、戦争中に「東洋」と「西洋」の共存・調和を主張する雑誌が存在したという事実は興味深い。「東洋と西洋」の関係に主眼を置く雑誌であるという点で、この『新東洋』はリーチの関心に直結する雑誌であった。彼は一九一八年に二回投稿しており、また二巻三号は彼の作品が巻頭を飾っている。こうして見ると、リーチはこの雑誌と深く関わっていたと言えるだろう。[19]

また、この雑誌と『白樺』には多少繋がりがある。リーチは中国へ移住する時点でロバートソン＝スコットを既に知っており、彼を柳宗悦に紹介したことがあった。[20] また、この雑誌に記事を連載していた鈴木大拙は学習院の教師であり、『白樺』同人とも面識があった。さらに、同じくこの雑誌によく記事を投稿した帝国大学教授の姉崎正治は『白樺』に投稿したこともあった。そういう関係からか、この雑誌には武者小路実篤、有島武郎、志賀直哉の作品の翻訳が掲載されることもあったし、柳宗悦が英語で投稿したこともあった。[21]

リーチはこの雑誌を読むことから刺激を受けたはずである。誌面から、同時代の他の人々が「東洋」と「西洋」の関係を如何に捉えているかを知ることが出来たろうし、夏目漱石の師「マードック先生」ことジェームズ・マードックの連載を通じて日本史を学ぶことも出来たろう。特に、この雑誌に鈴木大拙による禅の紹介が連載されていた点には注目してよい。リーチは禅に興味を抱いて居たし、大拙には一九一三年に会ったことがあるから[22]、彼が英語による大拙の禅の講義を読んだ可能性は大きい。このように、我孫子時代のリーチは雑誌と関わることからも、自分の考えを整理・発展させていったと思われる。

以上、リーチが我孫子にて「東洋」と「西洋」の関係及び陶芸に関して理解を深めていった様子を論じてきたが、こうしたリーチの思索を確かめるために、ここで彼の著述活動を取り上げたい。我孫子での思索の結果、彼の主張には中国渡航以前と比べると多少の変化が起きた。例として、『新東洋』に掲載された、"Factories and Handicrafts in Japan"（日本における工場と手工業）（一九一八年四月）という論考を取り上げる[23]。ここでもリーチは陶芸などの手工芸を論じているが、その議論の基本的な枠組みは中国渡航前と変わっていない。「西洋」を手本として産業化を目指してから日本の陶芸の質が落ちたこと、そこには商業主義が大きく関与していること、東西両洋に跨る教養を持つ美術家が、純粋美術だけではなく工芸の分野でも活躍することが必要だと説く点などは、一九一一年の「保存すべき古代日本芸術の特色」や一九一三年の"Art and Commerce"での主張の繰り返しである。しかし、我孫子に移ってからのリーチには、かつての「東洋の美的伝統と西洋の科学の出会い」といった調子の、図式的で明快な主張はもはや見られない。むしろ彼の筆致は晦渋であり、同じ主張でも中国渡航前と比べるとそこにニュアンスの違いが認められる。

思考の深まりの例として、美と機械がなぜ両立できないのかについての、リーチの考察を取り上げよう。彼は美の本質の一つとして、複製が出来ないという点を挙げる。名作と呼ばれる美術品には、なにがしかの神聖な性質（bit of divinity）があり、それは見る者に「これ一つだけしか存在しない」という確信を抱かせる。これに対し、機械の本質は複製にある。複製品には人をはっとさせるような要素（直感や想像力）はないし、また手仕事に見られるような微妙な味わいもない。こうしたリーチの考察は、ヴァルター・ベンヤミンの主張と大筋で同じだろう[24]。

また、ニュアンスの変化という点に関しては、機械製品や商業主義に対するリーチの意見がウィリアム・モリスにやや接近している点も指摘できる。我孫子時代にリーチがモリスを友人達と論じていたことは、先の引用の中で本人が証言していた。"Factories and Handicrafts in Japan" においても、彼が「中世には商業の中心だった手工業も、近代になってから産業の飾り（frill）となってしまった」とか、「機械製品に手作りのような味わいを求めるのは無理だとしても、せめて醜くない製品を作るよう、デザインに意を払う必要がある」とかと主張する時、そこにはモリスの影響が感じられる。

ただし、リーチは機械製品を全く認めない訳ではない。もちろん、機械製品に芸術的傑作を求めることはできないが、しかし製品を大量生産して安い価格で提供することには、「民主主義的な」要素があると彼は考えた。だから、この目的の為には美を少しばかり犠牲にすることも、彼はやむを得ないと言う。この点で、リーチはモリスに批判的である。中世を理想とするモリスの思想と活動は、進歩と言うよりは逆戻りだ、とリーチは書いている。リーチは制作活動において一九一〇年代には既に中国や朝鮮の磁器ばかりでなく、スリップウェアと呼ばれる一八世紀のイングランドの陶器も研究していたが、彼を単なる伝統復古主義者と見るのは間違いである。

この論考においてリーチは、「東洋」と「西洋」の長所をそれぞれ生かすべきだという持論を変えてはいない。また、結論の部分において、日本の陶芸は現在なお過渡期にあるのであり、やがては美と実用性を兼ね備えた作品が出来るようになるだろうと彼は述べているが、これも相変わらず楽観的な見解であると言えよう。しかし、彼の主張が中国渡航以前よりも深みを増していること、たとえ同じ主張であっても細部で微妙な変化が認められることは、右に論じた通りである。その背景には、彼の内面で色々な知識と経験が、以前にも増して複合的に繋がり始めたことが挙げられる。もちろんこれには、制作活動、我孫子での友人との議論、読書が大きく関与しているだろう。こうした意味で我孫子時代とは、北京で定まった方向に向かって活動に弾みをつけさせた、重要な期間だったのである。後年彼は我孫子での一年目を「ひょっとしたら私の生涯に於ける最も幸福な年」と表現し、柳宗悦の家を「全く東洋と西洋と一緒になる家」と呼んでいる。(25)

二　麻布時代

我孫子での充実した日々は一九一九年五月二十六日に突如終わりを告げる。窯を除くリーチの仕事場が火事で焼失したのである。この火事により、彼は六年間の研究成果を記したノート、デッサンの類、書籍、サンプル、道具など一切を失った。火事の原因はリーチの焚きすぎである。[26] ただ、窯から掘り出された作品の出来映えが良かったことは、不幸中の幸いであった。彼の代表作の一つ、《楽焼走兎図大皿》はこの時出来た作品である（口絵図版Ⅰ）。また、リーチが我孫子撤退を余儀なくされたのと前後して、武者小路実篤は宮崎県の「新しき村」に去り、志賀直哉は子供の死をきっかけに我孫子を去った。そのため、柳宗悦が一人取り残されることになり、我孫子のサークルは消滅した。

リーチは一時、文字通り途方に暮れ、イギリスに帰国することも考えた。しかし、彼は幸運に恵まれた。リーチの困窮を聞いた黒田清輝（一八六六～一九二四）が経済援助を申し出たのである。それを仲介したのは仲省吾（一八七八～一九六九）であった。仲はリーチが毎年個展を開いていた画廊、流逸荘の主人である。リーチの落胆ぶりを直接目にした仲が、そのことを黒田に相談した結果、この援助は実現した。黒田はフランス留学経験者として、日本という外国で罹災したリーチに同情し、自分の持ち家の一つに窯を造ってそれをリーチに提供する決心をしたのである。リーチの帰国後は黒田自身がその窯を使用することが条件であった。[27]

黒田はリーチのことを東京美術学校の同僚の岩村透、長原止水、高村光雲や、あるいは雑誌編集者の坂井犀水等から聞いていたはずである。また、黒田の日記によれば、一九一七年十二月十五日に彼は流逸荘でリーチのエッチング作品を購入しており、一九一八年四月十九日には自宅でリーチと面会している。だから二人は全く面識がなかった訳ではない。[28] さらに、もともと黒田は陶磁器に興味をもっており、薩摩焼などのコレクションを所有していた。黒田がリーチに援助を申し出た背景として、彼の陶芸への関心も指摘できる。

挿図4-7　麻布での窯開き　1919年10月23日。
右より，リーチ，リーチ夫人，黒田夫人，黒田清輝，
その背後に仲省吾。

リーチはこの申し出を受け入れ、一九一九年秋からは仲省吾の管理する黒田邸内（麻布区笄町一七七）にて制作することとなった。麻布に窯と仕事場を築くにあたり、その設計はリーチが行ったが、警察などとの事務交渉は一切、仲が行ったようだ。またこの頃、リーチ一家はやはり仲の世話で原宿から駒沢に引っ越している（東京府下駒沢村字上馬九三六）。我孫子時代のリーチに柳宗悦がいたように、麻布時代の彼には仲省吾の協力があったのである。[29]さらに、消失したノートに対しては、友人たちから情報提供があり、リーチはかえって以前よりもたくさんの技術情報を手に入れた。その中には、富本憲吉からもたらされた、上絵付けの技法も含まれていた。[30]窯は三週間かけて六代乾山が、我孫子から煉瓦を運び築いた。[31]仲によって東門窯と名付けられたこの窯を、リーチは翌年六月にイギリスへ帰国するまでの間、七度使用した。[32]窯開きは一九一九年十月二十三日に行われ、最初の本焼きは同年十二月二日である（挿図四-七）。後者の様子は、坂井犀水の雑誌記事、「リーチ氏の新窯を訪ふて」に詳しい。[33]この東門窯においてリーチは、我孫子時代と同様、楽焼、ストーンウェア、磁器の制作を行い、特に磁器への上絵付けの技術を磨いた。[34]仲の計らいにより、日本人の陶工が助手としてリーチを助けるようになったこともあり、我孫子時代に比べると麻布時代の作品は格段に質が向上しているように思われる。

こうして、黒田清輝や仲省吾の援助を受けるようになると、リーチの交遊範囲も自然と広がったようだ。もちろん、彼は相変わらず『白樺』同人や二科会系の人々と交遊をもっていた。岸田劉生の主宰する草土社の展覧会や、

日本創作版画協会展（『方寸』の旧同人達が何人か参加）にも出品しているし、『白樺』関係では武者小路実篤や志賀直哉の本の装丁を手がけ、一九二〇年には柳宗悦と朝鮮を旅行している。しかし、麻布時代のリーチは、この他にもつき合いが増えたようだ。例えば、彼は黒田の推薦により、一九二〇年に国民美術協会の会員になっている。

そうした中でも、リーチが黒田を通じて松方幸次郎（一八六五〜一九五〇）と接触をもったことは興味深い。松方は浮世絵や西洋絵画の蒐集で知られ、そのコレクションを展示するための美術館の建設を計画していた。黒田の日記によれば、リーチは一九一九年十一月二十八日に松方邸を訪れている。また、翌年三月にもリーチが松方邸を訪れたという証言がある。(35)松方邸でリーチは、他の招待者と共に、既に到着していたコレクションの一部を見学した。ここで注目したいのは、この松方コレクションに、リーチのエッチングの師、フランク・ブラングウィンが関わっていたことである。ブラングウィンと松方は友好的な関係にあり、松方が絵画を購入する際にはブラングウィンが助言を与えていた。そして、このコレクションを収蔵する「共楽美術館」の設計図は、ブラングウィンが作成したものであり、この美術館の呼び物は、建物内部にブラングウィンのアトリエを再現することであった。リーチも松方邸でブラングウィンの図面を見たはずである。(36)

松方のコレクションについて、リーチがどのような反応をしたかは不明である。しかし、ヨーロッパの芸術作品を常設展示するような美術館の建設には賛成しただろう。それというのも、日本には美術館が必要だと彼は一九一四年に主張していたからである。(37)そして事実、『白樺』同人が一九一七年十月に「公共白樺美術館」の建設を呼びかけると、彼はこれに賛同し、自分の所有するヘンリー・ラムとオーガスタス・ジョンの作品を同人に寄付した。だから、文化の交流を促すという点で、リーチは松方の試みにもおそらく賛成したと思われる。

麻布時代は一九二〇年六月のリーチの帰国を以て終わる。帰国に際しては、彼の送別のために様々な催しがあった。四月十日には「黒田清輝子〔爵〕貴族院議員当選祝賀会兼リーチ帰国送別会」が開かれ、それより少し前の三月十三日には「国民美術協会主催岩村男〔爵〕記念第三回講演会」があった。この席上でリーチは「日本に在りし十年間」と題する講演を行った。振り返ってみれば、彼の日本滞在において岩村が果たした役割は計り知れない。

リーチが日本を去る前に、岩村男爵を記念する講演会の席上で、十余年にわたる彼の日本滞在を総括したことは何やら象徴的である。この他にも、リーチの関わった『白樺』と『地上』はリーチ送別号を出したし、柳宗悦は諸家から原稿を募って『リーチ（An English Artist in Japan）』という本を上梓した(38)。

帰国を控えたリーチは柳宗悦の強い勧めに従い、一九二〇年五月一日から二十二日まで、柳夫妻と共に朝鮮へ旅行している(39)。実質的な朝鮮滞在は一週間程度だったと思われるが、リーチの陶芸家としてのキャリアを考えるとき、この旅行は重要な意義を有している。現地で一行を迎えた浅川伯教（一八八四～一九六四）は次のように書いている。

　自分はリーチが李朝の壺の前に立つて、あの大きな両手で長い髪の頭を固く抱へて動けなく成つた有様を見た事がある。真に形や色に苦心して居る実際家は誰れでもそうだと思ふ。
　美しいものゝ前に無条件に直覚の眼を見張つたなら、誰でも頭が下ると思ふ。殊に李朝の陶器は或る意味で近代的感じが非常にある。現今の日本の陶器の持つて居ないもの欠けて居る所のものを持つて居るので、真の芸術を理解する人なら誰の心にも響くものがあるのは当然だ。何れの時代の作物でも傑作と言はれて居るものには、可い意味で近代的と云ひ得る素質を持つて居る。李朝の陶器も永久に近代的と云ひ得る素質を持つて居ると思ふ。［中略］
　リーチはいつも朝鮮の青磁のあの淡雪晴れの空の様な柔かさと湖水の面の様な深さとに見入つて、この色を出して見たい、この色の気持が非常に好きだと云ふて居つた。そして何度も破片を眺めては、この色が出来たら使ふ人の気持ちがどんなに慰安を受けるか知らん、と云ふて居た。又時には、自分は朝鮮のものに一番近い、とも云ふて居つた。こうした感じは今居なくなつたリーチの作物を見てもよく判ると思ふ(40)。

この引用より、朝鮮の陶磁器がいかにリーチを魅了したかがわかる。イギリス帰国後、リーチは自ら制作するストーンウェアや磁器の美的基準として、中国の宋代のもののみならず、朝鮮のものをも重視するようになる。

リーチと柳宗悦が朝鮮に滞在していた五月中旬、大阪ではリーチの個展が開かれていた。東京以外の場所でリーチが個展を開くのはこれが初めてであった。そして、帰国が近づいた六月には流逸荘で個展を開催した。いずれもこの時期の総決算という性格をもった展覧会である。流逸荘の個展の際のリーチについて坂井犀水は、「氏が帰朝前告別展覧会を開いた時の売行は非常の好況で、多年不遇に置かれた氏は一時に春が来たやうな喜びであつたが、それも我孫子の柳氏の友情と東京では黒田清輝子の厚い庇護と流逸荘主人の親切なる周旋とに依るのだと甚く感激して居た」と書いている。(41)

こうして、リーチは日本の友人達に見送られ、家族と濱田庄司と共に、六月二十九日に日本を離れる。彼が帰国を決心した理由は二つある。一つは子供にイギリスの教育を受けさせたいと考えたこと、そしてもう一つは、東アジアの陶芸の研究をした結果、今度はヨーロッパの陶芸を研究したいと考えたことである。(42)二十二歳の時エッチャーとして来日したリーチは、日本で陶芸家となって帰国の途についた。この時彼は三十三歳だった。

三　生活と芸術

この章では一九一〇年代後半のリーチについて論じてきた。この節では視点を変え、彼の活動を日本側から眺め、その意義を特に『白樺』との関係において探ってみたい。ここで問題となるのは「生活」と「芸術」の関わり、及び「東洋」と「西洋」の関わりである。

まずは一九一〇年代後半の『白樺』同人達について一瞥しよう。この章の第一節で雑誌『新東洋』*The New East* を紹介し、それと『白樺』との繋がりを指摘した。『白樺』同人達がどの程度この雑誌と関わったかは不明だが、「東洋」と「西洋」の関係については同人達も多かれ少なかれ関心を持っていた。それというのも、この頃既に同人の中には、「東洋」への関心を持つ者が現れ始めたからである。美術を例に取れば、『白樺』創刊当初はポスト印象派など、眼差しを同時代の欧米にばかり向けていた同人達も、その後は歴史を遡ってルネサンスの画家に興味を持つようになり、そして一九一〇年代後半からは徐々にアジアの美術へと関心を傾けていった。『白樺』の挿絵に東アジアのものが初めて掲載されたのは、一九一九年の七月号である。これ以後、朝鮮等の「東洋」への関心が『白樺』の中で少しずつ増えていった。

こうした『白樺』の変化については、一九一六年の『白樺』八月号に掲載されている、次の柳宗悦の文章がうまく事情を説明している。

長い間西欧の芸術を驚嘆し愛着した自分は近来自分の故郷に帰つた心持ちを感じてゐる。そうして新しい異常な讃嘆の情に満ちて東洋固有の芸術――又は思想を愛し始めた。自分に帰つた悦は譬へようもなく嬉しい。(43)

前章で指摘した通り、この頃既に柳は禅による二元論克服を試みていた。彼は引用の中で、ヨーロッパの美術を学んだ結果、日本など「東洋」の美術の性質が解るようになってきたと述べている。こうした「東洋回帰」は柳に限った現象ではなく、他の『白樺』同人にも当てはまる。和辻哲郎の『古寺巡礼』に同人が関心を寄せたことは良い例であろう。

また別の例として、岸田劉生は次のように書いている。

リーチが支那から帰つて来て、いろ〳〵のみやげ話を聞いたが、この事が、自分の中の東洋的審美を目覚めさせてくれる機縁の一つになつた事も紀念したい。リーチは東洋を愛した。自分達が西洋を讃へる様に、新しき心で。自分が西洋の審美の「概感」をやうやく卒業しかけた時に、リーチのこの心持もよく解つた。リーチは西洋の目で東洋を見たのではない。或る処には西洋人である事はまぬかれまい、しかし、彼には「珍しいもの」を見たのではない。エキゾチツクなる故に愛したのではない。心に響くもの、「人」として、「人類」の一人として、彼は東洋人が解らなくてはならぬ東洋を解したのである。(44)

ここで「東洋的審美」の「目覚め」と記しているように、劉生はその後一九二〇年代に入ると「東洋」美術に傾倒し、宋元の写実画や初期肉筆浮世絵などの研究を行った。そしてその成果を、自分が一九一〇年代に油彩において確立した「内なる美」の美学にとりこむことを構想する。具体的な課題はともかく、「東洋」「西洋」の特質を理解し、それらを共に受け入れようとした点で、劉生の態度は「東と西の結婚」を唱えたリーチに近いものがある。つまり、自己の由来する文化伝統とは異なる文化・芸術を学ぶことによって、逆に自分の内に備わっているものを「新しき心」で見直し、そしてさらに「自己の文化」と「異文化」を超える次元を志向した点で、二人には共通点が認められる。そして劉生はリーチの作品の中に、異質な美的質が混ざり合う可能性を見出していた[45]。

Yanagi in his study. Abiko. 1918

挿図 4 - 8　リーチ《Yanagi in His Study. Abiko. 1918》
ペン画，1918年

こうした『白樺』同人達の「東洋回帰」の結果何が起きたかは、先に第一節で見たとおりである。同人達が「東洋」と「西洋」の双方に興味を持った結果、我孫子では「セザンヌ、ファン・ホッホ、オーガスタス・ジョーン、ブレイク、エル・グレコ、ロダン、メストロヴイツク及デュウラー」や「唐や推古の彫刻」や「宋の陶器や絵画、或は明朝の南画風な山水画」などなど、古今東西の美術が、絵画と言わず工芸品と言わず、「二三軒の家の中に、皆一緒になつてゐる」という状況が生じた。その様子は、日本民藝館が所蔵するリーチ作のペン画《Yanagi in His Study. Abiko. 1918》からも窺える（挿図四-八）。これは完成度のさほど高くない、スケッチのような作品であるが、しかし我孫子での柳宗悦の日常を記録した貴重な資料である。この書斎は柳宗悦が自分で設計したものであるが[46]、リーチが描いた書斎には、ロダンのブロンズ作品《或る小さき影》、唐の博山炉、磁州窯系とみられる壺などが窓辺の本棚に飾られている。おそらくリーチと同人達は、これらの物を比較検討することで彼らなりに理解を深め、知識を整理していったと思われる。なにゆえリーチが江戸時代の日本美術に惹かれたり、中国に行ったりしたのか、その理由が『白樺』同人に理解できるようになったのは、彼らに「東洋回帰」が起きた後のことだろう。

もちろん、『白樺』同人達の美術理解、ひいては「東洋」「西洋」双方の文化についての理解がいかなるものだったかには、多少疑問の余地もある。当時から彼らは「ロダン好きのロダン知らず」と揶揄されることがあった(47)。もちろん、例えば柳宗悦のウィリアム・ブレーク研究や児島喜久雄の美術研究の例からもわかるように、同人の中にも正確な知識に基づく学術的な作品理解を目指す動きはあった。しかしその一方で、こうした学術的な異文化理解よりも彼らにとって重要だったのは、古今東西の文学や美術を、「直観」といった己の感性のもとに味わい、摂取することで、自分の個性・精神を成長・充実させることではなかっただろうか。鈴木貞美は「大正生命主義」を提唱し、大正時代には個人の内面の生を充実させようとする思想傾向があったことを指摘しているが、これは『白樺』同人にも当てはまるように思われる(48)。

『白樺』の場合特徴的なのは、こうした生の充実への希求が「生活の芸術化」ないし「芸術の生活化」へと繋がった点と、かつ「生活の芸術化」ないし「芸術の生活化」への欲求において「東洋」と「西洋」の調和が指向されていた点である。本多秋五が指摘するように、『白樺』同人達には芸術家として芸術を生むという目的のため、より質の高い生活を求めるという傾向が共通して認められる。つまり、芸術から受けるような感じを、日常生活からも受けたいという欲求である(49)。こうした欲求を実現しようとしたとき、『白樺』同人たちは己と友人のための、私的で芸術的な小ユートピアを作るという発想を抱いたように思われる。そのユートピアの中では、そこの主人が気に入った（つまり己の生長に役立つと主人に認定された）芸術品が、古今東西を問わず共存することになる。そして、それらの芸術品が相互に関係を持ちながらそのユートピアの中で調和するとき、「東洋」と「西洋」の調和も達成されることになるのではなかろうか。もちろん、これらのことに『白樺』同人たちがどこまで自覚的であったかは分からない。されど、この私的なユートピアを「美」ないし「美術館」という方向で発展させたのが柳宗悦の民芸運動と日本民藝館、「共同体」という方向で発展させたのが武者小路の「新しき村」と考えたくなるのだが、これは言い過ぎであろうか。

一九一〇年代後半の我孫子での文化的状況には、今日から振り返って興味深いものがある。交通・通信手段の発達により、世界各地からの情報が日本に短時間で届くようになった。そもそも、毎月雑誌をめくれば欧米の芸術品を見られるような状況を作りだし、かつそれらを大衆に紹介するような展覧会を企画したのは、他ならぬ『白樺』に集った人々である。そして、先に見た拓殖博覧会の例からもわかるように、大陸の植民地経営の本格化に伴い、欧米だけでなくアジアについての情報も日本にもたらされた。それと呼応するかのように、一九一〇年代後半から『白樺』同人たちは東アジアの美術にも目を向けるようになった。そして彼らの自宅には、リーチや劉生や梅原龍三郎といった友人達の作品だけでなく、先に第一節で論じたように、世界各地の様々な美術品や工芸品が集まった。こうした次々と流入してくる情報の中から、自我の「生長」に役立つものは、洋の東西を問わず積極的に取り入れるという風潮を作り出したのが、『白樺』などに見られる個人主義の高まりである。大正時代以降の日本における美術の一般化・普及に関して『白樺』の担った役割は大きく、大正時代における生活と芸術の関係を考える際にも、『白樺』は一つの核と言えよう。

このような、『白樺』同人達の抱いた「生活と芸術」という観点や「東洋と西洋の調和」という発想は、もちろん『白樺』だけのものではなく、当時の日本で割と広く見られたものである。その背景には、次々と新たな文物が日本にもたらされる一方で、明治時代には外来文化だったものが大正時代になる頃には日本で土着化し始めていたという現象がある。例えば、明治時代以来の努力が実を結び、大正時代には油絵が普及し始めたが、その結果、洋画を日本家屋の中でどのように扱うかという問題が起きた。軸物や屏風などの日本画とは違い、当時の日本には洋画の扱いに関するノウハウがまだ少なかった。(50) しかし、洋画が日本に根付き始めたならば、日本の生活文化の中でそれがどうあるべきかが当然問題となる。リーチは、日本における油絵の表装、額縁、およびそれらの懸け方のまずさを一九一一年に指摘したことがあったし、[51] 高村光太郎も一九一二年に「油絵の懸け方」という一文でこの問題を論じている。[52] このような問題意識を抱いていたのは、決して高村やリーチだけではなかった。その証拠に、第二章の第二節で紹介した美術新報主催の新進作家小品展には、若手の画家に作品発表の機会を与えることと、「洋画と日常生活とを接触させる」ことという二つの目的があった。[53] 出品作品が小品に限定されたのも、会場の室内装飾のためにリーチと富本憲吉が特に起用されたのも、みなこの第二点のためである。[54]

この例からもわかるように、外来文化の普及・一般化とそれに伴う混乱は明治時代以来のものであるが、明治末から大正になると、欧米文化と日本文化の両者が「二重生活」として日本社会で併存する傾向を見せる一方、そうした風潮の中で両者を調和させようという動きも活発であった。[55] 美術と日常生活という観点からいえば、例えば富本憲吉の暮らしぶりと活動は興味深い。彼はもともと東京美術学校で建築デザインを専攻したが、リーチと出会った頃には刺繡や染色や革細工を試みており、そして先に見たようにリーチと一緒に美術新報主催の新進作家小品展にて室内装飾を担当し、さらにはリーチと同様六代乾山に入門して陶芸家になった。また別の例としては、富本の知人、西村伊作（一八八四〜一九六三）がいる。西村の場合は住宅という観点から美的生活を考えて個人住宅の設計を行い、後には文化学院という学校を設立した。西村の設計した住宅は、佐藤春夫の小説「西班牙犬の家」の舞台のモデルとなる。[56] さらに、ここで有島武郎、吉野作造、森本厚吉らの雑誌、『文化生活』の存在を付け加えることもできよう。

以上に論じた時代風潮の観点から我孫子時代や麻布時代のリーチの制作活動を振り返る時、この時期彼が陶芸の外に、家具類の制作をしていることが注目に値する。彼は机、椅子、棚、ソファー、敷物、壁掛けなどのデザインを行い、地元の大工などを使って制作した。これらの品々は個展で展示されたが、日本での評判は上々だったようだ（挿図四-九、一〇、一一、一二）。[57] これらの家具は、『白樺』同人たちや黒田清輝が所有し、使用した。現在日本民藝館にはリーチが我孫子で制作した棚（挿図四-一〇）が所蔵されている。また、栃木の益子参考館にある、リーチが我孫子でデザインしたテーブルと椅子のセットは、かつて里見弴が所有していたものである。これらの家具類、

挿図４－９　リーチ作の机　1918年

挿図４－10　リーチ作の本棚

挿図４－11　流逸荘でのリーチ個展(1)

挿図４－12　流逸荘でのリーチ個展(2)

およびリーチの生活空間に対する意識はあまり論じられることがないようであるが、これは今後の考察に値する。例えば、彼の調度に対する関心は、一九三四年十一月に高島屋で開催された「現代日本民藝展覧会」に展示されたモデルルームや、戦後には例えば一九六一年に大阪リーガロイヤルホテル一階に造られた「リーチ・バー」などにおいて、具体的に発揮されることになる（挿図四－一三）[58]。

こうしてみると、結果論ではあるが、リーチもやはり日本の大きな流れの中にいたと言える。当時の我孫子は辺鄙な田舎であったが、そこに現れた芸術家コロニーの中で行われていた議論やリーチの活動を考えるには、以上に述べたような日本全体を

挿図４-13　大阪リーガロイヤルホテルのリーチ・バー

包む時代状況を頭に考慮しなければならない。もちろん、『白樺』同人という当事者がどこまで自分たちの身の回りの調度に心を砕いたのか、そして調度をあつらえることの中に「東洋」と「西洋」の調和を目指すという自覚がどの程度あったのかは、明らかではない。しかし、例えばリーチが描いた柳宗悦の書斎から考えても、柳宗悦をはじめとする同人達が壺や彫刻の選択と配置に全く無自覚だったとは考えづらい。特に柳の場合は、物の扱いへのこだわりが後に日本民藝館における展示ケースのデザインや、展示品のもつ美しさを最大限に引き出すようにその配置を決めるという、「美」を規準とする独特の展示手法へと結実することになる。これらの思潮は皮膚感覚に近い、日常生活のレヴェルで起きていた動きであるゆえ、必ずしも文献には残らない部分も多いが、一九一〇年代後半の我孫子を中心とする「生活と芸術」をめぐる動きは、リーチの思想・創作にも影響していると言えよう。

第五章　「東と西の結婚」のヴィジョン——その形成と内実

まだ書かれていない書物で、真っ先になされるべき最大のものは、
ブレークの『天国と地獄の結婚』よりも偉大な『東洋と西洋の聖書』、
即ち二つの半球の愛の結合、世界の指にはめられる神秘の指輪。
（バーナード・リーチ「東洋と西洋」(1)）

第一章から第四章までの伝記研究をふまえ、この章では改めてリーチの「東と西の結婚」というヴィジョンの形成とその内実について論じたい。ここで「はじめに」でみたリーチの言葉をもう一度引用する。既に述べたとおり、ある意味でこれが一九二〇年のイギリス帰国時におけるリーチの到達点であり、イギリスでの活動を開始するにあたっての出発点である。

I have seen a vision of the Marriage of East and West, and far off down the Halls of Time I heard the echo of a childlike voice. How long? How long?
（私は東と西の結婚のまぼろしを見た。そして、はるかな時の会堂の先に、子供のような声のこだまを聞いた。どの位？どの位長く？(2)）

詳細に原文を検討しよう。文中まず登場するのは結婚の視覚的イメージである。ここで結婚するのは「東洋」と「西洋」であるが、ここからリーチは「東洋」と「西洋」の違いを男女関係に準えて理解していたことがわかる。後述するが、「東洋」が女、「西洋」が男である。この結婚が執り行われているのは時間（あるいは時代？）という会堂がいくつも連なっているような場所であるらしい（the Halls of Time）。結婚の視覚的イメージの次には「子供のような声」（a childlike voice）のこだまが聴覚でとらえられる。この声の反響は先の「時間の会堂」の奥の方から響いてくるという。これは遠い過去から現在の「私」に向かって、あるいは逆に、遠い未来から現在の「私」に向かって響いてくると考えられる。最後の“How long? How long?”が誰の言葉なのか、すなわち「私」の言葉なのか「子供のような声」が言っている言葉なのかは判じがたいところであるが、ここではあえて後者をとりたい。理由は、“How long?”の二回の繰り返しが先の「子供のような声」の「こだま」を示唆しているように考えられるからである。“How long?”が意味する内容も解釈に苦しむところであるが、これが「子供のような声」によって発せられているとしたら、「自分が生まれるまで、あとどれくらい待たねばならないの？」という意味になるだろうか。そして、このような言葉によって呼びかけられてしまった「私」は、そこである種の決断のようなものを迫られているように思われる。

全体的に漠然としていて容易には解釈を受け付けないテクストである。今一通りの解釈を試みたが、これからこの一文が執筆された当時のリーチが置かれていた状況や、当時の彼が記した他のエッセイなどを考慮に入れてさらに詳細に内容を検討し、注釈を加えてみたい。具体的には、（一）“East and West”（「東洋」と「西洋」）について、（二）“Marriage”（結婚）について、（三）「東と西の結婚」の根底にある倫理的（ないし宗教的）側面について、（四）「東と西の結婚」の出発点となった進化論的発想について、（五）制作における「無意識」について、（六）「東と西の結婚」における禅の影響の可能性について、（七）リーチにおける「東と西の結婚」というアイデアと作陶活動の関係について、という七点について論じていくことになる。これら七点を論じた後で、（八）東西融合論と題し、リーチの「東と西の結婚」を日本の文脈において捉えなおす。その後で第Ⅰ部の総括を行いたい。

一　"East and West"（東洋と西洋）について

香港生まれのリーチが幼少時から様々な地域を経験していたことは既に触れたが、そうした彼にとって「東洋」と「西洋」という二つの言葉は、地球上に存在する文化の多様性を意味するものとして、絶えず考察の対象となっていた。先に解釈した英文が含まれているエッセイ、"East and West" (1920) の中には次のような表がある。

West :---	East :---
Male	Female
Body	Soul
Reason	Intuition
Action	Rest
Outer	Inner
Violence	Restraint
Personal Religion	Impersonal religion [sic]
Objective Art	Subjective Art
Individualism	Communism[3]

この表からわかるように、リーチにとって「東洋」は女性的・本能的・精神的・静的なものを、「西洋」は男性的・理性的・肉体的・動的なものを意味していた。このように、相互に還元することのできない二つの異なった原理が存在すると仮定し、それによって考察の対象を説明を行う立場は、二元論と呼ばれる。[4]

リーチがこのような二元論の立場をとるようになったのは、このエッセイ“East and West”が書かれるよりももっと早い時期である。しかし、実際の見聞によって「東洋」と「西洋」の間にある隔たりの大きさを認識した彼が、両者を相対的に眺め、かつ前頁の表のように関係づけられるようになるまでには、ある程度の年月が必要だった。

実際のところ、リーチが「西洋」を絶対化せずに眺められるようになったのは、中国を訪れてから後のことである。これは彼が著した二つのエッセイ、一九一三年の“Art and Commerce”と、一九一五年の“The Meeting of East and West in Pottery”を比較すれば明らかである。(5)日本滞在中に書かれた前者のエッセイでリーチは、精神面においても物質面においても「西洋」が「東洋」より進んでいること、ヨーロッパが近代にあるのに対し当時の日本は中世から近代への過渡期にあること、また、ヨーロッパの文明は世界のどの文明よりも古いことを述べ、「東洋」の近代化を基本的には素直に肯定している。ところが、第一回目の中国訪問後に書かれた後者のエッセイになると、リーチはその態度を一変させる。ここで彼は、陶芸においては「西洋」よりも「東洋」の方が優れていることを認めるばかりでなく、陶芸以外のことにおいても「東洋」を高く評価するようになり、そして、中国の文明が古いのに対しヨーロッパの文明は若いとまで述べている。このように、リーチが自己の文化的背景たるヨーロッパを相対化できるようになるためには、日本滞在ばかりでなく中国滞在をも経なければならなかった。

また、一九一〇年代半ばの中国滞在は、リーチが「西洋」ばかりでなく「東洋」をもより広い見地から眺められるようになった点でも重要である。この期間に彼はそれ以前の日本滞在を反省する一方、第一次世界大戦中の日本の行動を北京で目撃し、日本を傲慢だと批判するようになった。この点については第三章第三節で論じたので繰り返さない。

さて、このように「東洋」と「西洋」を共にある程度まで相対化する視点を獲得した結果、芸術家としてのリーチはどのような立場に置かれることになったのだろうか。次の引用を見ていただきたい。

我々には守るべき伝統もない。工場、商業、科学、教育、旅行、都会生活は、我々から、さうした被覆を取去り、群集の前に裸で立たせるやうにした。〔中略〕あらゆる装飾品の形状、大小、模様、色彩を決定する民族の法則、国の伝統はすべて亡んでゐる。〔中略〕しからば現代の芸術的工芸家は如何なる基礎の上に立つてゐるのか。如何なる源泉から、彼の形式、色彩、手工芸の努力を扱むべきか。〔中略〕私見を述べれば、地方的伝統や仮令狭くとも完全な見地の代りに、全世界が彼の視界となるべきであると答へねばならない。最も遠い源泉に彼の美や手工芸を見出すであらう、そして彼の個性と本質的な性格の全力を挙げて、北に南に東に西に、種々な要素を蒐集削除し、之を併せて新しい綜合を得るために、熱心に誠実に努力せねばならぬ。(6)

この文は一九一九年に書かれた。これまで見てきたように、中国時代以降リーチの内面では「東洋」と「西洋」の関係は相対的なものとなった。しかし実際問題として、「東洋」は「西洋」のことを学ばざるを得ない立場にあり、「工場、商業、科学、教育、旅行、都会生活」等の点で近代化を余儀なくされていた。こうした事実は事実としてリーチも認めなければならなかった。この引用では、こうして望むと望まざるとに関わらず「東洋」「西洋」間の接触の頻度が増えていった結果、現代の「芸術的工芸家」はもはや「伝統」に頼ることができなくなったこと、すなわち近代以前と近代以降とでは「芸術的工芸家」の置かれる条件が違うことが述べられている。では、現代を生きる「芸術的工芸家」は「伝統」の代わりに何を参照し、そしていかに制作にあたるべきだろうか。リーチはこの問いに対し、「全世界」を見渡し、それを研究することで「新しい綜合」を得ることを回答として提示している。

このようなリーチが理想的な人物と見なすのが友人の富本憲吉であった。彼は富本を論じた文章の中で芸術家に必要な資質として、(一)自国の文化から刺激を受けられること、(二)異文化を理解し、そこから刺激を受けられること、(三)己の文化と異文化を超えたところに美を見出せること、という三点を挙げ、彼が富本を評価するのはこれら三点を富本が満たししているからだと述べている。(7)

これらのことを併せ考えると、リーチが「東と西の結婚」という言葉を唱えるとき前提となっているのは、「東洋」も「西洋」も近代という共通の基盤の上に立っている（あるいは、立ちつつある）ことである。そして彼はこの言葉によって、「東洋」を知ることで「西洋」を知り、「西洋」を知ることで「東洋」を知るという、「東」と「西」という二つの極の間での往復運動、すなわち相互の相対化を主張していると思われる。さらに、先の引用の中で、往復運動の主体たる芸術家はあらゆる伝統から切り離された存在であると彼が述べている点に注目されたい。後年、一九五二年から翌年にかけてアメリカを訪れたとき、リーチは「文化的根」というものの重要性に気づき、己にイギリス文化という古くて安定した「根」が備わっていることが自分にとっていかに有利なことであることかを再認識するに至るのだが、(8)一九二〇年の時点で彼が「東と西の結婚」と言うとき、彼は理念の上では、「東洋」「西洋」どちら側の人間とも言えないようである。

二　“Marriage”（結婚）について

次に、“Marriage”という言葉に着目しよう。中国を経験した後のリーチにとって、「東洋」と「西洋」の間には依然として大きな隔たりがあったが、両者の関係は平等なものとなった。しかし、リーチが両者を結びつける言葉として“Marriage”を見出すまでには、少しの時間を要した。それというのも、“Marriage”という言葉を見いだすまでの間、彼は“Meeting”という言葉を長く用いていたからである。

一例として、一九一五年、二度目の中国訪問を終えた後で行われた講演、“The Meeting of East and West in Pottery”をあげよう。(9)この中でリーチは、「東洋と西洋の出会いとは、人類の進化における二つの極、すなわち霊的な極と実用的な極とが出会うことである」と述べ、「東洋」と「西洋」が互いの短所を互いの長所で埋め合うべきことを主張する。そして特に「西洋」側を批判して、「西洋」が「東洋」に与えるものよりは「東洋」が「西洋」に与えるものの方が大きい、「西洋」側の「黄色人種や褐色人種」に対する優越感には根拠がない、「東洋」が「西洋」を理解しようと真面目に努力しているのに対し、「西洋」の方は「東洋」を知ろうという努力が足りない、などと述べている。ここでリーチの言う“Meeting”には、「歩み寄り」「相互理解」「相互補完」というニュアンスが認められ、彼にとって「東洋」「西洋」とは、その間に存在する隔たりを踏まえた上で、相互に歩み寄るべきもの、補完しあうべきものであった。

ところが、このような主張は一九一七年三月十六日から変化を見せる。

Before getting out of bed this morning I was thinking about the real meaning of the word "ai no ko" which is always used in a scornful sense.

This seems to me senseless, both if we examine the literal meaning of the word, i.e. "Child of mutuality," or if we ponder over the popular meaning of the word, i.e. "Foreign plus Japanese mixture," or any mixture of extremes.

It became clear to me to-day for the first time that the *real* blending, or mixing, of extremes, whether in life or in art, is the highest aim we can strive after, and that the scorn which is contained in the manner or tone of every Japanese when he uses the word "ai-no-ko" is at bottom a just scorn of that miserable half-mixture, not only in marriage, but also in all other directions, which is the inevitable result of the meeting of East and West. Till this morning I had always believed that the marriage of, say Japanese and Americans or English, was an utter wrong to the children, even if it was not a mistake for the parents, this morning I grasped that uniting of two extremes into a new whole increases in difficulty and also value according to the difference between the two.

私は今朝、床を離れる前に、一般に軽蔑的に使はれてる処の、『アイノコ』と云ふ言葉の眞の意味に就て考へた。こんな事を考へると云ふ事は、仮令字義上の意味に於ける言葉、即ち『相互性の子』と云ふ事を考へて見ても、又通俗的意味に於ける言葉即ち『日本プラス外国の混合』、或は他の両極の混合と云ふ事に考を及ぼして見ても、馬鹿気た話であるが、今朝になつて始めて、こう云ふ事が明らかになつた。それは真の両極の混合又は混和と云ふものは、人生に於ても、芸術の上に於ても、吾々が得やうとして居る処の最高なる目的であると云ふ事と、日本人が常に『アイノコ』と云ふ言葉を用ゆる時に、其態度や語気の中に含ませる軽蔑は、東洋と西洋との会合の結果、結婚其他諸方面に於て免れ難き、哀れむべき半混り対しては、誠に正当なる軽蔑であると云ふ事とである。

私は今朝迄は、日本人と亜米利加人、或は英国人との結婚と云ふ如きものは、或はそれが両親に対しては過失でなかつたとしても、子供に対しては全然悪い事だと云ふ事を思つて居つたが、今朝になつて私は、両極が結合して、新らしき一つのものになると云ふ事は、両者の間の差別によつて困難も増すが、又その差別によつて、其価値も増すものであると云ふ事に考へ及んだ。[10]

この引用の中でリーチは、極端に違いがあるもの同士（extremes）が混ざること（出会うことではなく）について考察している。そして混ざり方によって混ざったものを、（一）みじめな半混ざり（that meserable half-mixture）と、（二）新しい、完全に混じりきった統一体（a new whole）とに分けている。前者の例として彼は文展の出品作、東京の建築、横浜の輸出用陶磁器を挙げる。彼の言う「みじめな半混ざり」は、ブルーノ・タウト（一八八〇～一九三八）の言う「キッチュ」と少し似ているだろうか。これに対し、リーチが評価するのは後者である。かけ離れたもの同士の「結婚」は、両者間の隔たりが大きければ大きいほどその困難も増すが、逆にそれ故に両者の結婚の意義は深まるのではないか、と彼はここで述べている。

この文章の中に“the meeting of East and West”という語が使われている一方で、“marriage”という言葉が現れていることは注目に値する。もちろん、ここに現れている「結婚」は人間の国際結婚を指すものであり、“the marriage of East and West”という表現はまだ見当たらない。しかし、「極端に違うもの同士」の混合について考察している文章の中で「結婚」とか「アイノコ」とかという言葉が現れたことは重要である。ここから分かることは、リーチは後に「東洋と西洋の結婚」を唱えるようになる時、彼は結婚生活そのものというよりは、結婚によって生まれる子孫を脳裏に思い描いているのであり、彼の言う「結婚」には「混合」（blending, or mixing）という要素が強い点である。よって、リーチが一九二〇年になって「東と西の結婚」という言葉を用いたとき、そこには「混合」、すなわち芸術上の「混血」に積極的な意味を見出そうとする意図が込められていたと考えられる。

三 「東と西の結婚」の根底にある倫理的ないし宗教的側面について

このようにして、リーチは一九一七年三月を境に、“Meeting”という立場から“Marriage”という立場へと移行していった。では、そもそも彼はなぜこのように、“Meeting”や“Marriage”などと、自らの手で「東洋」と「西洋」の調停をしようと努力する必要があったのであろうか。

ここで、リーチが「東と西の結婚」という言葉を唱えた背景に、倫理的ないし宗教的な動機があったのではないかという仮説を立ててみたい。この節ではリーチにおける芸術と宗教の問題について考えよう。これにはまず、リーチが当時の日本の現状をどのように認識していたかについて触れる必要がある。

リーチが一九〇九年の来日を決意するにあたり、大きな役割を果たしたのはラフカディオ・ハーンの著作であるが、来日してリーチが実際に目にした日本は、日露戦争後の日本、重化学工業を発展させつつある日本であり、かつてハーンが描いた古き良き日本はもはや存在しなかった。日本のマーケットはコマーシャリズムに支配され、彼が期待していたような中世的生活や、そうした生活に基づくような芸術は当然消滅しつつあった。工芸の分野について言えば、明治期の日本では輸出目的のために工芸振興策がとられた結果、美術工芸のデザインがヨーロッパ向けに変更され、変質していく一方、教育機関においては日本の在来の工芸を機械化することが試みられていた(11)。

こうした風潮の中で、日本固有の伝統的な「手工芸」に代わり、ヨーロッパ風のイカモノや「みじめな半混ざり」が氾濫しているのを目撃したリーチは、そこである事実に気が付いた。それは、大正時代の日本で進行していた出来事は、かつてヨーロッパでも実際に起きた出来事だということである。つまりリーチは急激に変貌を遂げていく日本を見ることで、逆に産業革命以前のイギリスの姿に気付かされたのである。

さて、このような立場に立つと、日本で近代化に伴って現れた様々な弊害は、日本の問題であるばかりでなく、リーチ自身の問題となった。特に、彼は日本の陶芸の現場――例えば、コーヒーの味を知らずにコーヒーカップを作る職人、ヨーロッパから科学的な新技術を取り入れながらもそれを持て余している作業現場、生産コストを抑えるため材料の品質を故意に落としたり、伝統的な製造工程を部分的に省略したりしている窯場など――を観察する機会を得た結果、近代化によって日本の陶芸の品質・デザインがともに悪化したことを見て取っており、近代化に伴う問題の所在を理解していた。

このような現状を目の当たりにした時、リーチが抱いた感慨は二つある。それは第一に、「芸術と生活」は「離れ難い」ということ、すなわち「芸術が生活 life から生まれるとするならば、生活における真実 truth と芸術における真実とは反目しない」ということであった。[12]「みじめな半混ざり」の氾濫によって生活が醜くなっていく様を日本で目の当たりにしたとき、リーチの目には産業革命以前の工芸品、例えば初代乾山、光悦等の作品やイギリスの中世陶器が魅力的に映った。そしてそこに美を見いだすようになった。ここにおいて、「中世」は日本とイギリスの双方にかつて存在した共通の過去となる。リーチと中世主義については既に第一章と第四章第一節において論じたが、この観点は彼がイギリスばかりでなく、日本の近代を批判する際の視座となった。[13]

当時の日本についてリーチが抱いたもう一つの感慨は、「宗教と芸術とは区別することが出来ない。美術作家の真実と宗教上の信念の真実とは相同しきものである。美術を遊び、慰みとするは大なる誤である」というものであった。[14]ここには当時の日本の美術界で行われていた安易な折衷への批判が含まれている。そしてこれはまた、リーチが「東と西の結婚」という言葉のもとに「東洋」「西洋」両方の血を受け継ぐ作品を構想するとき、彼はそうした行為の中に「真実」の探求という要素をも感じていたことを意味している。

これら二つ、すなわち「芸術と生活」は「離れ難い」という感慨と、「宗教と芸術とは区別することが出来ない」という感慨を抱きながら当時の日本の現状を眺めていたリーチの脳裡には、時として“sins of omission”（怠りの罪、不作為の罪）という言葉が思い浮かんだ。これはキリスト教における罪の一つであり、良心が行わせようとする善行を、意図的に怠ったり、あるいは積極的に拒否したりすることを指す[15]。この言葉は一九二〇年の "East and West" をはじめ、当時の日本の状態を論じた彼のエッセイに時々現れる。リーチは、生活が醜くなっていく様を日本で目の当たりにした。己の良心に従うなら、そうした醜さを減らす努力、生活を美しくする努力をした方が良い。しかも彼は芸術家であるから、それをなしうる立場にいる。よって、そのような彼がもし何も行動を起こさなかったとしたら、それはまさしく「怠りの罪」にあたることになる[16]。

このように見てくると、リーチが陶芸という工芸に転向していったことや、「東と西の結婚」という言葉を唱えるようになったことの背景には、「東洋」と「西洋」の急激な接触によって生じた問題点を解決し、事態を改善していくことに自己の使命を見出すような、倫理的、ないし宗教的な動機が働いていたと言えるだろう。

四　「東と西の結婚」にみられる進化論的発想について

前節では「東と西の結婚」という言葉が生み出された背景について論じ、そこには倫理的ないし宗教的な動機が働いていたと推測できることを指摘した。ここで次に考えたいのは、リーチがそうした動機を持った後で行動を展開していく際の、その具体的な方法である。

これを考えるとき手がかりになるのが、この章の第二節の引用に現れた "blending" という言葉である。これに関連して、次の引用を見ていただきたい。

私は郷里（英国）に居て小泉八雲の本を読みました。私は彼の本を読んで日本に行きたくなつたのです。その本のなかに、外国人同士の結婚の善悪に対するハーバート・スペンサーの意見が出てゐます。スペンサーは先づ百姓のところへ行つて聞きました。すると、百姓は言ふた、家畜でも極く種類の異つたものを交はらせると生れる子は悪い。しかし種類の極く近いものを交はらせると、生れる子は善い。スペンサーは人間の場合も同じだと言つてゐます。私は考えた、外国人の結婚には二つの悪いことがあります。第一には、生れた子は、どうしても他の子供から除け者にされて自然と性質が曲がります。第二には、外国人と結婚する人に心の上等な人が余りありません。その人は自分の国の美も、外国の美も理解してゐません。だから生れた子供も善い人間になりません。私は芸術の場合もこれと同じだと思ひます。自分の国の芸術のよい所と、外国の芸術のよい所とを真実に理解して居りさへすれば、よい調和の美が生れます。しかしそれは中々困難なことです。茲に、日本のやうに、凡てが移り変らうとしてゐる時期にあつては、どうしても普通の混血児が生れます。これは何処の国でもさうで、止むを得ません。私は製作する時には、何処の国の芸術のことも考へません。あの本棚の製作には支那《ママ》か入つてゐますがあの庭で使う椅子には何んにも入つてゐません。製作してゐる時には何んにも考へないのです。唯、それを作る材料のことや、何に使ふものを作るのだといふことなどと考へるだけです。(17)

これは美術評論家、森口多里（一八九二～一九八四）が書き留めたリーチの言葉である。ここに出てくる「ハーバート・スペンサーの意見」とは、ラフカディオ・ハーンの『日本・一つの試論』に収録されている、スペンサーHerbert Spencer（一八二〇～一九〇三）が日本の政治家に宛てて書いた書簡、“Herbert Spencer's Advice to Japan”のことを指している。(18)社会進化論者として知られるスペンサーはこの書簡の中で国際結婚に言及し、人種的に近い者同士の結婚は認めたが、そうでないケースについては否定的だった。当初この意見に賛成していたリーチが、一九一七年三月になって態度を改めたことは、先に第二節で見た通りである。

この引用で興味深いのは、リーチが芸術を「外国人同士の結婚」という言葉のもとに考察している点である。彼によれば、芸術作品の出来不出来はそれを生み出す「親」、すなわち芸術家に責任があるという。つまり、「自分の国の芸術のよい所と、外国の芸術のよい所」を二つながらに理解していない芸術家の作品は、先に見た「みじめな半混ざり」に陥り、その作品は「アイノコ」として社会から軽蔑されるが、しかし「自分の国の芸術のよい所と、外国の芸術のよい所」を芸術家が共に十分に理解していれば、困難を経て生まれたその作品には「よい調和の美」が宿る、とリーチは主張しているのである。

では、「自国の美」と「外国の美」は芸術家の中でどのように結びつくのであろうか。これは引用の末尾に書かれている。リーチは制作するときに、素材と作品の使用目的以外のことは何も考えないとここで述べている。これはつまり、意識的に「自国の美」と「外国の美」を混ぜようとすると、作品は「みじめな半混ざり」になってしまうということであろう。意識下において「自国の美」と「外国の美」が自然に結びつくのを待望するという点で、リーチの「無意識」のもつ可能性への信頼が窺える。

こうしたリーチの考え方は、どこかで家畜などにおける「血統」「品種改良」「交配」等の考え方を想起させる。「優れた子孫」ならぬ「『良い調和の美』をもつ作品」を作りだし、それをこの世に定着させることは、ある意味で醜い現実を少しずつ改善していくための戦略なのである。リーチはハーンの愛読者であったが、そのハーンはハーバート・スペンサーを愛読していた。よってリーチが進化論の思考法をハーンから受け継いだとしても不思議ではないだろう。もっとも、ここで一つ注意が必要である。それは、進化論は本来、過去に起きた生物の「進化」を説明するための理論なのだが、先の引用におけるスペンサーやリーチの視線は、過去ではなく、どちらかと言えば未来の方を向いている点である。より正確に言うならば、リーチは社会進化論ないし優生学の発想を芸術に当てはめたというべきだろう。(19)

さてリーチがこのような考え方をする時、彼は結局の所、現在の自分はより良い未来というものによって規定されており、自分はその未来の実現に対して責任がある、という発想をとっていたように思われる。こうした観点から考えるならば、冒頭にみたテクストの中の“far off down the Halls of Time”から響いてくる“a childlike Voice”は、未来から現在の「私」に向かって響いてきて、「私」に向かって“How long?”と呼びかけていると解釈できよう。そして呼びかけられた「私」には、未来において誕生するはずの子供に対して責任が生じるのである。

五　制作における「無意識」について

さて次に考えてみたいのは、リーチにおける「無意識」の問題である。前節の引用においてリーチは、「自国の美」と「外国の美」を結びつけるに際し、制作中は素材と作品の使用目的以外のことは何も考えないと述べていた。意識を超えたところで「自国の美」と「外国の美」が自然に結びつくのを待望するという点で、リーチの「無意識」への信頼が窺えると前節では指摘したが、この点についてもう少し考えてみたい。先に取り上げたのが森口多里による聞き書きであったので、今度はリーチ自身の著作から彼の制作態度を探ってみよう。彼は「製陶の話」というエッセイで次のように書いている。

私は支那で宋時代のものを見てから、それが一番進んだものだと思つた。そしてそれの研究を思ひ立つた。がたゞその通りを真似したくはない、その素地《きぢ》だけを真似たいのである。そしてその時代の素地と釉薬が製《つく》りたいと思つて居る。白磁の方はまだ全く駄目だが、青磁の方は半分位成就した。又象嵌も大抵わかつて来た。それから模様は一寸日本語で話しにくいが十遍模様をつくるに一遍位は手本を真似るが、他の九遍は全く手本を眼中に置かずにつくる。と云つても厳密に云へば西洋のもの、支那のもの、日本のもの、自分の好きなもの、味が幾何か入るのであるが、しかしそれは知らず識らずの間に自然に現はれるのである。夢にも例令《たとへ》宋時代のものでも混ぜる気持を意識してやつたらとてもいゝもの、出来るものではない。手本を或る時は知つて居る、或る時は知らないこう云ふ気持ちで勉強してゆくのである。(20)

この引用の前半においてリーチは、技術的な事柄（生地や釉薬）に関しては宋の時代の磁器を手本にし、それを目標としていると述べているが、その一方後半部で、自分のデザインにおいては様々な要素が混じりあっていることを認めながらも、複数の手本を意図的に混ぜるようなことはしていないと書いている。なぜならば「混ぜる気持を意識」していたのでは、良い作品はできないということを彼は知っているからである。彼としては異質な諸要素（「手本」「味」）を、意識的に混ぜようとするのでもなく、また意識的に混ぜないようにしようとするのでもなく、「手本を或る時は知つて居る、或る時は知らない」という心持ちで制作をすることになる。これは別の言い方をすると、「東と西の結婚」を理想とするリーチは、「西洋のもの、支那のもの、日本のもの、自分の好きなもの」といった様々なデザインや美術上のコンセプトが、彼の意識を超えた場所で混ざり合い、その結果が「知らず識らずの間に自然と」作品に現われることを望んでいることになる。

この美術上の諸要素が混ざるリーチの内面の場所を、ここでは改めて「無意識」と呼んでおきたい。「東と西の結婚」という言葉を考えるとき、リーチは意図的な折衷を否定しながらも、この「無意識」において異文化に由来する諸要素が自然な形で結びついていくことを待望していることになる。陶芸という手工芸分野においては、たとえ同じ材料・同じ道具を用いて同じ大きさ・形のものを制作したとしても、作り出される物には作り手に応じて微妙な違いが生じる。また、同じ作者が同じ材料、同じ道具を用いて同じデザインの物を複数作ったとしても、手作りにおいてはやはり一点一点の作品には微妙な差異が生じる。これら「無意識」が作り出す違いが作り手の持ち味ないし個性と呼ばれるものであり、手工芸においてはここに味わいが求められる。リーチの場合、彼は「民芸」(folk craft) にこの「無意識」の生み出す美を見出す一方、自身の制作においては自身の「無意識」がもたらす表現の中に、「東と西の結婚」という別の美的要素が現れることを望んでいたことになる。

ところで、「無意識」がその創造性を発揮できる瞬間として、朝の覚醒時はリーチにとって特別な意味を持っていた。先に引用した「『アイノコ』の真意義」も、「私は今朝、床を離れる前に、一般に軽蔑的に使はれてる処の、『アイノコ』と云ふ言葉の眞の意味に就て考へた」という一文で始まっており、「東と西の結婚」というアイデアが彼に閃いたのも目覚め時だったと思われる。また、リーチは“A Strange but Pleasant Dream”、“A Terrible Dream”、“Nightmare”という、自らの見た夢を記した文章三点を一九二〇年に書き残している。(21) この章の冒頭で見た「私は東と西の結婚のまぼろしを見た。そして、はるかな時の会堂の先に、子供のような声のこだまを聞いた。どの位？ どの位長く？」という一文にも、夢の描写のようなつかみ所のないところがある。一九五四年のことになるが、リーチはこの覚醒時という特殊な瞬間について、避暑先の信州で次のように記している。

浜田〔庄司〕、柳〔宗悦〕、わたしの三人は、酷熱と人をさす昆虫どもの世界から三千ヤードもはなれた、この恵まれた山中〔長野〕で、ここ数日間というもの考えたり、書いたりできる時間をたっぷりもつことができた。わたしたちは夜早く、九時か十時に床につく。そしてわたしは夜明けとともに目をさまし、半ば夢うつつの世界で一、二時間の間気ままな考えにふけるのである。これらの考えは夢の中のように時間や空間にほとんどおかまいなしにさまよい歩くのだが、ある程度はそれを制御することができる。この時考えたことは後になってからも思い出すことができるのだ。この時はいちばんよく考えが浮ぶときであり、焼物の形や型がわたしの目の前に現われる。それはどこからやって来るのかわからないが、まるで戸をたたかれるのを待ち設けている倉の中から現われてくるようだ。しかし日中の忙しいあいだには、いつでもそれをとらえうるとは限らない。この白昼の夢や夜の夢や直観と空想といった別の世界のことについてどんな説明がなされようとも、この世界を求めようとするわれわれの要求が考えるよりはずっと少ないということを、わたしは年がますます早くたつにつれてはっきり感じ出している。

われわれはその世界へしきたり上から見知らぬ人として訪れる。わたしはその世界が確信と、そしてわれわれが大地にもって帰ることのできるある種の透明さで輝いていることを知っているだけだ。(22)

この引用が出版されたのは一九五五年、リーチが六十八歳の時であるが、明け方という、夜でもなく昼でもない一瞬が、彼の思索や創作に重要な時間だったことがわかる。この睡眠から覚醒がおきる瞬間は、リーチに限らず様々な芸術家や思想家にとって豊穣な特権的瞬間であった。例えば、哲学者のエマニュエル・レヴィナスは『実存から実存者へ』において、やはりこの覚醒時における無意識と意識の交替の瞬間を巧みに言葉でとらえて考察を加え、ここから存在の定立を試みている。リーチの場合においても、「無意識」がより自由に活躍ができ、そしてその活躍の様を「意識」が観察できる瞬間として、覚醒時が捉えられていたようである。そして、そこで知覚されるものにリーチは「確信」と「透明な輝き」を見出していたことが右の引用よりわかる。

この節の初めの引用で見たとおり、リーチは「実用性」と「素材からの要求」、そして審美性という観点から諸文化を作品の中で共存させようとした結果、制作にあたっては己の自我を抑えること、すなわち己を「実用性」と「素材からの要求」に対していわば受動的にさせる必要に直面した。リーチにとって作品、意識的に作るというよりは、自然に「生まれる」べきものであり、諸要素を意識的に混合しようとするとその作品は「惨めな半混ざり」(miserable half mixture)に陥ると彼には思えた。このように、自分の内の自意識を超えた所で、極端に異なる要素・原理が自然に結合することを待望した点で、彼の制作態度には本能・生命力・直感といったものへの信頼が窺える。こうした「無意識」への関心は、この後の第Ⅱ部において一つの重要なテーマとなる。

ただしここで明確にしておきたいのだが、リーチは、近代作家は前近代の「名もない工人」にはなれないと考えていた。リーチは一九六一年に約四十五年前の我孫子時代を回顧し、次のように書いている。

当時、日本語には、「フォーク・アート」という意味を表わす言葉はありませんでしたが、結局それに「民芸」という訳語を与えたのは柳君でした。わたしは、自分の作品がこうした種類に属していないことは、はじめから心得ていましたし、また、素朴で、自らを深く意識していない人々の作品と、「個人作家」と呼ばれる人々の作つた工芸品の間に違いがあることは、すでに、一九一七年か一八年のころから知つていました。[23]

リーチは一九一〇年代の後半、農民芸術にも関心を抱いていたが、[24]この引用によればその頃には既に彼自身のような陶芸家(「個人作家」)と「フォーク・アート」の担い手は同じではなく、作品にも自ずと違いがあると認識していたことになる。またこの認識は、晩年になっても変わることはなかった[25]。

しかし、リーチは已に「フォーク・アート」のような作品を作ることは不可能だと理解していたにもかかわらず、あるいは、理解していたがゆえに、生涯にわたり「フォーク・アート」から謙虚に学ぼうとする態度を保った。これを様々な形でサポートしたのが、柳宗悦が後に興す日本の民芸運動である。しかし、リーチは「フォーク・アート」への理解を深めることで、制作時における自意識を抑制し、「実用性」という規律を作品に課そうと努める一方で、それが達成しがたいことに悩む。この問題は制作における「自力」と「他力」という問題へと姿を変え、一九二〇年のイギリス帰国後へと持ち越されることになる。これについては第九章で再び取り上げる。

六 「東と西の結婚」における禅の影響の可能性について

前節ではリーチが無意識というものに信頼を寄せていたと思しきことを論じたが、このことに関して一つ触れておきたいことがある。それは、リーチにおける禅の問題である。

リーチが禅に関心を抱いたのはイギリス時代に遡る。彼はロンドン美術学校で知り合った高村光太郎の下宿を訪れたことがきっかけで、臨済宗に傾倒していた高村から禅の説明を受けた[26]。その後、一九〇九年に来日を果たした後、リーチは中国渡航前に禅を試みていたと自身でほのめかしているし[27]、また彼の友人の一人はリーチがこの頃、禅とは違うが、歴史的に禅と深い関わりを持つ茶道を学んでいたと証言している[28]。さらに、棚橋隆の証言を信じるならば、リーチは鈴木大拙とはやくも一九一三年には接触していた[29]。

次の中国時代に目を転じると、リーチが中国で禅に関わる活動をしていたという証言や証拠は全くない[30]。むしろ彼が中国で学んだのは孔子と老子の思想である。しかし、リーチの周囲に禅に関心をもつ人物が現れた。それは、『白樺』同人の柳宗悦である。柳が北京のリーチに送った書簡については第三章第四節で論じた。柳は一九一五年頃から禅の研究に着手し、「東洋の神秘主義」である禅によって二元論を克服しようとしていた。そして、「いつかこちらにまた来ることがあれば、君は禅を研究しなければならない。日本の禅は、日本で比類なく重要なものだ。知っての通り、発句も茶の湯も皆禅の精神から生まれたのだ」[31]と書き送り、リーチにも禅の研究を勧めた。

一九一六年末から一九一九年までの我孫子時代において、リーチは柳宗悦の自宅そばに仕事場をもち、柳と様々な事柄について議論をしていたことについては第四章で指摘したが、その議論の内容の中には禅に関するものも含まれていただろう。

我孫子時代におけるリーチと禅の関わりを考えるとき、実はこれよりも興味深い可能性がある。それは、鈴木大拙が英語で書いた禅に関する講義をリーチが読んでいたという可能性である。当時のリーチが購読していたと思われる雑誌に、月刊誌『新東洋』*The New East* があることについては既に触れた。そして、この雑誌で鈴木大拙は、一巻二号から三巻三号まで、断続的に禅についての連載をしていた[32]。当時の柳が禅に関心をもっていたこと、柳と大拙は学習院での師弟にあたること、リーチが一九一三年には鈴木大拙と出会っていると思しきこと、リーチは生涯日本語の読み書きができなかったことなどを考え併せると、リーチ（及び柳）がこれら大拙のレクチャーを読んでいた可能性は少なくないのではなかろうか。

こうした仮定に立つとき、では、リーチは大拙の文章のどのような部分に注目しただろうか。リーチとその二元論的思考法を考えるとき、次のような箇所が興味深く思われる。

> We are so accustomed to the dualistic way of thinking. And Zen wants to strike at the root of this.[33]（われわれは二元論的な考え方に慣れてしまっている。禅はこのことを根本から覆そうとする。）

> there is a field in our minds lying beyond the ordinary dualistic threshold of consciousness. ... The word "beyond" is used simply because this is the most convenient way to express the state of things. In fact, there is no "beyond," or no "underneath," or no "upon."[34]（われわれの心の中には、意識という日常的で二元論的な境

界の向こう側に、ある領域がひろがっている。〔中略〕「向こう側」という言葉を用いたのは、物事の状態をあらわすにはこれが最も便利だと思われるからにすぎない。実際には、「向こう側」も「下の方」も「上」もない。)

Whatever the definition, satori means the unfolding of a new world hitherto unperceived by a dualistic mind.[35]（定義がどのようなものであれ、悟りとは新しい世界が、それまでの二元論的な心ではとらえることの出来なかった世界が広がっていくことを意味する。）

これらの引用を読むと、鈴木大拙は英語で禅を論じるにあたり、悟りを「二元論的な思考法から脱却すること」として説明していたことが分かる。もしリーチがこれらの文章を実際に読んだとするならば、彼はきっとこれらの引用に興味を示したであろう。なぜなら、これまで見てきたように、「東洋と西洋」等の二元論的な思考法をとっていたのは他ならぬリーチだからである。

さて、以上の仮説がすべて正しいとするならば、「東と西の結婚」という言葉の背後に禅の影が多少さしている可能性があることになる。ではその場合、冒頭の“the Marriage of East and West”のテクストはどのように解釈できるであろうか。

おそらく、「悟りをひらくと二元論的な心ではとらえられないような世界がとらえられるようになる」という大拙の立場からリーチを論じるのが、水尾比呂志であろう。水尾によればリーチの作品世界とは「東洋と西洋の二元に分化する以前の世界」であり、リーチの作品は「東西未分化の世界からあふれ出てきたもの」だという。[36]もっとも、これらの解釈は水尾が一九六九年当時のリーチの作品を論じた言葉であるから、これをそのまま一九二〇年の“the Marriage of East and West”の解釈に持ち込むことには問題があろうが、しかし、ここであえて水尾の立場からこの章の冒頭の引用を解釈するならば、水尾はリーチの言う「結婚」に「二つにわかれてしまったものを元の本来あるべき姿に戻すこと」という意味を読みとるのではなかろうか。そうすれば、「子供のような声」が響いてくる「時間という会堂の奥の方」とは過去を指しており、「子供のような声」は過去から現在の「私」に向かって響いてくるのだと解釈することも不可能ではなくなるだろう。

しかし、ここで多少の留保をつけることは必要である。長い目で見た場合、リーチがその全生涯において鈴木大拙ないし禅の感化を受けていたのは事実である。彼は自伝『東と西を超えて』に「鈴木大拙」という項目を設けており、大拙への感謝の意を表している。たとえリーチが右に引用した大拙の文章を読んでいなかったとしても、彼は大拙本人から同じ事柄を聞いていた可能性がある。たとえリーチが右に引用した大拙の文章を読んでいなかったとしても、リーチが何らかの形で禅の影響を受けていたとは言えるだろう。[37] そして、議論の対象を一九二〇年以前に限定したとしても、リーチが自己の制作活動に宗教性を認めていたことも事実である。ひょっとしたら、ちょうどオイゲン・ヘリゲル Eugen Herrigel（一八八四～一九五五）が弓道を通じて禅への接近を図ったように、リーチは陶芸を通じて茶道や日本美術、そして禅に近づこうとしたと言えるかもしれない。

しかしながら、たとえリーチが禅の感化を受けていたにしろ、一九二〇年に彼が「結婚」という言葉を述べ、かつ「東洋と西洋の間に橋を架けるべく努力したい[38]」という主旨の発言をしている以上、この時点での彼の考え方は基本的に二元論であり、右の引用で鈴木大拙が述べている「悟り」の考え方とは違うものであろう。

七　「東と西の結婚」と作陶活動の関係について

ここで、リーチにおいて「東と西の結婚」という主張と彼の作陶活動とがどのように結びついていたかについて考えてみたい。これまで見てきたように、彼の中で「東と西の結婚」という言葉が形成されていったのは一九一〇年代後半、特に一九一七年以降のことである。そしてこの時期はまた、彼が陶芸家としての活動を本格的に展開していった時期とも重なっており、「東と西の結婚」という思想の発展とリーチの作陶活動は密接に結びついていたと言える。なぜリーチが再び作陶活動に復帰する決心をしたのかについて考えることから議論を始めよう。

リーチは一九一六年九月頃に陶芸への復帰を決意し、それを実行するため同年末に再来日を果たした。これは名目の上では「復帰」ではあるが、しかし実質的には彼が初めて残りの人生を陶芸家として過ごす決心をしたことを意味している。そして、決断に際して柳宗悦が深く関与していたことについては、既に第三章で論じた通りである。

では、リーチはなぜ柳宗悦の助言を受け入れたのであろうか。意外なことであるが、「何故リーチは陶芸家になったのか」という問題は、これまでのところほとんど論じられたことがないようである。また、リーチ本人も陶芸を「天職」と呼ぶばかりで自身が陶芸家になった理由を説明しようとはしない。しかし、これはリーチ研究において重要な問題であるから、じっくり考えてみたい。彼の著作の端々や、陶芸というものの性質、一九一六年当時彼が置かれていた状況を考え併せると、ここで以下のような七つの推測が成り立つ。

第一に、陶芸研究が世界の諸文化を学ぶ際の手がかりとなりうる点を挙げられる。リーチの日本文化理解が、陶芸の修得をきっかけとして進展を見せたことについては第二章第四節で指摘した。そして、陶芸が日本文化研究の一助となったように、それはまたリーチが中国の文化を研究する際にも助けとなった。世界各地の陶芸には土に形をつけて焼き、装飾するという共通点がある一方、各地の陶芸には個性がある。だから、陶芸の比較研究は、世界各地の文化の普遍性と多様性について学ぶことにつながり、ひいては「東洋」と「西洋」への理解を深めることにつながると期待できる。

第二に、日本の陶芸が「西洋」の芸術へのアンチテーゼと成りうる点を指摘できる。日本では茶道の伝統により、陶磁器は審美的に鑑賞される一方で、実際の使用にも供されるため、ヨーロッパで言う純粋美術と応用美術という区分が馴染まない。[39] しかも茶道には、リーチの持つ「生活と芸術」「宗教と芸術」という関心に応えるだけの奥行きがあった。だからリーチとしてはこうした日本の伝統・文化を参照することで、「西洋の人々は美と実用性とを分離してしまい、物質的な価値・実用性のみを過度に重視するようになった、そして機械で製品を大量生産するうちに精神性を見失い、生活は醜くなった」という主旨の「西洋」批判をすることが可能となる。

第三に、手作業を基本とする個人陶工は、工場の機械製品から圧迫を受ける存在であるから、リーチは陶芸を続ける限り、機械工業や商業主義について、さらには近代化の功罪について考えるように運命づけられることになり、これは「東洋」と「西洋」を条件付ける共通の基盤について理解を深めることにつながる。

第四に、「東洋」との関係で言えば、リーチは自分が陶芸に取り組むことが東洋への「恩返し」になると考えたのではあるまいか。日本で起きているような近代化に伴う混乱を収拾するには、芸術家が工芸において職人を指導する必要があると彼は感じた。しかも、その芸術家は高い教養をもち、世界の美術や時代の流れを理解する人物でなければならない。だからリーチは、自分のような人間が陶芸作品を制作し世に示すことが、長期的にみて「東洋」の利益につながると考えたと推測できる。(40)

五番目の理由として、経済的な要因が考えられる。一九一〇年代前半における陶芸作品は、「東洋」「西洋」の両方に根ざすその独特のスタイルゆえ、日本で受け入れられた。よって日本に渡航して再び陶磁器の作品を制作すれば、作品を売ることで、中国滞在で悪化した財産状況を回復できるとリーチが期待したとここで推測できる。

第六に、リーチの陶芸制作復帰は、中国での失敗の結果であると思われる。彼は「東洋・西洋」という問題について思索を深めるために中国に赴き、そしてうまく行かなかった。だから、彼は抽象的に机上で考える代わりに、今度は焼物作りという具体的な手作業を通して思索を深めることを選んだのではないだろうか。そもそも、ウェストハープに教えられてリーチが傾倒したモンテッソリ教育は、感覚器の訓練が子供や青年の精神的発育を促すと主張しているのであるから、彼もこの説に従って陶芸に復帰した可能性はある。(41)

そして最後に、日本にはリーチがそれまでに築いた人脈があった。当時彼は、自分の友人たち（富本憲吉、岸田劉生、『白樺』同人など）が、「西洋」からもたらされたものと日本在来のものとを調停すべく努力しているのだと理解していた。よって、柳宗悦の勧めに従ってこうした人々と再び交わることは、彼が「東洋」と「西洋」の問題を考える際に大いに役立つと期待できたはずである。特に、「東洋」と「西洋」の間の問題を整理するための指導者として、柳宗悦の存在は大きかっただろう。(42)

これら最後の三つの推測に関して言えば、作陶活動に復帰した我孫子時代以降、リーチの洞察が深まりを見せていったのは事実である。その例として、第四章の第一節で、一九一八年に執筆されたリーチの“Factories and Handicrafts in Japan”を取り上げた。

以上の点を考え併せると、陶器制作への復帰は、文化間の協力を模索していたリーチにとってかなりの利益を約束するものだったと考えられるし、また、現実に利益を彼にもたらしたと考えられる。陶芸への復帰により、リーチは「東と西の結婚」という自らの言葉について思索を深めるとともに、その言葉に内実を与えられるようになったのである。

八 東西融合論

ここで最後に視点を変え、リーチの「東と西の結婚」という言葉を当時の日本のコンテクストの中に置いて、その意義や背景を考えてみたい。

「東洋」と「西洋」の調和を求める主張は、日露戦争から関東大震災にかけての日本でかなり根強かった。そうした思潮をここでは、「東西融合論」と呼びたい。その定義は、「東洋と西洋の調和は、日本に於いてこそ可能になるのであり、日本人にはこの調和を達成させる使命がある、とする論調」である。この大きな問題を検証するには別の論文が必要であるが、ここではリーチとの関わりにおいて興味深い事例を幾つか見ておきたい。

最初に、「東洋」と「西洋」の関係を男女関係になぞらえて理解していた者として、アーネスト・フェノロサがいる。彼は一八九二年に『東と西』という詩を著し、リーチと同様に東洋を女、西洋を男と捉え、その「結婚」を謳っている。[43]「東洋」「西洋」という言葉に女性性と男性性を見出す態度は、ヨーロッパには近代以前から存在したが、しかしその両者の「結婚」が日本という場所でフェノロサやリーチによって唱えられたことは興味深い。

二番目に、東西融合論の中でも進化論にその理論的基礎を求めたものの例として、大隈重信が一九〇八年（明治四一）に設立した大日本文明協会がある。大隈は、世界の文明は西アジアで誕生した後、東と西に分裂し、西に向かった文明の波はギリシャ、ローマ、イギリス、アメリカへと進みつつ発展したのに対し、東に向かった波はインド、中国、朝鮮と文明を伝えたが、これら東回りと西回りの二つの波は日本で初めて出会ったとし、日本において「東西文明の調和」が成されるべきことを主張した。[44] こうした世界認識のもとで設立された大日本文明協会は、東西文明の調和と統一を目指し、欧米の最も健全な思想を代表する名著を日本に向けて翻訳・解説した。[45] リーチと大隈重信に接触があったかどうかはわからないが、しかし「人類は東と西という二つの方向へ進化・発展していった」という大隈の世界観は、リーチの世界理解に近いものがあったと思われる。[46]

これに対し、三番目として、「生活」という観点から東西融合論を試みる者もいた。これら「生活」という観点に立つ東西融合論で目立つのは、一時代遅れて受容されたウィリアム・モリスの思想が、理論的支柱として機能した点である。「日本におけるモリス」は、これだけで論文になるテーマであるから深入りしないが、[47] 生活という視点、私的・芸術的ユートピアという発想などの点で重要である。「生活」という言葉に関連し、大正時代の日本に「生活の芸術化」ないし「芸術の生活化」をはかる動きが存在していたことは、第四章の第三節で論じた。その要点は、日常生活の中に古今東西の芸術作品を配置し、小ユートピアを作ることは、生活の質を高めると同時に、外来文化と日本文化を調和させることに繋がるという点であった。具体例として、富本憲吉、西村伊作、雑誌『文化生活』、雑誌『白樺』を挙げた。柳宗悦も富本憲吉も西村伊作も、皆多かれ少なかれモリスのことは勉強していた。また、我孫子でモリスをめぐる議論が行われていたことも、前章第一節で論じたとおりである。

もちろんリーチも、こうした思想圏の中にいたことは間違いない。ただしリーチにはモリスに批判的なところもある点には注意を要する。「機械製品が氾濫し、生活は醜くなった」というリーチの主張には、たしかにモリスと重なる所がある。しかし、リーチの目から見ると、機械生産との共存という視点がないうえ高価なものばかり作ったモリスは、時代に逆行しているように思われた。また、最晩年のリーチは人からモリスについて意見を求められたとき、「モリスには宗教がない。私は彼の弟子ではありえない」と述べている。[48] 機械文明との共存という観点がない点と、宗教性のない点を以て、リーチがモリスを批判しているのは興味深い。また逆に、リーチが後に柳宗悦

であった。

をモリスよりも高く評価するようになるのは、柳の理論がキリスト教や仏教への洞察を基盤としつつ発展したから

四番目に、「宗教」からの東西融合論へのアプローチを見ておきたい。大正時代の日本では、「東洋」と「西洋」を調停するための思想として、禅などの仏教的一元論が一部で流行した。明治末から日本では、西田幾多郎（一八七〇～一九四五）や鈴木大拙などの在俗の指導者が現れ、知識人の間に禅を普及させた。正木晃は、欧米文化の流入によって神経衰弱という病気が現れた結果、治療を目的として参禅する者が現れだした点を指摘している(49)。そして、中には治療に留まらず、禅を世界に通用する普遍的思想として積極的に捉え、その立場から「東洋」と「西洋」の調和を計った者もいた。その具体例は、先に見た大正時代の柳宗悦であり、『草枕』執筆時の夏目漱石である（漱石には参禅経験もある）。

また、こうした日本国内の動きに加え、「東洋」思想が「西洋」から日本に逆輸入されていた点も見逃せない。例として、インド思想に親しんだアメリカの思想家エマーソンやソローが明治後半から日本で受容されたことや(50)、ポール・ケイラス Paul Carus（一八五二～一九一九、アメリカ時代の鈴木大拙と交遊のあった人物）が大正時代に紹介されたことが挙げられる。ケイラスは、西洋思想はその初期の段階で二元論を受け入れた時に道を踏み外したと主張し、仏教風の一元論を擁護する立場をとった。彼の名は当時の日本では知られており、岡倉覚三の『茶の本』にもケイラスの名は見えるし、『白樺』にケイラスの著書の広告が載ることもあった。しかも、そのケイラスの著書の翻訳『仏陀の福音』に序文を寄せたのは柳宗悦であり、柳の勧めでこの本を読んで「すっかり感心した」と『白樺』に書いたのは武者小路実篤である(51)。さらにここで、トルストイがケイラスの愛読者であったことを考え併せると、ケイラスが当時の日本に直接・間接に及ぼした影響は小さくないだろう(52)。このように、「東洋と西洋」という二元論を克服するための手段として、禅などの仏教思想が一元論として流用されたのである。そして、リーチも柳宗悦や鈴木大拙を通してその一端に触れていたと思しきことは、この章の第六節で論じた通りである。

以上、「東洋」と「西洋」の融合や調和をめぐる思想の例として、フェノロサ、大隈重信の大日本文明協会、日

本におけるモリスの受容、大正時代における仏教思想について触れ、それらとリーチの関係に触れたが、こうした一連の思潮を俯瞰した時に興味深い人物として、最後に内村鑑三（一八六一〜一九三〇）を取り上げたい。それというのも、内村は『地理学考』（明治二七年。明治三〇年に『地人論』と改題）を著し、その中でリーチと同様、「東と西の結婚」という表現を用いているからである。[53]『地理学考』八章の「東洋論」と、九章の「日本の地理と其天職」における内村の「東洋」と「西洋」の議論をまとめると、おおよそ次のような表になる。

東洋	西洋
〔総合〕	〔分離〕
一致・合同	分離・競争
和合・従順	自由・独立
家族的団結に基づく国家	個人的盟約による社会結晶
建設保存（ただし停滞）	進歩（ただし虚無的）

このように、内村もまたリーチと同様、「東洋」と「西洋」に対照的な性質が備わっていると考えていた。そして、こうした世界観のもとで日本が果たすべき役割を、内村は主に日本の地理的な特徴から考察する。内村によれば、アジアにおける日本全体の地理的位置は、ヨーロッパにおけるギリシャとイギリスに相当するが、その一方で日本国内の地理的構造はヨーロッパに似ているという。そして、日本はアジアとアメリカの間にある島国であり、また東に対しても西に対しても良港に恵まれていると指摘した上で、日本には「ブーエー氏の法則」（山脈は、東西に走るとき国民を分断するように働くが、南北に走るときは国民が連合しようとするのを妨げない）があてはまるので、日本ではアジア的統一とヨーロッパ的な自治独立の両者が可能である、と論じる。さらに内村は日本の歴史に目を転じ、日本には中国・インドの文物がすでに十分に伝わっている一方、ペリーの来航以来、西洋の文物を学んでいる点を

指摘する。そして、これらの議論を踏まえて内村は、「日本国の天職如何、地理学は答へて曰く、彼女は東西両洋間の媒介者なりと」、「パミール高原の東西に於て正反対の方角に向ひ分離流出せし両文明は太平洋中に於て相会し、二者の配合に因りて胚胎せし新文明は我より出て再び東西両洋に普《あまね》からんとす」という結論を導き出す(54)。つまり、日本には「東洋」の文明と「西洋」の文明の両者を「配合」することで、「新文明」を「胚胎」するという役割、すなわち「東と西の結婚」を果たすという役割があると、内村は述べるのである。

こうした議論のプロセスを見ると、「結婚」という表現を用い、「東洋」と「西洋」に女性性と男性性を見出している点で内村とフェノロサには共通点がある。そして、文明が東と西の二方向に発展していき、その両者が交わる場所である日本には、東西の両文明を踏まえたうえで新しい文明を創出する可能性と使命があるとする点で、大隈と内村には共通点がある。また、内村の用いる「胚胎」という用語の中にも、進化論の影響があるかもしれない。さらに、内村がアメリカ留学中にソローやエマーソンといった思想家について学んでいることも興味深いが、しかし『地人論』での議論は禅などの仏教やインド思想ではなく、聖書とそれに基づいた地理と歴史の解釈の上に成り立っている。キリスト教の立場から日本に「東と西の結婚」を果たす使命があると論じた点で、日本での内村は独特である。

内村とモリスの関係や内村とリーチの接点は見出せないが、以上のように見てくると、リーチは大正時代の日本で、東西融合論の煽りを確実に受けていると言え、ある意味でリーチの言う「東と西の結婚」は東西融合論の一変種と言えるのかもしれない。

九　結語　「東と西の結婚」のヴィジョン

この章では、リーチの「東と西の結婚」という言葉に解釈と注釈を与えながら、一九一〇年代のリーチについて論じてきた。最後に幾つかの点を指摘して本章及び第Ⅰ部のまとめとしたい。

ジャポニスムを所与の出発点とした芸術家、バーナード・リーチは、芸術上の刺激を求めて一九〇九年に日本へ渡航した。しかし、そこで発見したのは、近代化に伴って近代以前に由来するものが消えていく一方、近代化に伴う様々な弊害が現れつつあるという、かつてイギリスが経験したことを日本も辿っているという現実であった。

こうした現実を目にしたときのリーチの行動・着想において興味深いのは、彼が日本とイギリスを批判するための視座として、両者に共通すると思われる近代以前の状態、すなわち「中世」というものを発見ないし発明したことである。この点で、リーチはジョン・ラスキンやウィリアム・モリスの系譜上に位置することになる。リーチは「西洋」という己のもつ文化的伝統を一旦離れて、「東洋」という彼にとって異質なものをも受け入れ、そして「東洋」と「西洋」を超える普遍的なものを目指した。「普遍」を目指して「東と西の結婚」を構想した際、それは進化論という「科学的」な裏付けによって支えられていたし、また彼がこの言葉を実践することは倫理的・宗教的にみて「正しい」ことだった。リーチがこの言葉を口にするとき、そこには未来の生活が醜くならないようにしようという決意がある。それはほとんど、「惨めな半混ざり」を目にしながら何も行動を起こさないのは罪である、という意識に近いものだった。「東と西の結婚」という言葉は、彼の創作活動を支える理念であるのみならず、彼の創作活動以前の基本的姿勢、すなわち時代認識や信念を表したものであるとも言えよう。ここには「東洋と西洋」に関わる問題意識はもちろん、「芸術と生活、宗教と芸術」という問題も含まれているし、また芸術家としての制作理念と、個人的な世界観も結びついている。彼が己の思想に「東と西の結婚」という言葉を与えるまでには、東アジアでの十一年間という期間が必要であった。そして、リーチが様々な日本人との交友を通してこの言葉を作り上げていったという点は意義深い。内村鑑三は宗教家であったが、リーチはもの作りに携わる人間であり、自分の思いに文字通り形を与えることができた。そして、ものを作ることで彼は思索を深めた。この点で内村とリーチは異なる。「東と西の結婚」を体現したリーチの作品は、東西融合論と呼ぶべき思潮を内包していた大正時代の日本で生まれ、そして育てられたと言えよう。

リーチが「東と西の結婚」を唱えるようになった遠因には、彼の内面に生来の「東」と「西」に引き裂かれるような感覚があり、絶えず自分を一つに保つような努力が必要であったことが挙げられよう。彼は幼少時から複数の家庭、複数の国と地域、複数の文化を経験し、様々な価値観がぶつかりあう中に身を置かざるを得ず、アイデンティティの危機を経験していたと考えられる。しかし、彼は十一年間におよぶ東アジア滞在の末、「東と西の結婚」という言葉を得た。そしてこの言葉のもとに残りの生涯を歩む決心をした。もちろん、この後もリーチには「東」と「西」を往還し続ける人生が待っており、ある意味で彼は精神的に安住の地を見つけることが生涯できなかったのかもしれない。しかしそれでも、そうした運命に彼は前向きであり、日本という場所で彼はその運命を受け入れる決心をした。そして彼の決心を後押ししたのは、彼を受け入れ、育てた日本という土地であり、日本滞在という時間であった。

ところで、リーチ本人が「東と西の結婚」という言葉を口にするとき、その背景にはオリエンタリズムの問題が存在している。リーチがなにゆえこのような言葉を主張しなければならなかったかと言えば、それは要するに当時の「東洋」と「西洋」の関係が不平等だったからである。この点を取り逃がすと、「東と西の結婚」という言葉の意味は半分見失われることになろう。たしかに、リーチが「東洋・西洋」に見出していた、「男と女」などの象徴的な意味は彼独自のものではないし、また彼が象徴としての「東洋・西洋」と、地理概念としての「東洋・西洋」を区別しなかったことは、今日から見るならば彼の立場を弱めているように思われる。しかし、そうした当時の既存の思考の枠組みの中で「結婚」という言葉を唱えた点で、リーチの思想と活動にはそれを乗り越えるような運動性があった。彼が「東と西の結婚」を構想するようになった直接の出発点は、大正時代の日本で起きていた文化的な混乱を実際に目撃したことである。その混乱の原因は、「近代化」という名の下に、日本などの「東洋」が己の文化伝統とは必ずしも両立しえない要素を「西洋」から摂取せざるを得ない状況がおきていたことにある。リーチは「結婚」という理念のもと、こうした「東洋」と「西洋」との接触をさらに推し進めることで「近代化」に伴う混乱を鎮め、両者の間にある必ずしも平等とは言えない関係を是正することを構想した。彼にしてみれば、困難を乗り越えて「東洋」と「西洋」の間で「結婚」を行うことを主張したのは、両者を「混血」させることによって従来存在しなかったような「アイノコの美」が生まれる可能性をそこに認めたからであり、この新たに生まれた「アイノコの美」という基準から見るならば、親たる「東洋」と「西洋」の間に一方的な支配・被支配という関係が存在することはむしろ否定すべきことだったと言えるのではなかろうか。リーチが問題としていたのは、あくまでも「混ざり方」であり、一方を主、他方を従とするような恣意的な混ざり方は彼に言わせれば「みじめな半混ざり」なのである。後に彼は芸術における「結婚」ではない「混血」を、「売春」と呼んだこともある。[55]

一九二〇年にイギリスへ帰国したリーチは、コーンウォール州のセント・アイヴスに窯を築いた。彼の制作理念はこれまで見てきた"the Marriage of East and West"であり、また彼には美の基準・インスピレーションの源泉として、"Chinese form, Corean [sic.] line, Japanese colour"（中国の形、朝鮮の線、日本の色）があった。[56]これが日本滞在を経たリーチの創作活動における到達点であり、イギリス帰国時の出発点である。

さて、イギリスに帰国したリーチがそこでどのような活動をしたか、そして具体的にどのような作品を制作したのか、それが次の第Ⅱ部の論点である。

第Ⅱ部　「東と西の結婚」の実践（一）——セント・アイヴスのバーナード・リーチ

挿図 6－1　イギリス関連地図

セント・アイヴスはイングランド南西部、コーンウォール州の北部にある港町である（挿図六-一）。バーナード・リーチは一九二〇年にイギリスに帰国すると、濱田庄司の協力を得て、この地で制作活動を開始した（挿図六-二、三、四）。セント・アイヴスは十九世紀まで錫の鉱山と漁業を生業としていたが、二人がこの町にやってきた一九二〇年には既に鉱山は廃れ、漁獲高は減りつつあった。二人が製陶所を設立するという噂は、町に新たな産業と雇用を生むのではないかという臆測を呼び、リーチはこれを打ち消すためにたびたび地元の新聞に投書をしなければならなかった[1]。しかし、寂れつつあったとはいえコーンウォールの独特の美しい風景は観光客と芸術家を魅了し、多くの芸術家がセント・アイヴスに滞在したり住みついたりして制作を行っていた。その中には、バーバラ・ヘップワース Barbara Hepworth（一九〇三～七五）、アルフレッド・ウォリス Alfred Wallis（一八五五～一九四二)、ベン・ニコルソン Ben Nicholson (一八九四〜一九八二)、パトリック・ヘロン Patric Heron (一九二〇〜九八) など、二十世紀のイギリス美術史に名を残す重要な画家や彫刻家が含まれている。こうした芸術家コロニー、セント・アイヴスにリーチと濱田という二人の陶芸家が加わったことは、イギリスの文化史を考える上でも興味深いことである。(2)

第Ⅱ部では、リーチの「東と西の結婚」という思想が一九二〇年以降、具体的にどのように実践されていったかを論じる。これはすなわち、イギリス帰国後のリーチの活動を論じることであり、その議論の中心は彼がセント・アイヴスに設立したリーチ・ポタリーである。リーチはこの製陶所を運営しながら己の表現を磨き、手作業を旨とする個人作家の社会的意義について考え、その具体的な活動のあり方を探った。リーチ・ポタリーは彼の理想を実

挿図6-2　リーチ・ポタリー

挿図6-3　自宅カウント・ハウス前のリーチ一家と濱田庄司 (1924年頃)

挿図6-4　現在のカウント・ハウス

現するものであったし、またこの製陶所の存在そのものが一種の実験であった。そしてこの実験は、リーチの人生においても、また彼が関与したイギリスのスタジオ・クラフト運動や日本の民芸運動においても、大きな意味をもっている。ところが、これまで日本では断片的にリーチ・ポタリーが紹介されてきてはいるものの、その全体像を示すような研究はまだ行われていない。こうした観点から、以下第六章から第八章において、必要に応じてイギリスでのリーチの活躍に触れつつ、リーチ・ポタリーの歴史を通観したい。

ここで取り上げるのはリーチがセント・アイヴスに到着した一九二〇年から、彼がこの地で死去する一九七九年までである。以下、リーチ・ポタリーの運営状態に応じてこの期間を、(1)バーナード・リーチが中心となって運営にあたった一九二〇年から一九三六年まで、(2)運営にリーチの長男デイヴィッドが加わった一九三七年から一九五五年頃まで、(3)リーチの三番目の妻ジャネット・リーチがデイヴィッドをひきついだ一九五六年以降、という三つに分けて論じていく。

なお、以下の議論ではリーチ・ポタリーの活動を、運営方針、用いられた材料や設備、スタッフ、経営状況などに分けて記述することになるが、しかし現実にはこれらの諸要素は密接に絡み合いながら展開していったことに注意されたい。

第六章　リーチ・ポタリーの設立——一九二〇〜一九三六年

バーナード・リーチと濱田庄司がセント・アイヴスに到着したのは、一九二〇年（大正九）の九月六日ないし七日頃である。[3] この地ではフランシス・ホーン夫人という人物がセント・アイヴス手工芸ギルド The St. Ives Handicraft Guild という組織を主宰しており、彼女は自分が始めたこの工芸組合に陶芸家を加えたいと考えていた。リーチは知り合いのイーディス・スキナー夫人 Edith Skinner（一八六四〜一九三二）という人物からこのギルドのことを聞き、彼女の勧めに従ってその会員に応募したのだった。[4] そしてホーン夫人とその夫から二五〇〇ポンドの出資金を受けて、彼は製陶所を町の北はずれに建設する。

こうして一九二一年に設立されたのがセント・アイヴス手工芸ギルド製陶所 St. Ives Handicraft Guild Pottery、すなわち後のリーチ・ポタリーである（挿図六-一）。設立時の名が示すとおり、これはもともとセント・アイヴス手工芸ギルドの一部門であり、書類上はリーチとホーン夫人が共同で経営にあたった。[5] しかし翌一九二二年になるとリーチは資本金への利息を出資者に払い、最終的には所有権を買い取って独立を果たした。これは一九二三年のことだろう。ここにリーチ・ポタリーの歴史が正式に始まる。[6]

一　運営方針

イギリス帰国後のバーナード・リーチの活動方針をひと言で表すならば、それは「対抗産業革命 counter-Industrial Revolution」という言葉に要約できる。リーチと濱田はこの方針のもと、「芸術家」として「陶芸（工芸）」に携わるという態度を保ちながら、リーチ・ポタリーを設立していった。リーチは自伝で次のように書いている。

われわれ〔リーチと濱田〕が仕事に持ち込んでいる思想の背景は、工芸家に転じた芸術家のそれであった。あるいは、少なくとも、教育と思慮があり、それでいて産業革命に先立つ時代における素材、手仕事、そして仕事への取り組み方一般がもつ簡素な美を見出す者のそれであった。彼〔濱田〕の希求は、私と同じく、自分自身の両手を用いて、失われた価値をいくらかなりとも取り戻すことにあった。それはウィリアム・モリス、ギムソン、エドワード・ジョンストンらの場合と同様であった。洋の東西を問わず、これは対抗産業革命、すなわち機械の奴隷となることへの拒絶であった。産業革命はここイギリスで始まり世界にひろまった。そして、それに応えて日本から戻ってきた個人作家 artist-craftsmanship という波は、独自の特徴をもっていた。――他国の異なった哲学や文化が反映され、豊かさを添えたのである。(7)

産業革命を経た結果、工芸の改革のためには、今や芸術家の個性に立脚した制作と企画が必要となった段階を迎えており、それができない場合伝統的手工芸は滅びていかざるをえない、という認識をリーチと濱田はもっていた。

それゆえ、二人は最初経営の基盤をスタジオにおくことにして、地方の工房や工場といった形式はとらなかった。(8)

リーチはリーチ・ポタリーの方針や製品を、ウェッジウッド社などの企業が工場で行う大量生産との対比において説明し、自分たちの活動を十九世紀のアーツ・アンド・クラフツ運動に連なるものとして位置づける。リーチは一九二三年に次のように書いている。

美しい焼き物は機械では生産できない。工場は大量生産により、美を消して形を画一化し、価格を低く抑える。／セント・アイヴス・ポタリーでは、道具を用い、機械は使わない。最初から最後まで、手の仕事であり、またそこに頭脳労働という要素も付け加えられるかもしれない。(9)

この引用においても、リーチは工場における機械生産との差異を強調しながら手仕事の意義を説き、そしてその手仕事に、芸術家としての自分の「頭脳労働 brain work」が入ることで作品が出来上がっていると述べている。「機械対人間」という対立の図式は、今日ではやや時代がかった響きを持つが、リーチが己の活動を意義づけるときに生涯を通じて用いた思考の枠組みであった。

ここで注意したいのは、リーチは別に産業革命を否定してはいないという点である。彼は工場で陶磁器が大量生産されることの意義を認めていた。リーチの主張の眼目は、産業革命によって引き起こされた様々な弊害を抑制していくことにあったのであり、産業革命以前の状態への後戻りを目指していたわけではない。彼の活動はあくまでも「対抗産業革命 counter-Industrial Revolution」という、産業革命に対抗する流れを作り出すことだったのであり、「反産業革命 anti-Industrial Revolution」ではないのである。(10)リーチが「手仕事」の中に倫理性を求め、これを根拠として産業革命という世界的な趨勢とは違う流れを起こそうという主張を抱くに至った背景には、ウィリアム・モリスのアーツ・アンド・クラフツ運動ばかりでなく、彼が一九一〇年代後半に我孫子で柳宗悦などの『白樺』同人と共有した議論があった。産業革命はイギリスで始まりやがて日本に伝わったが、その日本からこのような手仕事の意義が逆にイギリスにもたらされることにリーチは意義を見出していた。実際のところ、セント・アイヴスに窯を築くにあたり、リーチと濱田は二人とも英国の工芸についての知識や経験がなかったこともあり、日本

の地方工芸や陶芸家のあり方をモデルとしたのだった。(11)

芸術家の個性に重きをおきつつ陶芸（工芸）に携わるというスタンス、すなわち“artist-craftsmanship”という態度・方針は、リーチと濱田のその後の生涯を通じて基本的に変わることはなかったが、それがイギリスで認知されるまでには長い時間を要した。ルネサンス以降のヨーロッパの社会では一般的に、絵画、彫刻、建築という純粋美術（fine art）を行う芸術家（artist）に比して、応用芸術ないし装飾芸術（applied art, decorative art）と呼ばれる諸工芸を担う職人（artisan, craftsman）は下位に位置づけられ、こうした区分は美術アカデミーなどの公的制度によって社会的に支えられていた。この点で、「純粋美術」と諸工芸の区別があまり存在せず、職人の社会的地位が低いとは限らない日本の社会とは異なっていた。

リーチと濱田がとった“artist-craftsman”ないし“artist-potter”という自己規定は、本来別々の区分となるべき「芸術家 artist」と「工人（陶工）craftsman（potter）」をハイフンで結びつけることで成り立っている、興味深い肩書きである。これらの語のニュアンスを日本語に翻訳することは難しいが、あえて訳せば“artist-craftsman”は「個人作家」ないし「美術工芸家」、“artist-potter”は「陶芸家」となるだろうか。リーチと濱田はこれらの肩書きを名乗ることで、イギリス社会において彼らの活動に形式を与え、その独自性を主張していたように思われる。“artist-craftsman”は“artist”であると同時に“craftsman”であるゆえ、彼らは時と場所に応じて、「芸術家」や「工芸家」という立場を使い分けることができたはずである。ただしその一方で、彼らはこの肩書きを名乗ることにより、イギリスの既存の枠組みに対して距離を保つこともできた。なぜならば、「芸術家」にも「工芸家」にもなれるということは、“artist-craftsman”はある意味でそのどちらでもない第三の立場であり、「芸術家と職人、純粋美術と応用美術」という在来の枠組みから逸脱する存在でもありえたからである。このようなアプローチはその後、イギリスのスタジオ・クラフト運動における作家のあり方に一石を投じることになる。(12)

先にも述べたが、リーチ・ポタリーの独自性は、少人数で、工房 workshop でも工場 factory でもない、スタジオ studio という形式で、作家の個性を基盤とした陶磁器の生産を行った点にある。設立初期のリーチ・ポタリーにいたスタッフは、わずか四人である。すなわち、バーナード・リーチ、濱田庄司、経理担当でリーチの秘書も務めたエドガー・スキナー Edgar Skinner（一八六二～一九二五）、単純労働担当のジョージ・ダン George Dunn（?～一九四〇）である。エドガー・スキナーは引退した元銀行家であり、リーチをセント・アイヴスに誘ったスキナー夫人の夫である。ジョージ・ダンは製陶所のすぐそばに住んでいた元漁師で、リーチ・ポタリーで様々な力仕事を担った。こうしたスタジオという試みは、後にリーチの著作『陶工の本』*A Potter's Book* を通じて公表され、イギリスのみならず多くの国々に影響を与えることになった(13)。

初期のリーチ・ポタリーを通観すると、やはりバーナード・リーチという芸術家が製陶所のすべての活動の中心におり、この意味でリーチ・ポタリーはリーチ本人の理想を実現するために存在している感が強い。もちろんそれを側面で力強く支えた濱田庄司の存在は欠かすことができないが、しかしリーチが既に日本で何度も個展を開いた経験があるのに対し、濱田が生涯初めて個展を開いたのは一九二三年のロンドンでのことであり、やはり当初はリーチの助手という感が否めない。一九二三年四月の段階でリーチは、リーチ・ポタリーの製品のうちの四分の三は彼自身がデザインし、制作し、彼のモノグラムが押されたものだと書き残している(14)。このような点からも、最初期のリーチ・ポタリーは、基本的にリーチ一人のために存在し、その活動を保証するような性質のものだったと言えよう。

挿図６－５　仕事場でのバーナード・リーチ　1929年

二　材料と設備

以上に述べた運営方針のもとで、リーチや濱田庄司は製陶所を形にしていった。作り手の社会的位置づけ、生産する製品の種類や材料、製品を支える美学等といった事柄を決めていく作業は決して単純なものではなかっただろう(15)。一九二三年にリーチはセント・アイヴスの地方紙で次のように書いている。

セント・アイヴスにおける私の活動の目的は、私が自分でデザインした焼き物をコーンウォールの素材を用いて作ることである。用いられる技術は概ね東洋のものであるが、例外としてガレナ釉を用いるスリップウェアがある。［中略］私が特に力を注いでいるのは、高温で焼かれる様々な種類のストーンウェアの生産であり、これらは幾分宋や高麗といった初期の中国や朝鮮のものに似ている。これらのストーンウェアはつい最近に至るまでこれまでイングランドで作られたどんな焼き物とも異なっており、硬くて強固な特徴があるので実用に用いることができる。(16)

これはセント・アイヴスに到着してほぼ三年がたち、活動の方針が固まりつつあった時期におけるリーチの発言として、興味深いものである。この引用より、初期のリーチ・ポタリーにおいては、日本、中国、朝鮮の陶磁器のような高品質の製品を、イングランドの環境において実現することに重きがおかれていたことが分かる。ただし、そこで作られる作品はリーチが自分でデザインしたものであった。ここには、既に東アジアで陶芸を修めたという己の独自性を、地元の人々に対してアピールする狙いもあっただろう。

しかし、製作活動が軌道に乗るまでには、リーチと濱田は、材料の確保や窯などの建設において、様々な試行錯誤を繰り返さねばならなかった。まずは材料である粘土について見ておこう。リーチは次のように書いている。

工房で用いる粘土に関していえば、私たちはそれをできるだけ地元から得ている。チャイナ・クレイとファイア・クレイはトウェドナックから、二、三種類の赤や青の可塑性粘土はセント・アースの地層からといった具合である。この他にもコーニッシュ・ストーンと長石はセント・オーステルから、ボール・クレイと白いスリップはデヴォンから手に入る。こうした粘土は様々な割合で混合し、いろいろな製品に用いられる。私としては、さらに一層地元の素材を使いたい。それは出費を抑えられるという理由からばかりでなく、地元のものを用いればすぐに何が必要なのかを選べる上、出来上がった焼き物において地方色を生かすことが可能となるという理由からでもある。[17]

この引用からもリーチが地元の素材を用いることにこだわっていたことがわかる。できるだけ地元で採れる材料を用いるという態度に関しては、アーツ・アンド・クラフツ運動との関連が認められよう。しかし、あるいはそれゆえ、リーチにとって理想の土を得ることは、生涯の課題となった。コーンウォール州（及び隣のデヴォン州）は長石と良質のチャイナ・クレイの産地であり、ストーク・オン・トレント付近の磁器工場に土を出荷していることで知られる。それゆえリーチと濱田は当初粘土の心配はあまりしていなかった。しかし実際に制作してみると、地元でとれる土は石膏のように硬くて粘り気が無く、轆轤《ろくろ》には不適切であり、二人は土捜しに時間を費やさねばならなかった。初期には「キャンドドル・クレー」と呼ばれる、錫の鉱山内で蠟燭を固定するのに使われる、火度が低く粒子の細かい粘土を少量ながらも入手してこれを用いた。[18]また、非可塑性のチャイナ・クレイについては、デヴォンやドーセットから粒子の細かい高温焼成用の粘土を取り寄せて混ぜることで、可塑性を得た。[19]地元に白い土や硬い土はあまりなかったゆえ、右の引用にもあったようにデヴォンから白いスリップ用の土や赤土を取り寄せることもあったようだ。[20]ガレナ釉の作品に用いる土は、セント・アイヴスに近いセント・アースから得られた。[21]

さらに、釉薬についても試行錯誤があった。セント・アイヴスでは日本のように灰が手に入らないので、リーチと濱田は日本で用いられている釉と同じような効果を得られる素材を、イギリスの自然の中に探した。カラスムギ、小麦、シャクナゲ、蕨、竹、芝の根、様々な木（松、樫など）等を焼いて灰にし、ストーンウェアの釉薬として試した。[22]また、長石、石灰、石英、オーカー、錫、銅などの鉱物も試された（挿図六-六）。この作業においても、「できるだけ地元の素材を用いる」という方針は遵守された。しかしその結果は、いつも良いとは限らなかった。彼らが見出したものの中で、コストと効果の点で満足できたのは、地元で鰊の薫製を作る際に出る灰だった。これは油

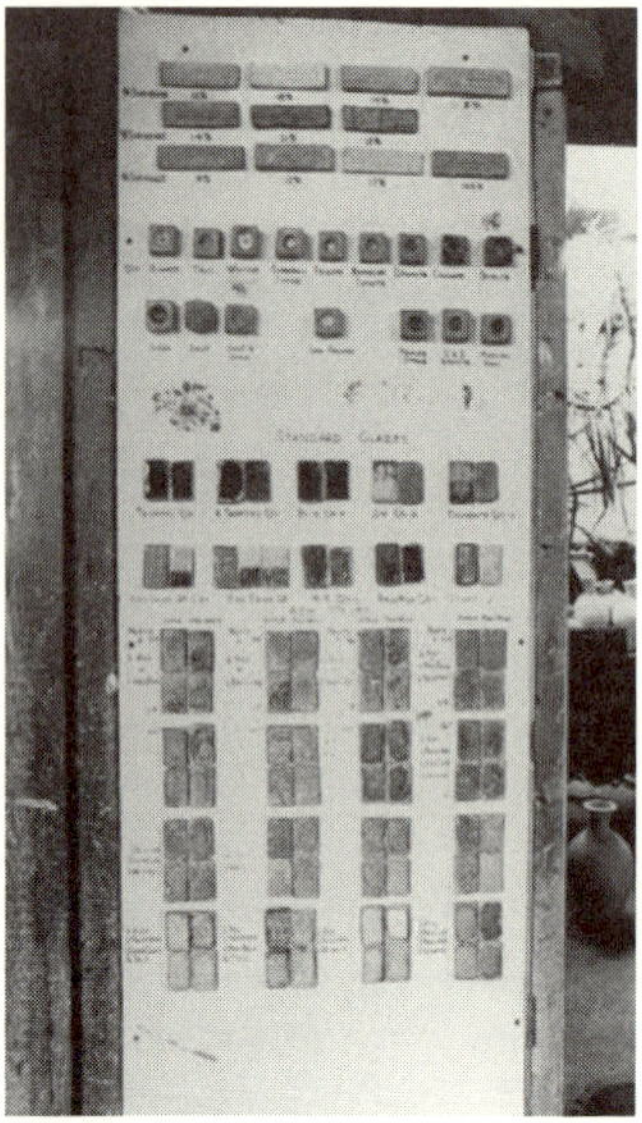

挿図６－６
リーチ・ポタリーにある釉薬の標本

が多いので、一度焼いてから使ったという。こうしたリーチの活動について地元紙『セント・アイヴス・タイムス』は「美しい〔東洋の〕釉薬を地元の素材を用いて再現するという問題を解くにあたっては、リーチ氏はほぼ孤立している。実際のところ、東洋のやり方で訓練を受けたイギリス人工芸家が〔東洋の〕釉薬をイギリスのやり方で移植し、イギリスの状況下において用いようとするのはこれが初めてのことなのである」(23)と報じている。

最後に、窯について述べておきたい。リーチと濱田はストーンウェア用の三室をもつ連房式登窯《のぼりがま》を築く。これはヨーロッパで最初の登窯だと言われている（挿図六-七）。その建造においても、二人の苦労は尽きなかった。登窯はイギリスには存在せず、地元の職人はパン屋の窯しか造ったことがなかったため、登窯の構造を職人に理解させるのは簡単ではなかった(24)。窯の上部を作る際には、日本から運んだ竹だけでは足らず、セント・アイヴスで竹や灌木や魚を漬ける樽を入手してアーチをつくった。窯の燃料としては薪を採用したが、その入手も簡単ではなかった。二人が望んだのは、炎が長く、細かい灰を得られる赤松である。しかしセント・アイヴスに赤松はなく、黒松が少しあるだけだった。リーチは仕方なくそれを購入したが、しかし値段は五〇本で二〇ポンドと高価であり、木を切り出すためには一日一〇シリングの人夫を二カ月雇うなど、さらなる出費が必要だった。しかも、このような苦労を経て入手した松を割るために、リーチは地元の鍛冶屋にまさかりを特別注文で作らせたという。そして、いざ窯を使用してみると、アーチを造るために用いた樽材と燃料の松に塩分が含まれていたため、期せずして塩釉の効果が現れてしまい、作品のできばえは芳しくなかった。

当初の窯はコントロールが難しかったらしく、一九二二年には日本から松林靏之助という技術者が招かれて大幅に改良されることになる（後述）。改造後、窯は三つの部屋すべてを用いると五百点の作品を一度に焼くことができ、二十四時間で摂氏一三〇〇度に達することができるようになった。ただし一回の焼成には燃料として二、三トンの松が必要であった。コストを考慮すると薪という燃料は決して経済的ではなかったが、リーチは作品の美術的味わいという観点から、あえて石炭よりも高価な薪を選んだ[25]（もっとも一九三七年になると、窯はオイルを併用することができるように再改造されることになる。[26] 挿図六-八）。

リーチ・ポタリーで学んだ多くの学生や弟子は、いわばこの連房式登窯に育てられた。ボーヴェイ・トレイシー Bovey Tracey にあるデイヴィッド・リーチ David Leach（バーナードの長男、一九一一～二〇〇五）のスタジオにも、セント・アイヴス南東のレラント Lelant にあるウィリアム・マーシャル William Marshall（リーチ・ポタリーの元徒弟、一九二三～）のスタジオにも連房式の窯があるが、これは彼らがリーチ・ポタリーで慣れ親しんだ登窯に倣ってのことであろう（挿図六-九、一〇、一一、一二）。そして、これらデイヴィッドとマーシャルの窯は、それぞれ彼らの息子や弟子達を陶芸家として育成した。こうした意味でリーチ、濱田、松林が築いたセント・アイヴスの登窯は、少なからぬ影響をイギリスのスタジオ・ポタリーに及ぼしているのである。

挿図6-7　リーチ・ポタリーの登窯

挿図6-8　リーチ・ポタリーの登窯（焚き口）

挿図６-９
デイヴィッド・リーチ氏

挿図６-10 デイヴィッド・リーチ氏の
ローワーダウン・ポタリーの窯

挿図６-11
ウィリアム・マーシャル氏

挿図６-12 ウィリアム・マーシャル氏の窯

以上に述べたような数々の苦難を味わいながらも、リーチと濱田はやがて初窯にたどりつく。それは着英後、満一年が経った頃であった。[27] そしてその年の秋にロンドンのアーティフィサー・ギルド展 An Exhibition of Artificer Guild, London に、二人の作品併せて約百点を出品した。

三　スタッフ

先にも述べたように、リーチ・ポタリーは当初四人のスタッフを擁してスタートしたが、その後ここには様々な人物が訪れ、働き、学び、そして去っていった。マリオン・ワイブローによれば、リーチ・ポタリーと関わりのある陶芸家の数は、バーナード・リーチや濱田庄司を含めて一〇八人にのぼる。[28] そのすべてについて論じることはもちろんできないが、リーチ・ポタリーの発展を語る上で欠かせない人物についてはこれから触れていきたい。

リーチ・ポタリーの発展を技術面で支えた人物として忘れてはならないのが、陶芸家で技術者の、松林鶴之助（一八九四～一九三二）である。松林は京都宇治の朝日焼の出身であり、一九二一年に渡英すると、翌年から二四年までリーチ・ポタリーに滞在し、リーチと濱田の築いた連房式登窯を改良するという重要な仕事を果たした。[29] リーチ・ポタリーで学んだ多くの学生や弟子は、松林が築いたこの登窯に育てられた。さらに松林はセント・アイヴス滞在中、マイケル・カーデュー Michael Cardew（一九〇一～八三）やキャサリン・プレイデル゠ブーヴェリー Katharine Pleydell-Bouverie（一八九五～一九八五）という学生に釉薬や粘土について講義をしたり、プレイデル゠ブーヴェリーの独立にあたってはその窯を築いたりしている。[30] こうした意味で松林は、イギリスのスタジオ・ポタリーの成立に少なからぬ影響を及ぼしているように思われる。

次にバーナード・リーチの長男、デイヴィッド・リーチをとりあげる。彼がリーチ・ポタリーに加わったのは一九三〇年である。そして以後徐々に技能を上げ、父バーナードを助けて製陶所の運営に直接関わるようになる。リーチ・ポタリーの歴史及びバーナード・リーチの芸術の展開を考えるとき、デイヴィッドが果たした役割は実に重要である。例えば、バーナードは一九三三年から一カ月か二カ月おきにデヴォン州のダーティントン・ホールという施設に陶芸を教えに行くようになるが、これが可能になったのはデイヴィッドに製陶所を任せることができるようになったからである。[31]そのお陰でバーナードはダーティントンで他の芸術家と交友を持って己の思想や芸術を発展させる機会に恵まれた。また同様に、一九三四年から翌年にかけてバーナードは日本再訪を果たしたが、バーナードがこのような長期間セント・アイヴスやダーティントン・ホールを安心して留守にすることができたのも、デイヴィッドという忠実な弟子であり息子がいたからであった（もっとも、デイヴィッドは父の日本滞在中に、父の反対を押し切ってストーク・オン・トレントの大学に入学するという事件を起こしているが[32]）。デイヴィッドとバーナードの協力体制は、一九五五年頃まで続いた。

第二次世界大戦の前までに、リーチ・ポタリーにはマイケル・カーデュー、キャサリン・プレイデル＝ブーヴェリー、ノーラ・ブライデンなど、十二人ほどの学生がいた。[33]製陶所の運営資金を確保するため、月謝をとって学生を受け入れるというアイデアを出したのは、リーチの秘書エドガー・スキナーであった。これは、月謝をとるが、時間とともに金額を減らしていき、やがて月謝がいらなくなり、そしてついには給金が得られるようになるというシステムで、二年半で終業するまでに納めた金額が一応戻る仕組みになっていた。[34]師六代乾山（浦野繁吉、一八五三〜一九二三）と同様、リーチは隠し立てをせず、日本で習ってきた技法を親切に皆教えるという評判がたち、絶えず弟子がついた。[35]

四　制作状況

ここで、リーチ・ポタリーの初期の生産状況について見ておこう。リーチ・ポタリーで生産されたのは楽焼（七五〇度で焼成）とガレナ・ウェア（一〇〇〇度）及び、中国の宋や朝鮮の高麗時代を参照したストーンウェア（一三〇〇度）の三種であり、この中でもリーチが当初特に力を入れたのがストーンウェアであった。[36]イギリスの素材を用いての楽焼は、あまり色調がよくなかったという。楽焼は啓蒙活動の手段として用いられたが、しかしリーチ本人は楽焼での個人作品をあまり残していないように思われる。一方ガレナと呼ばれるイギリス独特の硫化鉛の釉を用いた作品の制作は容易だったが、しかしイギリスの収集家の間ではあまり受け入れられなかった[37]。ガレナ釉を喜んで受け入れたのは、むしろ日本のコレクターであった[38]。

製陶所の初期においては、非経済的な実験に多くの時間と資金と労力が費やされた。特にストーンウェアについてはこの感が強い。既に論じたように、材料の入手や窯のコントロールには困難が伴ったはずである。また、制作される作品の数には限りがあるにもかかわらず、その品質は必ずしも一定ではなかったと推測できる。リーチ本人によれば、当初リーチ・ポタリーで本焼は二、三カ月に一度行われたが[39]、四、五人がかりでも一年間に作れるのは二千～三千点であった。しかもそのうち展覧会に出せるのは一〇パーセント弱であり、窯で損傷するものは多いときで二〇パーセントに達したという[40]。それゆえ、一点あたりの値段は高価にならざるを得ず、製陶所の運営を不安定なものにした。リーチ、濱田、スキナーの年収は百ポンドを超えなかったという[41]。

しかし、一点一点の値段が高くなったことの背景には、技術的な問題ばかりでなく、リーチの制作態度にも原因があったように思われる。先に運営方針や窯のところでも指摘したように、リーチには生産コストよりも作品の美術性を優先する傾向があった。彼は自分の作品について、一九二三年に次のように書いている。

> 実際のところ、私が作る焼き物は実用的なものであり、壺、鉢、マグ、瓶、皿などだが、しかし良い作品はとても高価である。それらは作るのが非常に難しく、それらが焼かれるときの温度や、東洋の素材の代用物をイギリスでみつけることに関して、多くの失敗のうえに成り立っている。今日では良い焼き物を低価格でつくるのは不可能である[42]。

この引用の中で、自分の作品が高価になることの理由として、自らの制作方針およびそれに伴う技術上の困難を指摘しているが、しかし「今日では良い焼き物を低価格でつくるのは不可能である」という記述においては、作品が高価になることをむしろ肯定しているようにも読める。こうした態度には、やはり「芸術家」として陶芸に携っているのだというリーチの主張が窺える。このことはさらに、例えば彼が自伝でリーチ・ポタリーの初期を振り返り、作品が気に入らないときには画家がデッサンや油絵を破り捨てるようにそれを壊したと書いているところとも符号する。(43)

リーチの作品は主にロンドンの画廊で販売された。イギリスでの最初の個展は一九二二年の十一月後半にフリス・ストリートにあった、コッツウォルド・ギャラリー Cotswold Gallery, Frith St., Soho で行われた。この展覧会は好評であり、出品された作品のうちの一つがヴィクトリア・アンド・アルバート美術館に、三点か四点がアメリカのボストン美術館に購入されたという。(44)これ以降、リーチはほぼ毎年個展を開いていった。それらはブルトン・ストリートのボー・ザール・ギャラリー Beaux Arts Gallery, Bruton St. や、チャーチ・ストリートのスリー・シールズ・ギャラリー Three Shields Gallery, Church St.、ブルームズベリのニュー・ハンドワーカーズ・ギャラリー New Handworkers Gallery, Bloomsbury などで開かれた。これらの画廊の他にも、リーチはウェムブレイ、パリ、ミラノ、ライプチッヒで開かれた合同の展覧会や、ハーバード大学の日英個人陶芸展、あるいは柳宗悦がリーチのために東京で開いた展覧会などにも出品し、高い評価を獲得していった。こうした展覧会歴からもわかるように、リーチの初期の支援者はロンドンや東京の愛好家や収集家であり、こうした人々への販売がリーチ・ポタリーの主な収入源であった。その一方、展覧会に不向きな作品は、イギリス国内に散在する工芸品店で委託販売された。その中には「残品引き取り条件付き」という不満足な契約に甘んじるケースもあったという。(45)

一九二〇年代を通じてリーチ・ポタリーの財政は不安定であった。その状況は、例えばエドガー・スキナーが学生に月謝を納めさせていたことや、リーチが町の人々や観光客相手に楽焼教室を開いていたことからも分かる。(46)リーチ・ポタリーの評判は展覧会を通じて徐々に高まっていったが、それは財政の安定化をすぐにはもたらさなかった。実際のところ、一九二〇年代には破産の危機が二度あったという。そのうちの一回目は一九二四年から翌年にかけてのことであり、このときリーチは『白樺』周辺の画家達（岸田劉生など）が行っていた「画会」、すなわち支援者から先に金を集め、それを元手として作品を作り、出資者に作品を頒布するという方法で対処した。そして二回目は一九二〇年代末のことであり、このときはリーチの妻ミュリエルが父親から相続した遺産で切り抜けた。一九三〇年代に入ってもリーチ・ポタリーの財政は好転せず、レナード・エルムハースト夫妻（Leonard & Dorothy Elmhirst）という支援者から資金援助を受けている（次章参照）。

第七章　リーチ・ポタリーの展開——一九三七〜一九五六年

リーチ・ポタリーの歴史の第二幕は、バーナード・リーチの長男デイヴィッド・リーチの活動を抜きには語れない。彼は一九三七年にリーチ・ポタリーのマネージャーに就任し、その発展につくした。やがて、第二次世界大戦が始まりデイヴィッドが兵役に出ると、再びバーナード・リーチが直接製陶所の運営にあたった。戦争中、リーチ・ポタリーは爆撃の被害にあい、生産活動を一時休止せざるをえない状況に陥った。しかし、一九四六年にデイヴィッドが復員すると、バーナードはこの長男とパートナーシップを結び、二人は共同経営者としてリーチ・ポタリーの復興に務めた。この体制はデイヴィッドがセント・アイヴスを去る決心をする一九五五年頃まで続く(1)。まずは、デイヴィッドがリーチ・ポタリーの経営を掌握するに至った経緯から見ていこう。

一　ダーティントン・ホール

一九三七年から一九五六年までの期間においては、海外渡航やその他の遍歴により、バーナード・リーチがセント・アイヴスに居ない期間が少なからずあった。特に一九三〇年代は、おそらく彼が生涯において最も精神的な困難を経験した時期であり、漂泊の日々を送っていた感すらある。その原因は、セント・アイヴスという僻地における閉塞感と孤立感、イギリスという社会で作品は認められても「芸術家」としては必ずしも認知されないことへの焦燥感、そして女性問題等々がある。リーチにとってこれらの問題は別々のものではなく、互いに関連していた。

セント・アイヴスは風光明媚であったが、ロンドンという市場からは遠かった。ロンドンからセント・アイヴスまでは、現在でも鉄道で六時間程かかる。リーチは一九二〇年以来「芸術家」として陶芸の制作にあたるというスタンスをとってきたが、しかしこのようなスタンスは、「芸術家」と「職人/工人」の間に浅からぬ溝のあるイギリスの社会ではすぐには理解されなかった。しかも、そうした彼の悩みを理解し、議論を交わせるような友人や、リーチを精神的経済的に支える支援者は、ロンドンならばともかく、セント・アイヴスにはいなかった。セント・アイヴスには芸術家達の組織があったが、リーチは版画家としては受け入れられても、陶芸家としては受け入れられなかったという。暮らしぶりにおいても、リーチには五人の子供がおり、しかもそのうちの一人は脳性麻痺のため施設で過ごさねばならず、必ずしも経済的に余裕があった訳ではないようである。(2)

一九三四年から翌年にかけてリーチは日本再訪を果たすが、この日本滞在もリーチがイギリスで直面していた様々な葛藤と無関係ではない。リーチは精神の平安を得ようと、一九三〇年代を通じ、ロンドンでアドラー・ソサエティ The Adler Society という団体が主催する会合に出席して哲学者ミトリノヴィッチ Mitrinovic の哲学や心理学に関する講話を聞き、「自我」というものへ関心を寄せた。だが、女性問題における罪悪感、罪悪感に起因する制作活動の停滞、イギリスでの活動の迷いなどは募る一方で、それから逃れるようにリーチは一九三四年に日本再訪を果たす。

当時日本では、柳宗悦や濱田庄司等々の率いる民芸運動が本格化していた。こうした友人達と共通の問題意識のもとに議論をしたことや、初めて益子や布志名などの日本の地方民窯を訪れて制作をしたことは、彼の思想や作品の発展を考える上で重要である。リーチに同行したアメリカ人の画家マーク・トビー Mark Tobey(一八九〇~一九七六)は、一九三四年七月一日に益子でリーチと濱田庄司の窯出しの様子を見学した。その時トビーは、「芸術家がこんなに多くの友達の好意を受けると云ふことは、欧洲でも米国でもあり得ないことだ」「二人の芸術家がこんなに「リーチと濱田のように」気を合せて一つの窯で仕事をすると云ふことも外国では見られない現象だ」という言葉を残している。(3) この驚きに満ちたトビーのコメントから、リーチがイギリスでおかれていた孤独な状況が逆に浮かび上がる。この一年半にわたる日本滞在により、リーチは「個人作家」の意義や「東洋」と「西洋」の接触の問題を改めて検討し、己の抱く「東と西の結婚」の意義を再確認することができた。(4)

しかし、イギリスに帰国すると、再びリーチは様々な葛藤を経験することになった。セント・アイヴスに戻ってから間もなくして、彼の愛人ローリー・クックスの存在が妻ミュリエルの知るところとなり、家庭は困難な時期を迎えた。一度は家族との関係を立て直す努力をしたものの、結局バーナードはキャンピング・カーを購入し、若い愛人と共にセント・アイヴスを去った。これはおそらく一九三六年の七月か八月のことであろう。(5) 自動車でイギリス国内を転々とするこの放浪の時期に、リーチは弟子のマイケル・カーデューがいたウィンチコムや、染織家エセル・メーレ Ethel Mairet（一八七二～一九五二）とレタリング・デザイナーのエドワード・ジョンストン Edward Johnston（一八七二～一九四四）がいたサセックス州の工芸家村ディッチリングなどに身を寄せている。イングランド各地を訪れ、自分と似たような問題意識をもつ人々と対話を持てたことは、リーチにとって有益な経験となったであろう。(6) こうした放浪生活の末、リーチとローリーは一九三六年十二月初旬にデヴォン州ダーティントンのレナード・エルムハースト夫妻 Leonard and Dorothy Elmhirst の元に身を落ち着ける。そして、夫妻が主宰するダーティントン・ホール・トラストの一部門としてダーティントン・ポタリー Dartington Pottery を立ち上げ、ここで制作するようになった（挿図七-一、二）。

ここでリーチとエルムハースト夫妻の関係を簡単に見ておこう。リーチは一九二五年九月にレナード・エルムハースト（一八九三～一九七四）に出会い、それ以後親交を深めていった。夫妻はデヴォン州のダーティントンで、荒廃した農村の復興をめざして一種の共同体を建設する事業にとりくんでいた。これがダーティントン・ホール・トラストである。ここでは農業や林業などにおける新技術や新商品の開発・生産が試みられる一方で、絵画、演劇等の芸術の振興も行われ、ダーティントン・スクールという学校では独特の進歩的な教育が試みられていた。これら一連の事業は、エルムハースト夫妻が敬愛するインドの詩人、ラビンドラナート・タゴール（一八六一～一九四

挿図７-１　ダーティントン・ホール・トラストの中心施設，グレート・ホール
Dartington Hall Trust Archive

挿図７-２　現在のダーティントン・ポタリー
Dartington Hall Trust Archive

一）の思想に基づいて行われた。リーチはエルムハースト夫妻の招きにより、ダーティントンで成年者教育の一環として陶芸を教えるようになり、一九二九年にはここに小さな窯を築いていた。(7) リーチ・ポタリーが経営の危機に陥ったときにそれを救ったのはエルムハースト夫妻からの資金援助であったし、また一九三四年から翌年にかけてのリーチとトビーの日本滞在を経済的に援助したのも夫妻であった。リーチの日本滞在中、彼に代わり息子デイヴィッドと、リーチ・ポタリーの陶芸家バーナード・フォレスター（一九〇八～一九九〇）がダーティントンで陶芸を教えた。(8) このように、バーナード・リーチとダーティントンには一九二〇年代末から浅からぬつながりがあった。実際のところ、一九三〇年代初頭からリーチは、セント・アイヴスにあるリーチ・ポタリーをダーティントンに移転させることを計画しており、ダーティントン・ホール・トラスト側と何度か交渉していた。(9) この移転計画は結局第二次世界大戦後におけるリーチ・ポタリーの財政改善により立ち消えとなったが、それまでリーチはかなり真剣にダーティントンでの製陶を考えていた。(10)

ダーティントン・ポタリーとリーチの新居 “The Cabin” は、ダーティントンの西側にあるシンナーズ・ブリッジ Shinner's Bridge という地区に作られた（挿図七-三）。そして彼は制作活動と教育活動を再開する。ダーティントンにおいてリーチはデヴォン州北部のフレミントンから取り寄せたチョコレート色の土を使ってスリップウェアを発展させ、黒地に黄色のスリップウェアを制作したという[11]。

このシンナーズ・ブリッジ時代はリーチが『陶工の本』*A Potter's Book* を執筆した時期として重要である。この本でリーチは、それまでに身につけた製陶の技術・技法を体系的に紹介し、またセント・アイヴスでの経験に基づいてスタジオ経営の実際についても論じた。ただし、ここで紹介されている個々の技術・技法は、彼が抱いていた対抗産業革命という問題の枠組みの中で位置づけられており、この点でこの本は単なる技術書には留まらず、一種の文明批評の性格をも併せ持っていた。また、この著作の第一章でリーチは、時代と地域を超えて通用するような基準の必要性を説き、現代の作品は人類がこれまでに到達した最高峰を基準として測られるべきだとし、その最高峰として中国の宋代の陶磁器を挙げている。この本は一九四〇年に出版された後、二十カ国語に翻訳されたといわれ、後世へ及ぼした影響の大きさという点で、リーチの代表的な著作となった[12]。また、このような本を出版したことで、リーチはようやく自分が単なる陶工ではなく、世界の文化・文明のあり方について思索し、それを言葉で語れる知識人、すなわち「芸術家」であることをイギリスの社会で認知させることに成功したと思われる。

挿図７-３　リーチの住居　The Cabin
Dartington Hall Trust Archive

また、この本の出版と同じ一九四〇年に、リーチがバハイ教の信仰を受け入れたことにもここで触れておきたい。バハイ教はバハー・アッラーフと名乗ったイラン人、ミールザー・ホセイン・アリーが一九世紀中頃に始めた、イスラム神秘主義の流れをくむ宗教であり、現在はイスラエルのハイファに本部がある。この宗教においては、世界の諸宗教の根元は一つであるとされ、人類の平和と統一が究極の目標とされている[13]。バハイの信徒は「世界新秩序」と呼ばれる独特の理想の世界像をもち、この理想の実現のためにあらゆる偏見の除去、両性の平等、科学と宗教の調和などの努力をする。リーチにバハイ教を紹介したのは、ダーティントン・ホールに住み込んで絵画の教室を開いていたアメリカ人画家、マーク・トビーだとされる。(14) これ以後、リーチはバハイ教の布教に参加するなど、その宗教的な活動にもかかわっていくことになる。(15)

ダーティントンに落ち着いてからは、バーナードは定期的にセント・アイヴスのリーチ・ポタリーに通い、タイルの絵付けなどを行うようになった。(16) 彼がダーティントンから再びセント・アイヴスへと拠点を戻したのは、一九四〇年末のことである。つまり、一九三〇年代後半においては、長男のデイヴィッドがセント・アイヴスでリーチ・ポタリーの運営にあたる一方で、父バーナードはダーティントンにてダーティントン・ポタリーを設立し、セント・アイヴスの製陶所をダーティントンに移転させる可能性を探っていたことになる。たしかに、バーナードの離婚問題が絡んでいるためこのあたりの事情は一筋縄では解き明かせないが、しかし製陶所の存続という観点からみた場合、リーチ親子がセント・アイヴスとダーティントンという二つの場所で活動をしたことは、過渡的な形態とはいえ、意味のあることであった。こうした事情があり、一九三七年以降のリーチ・ポタリーにおいては、デイヴィッドの果たした役割が重要なのである。

二　デイヴィッドの運営

ここでセント・アイヴスのリーチ・ポタリーに話を戻そう。父バーナードが不在の間、セント・アイヴスのリーチ・ポタリーを守ったのが長男デイヴィッド・リーチである。彼は父が日本に滞在している間、ダーティントン・ホール・トラストの資金援助を受けて、ストーク・オン・トレントの北ストラットフォードシャー工業大学 The North Stradfordshire Technical College で二年余にわたり経営と陶芸に必要な科学（釉や粘土など）を学ぶなど、父を助けてリーチ・ポタリーの運営を改善するための準備をしていた。(17) 日本にいた父バーナードは息子が産業陶磁器の中心地で学ぶことには反対だったが、デイヴィッドは父の反対を押し切る形で大学で勉強した。もっとも、この大学で教えられていた内容は、実はストーク・オン・トレント周辺にあるような大規模な陶磁器工場を経営するためのものであり、デイヴィッドには必ずしも役に立たないものも多く含まれていたが、デイヴィッドは大学に行ったことを後悔したことはなかったという。

デイヴィッドはセント・アイヴスに戻ると、リーチ・ポタリーの改革を少しずつ行っていく。技術的なことから述べると、彼は入手が困難で高価な薪だけでなく、より安価な重油をも併用できるようにするため、登窯の改造を決断した。そして、一九三七年にオイルバーナーと空気抜きを窯に取り付けることに成功する（挿図六-八）[18]。粘土に関しては、ファイア・クレイやボール・クレイと呼ばれる土の使い方を変えた。デイヴィッドによれば、父バーナードの一九三七年以前の作品には“wholemeal qualities”、すなわちやや荒々しさが残るが健康的な感じの土が好んで使われており、このような土はしばしば作品を太ってむくんだもの（bloating）にしているのに対し、デイヴィッドが使い始めた土では、焼きあがると鉄分が小さな染みとなって現れるという[19]。このことは作品の制作年代を推定する際に多少参考となろう。さらに、デイヴィッドは磁土と呉須をリーチ・ポタリーにもたらした。これは濱田庄司がリーチ・ポタリーに残した配合のメモに基づいて、デイヴィッドが北ストラットフォードシャー工業大学の実験室で自ら調合したものである。この時に調合された呉須は戦後になってリーチ・ポタリーで磁器の生産が本格化したときに用いられた[20]。このことは日本の釉薬がイギリスの陶芸に与えた影響として興味深い。

次にスタッフの面では、デイヴィッドは一九三八年から地元の若者を徒弟として雇い始めた[21]。それまでリーチ・ポタリーで受け入れていた学生の多くは美術学校の出身者であり、リーチ・ポタリーで一年か二年働いた後はそれぞれ独立していくことが多かった。これに対し、デイヴィッドが採用した徒弟は地元で義務教育を終えたばかりの若者であり、年齢、教育、素養、土地への結びつきなどの点でそれまで製陶所に来た学生とは異なっていた。

あまり知られていないことであるが、リーチ・ポタリーが輩出した数多くの陶芸家の中で、リーチ・ポタリーに徒弟として正式に採用され、七年間ないし五年間という徒弟期間 apprenticeship を経て一人前の陶芸家となった人物は三人しかいない。すなわち、ウィリアム・マーシャル William Marshall（一九二三～）、その甥のスコット・マーシャル Scott Marshall（一九三六～）、そしてケネス・クイック Kenneth Quick（一九三一～六三）である。[22]徒弟第一号のウィリアム・マーシャルの場合、彼は学校にきた徒弟募集に応じる形で、一九三八年に十五歳でリーチ・ポタリーに入り、週五シリングという法定賃金で働き始めた。轆轤を彼に教えたのはデイヴィッドである。その後彼の腕前と賃金は徐々に上がっていったが、彼の徒弟期間は戦争のため一時中断した。戦争から復員するとマーシャルはリーチ・ポタリーに戻って徒弟期間の残りを済ませ、その後は一人前の職人として、さらに後にはいわば「番頭」として一九七七年まで製陶所を支えた。また、ケネス・クイックも将来を嘱望された陶芸家であり、三十二歳の若さで死去するまでよくリーチ・ポタリーを支えた。[23]このように見てくると、地元の若者を徒弟として採用したことは、製陶所の労働力と技術力をある程度の長期間にわたって確保することにつながり、これがリーチ・ポタリーの発展を支えたと思われる。

ただし、徒弟をとる一方で、リーチ・ポタリーはあいかわらず学生も受け入れていた。一九三〇年代後半におけるリーチ・ポタリーのスタッフを調べてみると、バーナード・リーチとデイヴィッドの他には常に三、四人の陶芸家が働いていた。[24]その顔ぶれは一年おきに変わっており、一九三六年から一九四一年までの間に三年以上リーチ・ポタリーで働いたのは、デイヴィッドを除けば徒弟のウィリアム・マーシャルしかいないようである。

三　スタンダード・ウェア

デイヴィッド・リーチがリーチ・ポタリーにもたらした変化の中で最も重要なものは、スタンダード・ウェアと呼ばれる、安価な家庭用製品の生産を開始したことである。

このような運営方針の転換を提言したのはデイヴィッドであるが、それを決断したのはバーナード・リーチ自身である。設立以来リーチ・ポタリーには、採算性と芸術性をいかに両立させるかという課題があり、結果的には展覧会向けの高価な芸術的作品の制作が活動の中心となっていた。ところが、一九三〇年代になるとバーナードはこの方針に疑問を抱き始め、三〇年代中頃から展覧会向けの高価な作品ばかりでなく、より廉価な一般家庭向けのスリップウェアとストーンウェアに力を入れるようになり、さらに一九三七年頃になるとスリップウェアを断念してストーンウェアの生産に専念する決心をする。[25]その理由は、手作りを信条とし、自己の信念に基づいて美と表現を追究する陶芸家といえども、その作品は時代と社会の要求から遊離してはならず、むしろそれに応えたものでなければならないと、彼が考えを改めたことである。彼は一九二〇年のイギリス帰国以降の己の活動を振り返り、ガレナ釉を用いた軟陶はおおらかな田舎暮らしには似つかわしいものの、堅くて耐水性の優れた食器が求められる、都市部を中心とする現代生活にはそぐわないことに気が付いたのである。[26]こうした方針変更の背景には、リーチの日本での個展の評判や、一九三四年から三五年にかけての日本滞在中に友人たちと交わした議論の影響があったと思われる。[27]また、デイヴィッドの改造により窯の生産効率が上がったことも、スリップウェアから撤退しストーンウェアの生産に専念することを後押しした要因となったであろう。あるいは、スタンダード・ウェア導入の背景として、芸術作品制作の中心となるべきバーナードがその活動拠点をダーティントンに移したという要因をも指摘できるかもしれない。

こうして一般家庭向けの製品、スタンダード・ウェアの生産が始まった。これはそれまでに制作されていた個人作品よりも芸術性は劣るものの、実用品であることを旨とし、価格設定も低めであった。スタンダード・ウェアの開発は次のように行われた。まず、バーナード・リーチが紙に描いたデザインや彼が口にしたアイデアに従って、デイヴィッドが基本モデルを造る。このモデルはバーナードのチェックを受けた後、製陶所で働く学生や徒弟に渡され、彼らの手で量産された。こうしてできた製品はデイヴィッドのチェックを受けた。スタンダード・ウェアの生産は、例えば同じ分量の粘土を用いて同じ大きさのものを繰り返し作るといった点で、学生や徒弟にはよい訓練となった。ただし、その生産は轆轤を用いた手作業であり、型抜で寸分違わぬものを量産していたわけではない。それゆえ、同じモデルに従っていても、作り手によって実際の製品には微妙な差が生じ、この差をつきつめていけばそれがやがて作り手の個性となる。この点で、スタンダード・ウェアは一人一人の学生や徒弟が己の表現を高めていくための基礎訓練ともなり、こうして身に付けられた技能は展覧会向けの個人作品を制作するときに生かされた。

このように見てくると、図式的ではあるが、バーナードを含めた各々の作り手が作る、少数の、展覧会・コレクター向けの高価な個人作品と、製陶所全体で一般家庭向けに量産される安価なスタンダード・ウェアは、互いに補完しあう関係にあったと言える。それというのも、スタンダード・ウェアで培った基礎的な技能と表現力が展覧会向けの個人作品における新たな表現を可能としたのであり、また逆に、個人作品において試された新たな表現が今度はスタンダード・ウェアのデザインへと生かされることもあり得たからである。このことは、リーチ・ポタリーで働く作家一人一人にとっても、またバーナード・リーチ本人にとっても、有意義であったと思われる。(28)

ただし、一九三〇年代後半のリーチ・ポタリーにおいて、展覧会向けの高価な作品がどの位生産されていたかは不明である。リーチ・ポタリーでの本焼きが近づくとバーナードがダーティントンからセント・アイヴスにやって来て、絵付けなどをしていたのは事実であるが、バーナードの本拠地はやはりダーティントンであることに変わりはない。このことを考えると、スタンダード・ウェア導入の背景には、バーナードという、リーチ・ポタリー唯一の芸術家にしてリーダーが、セント・アイヴスを不在にする期間が長くなったという要因をも指摘できるかもしれない。なお、バーナード以外のリーチ・ポタリーの従業員が、戦前において個人で展覧会向けの作品を作っていたかどうかについては資料がない。

量産されたスタンダード・ウェアはデイヴィッドが企画したカタログに載せられ、郵便によって遠方からも注文をとることができるようになった。(29)このメール・オーダーのシステムは当時としては画期的であり、これにより市場から遠いという立地条件を克服してある程度の売り上げを見込めるようになったことで、リーチ・ポタリーの経営が安定化の方向に向かう条件が整った。(30)また、イギリスでは一九三〇年代になると、一部の好事家やコレクターだけでなく、一般にも中国の陶芸への理解が深まって行ったが、これも宋の磁器を頻繁に参照するリーチには追い風となっただろう。右に論じたようにスタンダード・ウェアは、手作業で制作にあたる個々の陶工たちの表現力、採算性、新たな表現の探求、美意識など、様々な要素のバランスの上に成り立っている点で、リーチ・ポタリー及びバーナード・リーチの作品を語る上で実に重要なのである。(31)

このスタンダード・ウェアの生産開始により、リーチ・ポタリーの経営も多少は安定したと思われる。ダーティントン・ホール・トラストの古文書館にはリーチ・ポタリーの一九三九年十二月一日から一九四〇年二月二十九日までの売り上げについての資料が残されている。それによると、この期間における売り上げは、次の通りである。

ストーンウェア	97ポンド	6シリング	7ペンス
スリップウェア		7シリング	6ペンス
タイル	27ポンド	12シリング	—
破損		14シリング	4ペンス
その他		10シリング	4ペンス
	126ポンド	10シリング	9ペンス(32)

この数字より、当時のリーチ・ポタリーの生産状況がわかる。「破損」と「その他」の内訳はわからぬが、「破損」が二〇パーセントに達していた初期に比べれば、技術力が格段に向上していることが認められる。スリップウェアの売り上げは七シリング六ペンスであり、これは総売上一二六ポンド一〇シリング九ペンスのうちのわずか〇・二パーセントにすぎない。これに対し売り上げの大部分を占めるのが「ストーンウェア」と「タイル」である。リーチ・ポタリーで作られていたタイルがストーンウェアに属することを考えると、生産の中心は明らかにストーンウェアであることをこの表は示している。すなわち、先に論じた制作方針の転換をこの表は裏付けているのである。その一方で、「タイル」が「ストーンウェア」に含められず、わざわざ別項目として計上されていることも注目に

値する。タイルの生産は一九三〇年頃から本格化し、その売れ行きの良さからリーチ・ポタリーを支える重要な製品となっていたが、そのことがこの表からもうかがえよう。

これら一連の改革により、リーチ・ポタリーの製品の品質や経営は改善されていった。しかし、一九二九年の世界恐慌から一九三九年の第二次世界大戦開始までの時期において、リーチ・ポタリーの売り上げは必ずしも順調ではなかった。製陶所の経営が本当に安定するまでには戦後を待たねばならなかった。(33)

四 戦争中及び戦後

バーナード・リーチは息子デイヴィッドの要請により、一九四〇年末にダーティントンからセント・アイヴスに戻る。これには第二次世界大戦の戦局の悪化や、デイヴィッドの兵役などの事情があった。戦争の長期化に伴い、リーチ・ポタリーの活動は徐々に滞っていく。ウィリアム・マーシャルなどの製陶所のスタッフも兵役にとられた。戦争中のリーチ・ポタリーのスタッフは、ディック・ケンダル Dick Kendall（生没年不詳）、マーガレット・リーチ Margaret Leach（一九一八〜、バーナードの親族ではない）、ニューリンから来た元漁師にバーナードを加えた四人だった。戦争は思わぬ形で製陶所の活動を制限した。セント・アイヴスの街は爆撃の被害にあい、リーチ・ポタリーも一九四一年一月に罹災した。材料の入手は困難であったし、窯を用いると、リーチ・ポタリーが爆撃の被害を受けていたにも関わらず、煙を用いてドイツ軍に信号を送り、爆撃を手助けしているのではないかと町の人々から嫌疑を掛けられたという。さらに、被災後に製陶所の破損箇所を修理しようにもそのための資材が入手できず、被害箇所は三年間も放置された。(34)

この戦争中で興味深いのは、リーチが定期的にロンドンへ通うようになったことである。これはもちろん個展が目的ではない。それはロンドンのナショナル・ギャラリーで毎月開催された協議会、芸術・デザイン中央協会 Central Institute of Arts and Design に出席するためであった。リーチの自伝によれば、これは将来に備え、政府の要請により、美術やデザインに携わる人々が自分たち自身の費用によってもたれた集いであった。これにより、リーチは工芸関係者やロンドンの美術界の人々との間にある程度の人脈を築くことができたと推測され、このことは結果的に、戦後になって政府系の施設でのリーチ展を容易にしたように思われる。

他の製陶所が次々と閉鎖されていく中で、リーチ・ポタリーは活動を続けた。爆撃の被害を受けてから三年後、国会議員の助けを得て、リーチは製陶所の修復及び作品の販売と、七人の人間の雇用の許可を政府からようやくとりつける。そして入れ替わり十二人を雇ったが、その中で訓練のある者は二、三人しかおらず、相変わらず生産は滑らかにはいかなかった(35)。戦時下ゆえ、展覧会向けの作品の需要はなかったが、一般家庭向けの製品の需要はあり、リーチ・ポタリーではスタンダード・ウェアの生産に力を入れたという。なお蛇足であるが、リーチは前妻と離婚して一九四四年にローリー・クックスと結婚し、ローリーとの間にモーリスという子供を養子にとっている(36)。

やがて一九四五年に戦争が終わり、その翌年にデイヴィッドが復員すると、バーナードはこの長男をリーチ・ポタリーの共同経営者とし、リーチ・ポタリーの再建を図った(37)。再建にはウィリアム・マーシャルや、新しく入ったケネス・クイックなどの徒弟が活躍しただろう。また、一九五〇年にはリーチ・ポタリーにバーナード・リーチの次男、マイケル・リーチ Michael Leach（一九一三〜八五）がスタッフとして加わった。彼は元々ケンブリッジ大学で生物学を学び、学校の教員をしていたが、戦争中は陸軍において食器の生産にあたり、戦後は父と兄と共に作陶に携わることになった。当初は材料を入手することができないなどの困難があったが、しかし戦後の物不足のせいで製品の売れ行きは良く、一時はロンドンの業者が直接セント・アイヴスまで買い付けに来るなど、およそ戦争前には考えられなかったような好景気がリーチ・ポタリーに訪れた。これはリーチ・ポタリーに限らず、この時期イギリス中の生産者が経験した好景気であった。この時の売り上げに助けられてリーチ・ポタリーはスタッフを増やし、生産体制を立て直した(38)。一九五〇年から五五年までの期間、リーチ・ポタリーにはバーナードを含めて常に一〇人前後の人々が働いていた(39)。こうして財政が安定化したことにより、製陶所をセント・アイヴスからダーティントンへと移転させる計画はついに実現されなかった。

戦後のリーチ・ポタリーの活動で忘れてならないのは、磁器の生産が本格化したことである。一九五〇年頃に、リーチはようやく轆轤に耐えうる可塑性をもった磁器の土をみつける。(40)第六章第二節でも述べたが、コーンウォールの磁土は産業用には適していたものの、可塑性が低く轆轤でひくには適していなかった。磁器の生産そのものは戦前から行われていたが、こうした課題を解決するような土が見つかったことで、戦後のリーチ・ポタリーの製品およびバーナード・リーチの作品においては、磁器の占める割合が増えるようになる。

リーチ・ポタリーの給料は、基本的にはスタンダード・ウェアの売り上げを経営者（バーナードとデイヴィッド）と従業員が分かち合うshareという形で支払われたが、その一方で、個人作品individual potteryという制度もあった。これはスタンダード・ウェアとは別に、従業員の個人作品を売るものである。これにより製陶所の学生や徒弟たちは基本給に加え、自分の作品が売れた時にはその売り上げの数パーセント分だけ臨時収入を得られた。その際、個人作品の値段はバーナード・リーチが決めていたという。ウィリアム・マーシャルはこのデイヴィッドが導入した制度により、「[セント・アイヴスの錫鉱山の］鉱夫たちよりは良い収入」を得ることができたという。リーチ・ポタリーにはバーナードのスケッチ・ブックが置いてあり、スタッフはそこに描かれた壺や瓶の図案を参考にして作品を作ったが、マーシャルの解釈はバーナードを喜ばせることが多く、彼はマーシャルの作品に高値をつけることが多かったという。(41)

ここでマーシャルの名が出たついでに触れておきたいのは、リーチ・ポタリーにおけるスタッフの連携、すなわち「チーム team」の意義である。リーチ・ポタリーの性格を考えるとき、これは重要な意味を持っている。バーナード・リーチはチームワークの意義を説くとき、“one and all”（一人とみんな）というコーンウォールのモットーを引き合いにだすことがあるが、これがリーチ・ポタリーにおける分業体制を支えた精神であった(42)（挿図七-四）。すなわち、「一人で働く」のではなく、「皆で働く」という精神である。息子デイヴィッドによれば、この場合の“one”は「芸術家」（すなわちバーナード本人）を、“all”はそれ以外の従業員（学生、徒弟）を指し、両者の関係は父と子供の関係に譬えられていたという。(43)右に述べた、利潤を皆で分かち合うという考え方も、この精神に基づいている。

今日バーナード・リーチの作品と見なされているものの中には、リーチのデザインに従って、デイヴィッドやウィリアム・マーシャルが轆轤で成形したものも少なくない。マーシャルがバーナードのデザインを自由に解釈してバーナード本人に提示していたことは、先に述べた通りである。時には蹴轆轤に座ったマーシャルのそばにバーナードが立ち、バーナードの指示を受けながらマーシャルが作品を作ったこともあったという。こうして出来た作品はバーナード本人によって絵付けなどの装飾が行われ、窯で焼かれたが、この焼成ももちろんマーシャルをはじめとする製陶所のスタッフ全員によって行われた。ただしここで注意しなければならないのは、たとえ「バーナード・リーチの作品」として販売されたり展示されたりした壺が実際にはマーシャルによって成形されたものだとしても、マーシャル本人は自分の名前が言及されることを全く望んでいないという点である。マーシャルは「リーチ・ポタリーの一部」としてバーナードと共に制作にあたったことを誇りとし、またそこに喜びを見出している。このようなマーシャルの態度は、リーチが説いた「一人とみんな」という精神を体現しているように思われる。

しかし、このようなチームワークを維持することは決して容易なことではなかっただろう。リーチはグループで制作を行う場合、「全体を統率する指導力」ないし成員共通の「信念」が必要であると考えていた(44)。リーチ・ポタリーにおいては、たしかにマシーン・エイジにおいて手仕事を行うことに意義と価値を見出すという、共通の信念が成員にあっただろうが、しかしその一方でチームワークが維持されるためには、その成員は時として自分の主張を抑え、バーナード・リーチという、強力な指導者の意志に従うことが必要となる。徒弟出身のマーシャルにはそれが出来たのは右に見たとおりであるが、他の美術学校出身の学生達の場合について

挿図 7-4
リーチ《鉄釉 ONE & ALL 銘水注》
アサヒビール大山崎山荘美術館所蔵

挿図7-5　「陶芸とテクスタイルにおける国際工芸家会議」での柳宗悦（左），**バーナード・リーチ**（中），**濱田庄司**（右）。グレート・ホール前の中庭にて。
Dartington Hall Trust Archive

は疑問の余地がある。[45] しかし、デイヴィッドによれば、こうした学生と徒弟が横に並んで共に仕事をすること自体に意義があった。バーナードにしてみれば、このような有能なチームを従えることは充実した作陶活動を展開するには重要なことであっただろう。このチームワークの問題については、次章で詳しく論じる。

　リーチ・ポタリーの活動が再び軌道に乗ると、バーナード・リーチは再び海外で展覧会を開くようになった。彼は一九四九年以降、北欧諸国、アメリカ、日本などを訪問する。特に一九五二年後半から一九五四年末までは、二年以上の長期間にわたりセント・アイヴスを留守にした。その足跡を記すと、まず一九五二年七月に彼はイギリスに柳宗悦と濱田庄司を迎え、ダーティントン・ホールで開催された「陶芸とテクスタイルにおける国際工芸家会議 International Conference of Craftsmen in Pottery and Textiles」に主催者として出席する（挿図七-五）[46]。第二次世界大戦中イギリスと日本は敵対関係になり、このことはリーチにとって精神的な打撃であったが、戦後になるとふたたび戦前のような日本との繋がりが復活した。ダーティントンにて、柳の言葉と濱田の実技がそこに集った欧米の工芸関係者に示されたことは、リーチのみならずイギリスの工芸史において意義のあることであった。

　会議の後、同年十月にリーチ、柳、濱田の三人はアメリカに渡り、四カ月をかけて各地で講演会と展覧会をしつつアメリカを東から西へ横断する。そして一九五三年二月に、アメリカ横断を終えたその足でリーチは日本へ渡航し、一九五四年十一月二十六日まで滞在した。この時リーチは日本に永住する意志があったが、しかし結局それは実現しなかった。日本を離れイギリスに帰国する途中、彼はイスラエルのハイファに一週間立ち寄りバハイ教の総本山に詣でた。この時彼は「やりよい所で、仕事をするように」という託宣を受けたという。[47] 彼がセント・アイヴスに帰り着いたのは、おそらく一九五五年一月だと思われる。こうした父不在の期間、リーチ・ポタリーはデイヴィッドとマイケルという二人の息子達によって運営された。[48]

しかし、皮肉なことであるが、バーナード・リーチが日本から帰国したことにより、結果的にデイヴィッドとマイケルはセント・アイヴスを去ってそれぞれ独立することになった。

先に独立したのはマイケルである。彼は一九五五年六月に父と兄に促されてセント・アイヴスを去り、デヴォン州のフレミントンにイェランド・ポタリー Yelland Pottery, Fremington を設立する。マイケルがリーチ・ポタリーを去るまでの経緯については判然としないところもあるが、ダーティントン・ホールに残された資料から判断するならば、一九五五年中頃の時点においてバーナードはリーチ・ポタリーをマイケルではなくデイヴィッドに譲り渡す意志をもっており、その頃までにはリーチ・ポタリーの土地はデイヴィッドの名義になっていた。[49]

しかし、そのデイヴィッドも、結局は弟マイケルがセント・アイヴスを去ってから間もなくして、同じく父の元を去る。リーチ・ポタリーで働き始めた一九三〇年以来、デイヴィッドは周囲からやがてはリーチ・ポタリーを継ぐものと思われていたし、デイヴィッド本人もそのつもりでおり、彼は父を助けてリーチ・ポタリーの発展に尽くした。[50] リーチ・ポタリーにおいて、親子は共同経営者として、父バーナードは芸術的な事柄を、息子デイヴィッドは経営と技術的な事柄をそれぞれ担当した。たしかに、デイヴィッドが実務能力を発揮したことにより、父も制作活動に専念できたと言える。

しかし制作においては、デイヴィッドに不満もあった。なぜならば、デイヴィッドは経営者である一方で、彼自身が一人の作家だったからである。デイヴィッドは、チームのリーダーである父と製陶所のチーム（学生や徒弟など）を結びつけるよき仲介役であり、スタンダード・ウェアの生産においては父に代わって生産を監督した。しかし、スタンダード・ウェアの導入後においても美術面での中心はバーナード・リーチであり、リーチ・ポタリーの

挿図7-6　デイヴィッド・リーチ氏とローワーダウン・ポタリーのショールーム

チームはバーナードのアイデアを実行するために存在するという、リーチ・ポタリーの基本的性格は変わらなかった。デイヴィッドが己に与えられた役割に徹する限りにおいてリーチ・ポタリーは発展したが、しかしその一方でこのような役割はデイヴィッドが個人作家として独立することを遅らせる結果となった。さらに、不可抗力のこととはいえ第二次世界大戦が勃発したことは、デイヴィッドが独立するタイミングを狂わせた感がある。復員後デイヴィッドは独立を真剣に考え始め、自分の表現を追求し、伸ばそうと希望したが、しかしセント・アイヴスでは父の影響力があまりに強すぎて、それはかなわなかった。デイヴィッドは専門の美術教育や素描の訓練を受けていなかったため、父から芸術家ではなく、「職人 artisan」ないし「教師」として扱われた[51]。こうした欲求不満は父が日本での永住を考えた時に一度は解消され、それ以降は自分なりの作陶をできるという希望へと変わったが、しかし父が予定を変えて日本から再びセント・アイヴスに戻って来ると、希望は失望へと変じた。こうした葛藤ゆえ、もはや彼には父と共に活動することは難しく感じられるようになった[52]。さらに、父バーナードの三番目の妻となるべく、アメリカ人陶芸家のジャネット・ダーネル Janet Darnell（一九一八〜九七）が一九五六年にセント・アイヴスにやって来たことは、結果的にデイヴィッドの独立を後押しする要因になったと思われる。後にデイヴィッドは当時を振り返り、「五十二年におよぶリーチ・ポタリーの歴史の中で、かくも長く、かくも特権的でかくも実りが多く、そして最後にはかくも不満にみちた、弟子あがりの協力者の関係を親愛なる父ととり結んだ者は、「私以外には」いない」と書いているが[53]、この言い回しの中にも父と息子の微妙な緊張関係と協力関係がうかがえる。

　こうしてデイヴィッドは、一九五六年二月から父とのパートナーシップを解消する手続きに入る。この協議は弁護士を交えて八カ月間続いたが、この協議が始まる頃には既に彼はセント・アイヴスを離れ、デヴォン州で独立の準備をしていたらしい。父バーナードの立場から見れば、息子の独立はショックであっただろう。しかし、父は結局息子の独立を認め、資金面で支援した。デイヴィッド・リーチはボーヴェイ・トレイシーにローワーダウン・ポタリー Lowerdown Pottery, Bovey Tracey を設立した（挿図六-一〇、七-六）。

こうして、リーチ・ポタリーの経営は再びバーナード・リーチの元に戻るが、しかし老齢の彼に代わって製陶所を実質的に取り仕切ったのは彼の三人目の妻、ジャネット・リーチであった。ジャネットのもとでリーチ・ポタリーは新たな段階を迎える。

第八章　リーチ・ポタリーの発展――一九五六年以降

デイヴィッド・リーチがセント・アイヴスを去ると、リーチ・ポタリーの経営は実質的にジャネット・リーチに引き継がれた。バーナード・リーチがジャネットと出会ったのは、一九五二年十月の後半、アメリカのアッシュビルのブラックマウンテン・カレッジに滞在していた時だった。そして、一九五三年から翌年にかけての日本滞在中に二人は接近していった。二人はそのまま日本で暮らすことを望んだがそれは実現せず、バーナードがセント・アイヴスに戻った後、彼を追ってジャネットが渡英することになった(1)。

高齢の域に入ったバーナードを助けつつ、ジャネットはリーチ・ポタリーにいくつかの変革をもたらした。その変化を一言でいうならば、スタジオ studio から工房 workshop への転換である。既に見たように、設立当初からリーチ・ポタリーの実態はバーナード・リーチという「芸術家」をリーダーとする四、五人のチームであり、リーチ本人はそれをスタジオと呼んだ。しかし、戦後になって製陶所で働くスタッフの数が増えるとこの特色は徐々に変質していったように思われる。そして、ジャネットがリーチ・ポタリーの運営にあたるようになると、バーナード・リーチを中心とする体制がさらに改められた。以下、ジャネットを中心にして一九五六年から七九年のバーナード・リーチ死去に至るまでの、リーチ・ポタリーについて見て行きたい。

一　訓練生制度

運営方針の変更を特徴づける出来事は、ジャネットがセント・アイヴスに到着してから間もなくして起きた。ジャネットは当時を振り返り、一九七二年に次のように書いている。

私がセント・アイヴスに到着した一九五六年には、デイヴィッド・リーチとマイケル・リーチはデヴォン州でそれぞれの製陶所を始めているところでした。ここリーチ・ポタリーには訓練されたグループがいました。その人達はたいていコーンウォールの出身で、徒弟出身であり、製陶所に来る前に美術の教育は受けていない人々でした。彼らは自らの能力を誇りとしていて、高い水準のスタンダード・ウェアを作っていました。［中略］ビル・マーシャルとケネス・クイックはとてもよい焼き物を自ら作っていましたけれども、バーナードと私はこの時点で、もうそれ以上地元から徒弟を採用しないことに決めました。その代わり、より進歩した若い陶芸家達を次から次へと採用し、たいがい二年間リーチ・ポタリーで働いてもらいました。これまでリーチ・ポタリーには、四人のアメリカ人、五人のカナダ人、三人のニュージーランド人、四人のオーストラリア人、三人のインド人、二人のフランス人、一人のベルギー人、一人のデンマーク人、そして多数のイギリス人が来ました。また一九五七年には濱田篤哉を二年余の間迎え入れ、一九五九年〔ママ〕には丹波から市野茂良を三年間受け入れました。(2)

この引用に書かれているように、ジャネットはマーシャルやクイックといった徒弟出身者の力量を認めながらも、デイヴィッド・リーチが導入した徒弟制度を廃止した。そして、全く陶芸の経験がない地元の若者ではなく、既に一通りの技術を身につけた一人前の陶芸家や学生を訓練生 work-trainee として採用するようになった。(3) その結果、リーチ・ポタリーには世界各国から人が集う。その国籍は実に多様で、ジャネットが右の引用で書いている他にも、エジプト、ジャマイカ、南アフリカなどの学生がリーチ・ポタリーで働いた。[4]

ただし、こうした改革にもかかわらず、リーチ・ポタリーのスタッフの数はデイヴィッド・リーチやマイケル・リーチがいた頃とさして変わっていないことには注意を要する。一九六〇年代、七〇年代を通じ、リーチ・ポタリーで働く陶芸家の数は十人前後である。[5] バーナードとジャネットは、一九六〇年代中頃までに、製陶所のスタッフの人数については、彼らを含めた総員が十二人を超えないようにするという方針を決めた。[6] 先の十人前後という数字は、ほぼこの方針を反映したものだろう。[7] 入れ替わりの激しい戦後のリーチ・ポタリーにあって、二十年以上にわたり常にスタッフの中に含まれていたのはバーナード・リーチ、ジャネット・リーチ、ウィリアム・マーシャルの三人だけである。また、スコット・マーシャルやケネス・クイックといった徒弟出身者も比較的長期間にわたりリーチ・ポタリーを支えた。ジャネットがリーチ・ポタリーにやって来た当初、組織の中で少なからぬ混乱が起きたようであるが、バーナードとジャネットのもとで新しい体制は定着していった。

この一九五六年からバーナード・リーチが死去する一九七九年までの期間においては、バーナードの高齢化がリーチ・ポタリーのあり方を条件付ける一つの要因であるが、これは一方で陶芸界における世代交代をも意味しており、事実、次世代の陶芸家達は、このジャネットの時代に多くリーチ・ポタリーで学んでいる。例えば、デイヴィッド・リーチの三人の息子たち、ジョン、ジェレミー、サイモンは皆陶芸家になったが、このうち長男のジョン・リーチ John Leach（一九三九〜）は父デイヴィッドなどに学んだ後、一九六〇年から六三年までリーチ・ポタリーで祖父の指導を受けている。[8]

そして、陶芸におけるイギリスと日本の繋がりも、バーナード・リーチと濱田庄司の世代から後の世代へと受け継がれていった。リーチ・ポタリーに来た日本人陶芸家として、濱田庄司の三男、濱田篤哉（一九三一〜八六、一九五七年から二年間滞在）と、ジャネットがかつて修行をした丹波立杭出身の陶芸家、市野茂良（一九四二〜、一九六九年から二年間滞在）がいたことは、先の引用の中でジャネットが言及していた。[9] さらにこの二人に加えて、舩木研児

（一九二七〜）の名もここに挙げておきたい。船木研児は父の道忠と共に島根県布志名で作陶していたが、一九三四年以来たびたび島根を訪れ制作をしていたバーナード・リーチに勧められてイギリスに渡航した。船木は一九六七年と一九七五年にリーチ・ポタリーを訪問し、デイヴィッド・リーチのローワーダウン・ポタリーにおいて制作を行った。この他にもリーチ・ポタリーは陶芸家を多数輩出しており、これらの人々の多くは今日「リーチ派Leach School」と呼ばれている。このように、ジャネットが導入した二年限りの訓練生の制度によって世代交代は行われていった。

二　生産体制と教育

次に、リーチ・ポタリーの生産体制について見ていこう。これを論じることは同時に、リーチ・ポタリーにやってくる陶芸家や学生の教育方針について触れることにもなる。

ジャネットの新体制のもとでもリーチ・ポタリーでは従来通り、スタンダード・ウェアと各人の個人作品が製作された。従業員は平日の午前九時から午後五時まではスタンダード・ウェアの製作にあたることになっており、これは義務であったが、それ以外の時間と曜日については自由に作品を作ることが認められていた。ここでジャネット自身の文章を引用したい。

一人一人の陶工には「自分の役割は自分で」果たし、スタンダード・ウェアにおいて腕をあげつつ、「個人作品において」自分自身の表現を伸ばすことが許され、そして奨励されなければなりません。私たち［バーナード・リーチとジャネット］は、製陶所においてはこのバランスが最も重要だと感じています。個人の作品に集中しすぎたり、あるいはスタンダード・ウェアの製作にのめり込んだりするのは、工房workshop全体にも有害でしょうし、またそれに関わる個々人にも有害でしょう。(10)

この引用が示しているように、ジャネットはスタンダード・ウェアの製作と個人作品の制作を同時並行で行うというシステムの意義と難しさを正当に認識していた。彼女はスタンダード・ウェアの生産が単に製陶所の経営を安定させるものであるばかりでなく、そこに教育的な意義があることを認めていた。ジャネットの文章を再び引用する。

私たち［バーナード・リーチとジャネット］はいくつもの理由から、実用的な製品を繰り返し繰り返し作ることには意義があると信じています。私たちは若い陶工にあらかじめ定められた形を轆轤でひくことを教え、そしてその枠組みの中でならば、かなりの寛容度で空間を探求することを許します。技能と理解が進むのに応じ、その従業員が作る製品に対してわずかな賃金が支払われますが、その間にもその人は成長を続けるのです。カタログに載っている製品は同じ値段で売られますが、それでも従業員は、今度の窯では前に焼いた分よりも良い製品を焼こうと思い続けなければなりません。百個のマグを作っているときにでも、一人の人間が一つのマグを買い求めて使うのだということを陶工は常に思い起こさねばならないのです。[11]

このようにスタンダード・ウェアの製作には、基礎訓練としての意義が認められており、従業員にはスタンダード・ウェアという商品を製作する能力が要求された。そしてもちろんスタンダード・ウェアは注文に応じて、定められた納品の期日までに製作されねばならない。このことはスタンダード・ウェアの生産が、個々の従業員への躾《しつけ》となったばかりでなく、リーチ・ポタリーの組織全体を律し、商品の量と品質をある水準に維持させることにつながったと思われる。

ここで、スタンダード・ウェアの生産について見ておこう。ジャネットがセント・アイヴスにやって来た一九五六年頃までに、スタンダード・ウェアは基本的に還元炎によって焼かれたストーンウェアと磁器であった。それが実用的で廉価であることを旨としていた点は、ジャネットが製陶所の運営に当たるようになった後も変わらなかった。バーナードは一度決めたデザインを改訂することも続け、個々の製品のデザインや製品の種類は年をおって改められていった（挿図八‐一、二）。スタンダード・ウェアは材料と製造方法に対して誠実でなければならず、また費用を抑えるために飾り気がなかったが、そのデザインにおいては古今東西の古作が参考にされており、日々の暮らしで使用されるために最も適した形態が追求された。一九五九年から六六年までのリーチ・ポタリーのカタログには六十七点のスタンダード・ウェアが載っていた。これらはオーブンでも使用できるストーンウェアと、硬質磁器からなり、その釉薬には天目釉（黒と錆色）や、グレーから茶色に変じるまだらの釉、および淡い緑になる磁器の釉（celadon）が用いられた。[12] カタログに記載されたスタンダード・ウェアの点数はだいたい一定していたようだが、その内容は多少の変化があったらしい。例えば、基本的なアイテムは一九五〇年代から変わっていないが、そ

挿図 8 - 1　リーチ・ポタリーのスタンダード・ウェア

挿図 8 - 2　スタンダード・ウェアのカタログ（1946年）

の後飯碗、大型の蒸し焼き鍋、すり鉢とすりこぎが加えられたという証言がある。(13)スタンダード・ウェアの値段についてジャネット・リーチは、一九七二年に「一四ペンスから二ポンド五〇ペンスまでの間」と書いている。(14)この数字は三年後になると「二〇ペンスから三ポンドぐらいまで」になった。(15)

次に、従業員の個人作品について見てみよう。リーチ・ポタリーには決して鍵がかけられることがなく、従業員は平日の午後五時以降及び土曜日と日曜日については自由に作品を作ることができた。ジャネットは、注文品やスタンダード・ウェアの製作に使う登窯とは別にもう一つ窯を設け、ここで従業員が自発的にそれぞれの作品を焼けるようにした。また、粘土や釉薬も支給され、各従業員は自分なりにそれらを調合することができた。(16)これらの設備と材料を用い、リーチ・ポタリーで働く一人一人の陶芸家はスタンダード・ウェアの製作で培った技能に磨きをかけ、自分自身の表現を追求した。こうして制作された個人作品はリーチ・ポタリーによって買い取られ、製陶所のショールームにおいてその作者名を表示して販売された。前述したように、個人の作品についてはバーナード・リーチがその値段を決めることになっており、窯出しの後作品の一つ一つにリーチが値段をつける様をそばで見ることは、興味深く、かつ緊張する瞬間だったという。なぜならばこれはすなわち、各従業員の技量への評価が、バーナード・リーチによって、金額という直接的な形で示される機会だったからである。(17)

ジャネットの経営において、個人制作は許可されていたというよりはむしろ、積極的に奨励されていた観がある。これにはおそらく、リーチ・ポタリーで働く従業員の性質とも関係があるだろう。ジャネットが製陶所を取り仕切るようになって以降、リーチ・ポタリーでは徒弟の制度がなくなり、美術大学や他の工房などで基本的な訓練を既に受けた陶芸家たちだけが雇われるようになった。これらの人々の教育・素養や、これらの人々の多くがリーチ・ポタリーで働いた後にそれぞれ独立していったという進路を考えると、ジャネットはセント・アイヴスに来た当初から、リーチ・ポタリーを職人の集まりではなく、個人作家の集まる場所にしたいと考えていたと思われる。これには、彼女自身が一人の個人作家として自由に独自の作品を作り続けることを望んだことも関係しているだろう。(18)

ところで、既に見たようにこれらのスタンダード・ウェアと個人作品の制作はどちらもバーナード・リーチによってチェックされていたわけだが、バーナードから見た場合、スタンダード・ウェアには特別な意味があったように思われる。スタンダード・ウェアは、デザインにおいて彼が研究した「東洋」と「西洋」の特質を共に持ち合わせている点、手作業で製作される点、一般家庭で用いられる実用品である点、量産されている点、長い時間をかけて何度もデザインの改訂を行い、表現が高められていった点などにおいて、ここには彼の主張とデザインのエッセンスが凝縮されている。言い換えると、個人作品もスタンダード・ウェアもともにリーチの作品ではあるが、バーナードの個人作品は彼という作家の個人的表現が全面に出るのに対し、スタンダード・ウェアはそうした個性・自意識を打ち消したところに成り立っている。この意味で、スタンダード・ウェアにはバーナードの個人作品とは異なる意義が認められ、これはある意味でバーナードが自分の哲学と信念に基づいて自ら作り出した、一つの新しい「伝統 tradition」であった。彼は自伝の中で、ジャネットがリーチ・ポタリーにやって来たことを述べた後、次のように書いている。

もし私が病気になったり死んだりした場合、いったいどういうことになるのだろうかと、しばしば思案していた。差し迫った問題は、製陶所の人々一人一人がさらに発展することを許しつつ、いかにして私がそれまでにうち立てようとした伝統を保存するかということであった。私はほとんどの製品を自分でデザインし、寸法と重量を一緒に記載した素描をつくって製陶所の従業員に配っていた。(19)

この引用のなかで、「製陶所の人々一人一人がさらに発展すること」という箇所と「いかにして私がそれまでにうち立てようとした伝統を保存するか」という箇所では、製陶所のスタッフの個人作品とリーチ・ポタリーのスタンダード・ウェアのかね合いが意識されていると思われる。バーナードにとって、自分が確立しようと努めてきたこの「伝統」をいかにして後世に伝えていくかが、晩年の課題であったことがこの引用より読みとれる。

この意味で、スタンダード・ウェアのデザインを、寸法と重量まで定めてスタッフに配布していたとバーナードが書いていることは、興味深い。彼自身は師の六代乾山から伝書を授かった。これに対しバーナードは次世代の陶芸家達に、「伝書」の代わりとして *A Potter's Book* という書籍と、「寸法と重量を一緒に記載した素描」を残したとも言えよう。この素描がいかなるものだったかは不明であるが、リーチの著作 *A Potter's Work* に掲載された彼のスケッチは、重量や寸法は記されていないものの、多少参考になる。また、リーチは日本各地の民窯で指導を行ったが、そこで伝えられたものは基本的にスタンダード・ウェアであったことも、ここで指摘しておきたい。事実、リーチは島根県の出西窯のために素描を残している（挿図九-一、二、三、四、五）[20]。ここには重量や寸法は記されていないが、ここに描かれている焼き物のデザインはスタンダード・ウェアに近いものが含まれている（挿図八-一と九-五）。リーチは自ら作り出したという「伝統」を日本の窯場にも伝えようとしていたのである。

もちろん、このような「伝統」を次世代に伝えるには、デザインばかりでなくその背後にある思想や技法まで訓練生たちに伝えることが必要だった。リーチ・ポタリーは学校のような教育機関ではないが、しかし実際には大学院のような役割を担っていることに、バーナード・リーチ自身も気が付いていた[21]。彼は夜にコーヒーを飲みながら若いスタッフと話をする機会を定期的に設けていた。そこでは陶芸の種類や技術についての議論や、絵付けの講習などが行われたという[22]。

しかし、やがてバーナード・リーチの老化が進むと、彼に代わってウィリアム・マーシャルが製陶所で働く従業員たちを指導するようになっていった[23]。マーシャルは特にスタンダード・ウェアの監督と躾にあたり、規格を満たさない製品は作った本人の前で直ちに壊したという。また、登窯を使用しての本焼きにおいてもマーシャルは中心的な役割を果たした。彼が旅行で数週間セント・アイヴスを留守にした時には、製陶所全体の生産が滞ってしまったことすらあったという[24]。このようにマーシャルが番頭のような役割を果たすことにより、リーチ・ポタリーの製品の品質や生産は維持された。もちろんマーシャル自身もリーチ・ポタリーで働く現役の陶芸家として個人作品の制作にもあたった。マーシャルがこのような役割を果たすようになったことは、リーチ・ポタリーにおけるバーナード・リーチの立場が徐々に変化していったことを意味している。

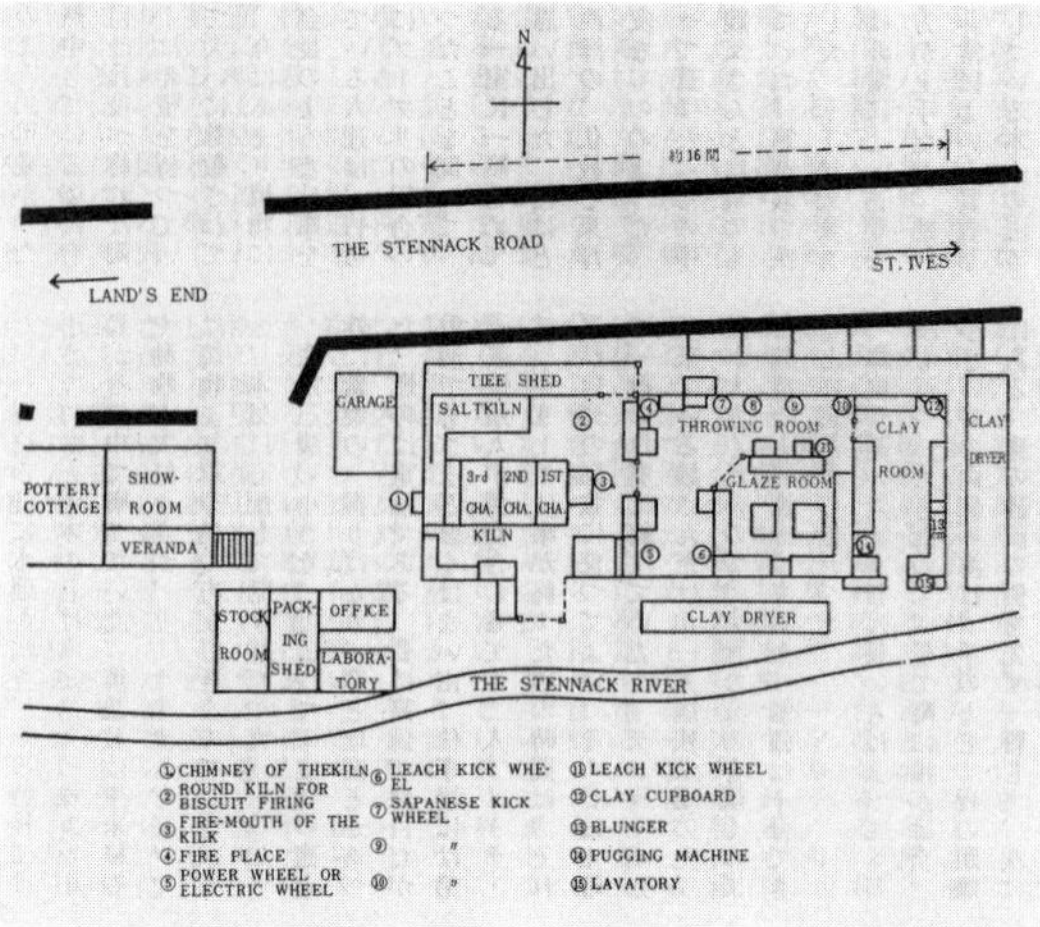

挿図８－３　1958年頃のリーチ・ポタリー（濱田篤哉作成）

一九五八年頃リーチ・ポタリーで学んだエレナ・クルークHelena Klug（一九三〇～）によれば、彼女がセント・アイヴスに居る間、バーナード・リーチから直接指導を受ける機会はほとんどなく、実質的にはマーシャルの教えを受けたという。リーチ・ポタリーで働いた陶芸家は大概の場合二年経つとここを去り、それぞれ独立してスタジオを建てたり後進の育成にあたったりするのが常だった(25)。それゆえ二年という期限が迫り彼女がリーチ・ポタリーを去る時が近づくと、彼女はバーナード・リーチの話を聞くために、わざわざバーナード本人のところへ行って皆の前で講義をしてもらえないかと頼んだという(26)。このエピソードは、老化とともにバーナード・リーチが製陶所の運営や教育からは一歩身を引き、自分の作品制作や執筆活動により多くの時間を割くようになっていったことを示している。

三　設備関係

ジャネットのもとで起きた設備面での最も重要な変化は、リーチ・ポタリーを長年支えてきた主力の登窯に代わり、重油専用の窯が新たに導入されたことである。この重油窯はおそらく一九六〇年代末に作られた。このような転換の背景には、公害と労力の問題があった。戦後になるとセント・アイヴスの町が拡大し、かつては町はずれにあったリーチ・ポタリーもやがて住宅地の最中に位置するようになり、窯からの煤煙が周辺に問題を引き起こすようになった。その一方で、生産量の増加に伴い登窯を使用する回数は増えていき、最盛時には三週間おき、すなわち一年間に一八回か一九回の本焼きが行われた。しかも、登窯を使用するにはウィリアム・マーシャルをはじめとする熟練工が少なくとも四人必要であり、それゆえ焼成の間は他の作業ができなかった。重油窯が導入されたのは、これらの理由による。新しい重油窯は有害な煙を出さず、またそれは一人で扱えるものだったので、焼成の間も轆轤など他の作業を中断せずにすむようになった。しかも、この窯は一室しかもたなかったが、二カ月に一度使用すればそれまでと同程度の年間生産量を得られたという。これらの点で、新しい窯は作業効率を上げるものであった。こうして、登窯はやがて使用されなくなった。(27)

この他にも、ジャネットのもとで幾つかの窯が新設された。まず、彼女がセント・アイヴスに来てから間もない一九五七年には、塩釉用の窯が築かれた。(28)これはおそらく主にジャネットが個人で用いるためのものではなかったかと推測される。次に、これはジャネットの発案によるものかどうかは不明であるが、登窯の脇には素焼き用の電気窯が同じ頃に作られた。(29)一九五八年にセント・アイヴスを訪れた大原總一郎は、当時のリーチ・ポタリーには主力の登窯（三室）の他に素焼きの窯と塩窯があり、燃料には高価な薪ばかりではなく、より廉価な重油も用いられていたと書き留めている。(30)その後もリーチ・ポタリーでは、三立方フィートの窯など、いくつかの窯が設けられていった。(31)一九七七年にリーチ・ポタリーを訪れた前田正明は、製陶所に「重油窯と三室からなる登窯」と、「古い煉瓦で築いた小さな塩釉窯、近年築窯した大きな立窯、それに工人の誰もが自由に使える小さな窯」があったと記録しているが、(32)このうちの最後のものが先に紹介した、ジャネットが従業員の個人作品を奨励するために設けた窯だと思われる。

こうした設備面での変化に加え、材料の面でも新しい試みが行われていた。例えば、理想の土探しはバーナード・リーチの晩年まで続いたが、彼が高温用の粘土をセント・アグネスで見つけて使用するようになったのは一九七〇年頃である。(33)一九七七年の雑誌 *Crafts* には、リーチ・ポタリーについて次のようなレポートが掲載されている。

挿図８－４
リーチ・ポタリーのミキサー

挿図８－５
バーナード・リーチ愛用の蹴轆轤

ドベルのファイア・クレイと赤いボール・クレイは地元のもので、セント・アグネスと北デヴォンから採れる。土は出来るだけ長い時間、少なくとも二カ月は寝かせられて、そして製陶所でミキサー――パン屋で不要になったもの――を用いて混ぜられる（ミキサーを採用したのはリーチ・ポタリーが最初である）[34]。

この記事から、リーチ・ポタリーが一貫して地元の素材を用いていたことが確かめられる一方で、粘土の混合においてはミキサーが導入されていたことがわかる（挿図八‐四）。話はややそれるが、製陶所での作業をどの程度まで機械化するか（あるいはしないのか）は、手仕事に活動の意義を見出していたリーチにとって、己の存在意義にかかわる問題であった。リーチは轆轤については最後まで動力化を認めなかった（挿図八‐五）。この点で、一九四七年ごろ、電動轆轤の開発に自ら携わった富本憲吉とは対照的である[35]。しかしそのリーチも、粘土を混ぜるためのミキサーという機械についてはその意義を認めていたことが、右の記事と、現在もリーチ・ポタリーに残る現物から分かる。

こうしたリーチ・ポタリーの変化は、スタンダード・ウェアの生産はもちろん、バーナード・リーチの個人作品にも影響を及ぼした。例えば、ジャネットが一九五七年に塩釉用の窯を設けるとバーナードもそれを用いるようになり、ドイツのベラミンを範とした塩釉の作品を試している。(36)ただしバーナード本人は一九六七年頃に、自分は塩釉についてはあまり深いところまでは表現を追求しておらず、その代わりに戦後は天目釉と、磁器のための影青《いんちん》という釉を用いた表現を追求したと述べている。一九四〇年代末から六〇年代初頭にかけての彼の作品は、その成形の確かさ、厚みのある釉、焼き上がりなどの点で優品が多く、品質も安定している。これは、リーチ・ポタリーの充実した設備とスタッフに負うところが大きいだろう。

以上述べたように、ジャネット・リーチによりリーチ・ポタリーには組織面でも設備面でもさまざまな改革や変化があった。最後に、一九五六年以降におけるリーチ・ポタリーの生産の実態を、生産量の変遷と販売方法の点から追ってみよう。一九六一年頃には一年間に二万二千点が製作されていたが、そのうちの二万点は通信販売と工芸品店に出荷するスタンダード・ウェアであり、残りの二千点が値段の高い展覧会用の作品だった。そして、セント・アイヴスで全体の三分の一を、英国国内で三分の一を、外国で三分の一を売っていた。(37)これらの数字は一九六七年頃においても変わっていない。(38)そして一九七〇年においてはスタンダード・ウェアが一万五千点以上製作される一方、個人の作品は「四千点から五千点のあいだ」だったという。その翌々年も年間生産量は横ばいだったようだ。(39)

このような数字を見るとリーチ・ポタリーの経営は安定していたように思えるし、事実それは戦前に比べれば安定していたが、しかし現実は必ずしも安楽を意味するものではなかったようだ。例えば、一九五六年頃イギリスには三〇パーセントの売上税が導入されたが、これはリーチ・ポタリーの経営には一時打撃となった。(40)一九五八年七月にリーチ・ポタリーを訪れた大原總一郎は、「イギリスでは最近個人作家の税が増されたので、リーチ・ポッタリーの経営も楽でなくなつた」というリーチの言葉を紹介した後で、「唯《ただ》感ずることは、焼物の値段は絵に比べて安いことだ。リーチさんもこれは世界共通の現象だから致し方ないとあきらめていたが、少し気の毒な感じだつた」と書き残している。(41)

ただしそれでも、バーナード・リーチの社会的名声は着実に高まった。一九六一年にはアーツ・カウンシルで、一九七七年にはヴィクトリア・アンド・アルバート美術館で彼の回顧展が開かれたのは良い例である。また彼は一九六一年にエクセター大学より名誉文学博士号を、一九六三年と一九七三年にはイギリス政府よりC・B・E (Commander of the Order of the British Empire) とC・H (Companion of Honour) という栄典を授与され、一九六八年にはセント・アイヴスの名誉市民に選ばれている。さらに、彼の個人作品の売上も好調であった。例えば一九七三年に東京日本橋の三越で彼の個展が開かれたとき、百二十点の作品が展覧会の初日に、開店後わずか三十五秒ですべて売り切れたという(42)。

四　リーチ・ポタリーの変貌と世代交代

以上の議論をふまえて、ここでジャネット・リーチがリーチ・ポタリーの運営にあたるようになってからのリーチ・ポタリーのあり方について、改めて考えてみたい。

設立から第二次世界大戦に至るまでのリーチ・ポタリーの実態は、バーナード・リーチという「芸術家」を中心として編成された、総勢がたかだか五、六人の小規模なチームであった。このチームにはバーナードの息子デイヴィッドや、地元から採用された徒弟ウィリアム・マーシャルが含まれていた。そして、このような血縁および地縁による結合に加えて、製陶所のチームはバーナード・リーチが主張する「手仕事」の理念を共有し、さらにそこには“one and all”（一人とみんな）というチーム・ワークの精神があった。これらの点で戦前のリーチ・ポタリーはバーナード・リーチの理想を実現するために存在していたと言えるし、またバーナードも己の指導力を十分発揮できるような組織を作ったと考えられる。

しかし、このような「スタジオ studio」として出発したリーチ・ポタリーも、戦後になってスタッフの数が十人前後にまで増えると、やがてスタジオというよりはむしろ工房 workshop としての性格が強まり、さらにジャネット・リーチが運営にあたるようになってからはバーナード・リーチの個人色が薄まっていった観がある。ジャネットが徒弟制度を廃止した結果、製陶所からウィリアム・マーシャルのようなリーチ・ポタリー生え抜きの陶芸家は年々減っていき、最後はマーシャル一人になった。

その代わりリーチ・ポタリーにやって来たのは、世界各国の陶芸家や学生たちである。もちろんその中にはバーナード・リーチの孫のジョン・リーチや濱田庄司の三男の濱田篤哉など、リーチ・ポタリーと縁のある者もいた。また、リーチ・ポタリーの訓練生たちはバーナード・リーチの名声を慕って世界中から集ったのであり、この意味で彼らは共通の価値観を持っていたと言える。さらに、バーナードは個人作品の制作や、スタンダード・ウェアのデザインのチェック、個人作品への批評を、失明して引退する最晩年まで続けており、彼というカリスマ的存在が及ぼした有形無形の影響は計り知れない。しかしそれにもかかわらず、戦前と比較すればリーチ・ポタリー内の血縁や地縁による繋がりは着実に弱まった。この観は、訓練生の期間が二年と定められてスタッフの入れ替えが日常的になったことを思い起こすとき、強まるだろう。こうした変化はもちろん、ジャネットの方針や、バーナード・リーチの高齢化に起因している。

挿図8-6　バーナロフト

一九七〇年代になるとバーナード・リーチは視力が弱り、一九七三年には作陶活動からの引退を余儀なくされる。最晩年のリーチはセント・アイヴスの町中にある、「バーナロフト」というフラットに一人で隠居して余生を過ごした（挿図八-六）[43]。これに伴い、彼がリーチ・ポタリーに足を運ぶ回数は減り、製陶所は名実共にジャネットのものとなった。彼女はリーチ・ポタリーを経営する一方、セント・アイヴスの町中に「ニュー・クラフツメン New Craftsmen」という画廊を開店し、バーナード・リーチの作品などを販売するなど、優れた経営手腕を発揮した。

そして一九七七年頃になると、ジャネットはこの画廊の共同経営者だったレッドグレーヴ夫人という人物を、リーチ・ポタリーの共同経営者にしている。(44) バーナード・リーチの死後もリーチ・ポタリーはジャネットとレッドグレーヴ夫人のもとで運営されていったが、ジャネットが一九九七年に死去するとレッドグレーヴ夫人は製陶所の経営を手放し、地元のホテルの経営者が新たなオーナーとなった。こうして、リーチ・ポタリーはリーチ一族の手を離れたのだった。

第九章　制作における「自力」と「他力」

第六章から第八章ではリーチ・ポタリーの歴史を追いながら、一九二〇年以降のバーナード・リーチの活動について論じた。この製陶所の記述を通し、「東と西の結婚」を信念とするリーチが母国イギリスの社会においてどのような現実に直面したかについて論じることができた。また、リーチ・ポタリーの設備やそこで使用された材料について言及したことは、リーチの作品を論じる際の基本情報として役立つだろう。

以上でリーチの生涯を一通り見たことになるが、次にこの章ではリーチの晩年における制作態度について論じておきたい。これは、第Ⅲ部で試みる作品論とこれまでに論じたリーチの活動を繋ぐものであり、またリーチ・ポタリーの意義を今一度別の角度から検討する試みでもある。

一　「自力」と「他力」

バーナード・リーチにとっては、リーチ・ポタリーという存在そのものが一つの実験であった。それは、工場における大量生産が主流になった現代においてあえて手仕事で制作を行い、それによって人間の尊厳など倫理的な感覚を回復ないし維持していこうとする、「対抗産業革命」という試みであった。それはまた「職人」とも「芸術家」ともやや面持ちを異にする、「個人作家 artist-craftsman」という制作スタイルの試みであった。リーチは独自のチームを編成し、このチームを活用することで彼個人の作品を制作したり、製陶所の製品たるスタンダード・ウエアを生産したりした。そして彼は作品を、イギリスばかりでなく日本などの外国の画廊で販売した。今日彼の作品は世界各国の美術館の収蔵品となっている。こうした制作活動の一方で彼は著作を著し、学校で陶芸を講じ、いろいろな機会に講演を行い、ラジオ番組やテレビ番組に出演した。リーチの生涯において、これら一連の活動はどれもが互いに密接に結びついていたわけだが、このような「個人作家」という活動の型を確立させた点で、リーチは後の世代の範になったと考えられる。今日のイギリスでは、陶芸家が制作活動の傍ら、美術学校などで教鞭をとったり、著作を著したりすることも珍しくない。また、陶芸の修業のために日本などの外国に赴くこともごく普通に行われるようになった。こうした意味において、バーナード・リーチが「スタジオ・ポタリーの父 Father of Studio Pottery」と呼ばれることは正当であろう。

ところで、こうした現代における個人作家の活動のあり方およびスタジオや工房のあり方について、結局リーチはどのような結論を得たのであろうか。これに関してJ・P・ホダンは、次のようなリーチの見解を一九六七年に書き残している。

> 長年にわたる試行の末、リーチは現在、彼が行ったようなグループ制作の実験が成功するか否かは、そのグループを一人の指導者が束ねきることができるかどうか、ないし、そのグループが共通の信念をもっているかどうかにかかっていると認識している。(1)

すなわち、近代においては、複数の人間がスタジオないし工房という形で手仕事による制作を行う場合、そのグループは一人のリーダーによる強力なリーダーシップによって牽引されるか、もしくはそのグループが共通の信念ないし信仰 belief を持っていることが重要であるとリーチは述べている。

この見解には、リーチが長年にわたって思索した、制作における「自力」と「他力」の問題が関わっているように思われる。「自力」と「他力」という言葉をここで用いるのは、これらはリーチと深い繋がりのあった民芸運動の指導者、柳宗悦がその工芸論において用いている用語であり、リーチ自身もこのような問題意識を柳と共有していたからである。第五章で論じた通り、リーチは諸文化を作品の中で共存させることを構想した際、制作にあたっては己の自我・作為を抑えること、すなわち「実用性」と「素材からの要求」に対して己を受動的にさせる必要に直面した。リーチにとって作品とは、意識的に作るというよりは、自然に「生まれる」べきものであり、諸要素を意識的に混合しようとするとその作品は「惨めな半混ざり」(miserable half mixture) に陥ると彼は思っていた。(2) このように、自分の内面の自意識を超えた所で、極端に異なる要素・原理が自然に結合することを待望した点で、彼の制作態度には本能・生命力・直感といったものへの信頼が窺える。こうした「無意識」への関心は、彼を禅、中国思想、そして後には哲学者ミトリノヴィッチによる心理学の講義へと導いたし、またリーチを農民芸術や民族芸術を謙虚に学ばせることになった。リーチは陶芸制作においても偶然性や無意識がもたらすものを許容し、そこに美を見出すことができたが、こうしたリーチの美意識には時としてシュールレアリスムを思わせる部分もある。リーチは“Life is the stem, art the flower”と書いたことがあったが、たとえ互いに異質な文化や美術(花)であっても、人間に生命の営みという共通点(茎)がある限り、その根元を遡っていけば通じ合うことができる、と考えていたようだ。そして、この生命という関心はまた、リーチにおいては一元的な〈神〉という次元に通じており、「東と西」が対立を超えて一つになる次元を希求するに際しては、一九四〇年以降バハイ教の信仰が彼に重要な意味をもつようになる。

こうしたリーチの特長は、同時代のヨーロッパの芸術や工芸の動きと比較するとき、よりはっきりと浮かび上がるかもしれない。一九二〇年以降、リーチはイギリスで活動したが、それとほぼ同時期の一九一九年にはドイツでバウハウスというデザイン学校が設立された。十九世紀後半のヨーロッパでは「芸術のための芸術」という思潮が現れ、この立場をとる芸術家達は芸術が何かの役にたつという考えを拒否し、己の活動に沈潜していったが、これに対してリーチやバウハウスの活動は、共にアーツ・アンド・クラフツ運動を踏まえて、「芸術」に「生活」という観点を持ち込んだ。この点で両者は、十九世紀後半以来の芸術のあり方への反発、ないし、それと対を成すものであると言える。(3) そして、リーチ・ポタリーとバウハウスには、人的組織においてヨーロッパ中世の工房を参照し、純粋美術と応用美術の乖離を否定する点や、機能・実用性、より単純なデザインを重んじることなどの点でも共通している。

ただし、リーチの活動とバウハウスの活動では、制作の態度において違いがある。バウハウスにおいては構成学という、制作活動に必要な普遍的な科学的知識をまず系統的に学び、その知識を応用ないし適用するという演繹的なやり方でデザインが行われた。その際には、科学性、合理性、計量性、規格性などが重視された。これに対し、リーチは直観を信頼し、知性や自意識を全面に出すような「作意」を抑制しようとする態度をもっており、またリーチ・ポタリーにおいては轆轤作業をはじめとする手仕事の中に全人的な倫理性が求められた。そして、リーチがあくまでも手仕事の内に自己の主張の根拠を求め、自分の活動が「対抗産業革命」であると自覚していたのに対し、バウハウスにおいては工業生産を視野にいれた規格化・量産化への工夫がなされ、いわゆるモダン・デザインを確立した。さらに、リーチは「東と西の結婚」という混血の美学を有していたのに対し、バウハウスにおいては先にも述べたように、色彩、形態、構成等の要素に対象を分解し、それぞれの要素が要求する純粋性が尊重された。大雑把な比喩ではあるが、もし手作りによるリーチの作品を、生産量は限られているが手間暇をかけて作られる、単価の高い有機野菜に譬えるとするならば、工場で科学の成果を積極的に取り入れることで大量生産され、相対的に安価で提供されるバウハウス系のモダン・デザインの製品は、遺伝子組み換え食品に譬えられるかもしれない。

ただし、リーチ個人がこのような制作態度をとる一方で、現実の社会において彼は一人の作家であると同時に、製陶所の経営者でもあり、リーチ・ポタリーの経営のためには従業員に対して指導力を発揮しなければならない立場にいた。そもそもリーチは、リーチ・ポタリーにおける唯一の「芸術家 artist」であり、彼は息子のデイヴィッドをすら、素描の訓練を受けていないことを理由に、「芸術家」としては認めなかった。さらに言えば、リーチは大正時代の日本という、同時代のイギリスに比べれば「純粋美術」と「応用美術」とが比較的分裂していない場所で陶芸家となったが、彼はイギリスに帰国するとこれらが分裂した状況に直面し、その中で活動をしていかなければならなかった。

リーチは一九五〇年頃、そうした自分の立場を戯画《Brush Drawing, Depicting the Potter Driving on the Potters》に描いている。[4] ここでは老いたリーチが他の人々を率いている姿が描かれている。これらの人々はおそらくリーチ・ポタリーの徒弟や学生であろうが、彼らの顔は描かれておらず、皆下を向いており、ただ自分のすぐ前にいる人物に付き従っているだけである。これに対し、向かって右側に大きく描かれたリーチだけは、顔をあげて遠くを見ている。そして老リーチは鞭をふるいつつ、他の人々を教え導いていく。このカリカチュアはひょっとしたら、「盲人を手引きする盲人」という、聖書のマタイによる福音書の一節（一五：一四）を踏まえているのかもしれない。「盲人を手引きする盲人」という言葉は、リーチの書く文章にしばしば登場する表現である。これをふまえて再度リーチの落書きを見ると、周りが見えていない人々の中にあって、唯一外に目を向け自分達のおかれている状況を把握しているのが、列の先頭に立つリーチであることになる。己の中には自意識の抑制など、様々な制作原理や美意識、理想を抱きつつも、彼はイギリス社会で工芸や「手仕事」に関し意識の低い他の人々を牽引していく立場にあり、理想と現実の間にギャップがあったことを、リーチはここで描いているように思われる。しかもそのリーチは、現代の作家は多かれ少なかれ知的であり、柳が想定したような「名もない工人 Unknown Craftsman」は近代においてはもはや存在しないとも考えていた。

このように見てくると、バーナード・リーチの創作活動における、「自意識」の抑制という問題は、手仕事という理念、実際の製作現場、生産・経営形態、「東洋」と「西洋」の双方に立脚した審美観など、実に様々な他の問題と結びついており、それゆえに重要であったことがわかる。こうしたリーチの問題意識はイギリスにおける彼の活動を考察する際の主要な視座の一つであるばかりでなく、これはまた「民芸」を提唱した柳宗悦にも共有されていた点で、日本の問題でもあった。柳の論じた、工芸制作における「自力道」と「他力道」という主張にリーチが耳を傾けたのは当然であった。

二　柳宗悦の計画

さて、先に見たように、複数の人間がスタジオないし工房という形で手仕事による製作を行う場合、そのグループは一人のリーダーによる強力なリーダーシップによって牽引されるか、もしくはそのグループが共通の信念ないし信仰を持っていることが重要である、という見解をリーチは示していたが、ここで興味深いのは、彼がこのような結論を持つに至った背景には、彼自身がセント・アイヴスで試みたリーチ・ポタリーでの経験だけでなく、実は彼が柳宗悦ら民芸運動関係者とした議論や、彼自身の日本での体験があったことである。

その中でも最も重要なものは、リーチが一九六四年に島根県で体験した、ある特異な出来事であった。これまでイギリスでのリーチの活動を見てきたが、しかし制作に関するリーチの思想の到達点を論じるには、どうしてもこのリーチの島根県での体験を論じなければならない。この時リーチが得た思想の高みは、リーチ・ポタリーの活動の意義を評価するときの視座に繋がるものであり、それはまた一方で「自力」と「他力」という、柳宗悦の主張した「民芸」の本質をリーチという一イギリス人がいかに理解したかに関わっている。

リーチの島根県滞在を用意したのは、柳宗悦であった。柳はリーチのセント・アイヴスにおける「チーム」の試みを高く評価し、これを日本でも試すことを考えた。そのあたりの事情に関する柳の文章を次に引用する。出典は一九五九年（昭和三十四）の『民藝』である。

リーチは長いその製作の仕事の結論として、個人の仕事の他に、協同的仕事、チームワークを予々主張し、英国のリーチ工房でも、基準による実用品を幾つか作り、目録を作つて注文をとり、安く売る仕事をし始めました。つまり弟子達との協同の仕事です。之は大いに意味もあり、作家として新しい面を切り拓いたことにもなり、今でも米国あたりから、なかなか大量の注文があつて、リーチ工房を経済的にも支へる一手段となつてゐる様です。往年リーチ、浜田及び私とが米国に渡つて、各地で陶器講習会を開いた時、リーチはこのチームワークの意義を度々《[たびたび]》公に話してゐました。併《[しか]》し米国ではこの考へに耳を傾ける人は殆どありませんでした。併し私は思想的にもリーチのこの理念に意義のあるのを感じ、一つ名案を立ててリーチに勧めた事があります。それはリーチが帰英する直前の事でしたが、私は出西窯《しゅっさい》（出雲）にリーチに定住して貰ふ案を立てたのです。(5)

この引用の中で柳宗悦は、リーチ・ポタリーにおける二つの生産ライン、すなわちスタンダード・ウェアという製品の生産と展覧会向けの個人作品の制作を併用する試みと、リーチが主張する「チームワーク」の意義をともに高く評価している。そして、それを日本でも実現させるべく、リーチに島根県簸川《ひかわ》郡の出西《しゅっさい》という村の窯に行くよう提案したという。これは、一九五三年（昭和二十八）から翌年にかけてリーチが日本に滞在していた時のことであろう。出西窯は一九四七年（昭和二十二）八月に、地元の農家の次男や三男五人が集まって始めた、比較的新しい窯である。それゆえこの窯には引継ぐべき伝統というものを持っておらず、若い工人達には様々な可能性と問題があった。この窯場はウィリアム・モリスの思想を取り入れた点と、設立後間もなくして浄土系の仏教信仰を受け入れ、その信仰を共有することで同人が団結して製作にあたった点、そして製作の理念と方法を民芸運動に仰いだ点で、特色ある活動を展開していった。(6) 柳宗悦、濱田庄司、河井寛次郎、吉田璋也といった民芸運動関係者はこの窯を重視し、援助をしていた。バーナード・リーチ自身も一九五三年六月にここを訪れて指導をしたことがあり、出西の若者達に共感を寄せていた。(7)

ところがリーチは、出西に定住してはどうかという柳宗悦の提案をあっさりと拒否し、柳を失望させた。彼は出雲での田舎暮らしではなく、ジャネットとの生活を選んだのであった。柳はリーチの返事に理解を示しつつも、次のようにその無念さを書かずにはいられなかった。

併し予々のリーチの主張するチームワークの理念を実現するのに、こんなよい事情を提供する所はないと考へて、私は真面目に［出西窯行きをリーチに］勧めたのです。今でも私の勧告は正しかつたと思はざるを得ません。何故なら、リーチは最初からリーチを信頼し切る事の出来る六人の弟子と協同生活をして、殆どリーチの理想のままに仕事が出来ると思へたからです。それに技術的に不便なことがあれば、船木窯が近くにあり、又河井［寛次郎］や浜田［庄司］も悦んで支援することでせう。私はこの出西窯行の案を真剣に考へ、あらゆる援助をしたいと考へました。特に隣県には吉田璋也君もゐるので、私にはリーチの出雲行は、リーチの一生の最後を飾る仕事になると信じたのです。実際之が実現されてゐたら、又民芸運動にとつても画期的な事となつたでせう。どうも今思つても惜しい事をしたと思はれてなりません。リーチのチームワークは個人主義の激しい欧米では、そんなに容易ではありません。併し出西窯でなら、大いにそれが可能なのです。(8)

戦後の柳宗悦には、民芸の理念のもとでいかにして作り手が実際に物を作ってゆけばいいのかを、民芸運動の担い手達に具体的に示すという課題があったように思われる。造形物を「貴族的工芸」と「民衆的工芸」とに区分する「民芸」という観点は、批評の方法として戦前に既に提示されていた。そして、柳の思想が多くの工人を勇気づけたのも確かであろう。しかし、「民芸」はもともと日本の過去に対するまなざしであり、未来に向けての具体的な製作原理に関して、柳宗悦が十分な答えを示せていたとは、必ずしも言えない。こうした事情もあり、柳はバーナード・リーチという、民芸運動における重要な個人作家を出西に住まわせ、地元の職人たちと共に製作させることで、新しい工芸生産のあり方を模索し、そこに一つの光明を見出そうとしたのだと考えられる。

このような試みを行うには、おそらく柳の知る限り、バーナード・リーチは最適の人材であっただろう。我孫子時代、リーチは柳宗悦と共に民芸運動の揺籃期に立ち会っているし、リーチ自身にも自分が民芸運動の創設に関わったという自覚があった。(9) また、柳は一九三一年に雑誌『工藝』を創刊し、一九三三年には日本民芸協会を設立させたが、民芸運動を軌道に乗せる一つの契機となったのは、一九三四年から翌年にかけてのリーチの日本滞在である。協会の同人が各地を巡り、その地で「民芸品」を採取し、その工法を学び、調査の結果を雑誌『工藝』で公開し、さらに同人の座談会によって整理と総括を行う、という民芸運動のスタイルが定着するまでの過程において、リーチが果たした役割は大きかったと言える。そして彼が日本を離れる間際、大原孫三郎の資金援助を得て、東京の駒場に日本民藝館が建造されることになったが、この大原はリーチの作品のコレクターでもあった。このように見てくると、リーチは民芸運動の発展の要所要所で重要な働きをしている。

これに加えてバーナード・リーチには、既にリーチ・ポタリーで長年チームを率いてきたという経験と実績があった。リーチを山陰地方の農村地帯に住まわせ、地元の若者達と協同で製作にあたらせるというアイデアを柳宗悦が抱いた背景には、おそらく柳が一九二七年に京都という都市で、若い作家たちを用いて上賀茂民藝協団を試み、失敗したという経験がある。また、柳は一九五二年に濱田庄司らと共に北欧の家具造りの現場を訪れ、一人の芸術家と複数の職人がチームをつくって家具のデザインと制作にあたり、良い成果を上げているのを目撃しており、これも刺激となったであろう。こうした経験と見聞を踏まえて、一人の芸術家と複数の職人から成るチームによる工芸生産を日本で試みて、工芸における新しい生産と流通の手法を示すことを柳が構想したとき、おそらく河井寛次郎や濱田庄司ではなく、どうしてもリーチを起用する必要があったのであろう。チームの指導と活用において既に実績と経験のある六十七歳のリーチを、出西にいる若い陶工達のもとで指導と制作にあたらせることは、柳にとってはまさに理想的な組み合わせだったのではなかろうか。しかもリーチは一九五三年頃、一度は日本に永住することを検討しており、柳がリーチにかけた期待は大きかったと考えられる。右の引用にあるように、柳は「リーチの出雲行は、リーチの一生の最後を飾る仕事になると信じた」のである。

リーチが出西に定住するという計画は結局実現しなかったが、これはもし実現していたならば、確かに柳本人が言うように、その後の民芸運動を変えていた可能性がある。柳宗悦は一九六一年五月に死去する間際まで出西窯のことを気にかけており、リーチに出西窯をまた訪ねるよう促していたという(10)。

三 出西のバーナード・リーチ（一）——制作と阿弥陀信仰

リーチが出西窯を真剣に考えるようになったのは、柳宗悦の死後である。もちろん、リーチはついに出西に居を定めることはなかったが、しかし来日したときにはいわば柳宗悦の遺言に従い、出西に足を運ぶようになった。一九六一年八月に再び日本を訪れたリーチは日本民藝館で柳宗悦への焼香をすませた後、十一月十日に出西窯を訪れて指導を行っている。そして、一九六四年に来日したときには、十月十六、十七日と二日間出西で指導をした（挿図九-一、二、三、四、五、六、七）。ここで問題となるのは一九六四年の十月十七日であるが、その核心に触れる前にまずは一九六一年の出西でのリーチについて見ておこう。

期せずしてリーチは柳宗悦の死後、一九六一年十一月に出西を再訪することになったが、この頃彼には柳の思想に関して一つ解けない問題があった。それは個人作家のあり方に関するものである。彼は出西について一九六四年十一月二十四日に書いた文章の中で、次のように書いている。

浜田［庄司］も私も共に思ったことですが、柳がもう少し長く生きていたならば、彼はきっともう一冊本を書いて、そこで〈芸術家の孤独な道〉——これは私が名付けたものですが——について論じていたに違いありません。柳は知られざる無名の工人、すなわち、伝統に従うことであの大井戸茶碗を作った身分の低い普通の人については、あれほど多く、あれほど上手に書いております。また彼は私たちのように独力で働く者に対して、孤立することをやめ、次の時代に向かって先導となるように述べていますが、しかし如何にしてそうすべきか、あるいは、如何にして私たちは、工芸家として、個人主義という牢にとじこめる網から逃れるべきかについては、彼はあまり多くを書いておりません。(11)

挿図 9－1
『リーチ先生御指示図案写本』(1)
（リーチが出西窯に残したスケッチの写し）（多々納弘光氏所蔵）

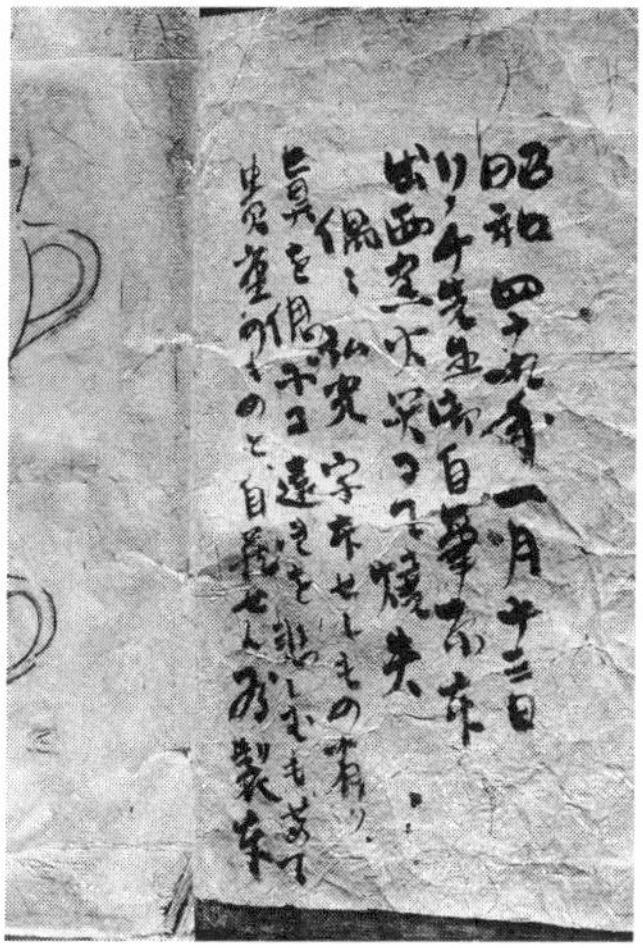

挿図 9－2
『リーチ先生御指示図案写本』(2)
リーチ自筆の図案は火炎で焼失した。

この引用でリーチは、柳宗悦が「他力道」に比して「自力道」についてはあまり述べていないことを指摘している。リーチはセント・アイヴスに濱田篤哉がいた一九五八年頃から柳宗悦の著作の英訳を試みており、また一九六四年の来日目的の一つはこの翻訳作業をさらに進めることであったが、[12] この翻訳の作業はリーチにとって、柳宗悦の思想を再検討する良い機会となった。右の引用が執筆される三、四カ月前の夏にも、リーチは翻訳作業を集中的に行っていた。たしかにリーチが指摘するように、戦後の柳は「美の浄土」「美の法門」「喜左衛門井戸」等の著作により、「他力」が製作において働くメカニズムや、それがもたらす美については語ったが、しかし「自力」の側からの制作や美へのアプローチについては具体的には示さなかった。

　もちろん柳は、「悟り」に至る山を登るには「自力道」と「他力道」という二つの道があり、どちらを通ってもやがて山の頂上に至るゆえ、これら二つの道の間に優劣はないという主旨のことや、「自力道」を行く個人作家には「他力道」を行く多数の工人の水先案内人となるべきであることは書いている。また、柳は

挿図９－６
出西窯にてバーナード・リーチが
制作した作品(1)（出西窯所蔵）

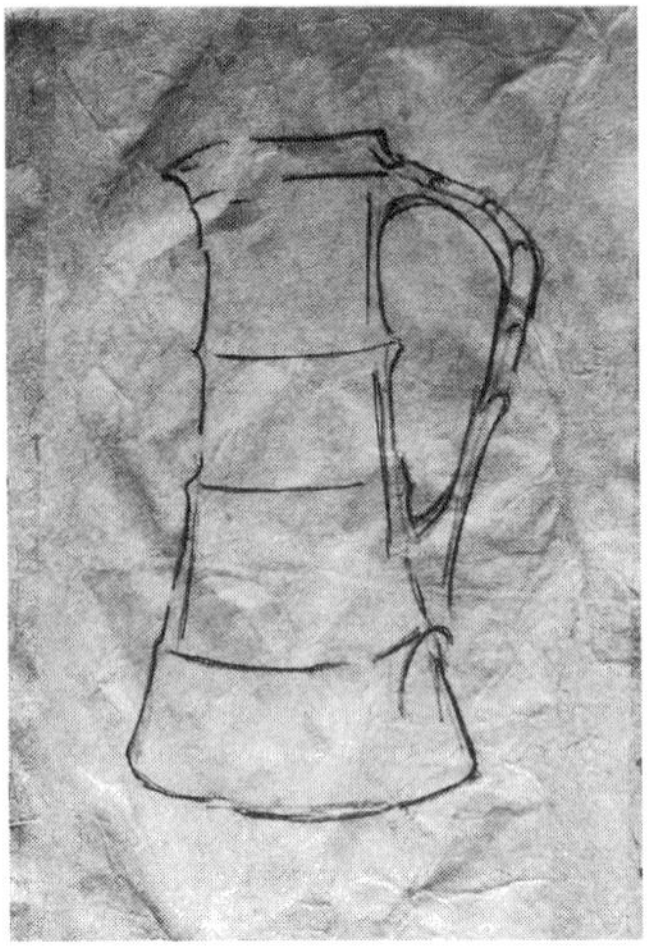

挿図９－３
『リーチ先生御指示図案写本』(3)

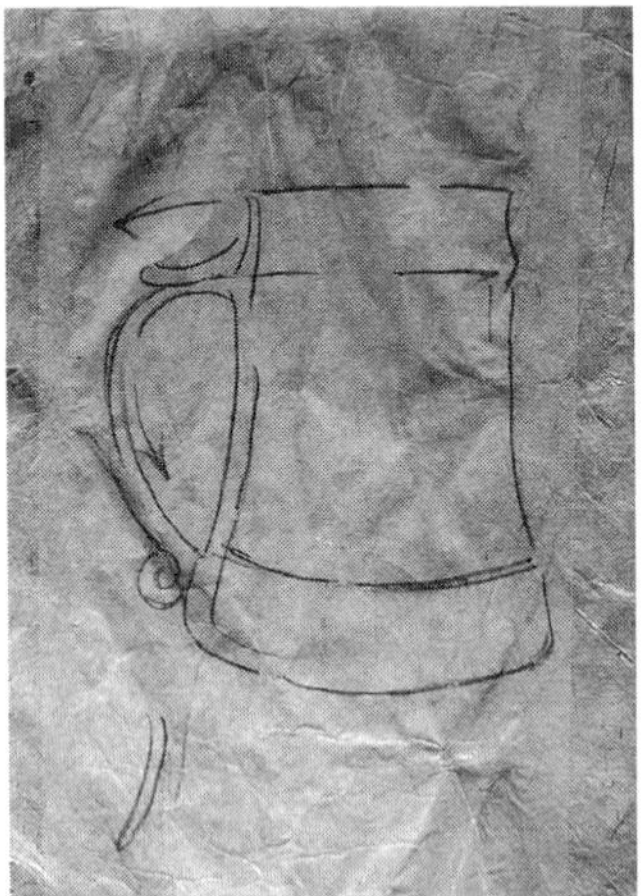

挿図９－５
『リーチ先生御指示図案写本』(5)

挿図９－４
『リーチ先生御指示図案写本』(4)

挿図9－7
出西窯にてバーナード・リーチが制作した作品(2)（出西窯所蔵）

一九一〇年代半ばに着手した、禅という「自力道」についての研究を放棄してしまったわけでもあるまい。柳は晩年に鎌倉の松ヶ岡文庫の鈴木大拙のもとを訪れており、やがてはそこを大拙から引き継ぐはずであった。しかし、「他力道」についての発言と比較すれば、「自力道」に関する柳の発言は少ないと言わざるを得ない。ひょっとしたらリーチが言うとおり、柳宗悦にもう少し時間が与えられていたならば、「自力道」に関する著作が成されていたのかもしれない。ともあれ、個人作家リーチにとって、工芸における「自力道」というアプローチがいかなるものかは、一つの課題であった。

リーチが出西を訪れたときも、「自力」と「他力」にまつわる問題に彼は直面した。この問題に対してリーチは一九六一年十一月と一九六四年十月の二回、出西で直面することになる。まずは、一九六一年十一月の出西訪問に関するリーチの文章を引こう。

今度、あらためて、私は彼ら〔出西窯〕をたずねてゆき、彼らの製品である壷や、窯に火をつける方法を批評し、そして、彼らが、いかにも感受性にとみ、制作に熱心なのに、またまた、深く感動をおぼえさせられた。彼らはいつた。『私たちは完全な素人愛好家としてこの道をはじめ、指導者と仰ぐ人はひとりもおりません。指導者がなくても、私たちはこれからどれほど美しい壷をつくれるようになつてゆけるでしょうか？　それはあるいは、はじめからできないことなのでしょうか？』

答えとして、私はその問題への解答がむずかしいことを認めたうえで、現代の陶芸美術家のおかれた位置と、今日の陶芸美術家は、自分の個性を発見する方向にたよりすぎていること、などを指摘した。つぎには、私のほうから彼らに、その仏教の形式について質問した。『あなたたちに指導者がいないからといって、悟りの門はあなたたちに閉ざされていますか？』彼らは、門がいつかは開かれることを望み、閉ざされたままだとは信じない、といつた。私は答えた。『私にはあなたたちが、生きた瀬戸物をつくれなかつたと頭から断をくだし、あなたたちの眼前で芸術の門を閉ざすことはできません。』おそらく、彼らのなかのある人間は、やがて瀬戸物つくりの〝悟り〟に到達し、残りの者に従うべき道をひらいてゆくかもしれない、彼らのつくる瀬戸物は自我中心主義を欠いているために、常に新鮮なのである。それは彼らの信仰的な献身からよつて来たつているのだ。しかし、私の心の中には重大な疑いが生じてくるのを認めなければならなかつた。彼らのように自己を完全にむなしくした献身のなかからこそ、ちようど、例えば朝鮮の飯茶碗にみられたように、昔の〝他力道〟によつて悟りが到達された方法で彼らは現代の〝悟り〟を成就してゆくのではないだろうか。あるものは日本や、その他のあらゆる国々の陶器の風景をみたりなどしているが、ほんとうは、危険で困難な〝自力〟の道によつて、悟りにむかつて近づいてゆくひとびとの現われてくるのを心から待ち望んでいるのである。(13)

この引用の中でリーチは、全くの素人として作陶を始めた出西窯の同人たちが、仏教に帰依しつつ、熱心に作陶をしていることに好感を寄せている。しかし、同人達にしてみれば、阿弥陀如来への信仰は人生を導く力とはなり得ても、それが良き焼き物をつくるための方向性や方策を直接具体的に示してくれる訳ではない。それゆえ同人達には、今のやり方で努力をしていけばいつかやがて「瀬戸物つくりの〝悟り〟」に至ることができるのだろうかという疑問が湧くことになる。

この疑問に対してリーチは、明快な答えを与えられない。なぜなら、「素人愛好家」が良い焼き物を作れるようになるには「指導者」が必要になるが、この「指導者」たりうるような陶芸家とはすなわち「日本や、その他のあらゆる国々の陶器」を勉強をしながら制作を行うような「陶芸美術家」、すなわち個人作家である。リーチは当時の個人作家には「自分の個性を発見する方向にたよりすぎている」という短所があると見ており、個人作家という自力の道は「危険で困難な」ものであることを知っていた。しかも、もしリーチが自力の道を出西窯に導入するよう勧めたとすれば、それはすなわち他力道を歩む出西の若者達の長所をうち消すことを意味し、彼らをリーチの批判する「自我中心主義」の中へと追いやることになりかねない。こうした理由から、リーチは同人達の疑問に答えることが難しいと認めた上で、「現代の陶芸美術家のおかれた位置」などを説明するしかなかった。

すなわち、リーチは出西の人々に、それまで通りのやり方を続けるよう促したのである。リーチのような自力道を歩む個人作家から見れば、世界的な視野や知見をもたずに他力道を行く出西の同人たちの中から瀬戸物つくりの〝悟り〟を得るものが出て他を指導するようになるかどうかには疑問も残ったであろう。原文がないので明らかではないが、引用の末にある「昔の〝他力道〟によって悟りが到達された方法で彼らは現代の〝悟り〟を成就してゆくのではないだろうか」という一文は、むしろ「成就してゆくのだろうか?」という、リーチの疑念を表す文として読める（そうすれば、この文の前に出てくる「しかし、私の心の中には重大な疑いが生じてくるのを認めなければならなかった」という箇所と文意がつながる）。すなわち、リーチは出西のような「他力道」によって、柳宗悦が「喜左衛門井戸」などで説いた「昔の〝他力道〟」を成就できるかどうかに疑問を覚えていたように考えられる。

こうした「自力道―個人作家」と「他力道―職人（工人）」の対立という問題に対し、リーチは一九六一年十一月の段階で、適切な答えを出西同人達に示すことができなかったが、リーチが出西を再訪した一九六四年十月に、この問題は再燃した。リーチはこれを予期していたが、しかし良い回答をもたぬまま現地に到着する。リーチの文章を引く。

私としては、この〔出西の〕活発な若き篤信の陶工たちにずっと共感を抱いておりましたし、また彼らの抱える問題がどんなものなのか正しく推測していたのですが、しかし先日、その問題への明確な答えを持たないまま出西に参りました。今日デザインや技術においてそれなりの進歩をみせておきながら、指導者がいないがために行き詰まってしまう工人達は、彼ら出西の人々だけではありません。彼らと共に過ごした最初の晩のことでしたが、どのようなやり方で今後進んでいくべきか、という彼らの質問に対して私に答えられたのは、彼らに必要なのはそうした指導者であり、それはできれば彼ら自身の中からでるべきだと思う、ということでした。これは濱田［庄司］が既に以前彼らに言い聞かせていたことであり、この私と濱田共通の答えは彼らをがっかりさせるものでした。なぜならば、同人達が言うには、彼らの中にはそのようなタイプの適当な者はおらず、彼らは皆救いを求めて阿弥陀の慈悲にすがっている浄土系の仏教徒だったからです。(14)

リーチはこの引用の中で、出西窯が結局「他力道」だけでは行き詰まり、「指導者」を必要とするような事態に陥ったこと、そしてリーチも濱田も「指導者」を出西の同人の中から選ぶようにと答えるしかなかったことを述べている。ここでリーチの自伝などをも読み合わせて文意を補うと、次のようになる。出西の人々からすれば、自分達は柳宗悦の教えに従い、阿弥陀仏信仰を営みながら制作にあたっていたが、しかし制作の最中に柳が説くような形で「他力」が働くことを経験したことはなかった。(15) 阿弥陀信仰は、人生を導く教えにはなっても、それが制作の一つ一つを導くわけではない。出西の人々としては、これは自分達の信仰が足らずまだ自我に囚われていることが原因か、もしくは自分たちが間違ったやり方で柳宗悦の教えを実践していることが原因ではないかと思われた。また、経済面においても、出西窯の経営には絶えず困難が伴っていた。(16) そこで同人達はリーチや濱田庄司に、「他力」の助けを得つつ良い物を作り、経済的に自立していくにはどうすればよいかと尋ねたのである。

しかし、この二人の個人作家にはこれらの根本的な問いに答えることはできなかった。もちろん二人は制作において自我（エゴ）に根ざす作意がもたらす害については語ることができただろう。しかし、二人には、同人達に「自力道」を勧めることもできなかったはずである。リーチは、近代人は基本的に知的であり、柳宗悦が説いたような「名もない工人」はもはや現代では存在しないと考えていた。(17) それゆえおそらくリーチは、出西の同人達が「作意」について悩むのもある意味で当然だと考えたかもしれない。

このような理由からか、出西同人の問いに直接答える代わりにリーチと濱田が出西の人々に勧めたのは、より現実的な問題解決策として、せめて同人の中から「指導者」を選んでその人を中心に制作上の方針を決め、問題点を解決していくというものだった。この助言は出西の同人達の疑念をはらすものではなかった。また同人達は自分たちが阿弥陀に救いを求める凡夫であり、自分たちの中にそのような能力や経験ないし権威をもった者はいないと思っており、実践可能でもなかった。こうして、膠着状態は解消しなかったのである。

四　出西のバーナード・リーチ（二）——「他力」の顕現

ところが翌日の十月十七日、期せずして一同はある体験をし、この「自力道か他力道か」という二者択一の問題を乗り切る方向性をそこに見出す。リーチはこの時の忘れがたい体験を翌月二十七日に日本の工人に宛てて英語で手紙に書いた。この手紙はすぐに日本語に翻訳されて雑誌『民藝』に掲載されたし、また英語の原文の写しはわざわざダーティントンにいるリーチの支援者、レナード・エルムハーストにも送られている[18]。さらにこの手紙は、やや省略された形ながら、リーチの自伝の第二十一章に収録されている[19]。これらのことからみても、この時の体験がいかに彼にとって重要だったかがわかる。

その出来事は、リーチが作陶の指導をしている最中に起こった。出西の同人たちはその前の晩に落胆したことにもめげず、リーチから熱心に轆轤の指導を受け、水差しの口や取っ手の付け方などを習った。するとそこへ、同じ島根県の布志名から船木研児（一九二七〜）が自転車でやってきた。布志名には江戸時代の大名茶人、松平不昧公ゆかりの窯場があり、リーチは一九三四年以来、この布志名にある船木道忠（一九〇〇〜六三）のもとで何度か制作を行った。研児は道忠の息子であり、後に渡英してデイヴィッド・リーチの元で制作を行ったことは、第八章でみた通りである。研児は出西窯に着くとすぐに予備の轆轤に座って制作をはじめ、リーチに指導を仰いだ。この時の様子を、リーチの自伝を参考にしつつ、先に言及したリーチの手紙から訳出する。

出西窯の同人達へ指導している最中に、若き陶芸家船木研児君がやって来て、轆轤にすわると静かに中世イギリス風の水差しを一、二点作りました。彼はとてもしずかに、そしてゆっくりと仕事をし、しばらくしてから彼も私に作品の評を求めました。そして私の助言のいくつかを受け入れ、それに応じて自分の作品を修正してゆきました。出西の同人達はめいめいの轆轤を離れ、［リーチと船木の会話を聴くために］船木君と私の周りに集まってきました。すると船木君の水差しはどれも徐々に生き生きとしたものになってゆきました。同人達はみな、船木君と私よりも早く、そこに起きた変化を認め深く感激したのでした。

そこには何か新しい現象が起きていたのです。一つの水差しがみずみずしく産み落とされたのです。そして同人達はそれを知っていたのです。その作品は同人達や船木君のものではありませんでした。また私のものでもありませんでした――それは私たち全員のもの、いや、それ以上の何ものかでした。即ちそこで起きたことは「個と共同体 individual and community」の出会いだったのです。皆で座ってこのことを話し合っているうちに、柳が意図していたのはこのことだったのだと思いました。つまり、もし芸術家が自分が孤立していることを忘れ、職人との完全な協力関係に加われる時、そして工人達が真と美という目的のためにその芸術家と一緒になれる時、その時にこそ、ある種の力、阿弥陀、生命そのもの、芸術家と工人のどちらよりも大きな力が、自動的に解き放たれるのです。私たちはその力が働く様を目の当たりにしたのです。私にとっても、そしてきっと出西の同人達と船木君にとっても、これは一種の啓示であり、私たちを一歩前へと進めさせるものでした。(20)

この出来事に立ち会ったのは、リーチと船木研児という二人の「個人作家」と、五、六人の出西の「職人」たちである。船木がリーチの助言を聴きながら轆轤を挽いて、自分の作った水差しに手直しを加えつつ仕上げていくのを、出西の工人たちは周りで見ていた。すると、リーチにとって驚くべきことに、水差しの形が改善され、水差しが「生き生きと」してゆくという変化を、リーチと船木の二人が認めるのよりも先に、指導される立場にいた出西の同人達が見出したのである。そして、一同の歓喜の中で、一つの作品が「生まれ」おちたとリーチには感じられた。出西の人々が自分よりも早く美の顕現に気が付いたことを知った瞬間について、リーチは自伝では次のように書いている。

私は驚きのあまり後ろへ後ずさりした…別の〈力〉が働いていた。それは私の力ではなく、研児の腕でもなく、まして陶土や良い轆轤のせいでもない、自己主張の自我が抜け落ちることで、良い焼き物が自ずと出来上がり誕生するのが、妨げられずにすんだのである。私が寄与したのは、形に関して中世イングランドの伝統から私が学んだ事柄だけであった。(21)

リーチの記述から読みとる限り、その場の主人公は轆轤の上の水差しであった。この水差しが単なる土の寄せ集めから、命を得て「誕生」する瞬間にリーチ、船木、出西の同人達が遭遇したかのように、リーチは書いている。船木が制作している間リーチはそばでいくつか助言をしたが、先の引用にあったように、船木はそのすべてを盲目的に受け入れたわけではなく、その中の幾つかに従って水差しを仕上げた。つまり、この時リーチは強烈なリーダーシップを発揮して船木に指示を出していた訳ではない。リーチはリーチなりに、船木は船木なりにその水差しのためにできることをしたのであり、出西の同人たちは彼らなりにそれを周りで見守ったのである。そして、このような状況下において、リーチ、船木、出西の同人達は水差しが生き生きと「生命」を宿しこの世に現れるのを共に目撃した。

この時彼らは、一種の精神的感応を体験していたのかもしれない。リーチは船木と出西窯同人達の最中に現れ、水差しを生み出すために働いた力を、先の引用では、「ある種の力、阿弥陀、生命そのもの、芸術家と工人のどちらよりも大きな力」(a Power, Amida, Life Itself ; bigger than either [the artist or craftsman]) と呼んでいる。つまり、リーチは後からこの体験を振り返り、このとき働いた力が柳宗悦が説いた「他力」というものであり、自分はそれが製作過程で働く様を実際に体験したのだと考えたのである。その「他力」は、リーチや舩木といった芸術家に近い陶芸家、すなわち「自力道」を行く「個人作家」と、出西窯の同人達のような「他力道」を目指す工人の双方を包み込むような大きな力であると、リーチは先の引用の中で書いている。そして、この「他力」の発現に際しリーチに出来たこと、すなわちリーチがこの水差しのために貢献できたことといえば、それは彼がイングランドの名もない工人がつくった水差しの形から学んだ事柄をその場に居合わせた人々に伝えたことだけだったと、リーチ本人は謙虚に述懐している。

この時この現場に立ち会った出西窯の同人、多々納弘光氏によれば、リーチが来た初日はあまり良い物は出来なかったという。ところが二日目になり、舩木が現れて前記の出来事があってからは、たちまち良い作品が次々とあちらこちらの同人達の轆轤でできあがるようになり、それはあたかも「草から花がひらいていくような感じ」だったという。(22)

リーチ、舩木、出西同人達が経験した現象の正体を第三者が描写したり突き止めたりすることは難しい。彼らが目の当たりにしたものが、本当に「他力」の現れだったのかは判らない。しかしここで重要なのは、リーチが一九六七年十月十七日の島根県出西で、自分が「自力」と「他力」の出会い及び「他力」の顕現を体験したと信じ、それは彼にとって、「自力か他力か」という二者択一の問題を抜け出し、さらなる前進を促すような「啓示」だったということである。この出来事はおそらく、一同がその時その場に会したときに可能となったのであり、リーチと舩木だけでは、あるいは、リーチと出西の同人達だけでは起こりえなかったようにリーチは感じていたと思われる。

リーチは出西での体験の意義について次のように書いている。

私はこの考え――この「「他力」の啓示を受けたという」確信――を胸におさめ、コーンウォールの仕事場に持ち帰りますが、それをあなたがた、日本の職人の友人たちのもとにも残していきます。濱田［庄司］は私に、浄土宗を代表する三人の偉大な説教者の教えが順次受け継がれていく過程を区別することにより、柳［宗悦］

が如何にして大いなる道を敷いたかを、教えてくれました。すなわち、法然は阿弥陀へ祈願をすれば救済が約束されると説き、その次の親鸞は、阿弥陀の慈悲は私たちが罪と呼ぶものすべてを覆うものであるゆえ、そうした祈願は本質的ではないと説き、そして三人の内の最後、一遍上人に至っては、人は阿弥陀ないし神の中におり、あるいは神ないし阿弥陀が人の中にいるという〈遍在〉の原理を説くことで、浄土宗と禅宗の間にある見かけ上の相違を乗り越える橋を渡しました。このようにして柳は私たちに、芸術家と職人の問題に対して基礎的な解決を与えたのです。

芸術家が個人主義を乗り越えるとき、〈天上の美の円卓〉にたどり着きます。それは相対性や、上か下かといったあらゆる分別の向こう側にあるのですが、しかし芸術家はそこに行くことで、職人とは異なる次元にたどり着くのです。芸術家は直感ないし感覚と同様、知性を用いて物事を見、そして理解することができるので、したがって他の者を先導することができます。これが最も真実な姿の芸術家です。柳は私たちにこれを実行し、今一度協同的な仕事がすべての人々の生の表現となるような社会の状態に導いてほしいと頼んでいるのです。私自身の信念としましては、これは、小さな規模の場合ならばともかく、芸術家の力の及ばないことであり、それを実現するには仏教やキリスト教のような世界宗教の創始者がもっていたような権威と力が必要であると思っています。私がバハー・アッラーフの教えに帰依しているのは、このような理由からです。歴史の現段階において人類がもちあわせているすべての偉大な諸宗教は、形式主義に陥って衰微し、もはや国際的な協同生活、芸術、あるいは平和に対してすら、十分なよりどころを与えてくれません。しかしバハー・アッラーフの教えはこれらの諸宗教を包含し、またそれらを結びつけています。

齢七十七歳にして第二の祖国を去るにあたり、私が抱いている考えは以上のとおりです。(23)

これはダーティントンのエルムハーストに送られた書簡を底本として訳出したものだが、自伝に収録されているものとはテクストに異動がある。しかし、一九六七年の手紙においても、その約十年後に書かれた自伝においても、リーチの思索には柳宗悦とはニュアンスの異なる部分がある点が注目に値する。引用の中の「芸術家」は"artist"の訳であるが、これは民芸運動の文脈においては「個人作家」に相当する。〈天上の美の円卓〉は"the Round Table of Heavenly Beauty"の訳である。これは柳宗悦の言う「美の浄土」と似ているものの、そこには微妙な違いが認められる。この違いは第二段落の冒頭において、芸術家が至るこの〈天上の美の円卓〉は職人が至る場所とは違う次元にあるとリーチがはっきり述べる時、明らかとなる。[24]

ここで柳の言う「美の浄土」とリーチの言う〈天上の美の円卓〉との差異を考えてみると、柳が想定しているのは阿弥陀という「他力」に頼る多数の衆生・職人が至る場所であるのに対し、リーチの〈天上の美の円卓〉は「自力道」を歩む少数の芸術家（個人作家）が独力で至る場所であり、しかもそれは「職人」とは異なる次元、すなわち、職人を教え導くことができるような、さらに高次の次元であるという。また、両者の表現を比較すると、柳が思い描く「美の浄土」には仏教のレトリックが用いられており、そこに至るには「美の法門」を通らねばならないが、この門は「他力」に帰依する衆生・職人に対して開かれていることが保証されている（柳によれば、これを解き明かしたのが法然、親鸞、一遍である）。ただし、柳の説く「美の浄土」においては、各職人の個性・人格というものは度外視されているか、消散しているように思われる。

これに対し、リーチの用いた"the Round Table of Heavenly Beauty"という表現を考えると、これは究極の「美」のもとに、様々な時代や地域の芸術家が分け隔てなく平等に席につける「円卓」を意味しているようである。この点で、〈天上の美の円卓〉は、個々人の得た「悟り」の境地というよりは、おそらく絶対的な「神」という次元に近い。さらに、リーチの表現を追っていくと、「円卓」という表現には、柳の言う「門」が持っていたような開放性は感じられず、またこの「美」ないし「神」という絶対的な存在の前においても芸術家は己の個性を失うことがないようである。このようにリーチと柳を比較してみると、柳が作家の個性・個別性をあまり考慮せず、あくまでも「他力」の立場から発言しているのに対し、リーチは出西での経験の後においても、作家の個性ないし自我という立場から発現している。右の引用を読む限りでは、リーチはあくまでも一人の芸術家として、ひょっとするとアーサー王に仕える騎士のように、この「天上」の「円卓」の席に着くことを望んでいたように思われる。

五 〈天上の美の円卓〉

ここでもう一度、この章の冒頭でみた、チームによる製作のあり方に関するリーチの見解を見てみたい。

長年にわたる試行錯誤の末、リーチは現在、彼が行ったようなグループ制作の実験が成功するか否かは、そのグループを一人の指導者が束ねきることができるかどうか、ないし、そのグループが共通の信念をもっているかどうかにかかっていると認識している。

これは一九六七年頃にJ・P・ホダンが書き留めたリーチの言葉であるが、リーチがこうした発言をイギリスでした時、彼は一九六四年十月十七日の出西での体験を思い起こしていたかもしれない。特に後半部において、共通の信念をもっていればグループによる製作も成功する可能性があるという見解を示しているが、出西窯はまさにそれにあてはまる窯場である。

しかしその一方、引用の前半において、リーチはリーチ・ポタリーにて自分が行ったように、一人の「指導者」がリーダーシップを発揮して、グループ全体をまとめ上げて製作するという方法も肯定している。リーチは出西に行く前、一九五〇年の段階で、グループ製作においてはそこに一人の芸術家が含まれるべきであり、そして他の成員の同意のもとで、その芸術家はグループの中でいわばオーケストラの指揮者の役割をすることが重要だと発言したことがある。(25) 引用の前半においては、彼が出西に行く以前にリーチ・ポタリーで採っていたこの方針がそのまま肯定されているようにも読める。オーケストラにおける指揮者の役割と、出西において〈他力〉が顕現したときにリーチが果たした役割は、必ずしも同じではあるまい。リーチは、一九六四年の出西体験の後、制作に関して自身の立場・見解を変えなかったのだろうか。

限られた資料の中でこの問いに答えることは難しいが、私見では、一九六四年の出西体験以降のリーチにとっては、「グループを一人の指導者が束ねきることができるかどうか」（自力道）とか「そのグループが共通の信念をもっているかどうか」（他力道）とかという区分そのものが、もはや意味を成さなかったのではなかろうか。先に論じたように、一九六四年十月の出西での体験により、リーチと出西の同人達が「自力か他力か」という二者択一のジレンマから抜け出したと当事者達は考えた。彼らにとっては、「自力か他力か」という対立を解消させるような力として、「他力」が現れたのであった。

そして、リーチがこのような「啓示」を得るに際しては、実は伏線があった。彼は一九四一年にバハイ教に入信したが、彼がその信仰を確実なものにしていった時期は、一九五二年から翌年にかけて、柳宗悦、濱田庄司と共にイギリス、アメリカを経て日本に渡るまでの、旅行中のことであったという。このバハイ教においては、ゾロアスター、イエス・キリスト、ムハンマド、ゴータマ・シッダールタといった諸宗教の創始者たちは、バハイ教の創始者バハ・ウラーフ以前の預言者と見なされている。バハイ教は地上の諸宗教の根元は一つであるとし、他の諸宗教を否定しない。リーチは一九五三年に来日したとき、己の信仰を日本の友人達に説明するために、“My Religious Faith”という一文を表しているが、その中に次のような箇所がある。

バハイ教徒としての信仰を確かなものとしていく際、私がそれまでにゆっくりと集めたいくつかの確信のうちで唯一手放したものは、自我を環の中心とする考えであった。自我を環の中心とする代わりに、「他力」――すなわち神――を環の中心に置き換えてみたところ、その結果は奇妙なもので、ばらばらだったジクソーパズルのピースがそれぞれの場所におさまりはじめた――それも一見したところ、ピースの方が自ら収まっていったのである。(26)

この引用の中で注目されるのは、'The Other Power'（他力）がGod（神）と同格で並べられていることである。すなわち、一九五三年の時点でリーチは既に、「他力」と一神教の神とを同じもの、ないし相通じるものとして想定していたのである。

こうした観点から先に読んだ、リーチが出西体験について書いた文章を今一度読み直すならば、たしかに法然、親鸞、一遍に言及した箇所において、「そして三人の内の最後、一遍上人に至っては、人は阿弥陀ないし神の中におり、あるいは神ないし阿弥陀が人の中にいるという〈遍在〉の原理を説くことで、浄土宗と禅宗の間にある見かけ上の相違を乗り越える橋を渡しました」とあり、「阿弥陀」ないし「神」が「遍在」しているとリーチは書いている。

このように見てくるならば、リーチが「自力」と「他力」の対立を乗り越えるようなものとして捉えた、「ある種の力、阿弥陀、生命そのもの、芸術家と工人のどちらよりも大きな力」（a Power, Amida, Life Itself ; bigger than either [the artist or craftsman]）という表現を、「他力」や「神」と同じ内容を指すものとして考えることができる。さらに、こうした解釈を裏付けるものとして、一九六七年にリーチが詠んだ「陰陽」という詩がある。

Ying, Yang　　　　陰陽

Ying, Yang.　　　　陰陽
Day and night,　　　　昼と夜、
Sun and moon,　　　　太陽と月、
Land and sea,　　　　陸と海、
Me and the not me.　　　　私と私でないもの、
Perhaps the Lord　　　　たぶんわが主は

His work to see
Smiles in eternity.
But here and now
We laugh and cry
Torn between duality.
Oh God!
To find the meeting place
Once more
In Thee.

みずからの仕事を見るべく
永劫の中でほほえむ。
しかしここで今
私たちは笑い且つ泣く
二元性の間に裂かれて。
おお　神よ！
汝の中に
もう一度みつけたい
出会いの場所を。(27)

この詩から判るように、リーチにとって「神」とは「陰と陽」などの「二元性 duality」が出会う「場所」であった。そしてこの「二元性」の中には、第五章第一節で見たような「東洋と西洋」という対立も含まれるであろうし、またこの章で論じた「自力と他力」といった対立も含まれるであろう。リーチにとって「他力 The Other Power」とはこの世界に偏在する「神 God」と同義であり、この神はこの世の生きとし生けるものを生かす「生命そのもの」であった。自分を生かす力、あるいは、自分がある種の力によって生かされているという事実を実感としてリーチが受け止め、他者の存在と働きが自分という存在を形づくることを感得したとき、リーチには「自力」と「他力」という一見対立するものがもはやその対立の体を成さぬものに観じられたのではなかろうか。

リーチは一九六四年十月十六、十七日と出西に滞在した後、倉敷に戻った。そして十月二十八日には、岡山市の岡山朝日高校の講堂にて開催されていた、中国五県造形教育大会にて講演を行った。その中でリーチは、会場に集まった教育者たちに対し、次のように語ったという。

昨年《〔ママ〕》、島根県へ行った。松江のそばに船木という人の窯場がある。そこへ私はたびたび仕事に行ったが、それから出西の窯場、熱心で、その人たち先生がない。出来たもの何時も批評ほしい。私は外国人だから批評したくないんだ。でも英国式のジョッキをこしらえて、批評がむつかしくなかった。そこへ船木研児君が来て、英国式の割合良いかっこうのジョッキ、物の線が生きてくるところまできた。職人おどろいた。何の力で、私の力じゃない。その職人の力でもない。研児君の力でもない。みんな一緒になる時、大きな力である。天からの力、そういう力、この世の中にある。その力で西と東の間に垣根ない。北でも南でも一つだ。地球のまるい玉の間、一緒になってくる力、この世にあるんだ。天から来る。それを下手な言葉でも知らせたい。

今日はいろんなこと話したいんだが、あなた方、大抵子供たちの先生です。私は絵と工芸だから、英国でいくらか教育やったんです。一番良いやり方なんだろう。非常に大事なことです。けれども、めずらしく先生がない子供、じつにきれいな絵をつくっています。だから先生の仕事は何だろう。

私の考えで、批評のようにやりたくない。大人が子供を助けたかったら、自分を無くして、ほとんど頭を下げていいんです。子供、自然の力で、非常にうまい線、うまい色。その子供たち、まだ天国にはなれていないからじゃないでしょうか。英国に詩があるんです。〈子供は大人の親である〉子供の心の大きさは、それは物差しのない生活なんです。天国は物差しのないところです。(28)

この引用の中でリーチは、先に論じた「他力」を「天からの力」と呼び、また「天国」、すなわち「天上の美の円卓」がある場所を、「物差しのないところ」と述べている。

第六章で論じたように、バーナード・リーチが濱田庄司の協力を得てセント・アイヴスに製陶所を設立した時、二人はイギリスの製陶現場の現状を全く知らなかったので、日本の陶芸家達の制作スタイルを参考にした。リーチ本人は、イギリスで始まった産業革命が世界中に影響を及ぼし、日本でも機械工場がつくられるようになったが、そうした趨勢に対抗する形で、日本を範として手作業をモットーとする製陶所がイギリスで設立されることに、一つの意義を見出していた。これは、「東洋」と「西洋」の協力と調和を理想とするリーチの主張を思い起こすとき、セント・アイヴスのリーチ・ポタリーの設立に彼がどれほどの意義と責任を感じていたかを想像できる。

そして、もしリーチが一九五四年に柳宗悦の提案を受け入れ、島根県の出西に居を定めていたならば、日本からイギリスに渡った作陶のスタイルが、イギリスにおける工房とギルドの伝統や、「純粋美術」と「応用美術」といった制度の中で鍛えられて、再び日本に戻って来ることになったはずである。それが実現していたならばその時リーチの言う「東と西の結婚」も新たな段階に入っていたのであろうが、現実はそうはならなかった。だがその代わり、リーチは一九六四年十月の出西窯において、「自力」と「他力」が出会うことで、何かより大きな力が働きだし、焼き物に生命感を与えるという現象を体験した。これはリーチにとって重要な啓示であった。

出西での体験は、柳宗悦が予言したような形で「自力道」と「他力道」が出会うのをリーチが実際に経験した瞬間だったのかもしれないし、あるいはリーチの言う「東と西の結婚」が達成された瞬間だったのかもしれない。作家の作意がもたらす弊害を目の当たりにしていたリーチは、いかにしてそれを抑制するかを真剣に考えた。その際、「民芸」あるいは「他力」の働きという観点は、自己中心性をつきぬけていっそう高い次元を目指す制作活動において、リーチに資することがあったことは事実である。(29) そして、幼年時以来、「東洋・西洋」をはじめとするさまざまな「二元性」の間で引き裂かれるような感覚をもっていたリーチが、七十歳代に入ってから「他力」という「天からの力」を実感し、自他東西等を隔てるような「物差しのない」境地に思いをはせられるようになったことは、彼の人生を考える上で重要な到達点であったと言えるであろう。「物差しのない」境地とは、晩年の柳宗悦が論じたような、美も醜もないという境地に近いものであろうか。しかし、リーチはこの大きな力を「生命そのもの」「阿弥陀」そして「神 God」と呼びながらも、それに身を一切任せるようなことはなかった。これは、彼がその力を〈天上の美の円卓〉と呼ぶ時にも明らかになる。彼はこの円卓に、一人の芸術家として席に着くことを望んだのである。この意味で、リーチはあくまでも近代的自我を持つ知識人であり、また柳宗悦とは違い、実際に手で物をつくる人間であった。

リーチは前述の通り、柳宗悦の著述を英訳し、*The Unknown Craftsman* として一九七二年に出版した。この本の翻訳は主として、濱田篤哉、浅川園絵、水尾比呂志らが朗読した柳の文章とそれに対する説明を、リーチが聞いて英語に書き取るという作業によって行われた。仏教関係の用語に関しては、岡村（別宮）美穂子（鈴木大拙の元助手）がチェックを行った。日本語の読み書きができないリーチとしては、柳宗悦の著作を英語圏に紹介するためにできるだけのことをしたと言える。この本には現在、英語、フランス語、ドイツ語、イタリア語への重訳と、中国語への抄訳がある。リーチという、民芸の本質を理解していた人物がこの翻訳に携わったことには、大きな意義がある。ただし、厳密にいえば *The Unknown Craftsman* はその複雑な翻訳の手順ゆえ、翻訳と言うよりは翻案と呼ぶべきものであり、この本は柳宗悦の著作の英訳としてだけではなく、リーチが柳の死後、柳を如何に理解したかを示すものとして読むこともできる。特に、リーチが「他力」を汎神論的ないしバハイ教的な解釈における "God" と同一視して翻訳を行ったと思しきことを考え併せると、今後柳の原文とリーチの解釈を比較する研究が必要であろう。

蛇足ながら最後に、出西窯はその後昭和五十年代から鈴木繁男という個人作家を指導者として仰ぎ、定期的にその指導を受けることで発展していったことを付言しておく。

第Ⅲ部　「東と西の結婚」の実践（二）――リーチ作品論

第Ⅲ部では、バーナード・リーチの作品について論じる。第十章で総論を試みた後、第十一章で各論として彼の作品をいくつか取り上げ、「東と西の結婚」という思想が作品において具体的にどのように実践されたかを跡づけたい。

一般論として、作家の主張は作品に現れると考えられるが、しかし現実には主張と作品が一致せず、両者の間に矛盾が生じることがある。このことは、リーチの主張と作品にもあてはまる。ただし、主張と作品の間に横たわる矛盾が、両者をそれぞれ豊かにすることもありえよう。

以下、できるだけ「東と西の結婚」という言葉に沿う形で、リーチの作品世界の豊かさに迫りたい。

第十章　リーチ作品の論じ方——作品論総論

第I部で論じたように、バーナード・リーチの作品には「東と西の結婚」の実践という側面がある。彼は「近代芸術はどうしても折衷的にならざるを得ない。人間の物語が展開していく途中で、突然われわれはすべての歴史や地理の後継者となった」という認識のもとに、[1] 工芸家は「地方的伝統や仮令狭くとも完全な見地の代りに、全世界」を視野に入れて、「北に南に東に西に、種々な要素を蒐集削除し、之を併せて新しい綜合を得るために、熱心に誠実に努力せねばならぬ」と考えた。[2] そして彼は陶芸という分野において、東アジアと西ヨーロッパの文化への理解を深めることで、新たな表現を探っていった。リーチが表現手段として選んだ陶芸とは、彼にとって「彫刻と絵画の結婚であり、ある種の抽象表現」(a marriage of sculpture and painting, a special kind of abstraction) であった。[3]

リーチの作品を興味深くしているのは、こうした洞察のもとで「東と西の結婚」という思想を実践している点である。技術的な観点からすれば、リーチには卓越した轆轤の技術があったわけでもなければ、[4] 彼にしか扱えないような独自の釉薬があったわけでもない。このような技術的限界は当然リーチ自身も自覚しており、今日リーチの作品と見なされているものの中には、実際にはリーチのデザインに従い、彼の弟子や息子によって轆轤で成形されたものも少なくない。この後で取り上げるリーチの代表作、《鉄絵魚文壺 Vase "Leaping Salmon"》(口絵図版Ⅲ)も、轆轤でひいたのはリーチではなく、別の人物であろう。[5] しかし、このようにリーチが制作の現場ではリーチ・ポタリーのチームを活用していたにしても、彼がその長いキャリアを通じ、独自の作品世界・個人様式をつくりあげたのもまた確かである。そして、それを可能にしたのが既存の造形に対する独特の解釈とそれらの組み合わせ、及び異文化の審美観への理解であった。リーチ論の中には作品の技術的欠陥を取り上げて彼を批判しているものもあるが、リーチ本人には最初から技術の巧みさや知識の量において独自性を提示する意図はあまりなかったことも忘れるべきではない。リーチの盟友、濱田庄司は彼を称えつつ、リーチは陶芸家としては良い意味で「素人」、すなわちアマチュアだったと述べているが、これは的確にリーチという作家の性質をとらえているといえるだろう。(6)

一　東アジアと西ヨーロッパ

「東と西の結婚」について、リーチは一九六〇年代になると次のような発言をしている。

私は日本の貢献が非常にユニークなものだということを申しあげましたが、東西の結合はやきものの世界でも起こり得ます。しかしながら、東西の結合は黒と白の絵具が混じってきたない灰色になることではありません。その結合は白は白、黒は黒のままでいながら、いろいろと変化に富んだ模様を織りなすといった形をとるのです。現代の日本を見るとき、今後このことがますます盛んに行なわれるようになり、試みに試みを重ねた後に、形、図柄、色および生地に対する幾つものことなったものの見方がうまく結びついて、すばらしい結果を生むことを私は期待するのです。(7)

この発言は一九六〇年代、東京で次々と「きたない灰色」の鉄筋コンクリートの建築が増えていくのを目撃したときになされたものだが、その内容は一九一七年の「アイノコの真意義」と変わっていない。すなわち、「白」と「黒」という正反対の性質をもつものが混じりながらも、それぞれが「白さ」と「黒さ」という特質を保持しつつ様々な模様を成すように、東西の芸術も混血していくのが良いとリーチはここで述べている。第五章で論じたが、リーチはどちらかを主、どちらかを従とするような結合を否定する。意図的な結合行為は、「みじめな半混ざり」に終わると彼は考えたからである。リーチが認めるのは「結婚」であり、混血児が両親の形質を受け継ぎつつも一人の独立した人間としての全体性をもつようなやり方で、「東」と「西」が「結合」することを望んだ。

　リーチの作品の成り立ち、すなわち既存の造形を解釈し組み合わせる際のやり方を考えるとき、やはり日本、朝鮮、中国などの東アジアの陶芸と、イギリスを中心とする西ヨーロッパの陶芸は大きな意味を持っている。

　まず日本は、リーチが東アジアの文化に分け入っていく際の入り口であり、拠点であった。たしかに日本の陶芸はリーチの作品に対し、中国や朝鮮と比して、デザインにおいてはあまり影響を及ぼしていない。リーチは六代乾山こと浦野繁吉から陶芸を学んだが、しかしリーチが師の作風を受け継ぎ用いることは入門当初からなかった。しかしそれでも、リーチが習った最初の焼物は日本の楽焼であり、轆轤にしろ絵付けにしろ釉薬にしろ窯にしろ、日本でリーチが学んだことは大きい。もちろん、日本の風物が作品に描かれることもあった。例えば、リーチは鯉のぼりを湯呑みに描いている（挿図一〇-一、二）。また、朝鮮や中国の陶芸を学ぶにあたって、日本の博物館・博覧会や書籍は、たとえそれらが日本というバイアスを経たものであるにしろ、リーチに重要な情報をもたらした。もちろん茶道、民芸運動、禅などもリーチの審美観や具体的な技法を語る上で欠かせない。さらに言えば、大原孫三郎と總一郎や山本為三郎（一八九三～一九六六）をはじめとする支援者に恵まれた点で、日本はリーチの生涯を支えた重要な市場でもあった。

　次に中国と朝鮮は、それぞれリーチの作品の造形において実に重要な意味をもっている。リーチは一九一〇年代半ばに北京に住んでいたことがあり、また一九二〇年五月と一九三五年には朝鮮に旅行している。彼が実際にこれらの地域に滞在した期間は限られているが、作品における中国と朝鮮の陶磁器、とりわけ宋及び高麗・李氏朝鮮時代の磁器がリーチに及ぼした影響は重要である。リーチは『陶工の本』*A Potter's Book*や自伝において、できあがった作品は「［人類の］過去の遺産の中で最高の基準」に照らしてその価値判断が行われるべきだと主張したが[8]、そうした基準の中でもリーチが特に重視したのが宋と高麗の磁器であった。また、これらの国々の文物が作品で用いられることももちろんあった。一例として、リーチは朝鮮でみた砧《きぬた》を打つ女の姿を鉢の内側に描いている（挿図一〇-三、四）。

一方、リーチが参照した「西洋」の伝統としては、スリップウェアなどの中世のイギリスの陶器や、ベラミンと呼ばれるドイツの塩釉の陶器などがあり、これらは彼の作品にも色濃く反映されている。また、リーチは古代ギリシャの作品も研究していた。ただしその一方で、リーチが取り上げなかった西欧の焼き物も存在することに留意する必要がある。例えば、彼は自国イギリスの陶芸を学んだが、しかしそれは中世イングランドのものに限られており、彼がサクソン時代やローマ時代のイギリスの陶芸を参照したという証拠は乏しい。

リーチが参照した世界各地の陶芸作品の実例は、彼の著作 *A Potter's Portfolio* と *The Potter's Challenge* にまとめられている(9)。特に前者は現代の陶芸家が研究したり参考にしたりすべきものとしてリーチが選んだ作品を集めたものであり、これらの写真集によりリーチが具体的にどのような作品を参照し、研究していたかがわかる。その中には右に指摘したような日本、中国、朝鮮、ギリシャ、イギリス、ドイツの陶芸作品の例が含まれており、これらの地域の作品が過半数を占めているが、しかしその他にもアメリカン・インディアンの鉢やペルシャのラスターによる皿の写真なども掲載されており、リーチの関心の広さが窺える。

リーチはこうした世界の焼き物についての理解を深めつつ、己の「東と西の結婚」という信念を作品において実践していったわけだが、その作品を分析する前の準備として、彼がこうした世界の陶芸に関する知識や技術を獲得したときのやり方についてここで触れておきたい。

リーチは一九四〇年に『陶工の本』*A Potter's Book* を著し、焼物製作の実際を実践的かつ体系的に論じたが、その背景には、彼自身の陶芸研究が体系的でなかったという事実がある。彼はもともとエッチングを得意とする画家であり、イギリスの学校で陶芸を学んだことはない。リーチは一九一〇年代前半に浦野繁吉などから手ほどきを受けたが、その際には言語という障害があったし、彼の自伝によれば、彼は師匠の行いを真似するというやり方で技術を修得したのであり、釉薬や窯についての科学的な説明は受けたことはなく、また教え方・教わり方においては文化摩擦とも見なしうるような行き違いも発生した。あるいは、彼は博物館や各種展覧会でも見聞を広めたが、ここでも言語は障害となった。日本語で書かれた展示品のキャプションを読めなかったことは、リーチ本人も認めている[10]。結局リーチは友人の富本憲吉や、後には濱田庄司などと協力しつつ、様々な所有者、博物館、博覧会、展覧会、書籍において様々な時代・地域の陶芸作品を見ては、そこから具体的な技法・技術を推測して実際に試すという、文字通りの試行錯誤を通して技術を身につけていった[11]。そして、試行錯誤の中から新しい研究成果が得られると、リーチはそれを既知の事柄と一つ一つ関連づけ、整理していったのだろう。時には、日本の陶芸家から間違ったデータや釉薬を与えられ、損害を被ったこともあるという。

リーチの主張や作品を考察する際には、彼がこのような経験主義的なやり方で陶芸を修得していったという事実をおさえておきたい。リーチが己の知り得た世界の陶芸に関する知識・データ（例えば釉薬や土の調合・配分法など）やノウハウを自分なりに整理し、それを『陶工の本』*A Potter's Book* という著作の形で公開したことには、現代における「手仕事」という技術・技能のあり方に一石を投じた点で意義があり、また彼の著作が同時代の陶芸家に及ぼした影響も少なくなかった。日本でも、リーチの *A Potter's Book* を受け継ぐ形で、柳宗悦とリーチらにより『焼物の本』が構想された[12]。これらの著作では、古今東西の陶芸技法が、いわば陶芸家が用いる造形言語として体系的に論じられている。

二　「東と西の結婚」への三段階

リーチの思想とその作品を美術史の観点から考えるためには、リーチのおかれていた歴史的・文化的環境を考慮しておく必要があるが、ここで問題となるのがリーチの具体的な作品制作の方法、特にリーチの作品において「東洋」と「西洋」の文物がどのように参照され、いかなる形で作品に生かされているかである。世界各地・各時代の陶芸を参照して制作を行うことはリーチに限らず様々な作家が行っていることであるが、リーチの場合は「東と西の結婚」というその思想ゆえ、その参照のやり方を特に問わざるをえない。それをもう少し具体的に言い直すと、まず問わねばならないのは彼が具体的にどのような古作を参照・研究したかである。そして造形上のソースが明らかになったら次の段階として、彼がその古作に対してどのような解釈をしているかが問題となる。これらの作業を踏まえたうえで、最終的にはリーチが古作をもとにして得た表現を、実際の作品においてどのように組み合わせたかについて考えることになる。「東と西の結婚」という観点からリーチの作品を研究する場合には、このような三段階の手続きが必要となろう。これをリーチ本人の立場から言うならば「参照・研究」、「解釈」、「統合」という三段階になる。

さらに、これら三つの段階を作品の側から言い直すならば、便宜的ではあるが、リーチの作品には⑴模倣により古作の再現と技術の習得を目指している実験的なもの、すなわち「習作・模倣」、⑵模倣を抜けだし、独創的な解釈をねらったもの、すなわち「翻案」、そして⑶模倣とも翻案とももはや呼べぬ、リーチ独自の表現が達成されているもの、すなわち「結婚」、という三つの分類をつくっておくと、作品を考えるときの目安になるだろう。先に指摘したように、リーチは見聞した作品の真似をするというやり方で陶芸を修得していったのであり、その作品の中には当然古作の模倣という要素が強いものも見つかる。模倣の次の段階として翻案というカテゴリーを設定するのは、陶芸という分野においてこれまで歴史上実に様々な形が追求されてきた一方、高台や縁など、作品の中のある部分のほんのわずかな角度や大きさの違いが作品全体の印象を左右してしまうことが多く、古作に倣うといってもそこには実に様々な解釈の可能性があるからである。そして、こうした模倣や翻案から成る諸要素が、作品全体において高度に統合されたとき、われわれはそこにリーチの力量を認めることが出来るようになる。「東と西の結婚」における「結婚」が特に問題となるのはこの三番目の段階である。

それゆえ、「東と西の結婚」という観点からリーチの造形を考察するに際しては、リーチが参照したものをどこまで具体的に特定できるかどうかが一つの鍵となり、かつ右に述べた三段階の考察の出発点となる。リーチの作品の中には彼が自ら何を参考にしてそれを制作したのかを明らかにしているものや、リーチの友人・知人・弟子などがソースに言及しているものがあり、こうした作品は比較的研究を行いやすい。こうした造形上の出典、ないし本歌を明らかにしているという点で、先に言及したリーチの *A Potter's Portfolio*、*The Potter's Challenge* と *A Potter's Work* という著作は興味深いものである。(13)

例えば、リーチは自分の作品は日本の陶芸の影響をほとんど受けていないと述べているが、しかし例外的に日本の陶器を参考にしたことを認めている作品として、日本民藝館所蔵の《鉄絵秋草文皿》（益子、一九三四〜三五年、挿図一〇-五）がある。(14)また、*A Potter's Portfolio* と *The Potter's Challenge* においては、兎が描かれたスペインの皿の横に自らの作品《楽焼走兎図大皿》（日本民藝館所蔵、口絵図版Ⅰ）の写真を並べており、彼がこの古作を参照したことを示している（挿図一〇-六）。さらに、リーチが参照するのは陶芸における古作だけではなく、中には日本などで見かけた風景や風物が思わぬ形で彼の造形に現れたり、あるいは陶芸以外の工芸品が参照されたりすることもある。例えば、《白磁盒子》（St. Ives, 一九六八年、挿図一〇-七）をデザインするに際しては、日本で秋の収穫の後に水田で見られる藁山の形を参考にしたとリーチは自ら述べているし、(15)また同じくリーチによれば、蓋付の鉢の蓋においては北京の天壇の建物「皇穹宇」の屋根の形をとりいれたという（挿図一〇-八、九）。(16)さらに濱田庄司によれば、岸田劉生の静物画に描かれたリーチ作の白磁の面取り壺は中国の赤い乾隆硝子瓶を参考にして作られたものである（挿図一〇-一〇向かって左側）。(17)このように、リーチの作品においては陶芸作品だけでなく、農村の風景、建築、他分野の工芸品など、実に様々な造形が参照されているのである。こうした情報を与えてくれる点で、リーチ本人や彼の友人・知人たちが残した証言は、貴重である。もちろん、その情報を額面通りに受けとっていいかどうかという問題は残るが、しかしそれでも造形上の典拠が言及されていればそれを検証することも可能になるわけであるから、作品論は相対的にやりやすい。

しかし、リーチの作品群の中で造形上の典拠が明らかなケースは限られており、情報や証言が残っていない作品はその議論が難しくなる。その出典探しは作品を論じる者に委ねられることになり、その際には、作業にどこまで実証性と説得力を与えられるかが問題となる。

三　参照・研究と習作・模倣

リーチの作品を論じる際の三つの段階のうち、まずは第一段階の「参照・研究／習作・模倣」についてもう少し細かく見ておこう。それというのも、これには模倣という別の問題が含まれているからである。リーチの自伝には次のように書かれている箇所がある。

マイケル・カーデューと私は、インスピレーションを求めて十八世紀のイングランドの伝統に、後には、十三世紀のイングランドの伝統に戻った本当に最初の人間であった。しかし、われわれは中国、朝鮮、日本の陶器を模倣しなかったと同様に、それらを模倣してはいないことを明言すべきであろう。(18)

この引用において、リーチは自分も弟子のマイケル・カーデュー（一九〇一～八三）も、他人の作品をコピーしたことはないと述べている。彼らが古作に求めたのはインスピレーションであって、複製すべき手本ではなかった、というのがリーチ本人の言である。

しかし、リーチの作品を調べてみると、こうしたリーチ本人の発言が彼の作品すべてにあてはまるわけではないことがわかる。例えば、詳細はまた後で論じるが、日本民藝館が所蔵する楽焼によるペリカン文の皿（一九一三年、挿図一〇-一一）は、明らかにイギリスの一八世紀のスリップウェアを写したものである。その証拠に、リーチ自身の著作 *A Potter's Book* には、この一九一三年の作品と酷似するトマス・トフトの皿の写真が掲載されている（挿図一〇-一二）。そして、リーチがこのトフト・ウェアを見出したのが一九一三年十二月以前であることが、彼の投稿した雑誌記事、“Art and Commerce”の図版よりわかる。(19) リーチはこの挿図一〇-一一の皿において、イギリスの陶器を日本の楽焼の技法で再現することに挑んでおり、皿外縁の装飾や鳥の描写においてトレイルと呼ばれる筒描をややたどたどしく試みている。しかし、こうした技術的な挑戦を除けば、ここに描かれたペリカンや皿全体の構成にはリーチの独自性は見いだせず、ほとんど引き写しに終わっている。

一般に、模倣 imitation は、己と対象とのギャップを解消する方法として重要なものであり、芸術の分野での技術や特性の修得においては、それは不可欠の過程といえる。[20] 技術習得を目的とした古作の模倣は、画家における模写と同様、否定されるべきではない。リーチの場合においても、手探りで陶芸の道に入っていった彼が、模倣の意義を知らなかったとは考えられない。また、一九一〇年代に彼は友人岸田劉生がゴッホやデューラーなどの影響下にあって、あからさまな模倣を積み重ねることで自己の実力を蓄えていく過程を目にしている。しかし、模倣したものは、模倣されたものよりも価値が劣るという理解が一般にあり、またリーチもそのように考えていたと思しきこともまた確かである。日本において、「うつし」という伝統のもと、他人のデザインを使用することを、リーチがデザインの盗用とみなし憤りを感じたことは、第二章の第四節で既にみたところである。

ここで、リーチにおける「参照・研究／習作・模倣」の問題を具体的にいくつか見ておこう。リーチの習作的な作品の例として既にペリカン文の皿をあげたので、その次の段階として、完全な引き写しではないにしても、研究の跡を色濃く感じさせる作品の例をあげたい。例えば、オリヴァー・ワトソンは《蛸絵大皿》（一九二八年、栃木県立美術館所蔵、挿図一〇-一三）これの類似作として、挿図一〇-一四）というスリップウェアにおいて、リーチは古代ギリシャの蛸の絵柄を参照していると指摘している。[21] たしかにリーチが著した *A Potter's Portfolio* には蛸の絵のあるギリシャ陶器が掲載されているし（挿図一〇-一五）、ロンドンの博物館に行けば他のギリシャ陶器にも類例が認められるので（挿図一〇-一六）、ワトソンの指摘は妥当である。リーチの描く蛸を古代ギリシャのものと比べると、足の形や描き方などにおいて若干の工夫の跡は認められるものの、しかし彼が古作を参照したという痕跡は拭いがたく現れているように思われる。また、蛸の模様の完成度としては、リーチのものより挿図一〇-一六の古代ギリシャのものの方が上であろう。

さらに研究の跡を明瞭に見出せる作品の別の例として、ヴィクトリア・アンド・アルバート美術館が所蔵する壺

《Vase with mottled green & brown glaze and added brown decoration》（セント・アイヴス、一九二三〜二四年、挿図一〇-一七）がある。[22]これは緑地に茶色の装飾のある壺であるが、その形は朝鮮の磁器を思わせるし、また色合い・装飾は、リーチの蔵書『世界陶磁全集』の中の図版の一つと似ている（挿図一〇-一八）。[23]もっとも、この本はリーチの作品よりも後に出版されているので、これを直接の典拠とすることはできないが、しかしリーチが類似の朝鮮の壺をどこかで見た可能性を示すには十分である。この一九二〇年代前半の作品は、セント・アイヴスの素材、設備、環境において、高麗の青磁のような高い品質の素地と色合いを達成しようと努めたことの具体例であろう。またそうした技術面での努力の一方で、壺の形や筆による装飾といったデザインにおいては、彼なりの工夫の跡も認められる。しかしそれでも、この作品においても模倣の要素は割と容易に認められ、彼の最良の作品に比べると、この作品には実験的な要素が強いと言わねばならない。

四　解釈・翻案から統合・「結婚」へ

これに対し、古作を参照しながらもそこにリーチの独自性をより強く感じさせる作品も存在する。その例として、戦後に制作された天目釉の角瓶をあげる。これは量産されたもので、大原美術館、京都国立近代美術館、日登美美術館などが所蔵している（挿図一〇-一九、二〇、二一）。[24]リーチがこれを制作する際に参照した可能性のある書籍として、リーチの蔵書の中の二冊、『世界陶磁全集』の十四巻（一九五六年）と、田中豊太郎編『李朝陶磁譜』（一九四二年）に掲載されている、《飴釉面取壺》（《飴釉角瓶》。現在は大阪市立東洋陶磁美術館所蔵）を指摘できる（挿図一〇-二二）。[25]書き込みにより、リーチがこの『李朝陶磁譜』を入手したのが一九五三年の来日時であることがわかるが、この年代は現在確認しうるリーチの最古の角瓶よりも古い。むしろ、リーチの角瓶が田中豊太郎の本を入手するまで現れないことを考えると、この朝鮮の《飴釉面取壺》がリーチに何らかのインスピレーションを与えた可能性がある。さらに、この《飴釉面取壺》は釉薬や形の点で独特であり、他の類例は希だということ、田中豊太郎が戦後日本民芸協会の常任理事を務めた人物であること、そして濱田庄司がやはり似たような方壺（挿図一〇‐二三）を制作していることを考慮すると、リーチが《飴釉面取壺》を参照した可能性がさらに高まるのではなかろうか。

リーチの作品と《飴釉面取壺》を比較すると、リーチのものがより左右の対称性を重んじ、また四隅の線は垂直方向に流れるような優美なカーブを描いている。また、リーチは肩から首の付け根にかけての角度や、注ぎ口の開き具合をいろいろ組み合わせて試している。ただし、《飴釉面取壺》が轆轤にて円筒形の瓶を作った後、面を削り落とすことにより作られているのに対し、リーチの作品には円形の高台は認められず、全体の成形に轆轤が用いられたとは考えづらい（ちなみに、挿図一〇‐二三の濱田の作品には円形の高台があり、《飴釉面取壺》の成型法に倣っている）。リーチの角瓶は、研究の跡を窺わせながらも、その表現がこなれていてリーチの独自性が打ち出されている点で、これは既存の造形をうまく翻案した例であると言えよう。

これと同様の翻案の例として、リーチの蓋付面取り壺のシリーズを挙げることができる（挿図一〇‐二四、二五、二六）。面取りはリーチが多用してからというもの、イギリスの個人陶芸家の間で急速に受け入れられた技法であるように思えるが、これはおそらくリーチが朝鮮で見出した面取り壺に由来している。その証拠にリーチの著作 *A Potter's Portfolio* や *The Potter's Challenge* には、リーチが自ら所有していた李氏朝鮮時代の面取蓋付壺の写真が掲載されている（挿図一〇‐二七）。無論、この種の作品はロンドンなどの博物館においてもリーチは見ていたと思われる。この作品とリーチの作品の間に形態上の類似点を見出すことは容易であろう。しかし、轆轤で挽いた壺の中程に、角度をつけて面取りを行うという技法の実践において、リーチはより自由にさまざまな角度やバランス配分を試みている。それにはもちろん、面取りを行う前の壺の形や大きさへの配慮が伴われている。先の角瓶と同様、これら面取り蓋付壺のシリーズにおいてもリーチが何を参照したかが比較的容易に推定できるが、それでいて彼独自の解釈がより全面に出ている。

最後に、リーチが学んだ世界の造形に由来する諸要素がより高度で有機的な統合を見せている「結婚」の例として、《楽焼葡萄文蓋付壺》（上野、一九一四年頃、挿図一〇-二八、二九、三〇）を挙げる。この作品については富本憲吉が来歴の説明と技術的な解説をしている（挿図一〇-二九）[26]。これはもともとビスケットを容れるための容器として制作されたが、日本の茶人の中にはこれを水指として購入する者もおり、また富本自身は飾り壺として棚に飾っていたという。おそらく一九一〇年代前半に『白樺』の美術展覧会や田中屋、三笠といった画廊で売られていたのであろう。富本によれば、中国への移住に際し、リーチは自分が楽焼を修得した記念としてこれと同じものを四、五個制作し、柳宗悦や富本憲吉らに頒ち与え、またリーチ本人も一つ手元にとっておいたという。よって、ここで中国渡航の時点でリーチが陶芸を一度やめていることを思い起こすならば、これは最初期の総決算ともいうべき作品であることになる。同じく富本によれば、この作品における白、赤、青の部分は釉薬を泥に混ぜたものが塗られており、紫には外国製の絵具が用いられている。そして蓋の内部と胴の内部にはともに緑の釉が用いられているが、これは赤を基調とした外観とのコントラストを意識したものだという。この作品に見られる葡萄の装飾は、富本によればリーチが楽焼を始める前に油彩で考案したものである。富本はこの作品を評価して「赤楽と線彫り、青泥、少量の紫、釉に落された緑、内側全体に塗られた緑釉、兎に角可なり複雑な技法ではないか。謂ゆる楽焼と云ふものに比較して此の作品の持つ価値を考へられたい。／彼れ［リーチ］の数多い楽焼作品中でも名品としてさしつかへ無い物と思ふ」と述べている。

一方、リーチ本人はこの《楽焼葡萄文蓋付壺》については何も述べていないようであるが、《楽焼葡萄文蓋付壺》の模様と類似した葡萄の装飾をもつ別の作品《楽焼葡萄文花入》（挿図一〇-三一、三二、三三）についてはコメントを残している。曰く、これらの花入れ（及び当時の彼の作品いくつか）においては「東洋と西洋のほぼ完全な融合」が果たされており、そこには「後印象派の影響 Post Impressionist influence」も含まれているという[27]。一九一〇年代前半にリーチは『白樺』を通じてセザンヌやゴッホに親しみ、影響を受けたが、それと同じ時期につくられた花入れにその影響が現れているとするリーチ自身のコメントは興味深い。そしてこのコメントを、《楽焼葡萄文花入》と同様の装飾をもち、同時期に制作された、先の《楽焼葡萄文蓋付壺》に当てはめることは可能であろう。

用途、楽焼の技術、葡萄という植物の文様、ポスト印象派等々の諸要素がうまく統合されているという点で、この《楽焼葡萄文蓋付壺》には意義がある。

以上見てきたように、リーチの作品の意義を考え評価を行うには、その作品において世界の文化に由来する諸要素（デザイン、技術、審美観など）がどのように、そしてどの程度統合されているかという観点が有効である。すなわち、リーチの独自性及び作品の完成度は作品を構成する諸要素の統合の具合によって測ることができ、その統合の具合に応じてその作品を「習作」から「翻案」を経て独自性の強い「統合」（すなわち「結婚」）へと至る軸の上に位置づけることができよう。

五　幾何学性、実用性、偶然性、そして意識と無意識

バーナード・リーチは世界各地の陶芸の諸伝統を渉猟しつつ、「東洋」と「西洋」に代表されるような、極端に性質を異にする要素同士の「結婚」を構想したが、その際この「結婚」という名の「統合」を評価するための基準・視座について、次に考えてみたい。

リーチ本人は、制作においては三つのルールがあると考えていた。すなわち、(1)素材が形に課す制約、(2)形が担うべき機能、そして(3)自分［制作者］自身への忠実さである。[28] これを言い直すと、制作においてもっとも重要な要素は素材であり、作者は素材を生かすことを心がけなければならない。そこで作られる形や装飾は、実用的という観点から測られる。そして、制作者は、自己の良心に従いつつ一連の作業を遂行しなければならないということであろう。リーチによれば、これら三つは必須の規準であるが、逆にこの三つ以外の事柄は「好みの問題」だという。

この三つのルールのうちの三番目で「制作者自身への忠実さ」、すなわち、制作者自身の良心・倫理性に関わる事柄が挙げられているが、この倫理性は次のようなリーチの認識に根ざしている。これまで見てきたように、素材や形にしろ、装飾技法や模様にしろ、現代の陶芸においては人類がこれまであらゆる時代の様々な地域で生み出し

てきた遺産が参照されるべきであり、またそうした遺産を参照し、解釈し、組み合わせることによって、新しい表現が可能になるとリーチは考えていた。そして、古今東西の焼き物を参考にすることはまた、その焼き物を通して制作者がそれを作り出した人々、文化、時代背景を見出すことを意味している。ただし、これはその一方で、新たに制作された焼き物が、やがて後世の人間から同じような目で見られる運命にあることをも意味している。すなわち、造形の解釈と提示において、時代と地域を超えたコミュニケーションが成立するのである。リーチによれば、このような状況は人類の歴史上、現代になって初めて可能となったのであり、人類は単なる折衷を超えて、陶芸という表現における普遍的な「言語」を学ぶべき段階にきているのだった。そしてこの「言語」が明らかになったとき、人類は新たなコミュニケーションの手段を手に入れることになる。(29)このような観点から、リーチにとって手作業による陶芸制作とは、人類的な視野から位置づけられるものであり、かつ一点一点の焼き物とは制作者の倫理性が問われるべきものであった。先に指摘した三つの規準は、こうしたリーチの陶芸理解の上に成り立っており、普遍的な造形言語の探求において、その普遍性の拠り所となるべきものだったと考えられる。

ここで、この造形言語という観点から「東と西の結婚」という言葉のもとで行われる諸要素の統合を見ていく場合、さしあたって「幾何学性」、「実用性」、「偶然性」、「意識と無意識」という四つの指標を考えてみたい。

最初に「幾何学性」を取り上げる。リーチは先のような一般則を述べる一方で、作品の形と装飾に関して次のような具体的な発言もしている。

重要なのは線分の両端であり、中間はおのずと決まる。線とは力である。線が変化したり交わったりする場所は重要で、アクセントとなる。垂直線とは成長であり、水平線は休息であり、斜線は変化である。直線と曲線、正方形と円、立方体と球は、陶芸家の手に与えられた、正反対の原理である。曲線は美をもたらし、角は力強さをもたらす。小さな高台は優美さをもたらし、広い高台は安定感をもたらす。張りのある形には、静かな安定感が宿る。饒舌は舌足らずよりもなお悪い。技術とは目的への手段であって、それ自体が目的なのではない。(30)

これは焼き物の見方および制作原理として、リーチ・ポタリーで働く弟子や学生たちすべてに教え込まれ、共有されていた格言のようなものである。この制作方針においては「直線と曲線、正方形と円、立方体と球」という二項対立がその中心にあるが、このような原理に基づく作品分析と作品制作は、リーチが一九一五年に著した"The Meeting of East and West in Pottery"において早くも構想していたものだった。[31] 彼はここで「直線と曲線、正方形と円、立方体と球」がそれぞれもたらす効果に着目しつつ、中国の陶磁器の分析を行っていた。おそらくリーチが日本と中国で焼き物を学ぶ過程において、経験に基づき定式化していったものだろう。[32] 彼はこのような原理をうまく陶芸にあてはめ、このような原理が「東洋」と「西洋」の陶芸において効果的に用いられている様を説明しようとした。

リーチの著作 *A Potter's Portfolio* と *The Potter's Challenge* においては、実際に中国の古作が「直線と曲線、正方形と円、立方体と球」の組み合わせとして分析されている（挿図一〇-三四、三五、三六、三七）。[33] 例えば、挿図一〇-三四において垂直方向に引かれた補助線は、この作品の中にリーチが目に見えぬ円筒形を見出しており、この円筒形がいわば背骨のように作品全体を支えていると分析していたことを示している。このような図形や立体を作品の中に見出すような分析は、リーチ自身の作品の分析にも有効であろう。例えば、右の引用を前節でみた角瓶や方壺（挿図一〇-一九、二〇、二一）に当てはめるならば、四隅の垂直方向の線は「美をもたらす」という曲線であり、首と肩が成す角は「力強さ」をもたらすものであることになる。このように、「直線と曲線、正方形と円、立方体と球」という造形上の文法を正しく理解していれば、実際の制作においても「東洋」と「西洋」に由来する諸伝統・諸技法を組み合わせてより良い結果を得ることも可能となる、と考えていた節がリーチにはある。そして、その造形上の文法の行使にあたっては、作品の諸部分が相互に有機的な関係をもたねばならないともリーチは考えていた。壺の場合、リーチはその有機的な関係を説明する際に"anthropomorphic"（人間に似た形をした）という語を用いることがよくあるが、これは彼が壺のプロポーションを人体のそれになぞらえて理解していたことを示している。このように、リーチの作品を考える際には、「『東洋』と『西洋』」の他に、「幾何学性」という視座があり得る。

これに付け加える観点としてさらに、リーチの作品における「実用性」と「偶然性」という問題がある。古今東西の陶芸から学び取った造形を組み合わせていく際にリーチが採用した基準としては、右に指摘した「直線と曲線、正方形と円、立方体と球」という幾何学的な規則とは別に、この項の最初で見た三つのルールのうちの二番目、「形が担うべき機能」、すなわち実用性という要素がある。リーチは弟子や日本の陶工などに指導を行うにあたり、例えばコーヒーカップの縁についてはそこに口をつけたときに「唇によろこびはあるか？」と問いかけたり、ジャム壺の内側のカーブは「スプーンを招き入れるような形 invitation for a spoon」でなければならないと述べたりしている。また、リーチが愛用したウェット・ハンドルと呼ばれる技法は、陶工の指の内側の丸味がそのまま取っ手の内側の形となる点で実に握りやすい取っ手を作り上げることができるのだが、これはリーチの実用性に関する考えを具現化した技法であると同時に、彼が日本に伝えた最も重要な技法の一つと言えよう。

このように、リーチにとって作品は必ずしも鑑賞用のものではなく、常に実用を意識したものであった。このような、視覚だけでなく触覚の領域までに踏み込んだ造形上の観点・鑑賞をリーチが何時何処でどのようにして身につけていったかは大きな問題であるが、その修得に日本の茶道が関与している可能性をここで指摘することができる。第Ⅰ部で指摘したように、リーチは来日してすぐに茶道の稽古をしていた。おそらくそこで茶碗を鑑賞する基準には視覚的な要素だけでなく、掌で持ちあげ唇で触れるという触覚の要素もあることを彼は学んでいたと思われる。

この茶道の美学との関連で言えば、リーチが陶芸における偶然性に対してとった態度も興味深い。どのような陶芸家にも窯の中で起こる土や釉薬の変化を完全に統御することは難しく、この意味で陶芸は何らかの形で偶然性に左右される芸術と言えるが、リーチは偶然によってもたらされる形の歪み・ひび割れや釉薬の発色を「人間に対する事故というよりは、自然にとってはよくあること」（incidental to nature rather than accidental to man）と見なし、受け入れることができた。この点で、知性と経験を用いて偶然性を排すことを目指した他のヨーロッパの陶芸家——例えば、バウハウスの陶芸工房の人々——とは対照的である。このような観点には、やはりリーチがヨーロッパというよりは東アジアで学んだものの影響、とりわけ日本の茶道の影響が色濃く見られる。リーチと茶道の問題についてはこれ以上立ち入らないが、彼が陶芸において世界の諸伝統における形、色、線を組み合わせていくにあたり、先に見た幾何学性とは別にこのような実用性という規則や偶然性を許容する審美観が働いていたことは注意したい。

そしてリーチ作品を論じるときの最後の視座として、「意識と無意識」を挙げたい。自身は自意識をもつ近代的作家であり、「作為のない無名の工人」ではないことを自覚していたにもかかわらず、リーチが「無意識下で自然におこる結合」を待望していたことについては、既に第五章第五節と第九章で論じた。自伝を著しているということ自体、彼が自分の生涯や作品を歴史的存在と見なしていた証拠であり、「作為のない無名の工人」とは違う意識の持ち主だったことを示している。ただしその一方で、繰り返し作業を重んじ、古作や古民芸を謙虚に学ぶことで、自意識や作為のもたらす短所を抑制しようと努めていたこともまた確かであろう。これに関してはもちろん柳宗悦の影響が大きい。この民衆的工芸の世界への参照は、知性を超えるような、直観を根拠とするものの見方でもある。これらの点で、「意識（作家としての作意、知性）と無意識（直観）」という観点も、リーチの作品を考察する際の観点の一つになりうるだろう。

以上に述べた「幾何学性、実用性、偶然性」という三つの要素及び「意識と無意識」という軸は、先に論じた世界の陶芸や文化への参照とは別の次元で、リーチの作品を考える際の座標軸となりうる。彼の作品には「直線と曲線、正方形と円、立方体と球」といった幾何学的形態の組み合わせが多くみられ、またその作品の大部分は轆轤を用いて成形しているため左右対称である。別の言い方をすれば、ここに働いているのは幾何学的な分割に基づく造形であり、彼の作品の中で対称性を含まぬものや、作品の外へ外へと増殖していくような形や装飾を持つ物はまずないといってよい。ただしその一方で、リーチの作品は手作りであり、さらに右で見たように彼は多少の歪みやひび割れなども実用性の範囲内において許容するので、その造形に数学的な厳密さや正確さを求めることもできない。この意味でリーチの作品には、幾何学性への志向と偶然性の許容という、相反するような方向性を孕んでいるが、それでいて作品が破綻をきたさないのはそこに「実用性」という規律が加わるためだろう。そしてこれらの三つのベクトルは、意識的な努力（ないし知性）と無意識への信頼という別の二つのベクトルの間で揺れ動いている。リーチの作品はこれら五つの要素を頂点とする六面体の中で位置づけられる。そしてこの六面体を構成する五つの要素の一つ一つは、リーチの内面においては「東洋」と「西洋」という、より大きな枠組みの中にある。これらの点がリーチの作品に独特の味わいをもたらしているように思われる。

以上に指摘した五つの要素はリーチの作品において様々な形で追求されたが、その追求の成果のエッセンスが凝縮されているのは、リーチの個人作品ではなく、むしろ彼がデザインしたスタンダード・ウェアであろう（挿図八-二）。スタンダード・ウェアはリーチが個人作品における様々な表現の実験や知識と経験に基づいて、一般家庭で使われるべき陶磁器の「標準」を提示したものである。一般家庭向けの低価格な実用品というスタンダード・ウェアのコンセプトにより、リーチはそのデザインにおいて形や装飾の簡素化を迫られたが、このことはリーチの作為を良い形で削ぐ結果になったように思われる。また、スタンダード・ウェアのデザインは時間をかけて改訂されてゆき、その過程でリーチは己の表現を煮詰めていくことができた。もちろん、スタンダード・ウェアはリーチの展覧会向け個人作品の副産物であるが、しかしある意味でリーチの主張のエッセンスは、彼の個人作品よりもスタンダード・ウェアの方に凝縮されているとも言える。彼がスタンダード・ウェアを次世代に伝えるべき新しい「伝統」と見なしていたことは、第八章第二節で見たとおりである。よって、スタンダード・ウェアはリーチの実用陶磁器における造形の一つの到達点を示しており、この意味でスタンダード・ウェアを基準として逆にリーチの個人作品を振り返るという視座もあり得るだろう。

六　形体と装飾

現在、日本とイギリスの美術館や博物館にはリーチの作品が所蔵されているが、そのほとんどは実用的な家庭用品であり、いずれもテーブルに乗る位の大きさである。J・P・ホダンは一九六七年の時点において、過去十年間ないし二十年間のリーチの作品の大きさに関し、磁器における最大の物は高さ、幅ともに十二インチ程度、スリップウェアで十五インチ程度、ストーンウェアで高さ十八インチ、幅十五インチ程度であると指摘しているが、これらの数字は今日からみても妥当なものであろう。[34]またホダンは作品の重さに関し、リーチは花瓶、装飾用の作品、鉢に関しては重くてもかまわないが、ティーポットは重すぎてはいけないと考えていたことを記録している。

次に作品のデザインに関して言えば、リーチが用いた形態としては、壺、水差し、皿、茶碗や急須、コーヒーカップ、タイルなどがあり、そこでは筒描、羽描、飛鉋《とびかんな》、面取り、鎬《しのぎ》、掻落《かきおとし》、象嵌、刷毛目等々の多彩な装飾技法が用いられている。リーチには作品を形体と装飾という二つに分割して考える傾向があり、彼は装飾よりは形の方が重要だと考えていた。[35]晩年のリーチはこれを説明するために、誰にでも家の外側にペンキを塗れるが、家を建てることは別であるという譬え話をしている。[36]

焼き物に用いられる絵柄や模様は、焼き物の形をより際立たせるようなものでなければならないとリーチは考えていた。彼にとって模様は、ことわざや民謡やフォークダンスと同じような性質をもつべきものだった。[37]これには色々な解釈が可能であろうが、例えば模様は作家の個性や独自性を使用者に押しつけるようなものではなく、むしろ匿名で、作り手と使い手の協同性を脅かさないようなものであるべきだということであろう。また別の見方をすると、ヨーロッパの陶芸史を思い起こすとき、聖書やギリシャ神話などの一場面が壺や皿に描かれることも珍しくないが、リーチは結果的にそうした物語性の強い装飾を拒否したことになる。リーチの作品には東アジア的な要素と西ヨーロッパ的な要素が混じり合っており、その意味で両義的な性格をもっている。すなわち、彼の作品は日本では日本なりの解釈のもとに受け入れられ、イギリスではイギリスなりの価値体系のもとで位置づけられる。リーチが装飾において物語性を拒否したことは、このような異文化間において彼の作品が多義性を帯びることに役立っていると思われる。

リーチの施す装飾には独特の味わいがある。もともとエッチングを得意としていたリーチは、筆による絵付けも得意とした。彼が好んで用いた絵柄としては、(1)兎、虎、ライオン、狐、馬、山羊、鹿、熊、鳥（ペリカンや燕など）、魚、蛙、蝸牛などの動物、(2)葡萄、柳、松、百合などの植物、(3)その他、山のある農村風景や塔、井戸、巡礼者などがある。これらの模様の大半はリーチが自身で考案し、時間をかけて抽象化していったものであるが、中にはグリフォン、生命の樹、ソロモン、百合文 fleurs de lis、慈しみのペリカン pelican in her piety、利休梅など、伝統的なモチーフ・図像や模様を下敷きにしているものもある。この点でリーチは、「模様から模様をつくらず」という方針を遵守した富本憲吉とやや異なる。[38]

リーチの作風には時間の推移に伴って変遷がある。初期においては楽焼という技法上、先に《楽焼葡萄文蓋付壺》で見たように、鮮やかな原色が用いられることも珍しくなかったが、時間が経過するにつれて作風はより簡素で抑制の効いた渋いもの（austere）になり、晩年においては黒や赤褐色の天目釉や柿釉が多用されるようになる。その一方、彼が用いた形体やモチーフについて言えば、それらのレパートリーは一九二〇年代後半から三〇年代初頭にはほぼ出揃っていたように思われる。もちろん、リーチは長命で最晩年まで制作活動は続き、その間には日本をはじめとする世界各地の窯場を訪れて見聞を広め、現地の風物をスケッチして作品の絵付けに使うべき模様を考案していった。また、工房のスタッフや資材、作品の品質、展覧会での売れ行きなどの点から言うならば、リーチの活動が最も充実していたのは、リーチの三人目の妻ジャネットやオリヴァー・ワトソンが言うように、一九五〇年代から六〇年代にかけてのことであろう。[39] しかしながら、造形性という点からいうならば、轆轤と粘土を用いて空間を探検し、そうした形に見合う装飾を模索するという作業がよりダイナミックに行われたのは一九三〇年代前半までのことであり、一九三〇年代後半ないし第二次世界大戦以降の活動は、それ以前に達成されていたものをより成熟させていく過程といえる。

そしてこの成熟の過程において重要なのが、リーチ・ポタリーにおけるスタンダード・ウェアの生産の開始であろう。スタンダード・ウェアにおいては、彼が個人作品において追求した表現がより洗練された形で反映されており、スタンダード・ウェアのデザインを改訂する作業は、リーチが個人作品における表現をより単純で効果的なものへと抽出する作業に役立ったと思われる。また、このスタンダード・ウェアという「型」は、リーチ・ポタリーで学ぶ職人や学生ばかりでなく、戦後になると出西窯をはじめとする日本の窯場にも受け継がれた。もちろんこのような図式的理解には多少の例外を伴うが、しかし今日リーチおよび「リーチ派」のスタイルとして一般の人々が思い浮かべるものは、実は第二次世界大戦前には成立していたと見た方が自然であろう。リーチ個人の独自性が発揮されるのはスリップウェアやタイル作品であるが、これに対しリーチの造形における到達点は先にも述べた通り、ある意味でスタンダード・ウェアである。

こうした作風の変遷は、「東と西の結婚」という思想の具現化の達成度とは必ずしも相関関係はないと言わねばならない。先に第四節において《楽焼葡萄文蓋付壺》を「結婚」が達成されている例として取り上げたが、これは一九一四年という最初期の作品である。ただし全体的な傾向として、リーチの一九二〇年代や三〇年代の作品は表現の質が一定ではない反面、彼が何を参照したかという典拠が推定しやすく、「東と西の結婚」を目指す彼の意図も割に読みとりやすいように思われる。これに対し、戦後の作品においては諸要素のより高度な統合が安定して行われており、彼が参照した典拠を指摘するのが難しい作品が増える。これら晩年の作品においても彼の「東と西の結婚」という意図は見出せるものの、その表現は抽象的である。

七　リーチに対する批判

ところで、リーチの活動と作品に対しては、彼の生前からも批判があった。興味深いことに、北大路魯山人（一八八三～一九五九）、富本憲吉、そして青山二郎（一九〇一～七九）の三人は、いずれもリーチの一九一〇年代の作品を最上のものとし、それ以降の作品は堕落であるという見解をもっていた。

例えば、リーチの本質にかかわるものとして、リーチはイギリスの伝統陶芸も、日本や東アジアの伝統工芸も、それぞれ中途半端にしか理解していないのではないか、とする北大路魯山人の批判がある。[40]この見解では、「東」

と「西」の結合は否定されていない。しかも、「東と西の結婚」においては「東」「西」双方への深い理解が不可欠だとしたのは、リーチ本人であった。よってその理解が不十分であるとする魯山人の評は、リーチに対して有効なものになりうる。

また、「東と西の結婚」の「結婚」にかかわる批判としては、リーチの友人、富本憲吉の存在をあげることが出来る。富本はリーチが一九二〇年に帰英する際、《東西触接》という書を認めてリーチに贈った（参考として、挿図一〇-三八）。ここで富本のいう「触接」とは、英語で言う touch の意味であった。すなわち、富本は、芸術家が他国の文化に触れて（touch）そこから刺激を受けるのは是とし、またそうした研鑽の成果が自ずと作品に現れてしまうことも是認したが、しかしリーチのように異文化を混ぜ合わせ組み合わせていくことに積極的な意義を見出すというやり方には反対だった。[41]また、富本憲吉が一九二六年の「日本民芸美術館設立趣意書」に名を連ねながらも、結局は民芸運動から離脱し、一九四七年には柳宗悦や濱田庄司が率いる国画会新工芸部に対抗する形で新匠美術工芸会（後の新匠会）を結成したことや、リーチが最後まで手仕事にこだわり轆轤の動力化を認めなかったのに対して、富本が率先して電動轆轤を取り入れてリーチと対立したことなどを考えると、富本という親友の存在そのものが絶えずリーチへの批判となっているように思われる。

たしかに、異文化に触れることで自文化を知り、自文化を知ることでさらに異文化への理解を深めるという態度に関しては、リーチと富本は共通している。しかし、そこから自分自身の表現を探るとき、「結婚」という名の折衷に肯定的な態度をとるリーチと、結果としての折衷は認めても、「結婚」という予定調和を密かに企図するような態度には否定的な富本の間には、埋めがたい開きがある。

このようなリーチと富本の見解の違い、及び魯山人のリーチ評は、リーチのように諸芸術・諸文化間における相互交渉の是認とその統合を積極的に認めるような作品に対し、文化・芸術一般に関わる本質的な問題をなげかけている。リーチの作品をめぐる別の視座として、魯山人と富本を総論で取り上げた所以である。

挿図10－2
リーチ《素描　端午の節句》
1934年

挿図10－1
リーチ《Pot : "Fish Banners"》
York Museums Trust (York Art Gallery) 1931年以前

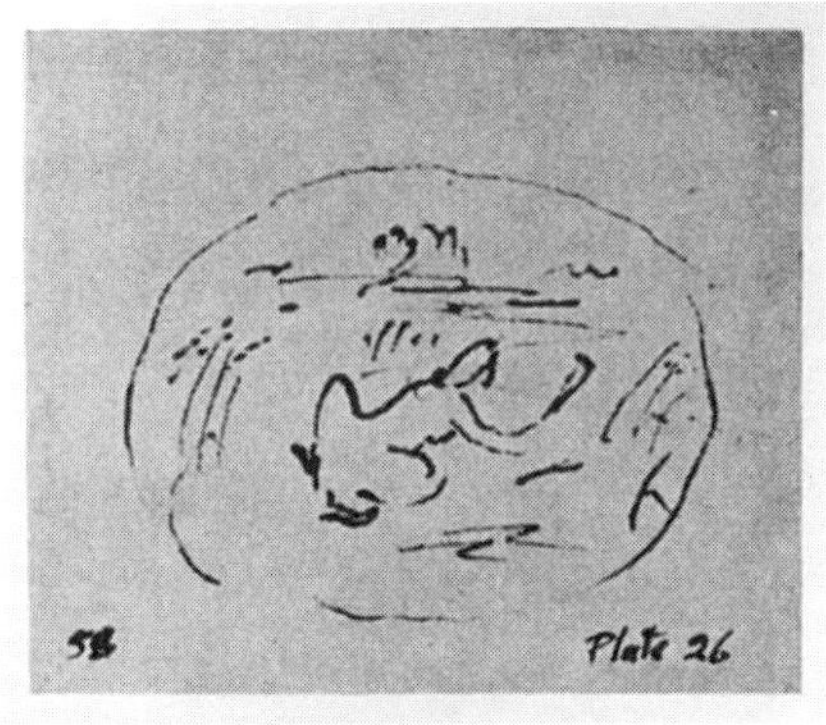

挿図10－4
リーチ，素描
1967年以前

挿図10－3
リーチ《Bowl, porcellaneous stoneware, decorated in the centre with the figure of a Korean washerwoman in pale cream colour on a light brown ground》 1936年頃

挿図10－6
スペインの古作とリーチの作品
（Leach, *The Potter's Challenge*, London : Souvenir Press, 1976）

挿図10－9
リーチ《素描“北京の天壇”》
1916年　益子参考館所蔵

挿図10－5
リーチ《鉄絵秋草文皿》1934-35年

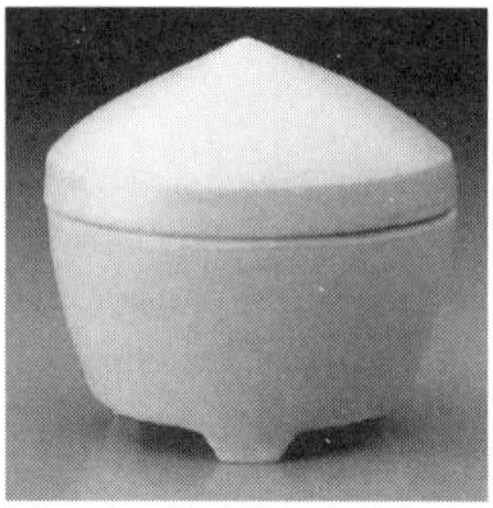

挿図10－7
リーチ《白磁盒子》1968年

挿図10－8
リーチ《炻器鉄釉掻落蓋物》
1967年頃

挿図10-10
岸田劉生《静物（白き花瓶と台皿と林檎四個）》
1918年，福島県立美術館所蔵

挿図10-12
《English 18th Century Trailed Slipware by Thomas Toft. “The Pelican in her piety”》（トマス・トフトによるスリップウェア，“慈しみのペリカン”，18世紀）

挿図10-11
リーチ《楽焼ペリカン文皿》
1913年

挿図10-14
リーチ《ガレナ釉筒描蛸文皿》
1929年，大原美術館所蔵

挿図10-13
リーチ《蛸絵大皿》
1928年，栃木県立美術館所蔵

挿図10-16
《Potter jar decorated with an octopus》
1400-1300 B.C. British Museum

挿図10-15
《Minoan Stem Cup, Wheel-Thrown but Unglazed》 Leach, *The Potter's Challenge,* p. 55.

挿図10-18
《高麗青磁鉄絵　七曜文小壺》

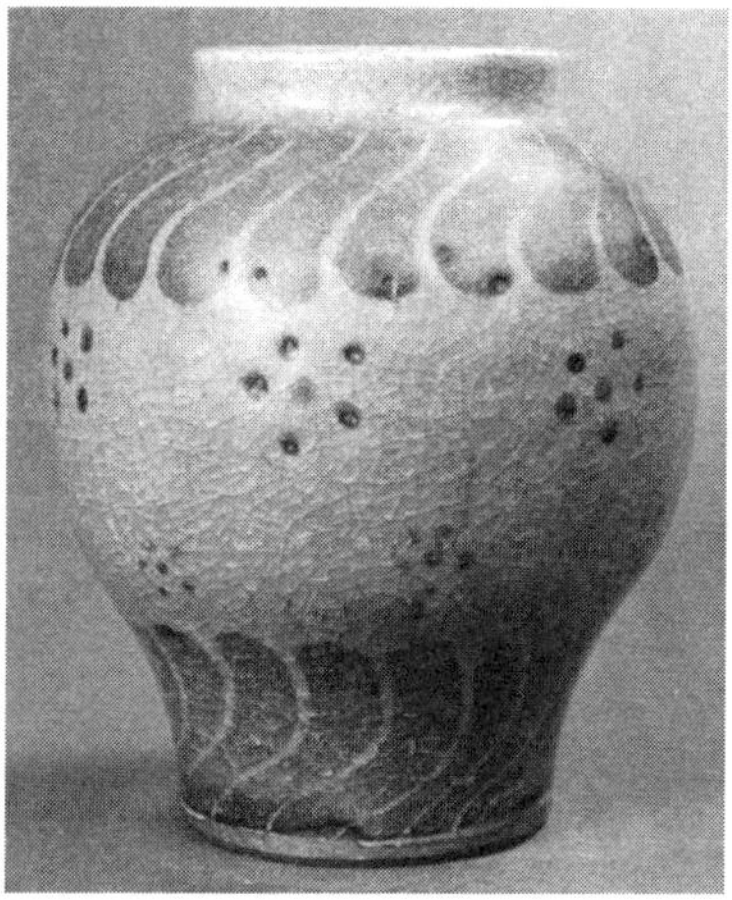

挿図10-17
リーチ《Vase with mottled green & brown glaze and added brown decoration》1923-24年
Victoria & Albert Museum

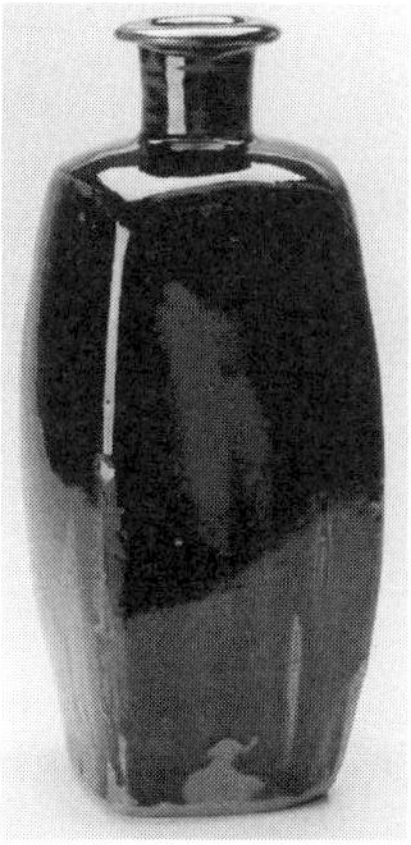

挿図10-21
リーチ《黒釉角瓶》
1965年頃，日登美美術館所蔵

挿図10-20
リーチ《炻器天目釉方壺》
1967-69年

挿図10-19
リーチ《炻器天目釉方壺》
1966年，大原美術館所蔵

挿図10-23
濱田庄司《白釉面取方瓶》
1963年，大原美術館所蔵

挿図10-22
《飴釉面取壺（飴釉角瓶）》
大阪市立東洋陶磁美術館所蔵

挿図10-25
リーチ《黒釉面取蓋壺》
1969年

挿図10-24
リーチ《Jar and Cover》
1963.
Victoria & Albert Museum

挿図10-27
《Korean Covered Stoneware Jar》 (Leach, *The Potter's Challenge,* p. 123)

挿図10-26
リーチ《炻器鉄釉窯変面取蓋壺》
1965-66年

挿図10-30
リーチ《楽焼飾壺》
1913-14年

挿図10-29
リーチ《楽焼蓋付飾壺》
1914年

挿図10-28
リーチ《楽焼葡萄文蓋付壺》
1914年頃

挿図10-33
リーチ《楽焼色絵花入》

挿図10-32
リーチ《楽焼葡萄文花入》
1913-20年

挿図10-31
リーチ《Vase, raku, the sides decorated with incised curved lines with blue and brown colouring on a cream ground》1913.

挿図10-35
《Sung Vase》
Leach, *The Potter's Challenge*, p. 81.

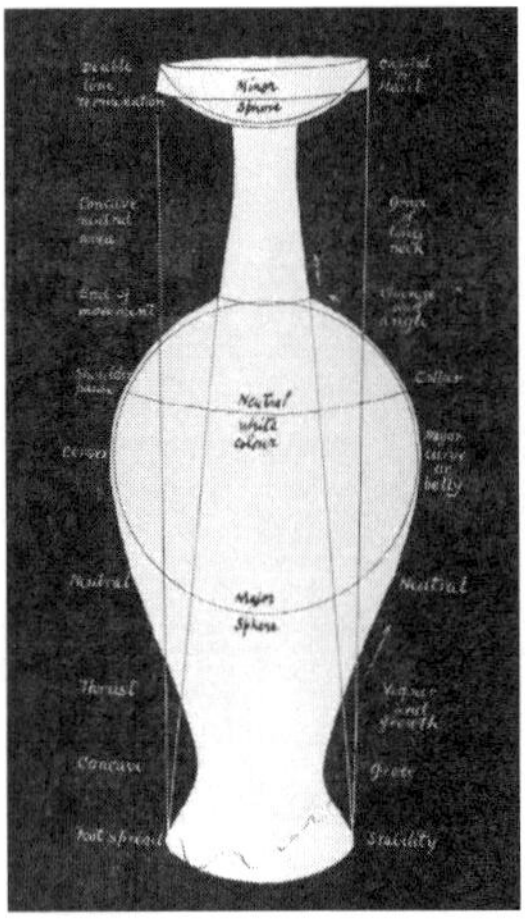

挿図10-34
リーチによる図解(1)
Leach, *The Potter's Challenge*, p. 36.

挿図10-37
《"Tenmoku" Bottle》
Leach, *The Potter's Challenge,* p. 85.

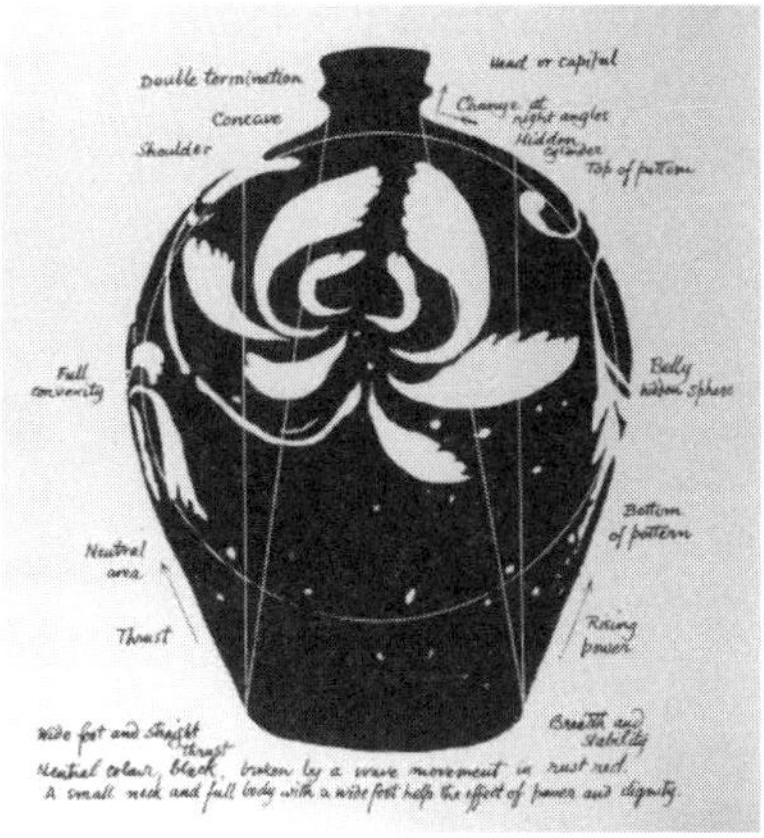

挿図10-36
リーチによる図解(2)
Leach, *The Potter's Challenge,* p. 38.

挿図10-38
富本憲吉の書《東西触接》
富本憲吉記念館所蔵

第十一章　リーチ作品の分析の試み——作品論各論

前章の総論をふまえ、この章では三つの節にわけてリーチの作品を考察する。ここで論じるのは主として、リーチが日本で学んだ事柄にイギリスで新たに学んだ事柄を積み重ね個人の作風を作り上げていった、一九二〇年から一九三〇年代前半までに制作された作品である。

第一節では一九一〇年代と一九二〇年代の皿を中心に、リーチの作品における「西洋」的ソースについて考察する。ここでは《ガレナ釉筒描人魚文大皿》（大原美術館、一九二五年、口絵図版Ⅱ）が議論の中心になる。続いて第二節では、一九二〇年代から一九三〇年代に制作された壺を中心に、「東洋」の作品を特に参照して制作された作品について考える。ここでは《鉄絵魚文壺 Vase "Leaping Salmon"》（ヨーク・アート・ギャラリー、一九三一年、口絵図版Ⅲ）について詳細に分析することになる。そして第三節では「生命の樹」というモチーフの描かれたタイルの分析を通して、リーチにおける「東と西の結婚」のヴィジョンについて考える（口絵図版Ⅳ）。その議論の過程で、リーチが一九四〇年代以降に制作した、「飛鳥文」や「巡礼者文」という模様についても触れることになろう。

一　「西洋」の伝統への探求——《ガレナ釉筒描人魚文大皿》を中心に

最初に取り上げるのは大原美術館の所蔵する、《ガレナ釉筒描人魚文大皿》（セント・アイヴス、一九二五年、口絵図版Ⅱ）である。この皿を考えるには、バーナード・リーチの一九一〇年代における日本での活動と、一九二〇年以降におけるイギリスでの活動について論じなければならない。

このようなエピソードがある。リーチが日本で焼き物の修行を始めて一年たった頃、友人の富本憲吉が奈良から上京し、上野桜木町のリーチ宅に滞在した。ある日のこと、富本は一冊の洋書を抱えて家に戻るなり、リーチに金を貸してくれないかと頼んだ。曰く、その本を丸善で買うために所持金をすっかり使ってしまったという。ところがリーチはその本を手に取るとたんに興奮してしまい、「これを自分がとくと見るまでは旅費を貸してやらん。貸さなきゃだめだ。お前がすぐに持って帰るんならもう貸してやらん」という主旨のことを日本語で富本に言ったという。富本は余儀なくその本をリーチ宅に残し、金を借りて奈良に帰った。この本は、チャールズ・ロマックスCharles J. Lomax の著した、『風変わりなイギリス古陶』*Quaint Old English Pottery* というもので、そこにはスリップウェアと呼ばれる、十八世紀のイギリス陶器の図版が三十八点掲載されていた。[1] 富本はロンドン遊学中、当時のサウス・ケンジントン美術館（現在のヴィクトリア・アンド・アルバート美術館）でこれらの陶器の実物を既に目にしていた。しかし、リーチがこうした祖国の陶芸を知ったのは、陶芸の勉強をはじめた東京でのことだった。一九一二年十月のことである。[2]

このエピソードが示しているように、リーチにとって陶芸の研究とはすなわち、日本・中国・朝鮮という東アジアの文化に分け入っていく過程である一方で、それはまたヨーロッパの文化を振り返り、自己のもつ文化的背景とアイデンティティを探る旅でもあった。リーチは陶芸を日本で学んでいくうちに、否応なく自分がヨーロッパ人であることを自覚せざるをえなかったとたびたび証言している。[3] 第Ⅰ部で見たようにリーチはもともとエッチングを得意とする画家であり、日本に来るまで陶芸とは縁がなかった。先に紹介したエピソードは、彼は日本で楽焼に出会うまで、日本の陶芸はもちろん、ヨーロッパの陶芸にも興味がなかったことを示している。このようにリーチは陶芸という、人類の歴史上、最も古く最も普遍的な造形の一つを通して、世界の文化・芸術への理解を深め、その多様性を改めて認識するに至った。そしてさらには文化の相違を超える、文化の根とも呼ぶべき領域において、

「東と西の結婚」というヴィジョンを夢見るようになる。

興味深いことに、リーチは六代乾山のもとで修行をしていた時期ですら師の作風を用いて作品を作ることはなく、陶芸の修得を始めた最初期からヨーロッパの陶芸に興味を抱いていた。その証拠に、彼は上野の帝室博物館で見たというオランダのマジョリカを手がかりとして作品を制作している。例として、リーチが入谷にあった師匠乾山の窯で制作した、《Raku Ware Jar》（一九一二年、高さ一〇インチ、挿図一一-一）がある。[4] リーチが具体的に当時の帝室博物館でどの作品を参照したのかは特定できなかったが、しかしこの円筒形の形や、それを分割するように水平方向に線を引き、それらの間に植物の模様を入れる点において、この作品は例えば挿図一一-二のようなマジョリカを参照したと考えられる。また、リーチは同じく六代乾山のもとで学んでいた頃、東京で入手した雑誌 *Studio* のオーストリア・ハンガリー特集号を参考にして楽焼の絵付けをしたこともあるという。[5]

リーチにスリップウェアというイングランドの文化的遺産の存在を示したのが、この節の冒頭で言及したロマックスの本であるが、彼はこの本の挿絵で見たスリップウェアを参考として、技術の修得を目的とする習作のような作品も、中国渡航前に制作している。その例として、前章で触れたペリカン文の楽焼皿（一九一三年、日本民藝館所蔵、挿図一〇-一二）がある。ここには親鳥と三羽の雛が描かれているが、これは「慈しみのペリカン Pelican in her piety」と呼ばれるモチーフである。ペリカンは体をくちばしでつつき、己の血を滋養物として雛に与えると考えられ、ヨーロッパでは犠牲、慈愛、敬虔さの象徴とされている。このモチーフはロマックスの本の図版九と一〇に掲載された、ラルフ・シンプソンの作品にも見出せるので、リーチがこれを参照したのは確かだと思われる（挿図一一-三、四）。しかし、リーチのこの作品はシンプソンのものよりも、彼自身が一九一三年十二月に雑誌に投稿した記事“Art and Commerce”に掲載したトマス・トフトの作品と酷似している。[6] この文献の存在により、リーチはロマックスの本を入手してから一年後ぐらいには、トフトのことを既に知っていたことになる。また、トフトの皿の図版がこのような雑誌記事のみならず、一九四〇年の *A Potter's Book* にも掲載されている以上、[7] リーチがこれを高く評価していたと見て間違いはない（挿図一〇-一二）。挿図一〇-一一のリーチの皿は、彼がスリップウェアという、祖国のスタッフォードシャーの焼き物を日本の楽焼の技法を用いて模倣することで、イギリスの陶芸に親しみ、己の技量を上げていった過程を物語っている。

リーチが制作したスリップウェアの作品群において、日本民藝館所蔵の《楽焼走兎図大皿》（一九一九年、我孫子、口絵図版Ⅰ）は、我孫子時代の最後を飾る重要な作品であるばかりでなく、後年リーチ自身が己の代表作の一つとみなした作品であり、様々な著作や展覧会でたびたび紹介されている。(8) 技法としては、スリップ（液体粘土）を線状に盛り上げた装飾が皿の外縁にあるが、これはトレイルと呼ばれる。トレイルの模様といい、人物名を入れる点といい、リーチが先に見たトフト・ウェアを参照しているのは明らかである。しかし、先の一九一三年のペリカン文の皿（挿図一〇-一二）が習作と呼ぶべきものであったのに対し、この兎の絵柄の皿においてリーチはトフト・ウェアの特徴・構成をより自由に使いこなして彼独自の表現を行うための手段としており、技術の習熟の跡をうかがわせる。皿の内側では茶色の単色で兎が描かれており、走る兎の瞬間的な姿と表情が捉えられている。これに関しリーチはスペインの皿を参考にしたと述べているが（挿図一〇-六）、柳宗悦によればこの兎の模様にはメキシコの陶器から暗示を受けたことがあるともいう。(9) リーチ本人は、文字が弱々しい点と兎の曲線が誇張されすぎている点を後に欠点として認めている。(10) しかし全体を眺めるとトレイルによる装飾は躍動する兎の模様を外側から内側に軽く締め付ける働きをする一方、アルファベットは皿の中央の兎と対応するようにリズミカルに波打つ。これら動と静の対比は皿の中で響き会いながら、兎の動きを凍り付かせ、皿の中央へと固定する。この作品には様々な要素が認められるが、全体としては抑制が効いていて、調和が保たれていると言えるだろう。

スリップウェアの制作は、リーチがイギリスに戻った後も続いた。第Ⅱ部で論じたように、一九二〇年六月に濱田庄司を伴いイギリスに到着したリーチは、コーンウォール州のセント・アイヴスに工房をつくり、ヨーロッパの陶磁器の探求を本格化させ、一九二〇年代から三〇年代にかけて、ガレナと呼ばれる英国の低火度硫化銅釉を用いた作品を制作する。その例として、アサヒビール大山崎山荘美術館所蔵の《ガレナ釉筒描ペリカン図大皿》（セント・アイヴス、一九三〇年、挿図一一-五）がある。(11) このイギリスで制作された皿においてはガレナ釉が用いられ、摂氏一〇〇〇度という、楽焼よりも高い温度で焼かれている点が日本で制作されたものと異なっている。しかし、こうした技術的な意義の一方で、これは先に取り上げた一九一三年に制作された皿（挿図一〇-一一）とほとんど同じ構成であり、表現こそこなれてはいるものの、デザイン的に新しさはない。

セント・アイヴス到着後リーチは、濱田庄司とともにイングランド、ひいてはヨーロッパ在来の陶芸の伝統を研究したが、その途上で見出したものには、「慈しみのペリカン」や、古代ギリシャの蛸（挿図一〇-一三、一四）のような忘れられかけた模様だけではなく、失われつつあった技法も含まれていた。例えば、リーチと濱田、及びリーチの二人の息子は、一九二三年にコーンウォール州の州都トゥルーロ Truro の製陶所レイク・ポタリー Lake's Pottery を訪れた（挿図一一-六）。[12] ここで彼らはウェット・ハンドルと呼ばれる、水差しの取っ手の付け方を習った。この製陶所は一九七七年に閉鎖されてもはや存在せず、その跡地は教会と付属の保育園になっている（挿図一一-七）。そして教会の講堂には小さな窯の一部が保存され、壁際の棚にはかつてここで生産されていた水差し類が飾られており、この窯場がイギリスの中世以来の伝統を受け継いでいたことを示している（挿図一一-八、九、一〇）。このウェット・ハンドルという技法は後にリーチによって、取っ手の伝統がほとんど存在しなかった日本の陶芸界に伝えられ、今でもリーチの教えを受けた大分県の小鹿田、島根県の布志名、湯町、出西、袖師等々の窯場で用いられている。なお、リーチはトゥルーロの他に、ヴァーウッド Verwood やフレミントン Fremington の窯場も見学した。[13]

ウェット・ハンドルの他にリーチが見出した伝統の技法の例として、羽描 feathering がある。この技法を用いるとスリップ釉で矢羽型の模様をつけることができる。リーチと濱田は工房の近くの畑で拾い集めた陶片からこの技法を知る。この技法は一九二〇年の時点で既に失われており、その作り方を知る人物やそれを記す書物を二人は見つけられなかったが、リーチと濱田は独自の研究を重ねて、これを復活させることに成功した。そのきっかけとなったのは、食事の最中、自家製のゆるいブラックベリー・ジャムと、地元産の粘性のあるコーニッシュ・クリームをナイフでパンの上に伸ばしているときにできた、ジャムとクリームの模様だったという。リーチと濱田は早速これにヒントを得て粘性の異なる釉薬を試したところ、羽描の復活を成し遂げた。そして、この近代以前の技法が実に日々の生活と密接な関わりをもっていたことを再認識したのであった（挿図一一-一一、一二）[14]。

リーチの一九二〇年代と三〇年代の作品では、このような伝統的な技法やモチーフを意図的に採用したものが目をひくが、そうした作例の中で代表的なものとして大原美術館の《ガレナ釉筒描人魚文大皿》（セント・アイヴス、一九二五年、口絵図版Ⅱ）がある。この皿は一九二五年にロンドンのパターソン・ギャラリーに出品された後、日本に運ばれて大原孫三郎のコレクションに入った[15]。ここに用いられている技法は、先の《ガレナ釉筒描ペリカン図大皿》（挿図一一-五）とかわらない。皿の外縁では、トレイルによる〝X〟型の模様が並んでいる。その並び方は規則的だが機械的ではなく、手描きによる味わいがある。同様のことが皿の内側の波や人魚の下半身の描写にも言える。チャールズ・ロマックスの *Quaint Old English Pottery* には、手に櫛と思しき物をもった人魚の描かれたスリップウェアの写真が掲載されており、リーチは当然これを目にしていたはずである（挿図一一-一三）。

しかし、ここで描かれている人魚の直接の典拠はロマックスの本ではない。この皿の人魚は、興味深いことに、実はコーンウォールの伝説から採られている。リーチの製陶所は、セント・アイヴスの西にある集落を指している。皿の下部にみえるゼノーZennorという語は、セント・アイヴスからゼノーに通じる道の途上にあった。ここゼノーには人魚伝説がある。昔、人魚の女が日曜日ごとに教会に説教を聞きに来ていたが、やがて若い副司祭と見初めあい、二人は駆け落ちした。その駆け落ちの前に人魚が副司祭に彫らせたとされるのが、現在も教会に残る椅子だという。《ガレナ釉筒描人魚文大皿》の人魚は、この椅子の側面に彫られた、櫛と鏡をもつ人魚のレリーフがもとになっている（挿図一一-一四、一五、一六）[16]。この教会の人魚は在来の民間信仰がキリスト教と習合したものであり、その解釈は難しい。一説によると、「人にして魚」という二つの属性をもつ人魚は、「人にして神」というやはり二つの属性をもつイエス・キリストに擬せられる。また、海にいる人魚はアフロディテと同様、海の女神でもある。人魚が手にしている櫛と鏡が意味するところもはっきりしない[17]。しかし、おそらくリーチにとってはそのようなシンボリズムはさして重要ではなく、むしろコーンウォールでの生活の古層からこのような古い図案を見出したことの意義の方が大きかったのではなかろうか。

セント・アイヴスに着いて間もないリーチと濱田庄司にこの人魚のレリーフの存在を教え、二人を教会まで見せに連れて行ったのは、ポドモア夫人 Mrs. Podmore という詩人であった。リーチの自伝によれば彼女は「ドレオリン（みそさざい）」というあだ名でアイルランドの詩人たちに知られており、「感受性と、浪漫的なケルト人特有の夢と熱意に」溢れた小柄な人物で、リーチは「濱田も私も彼女の魔法のとりこになってしまった」と述べている。[18] セント・アイヴスのあるコーンウォール州は、アイルランドやウェールズと同様、イギリスの中でもケルトの文化が色濃く残る地方であり、この点でウェールズ人の祖先をもつリーチを惹き付ける独特の雰囲気をもっていたが、そのような場所でポドモア夫人という「ケルト的」な雰囲気をもつ女性と出会い、彼女に導かれてコーンウォールの文化の古層に分け入って行ったことは、リーチにも濱田庄司にも忘れがたい体験だったのではなかろうか。リーチはポドモア夫人の死後、彼女との思い出を記念するために、「彼女の落書きから直接とったスリップウェアの皿」を作ったという。大原美術館の《ガレナ釉筒描人魚文大皿》は、こうしたリーチと濱田の文化的探求を通じて制作された作品である。リーチが《ガレナ釉筒描人魚文大皿》を制作した時点で濱田庄司は既に日本に帰国していたが、第六章で述べたように、セント・アイヴスには松林鶴之助という別の日本人の協力者がいてリーチを技術的に助けた。《ガレナ釉筒描人魚文大皿》は松林によって改良された登窯によって焼成された作品である。

この作品は一九二五年にロンドンのパターソン・ギャラリーで開かれた個展に出品され、この個展を紹介する雑誌 *Studio* の記事において写真で掲載された。[19] しかし、この個展では売れ残ったらしく、結局日本で大原孫三郎によって購入された。大原がこの作品をいつどこで購入したのかは定かではないが、それは一九二六年十二月に銀座鳩居堂で開かれた「リーチ・マレー・メレー合同展覧会」においてではなかったかと推測できる。この例が示しているように、イギリス在来の技法や模様を用いた作品は、イギリスよりもむしろ日本で歓迎され、日本の市場がリーチ・ポタリーの経営を助けることとなった。実際のところ、日本でリーチの展覧会を組織していた柳宗悦はリーチに送った手紙の中で、中国や朝鮮の古陶を参照して制作された作品よりもガレナ釉が用いられた作品をより高く評価し、ガレナ釉の作品をもっと多く日本に送るようにと促している[20]。《ガレナ釉筒描人魚文大皿》はその大きさや仕上がり具合、ロンドンでの個展を経て大原孫三郎のコレクションに入っている点、濱田や松林による協力の成果である点などから、イギリス帰国後にリーチがガレナ釉を用いて制作した作品を代表するものとして意義がある。

こうしたセント・アイヴスにおけるガレナ釉の作品の制作は一九三五年頃まで続いたが、しかしその後はあまり試みられなくなり、生産の重点はこのようなどちらかといえば装飾用のものから、実用的な家庭用品へと移っていった。これについては第七章第三節で論じた通りであるが、ここで付け加えることがあるとすれば、それはリーチの活動がセント・アイヴスとダーティントンに分裂したことである。何でもほぼ思い通りになるセント・アイヴスとは違い、ダーティントンにおいてのリーチはダーティントン・ホール・トラストという組織の一員としてダーティントン・ポタリーの生産に従事したのであり、そこで作られる製品の内訳や販売に関して、ダーティントン・ホール側の方針に左右されるようになった。ダーティントン・ホールの記録保存館には、この時期にリーチがダーティントン・ホールから受け取った給与の送り状などが保存されている。また、自らの芸術性に重きをおいて作品を作ろうとするリーチが、ダーティントン・ポタリーの採算性を重視するダーティントン・ホールのマネージング・ディレクター、W・K・スレイター博士 Dr. W. K. Slater との間に引き起こした軋轢は、同じ記録保存館に残された手紙やリーチの自伝から窺える[21]。こうした事情も、現代においてはやや実用性が下がり、装飾品としての性格が強くなったガレナ釉の作品の制作からリーチを撤退させる要因となったであろう。

しかし、リーチのイギリスないしヨーロッパ中世の陶芸への関心は続いた。彼は十八世紀のトフト・ウェアを足がかりとして時代をさかのぼり、やがて十三、十四世紀、あるいはそれよりも古い時代の作品に創作のアイデアの源泉を求めるようになる。その例として、彼は十三世紀のイギリスの水差し（陶器）に蓋を付け足したような形のコーヒーポット（ストーンウェア）を発表している（挿図一一－一七、一八[22]）。十三世紀のイギリスにはまだコーヒーを嗜む風習は存在しなかったが、その時代に用いられた形態を生かしつつ、リーチはそれを二十世紀の生活にあうよう、技術とデザインにおいて工夫を凝らしたことになる。

二 「東洋」の伝統への探求――《鉄絵魚文壺 Vase "Leaping Salmon"》を中心に

ガレナ釉の陶器が摂氏一〇〇〇度で焼かれるのに対し、ストーンウェアと磁器はより高温（摂氏一二五〇～一三五〇度）で焼かれる。ストーンウェアは陶器よりも重く、かつ厚くなる。また、磁器はきわめて堅固であるゆえ薄手に作れるが、磁土は一般的に可塑性に欠ける。もちろん、ストーンウェアや磁器に用いる粘土や釉薬は、陶器のものとは異なる。よって、ストーンウェアや磁器を作るには、それぞれ陶器とは異なるコンセプトのもとに作品を構想しなければならない。リーチはガレナ釉を用いた陶器においては、既に見たようにトフト・ウェアを参照し、模様も「慈しみのペリカン Pelican in her piety」や人魚など、やはりイングランド在来のものを用いることが多かった。しかしストーンウェアや磁器においては、リーチはヨーロッパというよりはむしろ、中国や朝鮮のものを多く参照したように思われる。第五章の第五節でみたように、リーチは早くも一九一〇年代後半には、中国の宋の時代の磁器を手本として素地や釉薬の研究をしていた。

この節ではリーチのストーンウェアの壺の例として、《鉄絵魚文壺 Vase "Leaping Salmon"》（セント・アイヴス、一九三一年、ヨーク・アート・ギャラリー所蔵）を取り上げたい（口絵図版Ⅲ）。[23] この作品は一九三一年にセント・アイヴスのリーチ・ポタリーで制作され、同じ年にロンドンのボー・ザール・ギャラリーで開かれたリーチと富本憲吉の合同展覧会に出品された（挿図一一‐一九）。そして、そこでヨーク大聖堂の主席司祭、エリック・ミルナー＝ホワイト The Very Reverend Eric Milner-White CBE DSO（一八八四～一九六三）によって購入された。ミルナー＝ホワイトはスタジオ・ポタリーのコレクターとして知られ、リーチの重要な顧客の一人であった。ミルナー＝ホワイトの意志により、彼の収集品は現在ヨーク・シティ・アート・ギャラリーと、彼の出身地のサウザンプトン・シティ・アート・ギャラリーに所蔵されている。[24]

この作品はリーチ自身が生涯の代表作と見なしていたものである。彼は一九七七年、ロンドンのヴィクトリア・

アンド・アルバート美術館で回顧展が開かれたときに、生涯の代表作はどれか質問されたことがある。その時リーチは既に失明していたので、作品を指さす代わりに次のような印象的な言葉で作品を描写し、回答とした。

魚が跳ぶ。目立たない跳躍だが、動きにピンと張りがあり、生命《いのち》がある。波紋が広がる。その広がる波紋の中心をねらうかのように魚がチョポリッと音を立てて水中に没する。河岸の水平な直線に波紋が突き当たって毀れるか。古い波紋がそうこう考えている間に、また別の箇所で別の魚が跳ぶ。……[25]

一九七七年の回顧展に出品された作品の中でこの描写と符号するのは、作品番号六五を付されていた、このヨーク・シティ・アート・ギャラリーの《鉄絵魚文壺 Vase "Leaping Salmon"》だけである。[26]リーチが自ら生涯の代表作と見なすこの作品には実に様々な要素が認められる。以下、壺の形、釉薬、魚の絵柄の描き方とそのソースなど、この作品を成り立たせている諸要素について順に見ていきたい。

まず、作品全体（形体と装飾）において顕著なのは、「絵高麗」とかつて呼ばれていた、中国の宋・元時代の磁州窯系の焼き物の影響である。[27]リーチがこれらの作品に注目したのは、一九一〇年代前半にまで遡る。一九一二年秋にリーチは友人の富本憲吉と共に、当時上野で開催されていた拓殖博覧会を訪れ、そこで展示されていた朝鮮の李王家の陶磁器コレクションにかなりの関心を寄せたが（第二章第五節参照）、そのコレクションの中には「絵高麗」が含まれていた。[28]そして、リーチが上野桜木町に住んでいたことを考えると、彼が当時の東京帝室博物館（現・東京国立博物館）で「絵高麗」を見ていた可能性もなくはない。[29]また濱田庄司は、一九一九年にリーチと柳宗悦を訪ねた時に我孫子の柳の自宅の床の間で「絵高麗」を目撃している。[30]そして事実、リーチが一九一八年に描いた我孫子の柳宗悦の書斎（挿図四-八）には確かに磁州窯風の壺が棚に描かれており、我孫子にてリーチが日常的に「絵高麗」の壺に親しんでいた様子を窺わせる。一九二〇年のイギリス帰国以降においてもリーチが磁州窯への関心を失わなかったことは、例えばリーチが自著 *A Potter's Book* に磁州窯の壺の写真（挿図一一-二〇）を掲載していることや、リーチ自身が磁州窯の陶枕を所有していたことからも窺える。[31][32]

さらに、こうした実作品だけでなく、リーチは文献も所有していた。リーチ本人が実際に所有していた書籍に『李王家博物館所蔵品写真帖』というものがある（挿図一一-二二）。[33]この写真帳は上中下の三巻からなり、上巻では総論、仏像、絵画が、中巻では陶磁器が、下巻では金工が扱われている。そしてこの中巻には、「絵高麗」というキャプションを付された作品がいくつか掲載されている。調査の結果、上巻と下巻は保存状態が良いのに対し、中巻はかなり使い込まれ、図版の中には鉛筆で小さな丸印が付けられているものがあるなど、リーチが何度もこの本を参照していた痕跡を見出せた。[34]この『李王家博物館所蔵品写真帖』は一九一七年の出版であるから、リーチは一九二〇年のイギリス帰国の時点で既にこの本を所有していた可能性が高く、この本の図版は一九二〇年代以降、リーチが作品を構想する際に用いられたと思われる。[35]

リーチが当時「絵高麗」と呼ばれていた磁州窯に関心を抱き研究していたことは以上のように文献で確かめられるが、こうした関心は彼の作陶にも反映されている。まず最初期の例として、イギリス帰国前の作品《Egorai Shoyu Tsugi 一九一八》（挿図一一-二二）と《Egorai Koro 一九二〇》（挿図一一-二三）があり、これらの題名においてリーチは自ら「絵高麗」を参照したことを認めている。[36]残された白黒の図版から推測できる限りでは、おそらくこの二つの作品は高麗青磁を参照していると思われる。さらに、一九二七年の作品《彫絵ソロモンと百合図壺》（レスターシャー美術館所蔵）においては、ソロモンと百合という宗教的な主題が白い化粧土に陰刻され、[37]その背景の鼠色の部分には丸く細かい印花紋が認められる。この、壺の肩と足にある花弁の模様、及び二つの花弁模様の間に模様の陰刻と印花紋を施すという構成から考えて、リーチは挿図一一-二〇のような中国の作品を参考していると思われる。なお、濱田庄司も磁州窯を参照した作品をセント・アイヴスにて制作している（挿図一一-二四）。また、リーチの作品のソースとして磁州窯系の作品があることは、柳宗悦など日本側でも認識されていた。[38]

本節で分析するヨークの《鉄絵魚文壺Vase "Leaping Salmon"》が制作された一九三一年頃の作品を調べてみる

と、当時リーチがやはり磁州窯を参照して他にも作品をいくつか制作していたことがわかる。その例としては、《掛別呉須花文四耳壺》（一九三一年、個人蔵、挿図一一-二五）や、[39]《壺》（一九三一年頃　マンチェスター市立美術館所蔵、挿図一一-二六）などがある。[40]これらの作品を制作する際にリーチが参照した可能性のある具体的な磁州窯の作例として、リーチの著作、*A Potter's Book* に掲載された図版六五の壺《Sung Tz'ou Chou Bottle》（挿図一一-二七）と、リーチの蔵書『李王家博物館所蔵品写真帖』中巻の図版三四六と三四七にみえる二つの「絵高麗」を指摘できる（挿図一一-二八、二九）。[41]これらの三つの壺は、中国の磁州窯系のものであろう（《Sung Tz'ou Chou Bottle》については、そのキャプションより、リーチはこれが中国の磁州窯のものであると認識していたことを示している）。もちろんこれらはあくまでも可能性であって、実際に一九三〇年頃にリーチがこれらを参照していたという決定的な証拠はない。しかし、これら三つの挿図（一一-二七、二八、二九）と、先の三つのリーチの壺（口絵図版Ⅲ、挿図一一-二五、二六）を比較すると、壺の肩及び腹の下に鉄釉で茶色い水平の線が引かれ、かつそれらの帯の間に絵付けが施されているという共通点がある。また、挿図一一-二五と挿図一一-二七、二八、二九は四つの耳を持つ点をはじめ、共通点が多い。よって、リーチが《鉄絵魚文壺 Vase "Leaping Salmon"》を制作した際の出発点の一つとして磁州窯の壺を想定できよう。

この磁州窯の壺を出発点とした、造形と装飾に関するリーチの試行錯誤はどのような結果に落ち着いたのであろうか。ここで《鉄絵魚文壺 Vase "Leaping Salmon"》の詳細を見てみよう。この作品の場合、上部の形においては、挿図一一-二七、二八、二九のような作品ではなく、むしろ挿図一一-二〇のようなものが参照されていると思われる。そしてリーチは首の部分を一本の溝で省略することで全体を紡錘形とし、それを茶色い水平の帯によって分割している。[42]特に、口の部分の太い茶色の帯は全体にアクセントを与え、ひきしめる役割をしている。壺の腹の上下にある細い線と太い線からなる二組の帯は、観る者の視線を壺の腹の部分へと導く。その腹には、水面から飛び跳ねた魚が一筆で描かれており、その描き方は墨画を思わせる（挿図一一-三〇）。飛び跳ねた魚のアーチ形は壺の上半分の形と呼応しており、魚の上昇する力は上の帯によって押し返されている。その一方、水面に広がっていく波紋は、下の帯によって水平方向に静かにうけながされている。この水面から空中へ跳躍する魚と、下方に広がっていく波紋が織りなす動と静のバランスは、壺全体の存在感を強めているようである。また、最下部の釉薬の掛かっていない部分では赤茶けた素地があらわになっており、この土の質感は上部の滑らかなクリーム釉との間にコントラストを生み出すことで、装飾的効果をあげている。これは偶然ではなく、リーチは釉薬を掛けず、装飾として素地を露出させることについて意識的だった(43)。

《鉄絵魚文壺 Vase "Leaping Salmon"》に用いられている土と釉薬は、工房のあったコーンウォール地方産の素材から作られた。例えばクリーム色の釉薬の原料は、リーチの工房の近くで採れた蕨《ワラビ》であった(44)。濱田庄司によれば、蕨の灰を釉として使用したのは中国の古書に倣ってのことだった(45)。この釉薬の使用という点で、リーチの作品は化粧掛を用いる磁州窯とは製法が異なっている。リーチはこの静かで力強いクリーム色に満足していたが、しかしその後彼は二度とこの色合いを再現することができなかった。彼はその原因について、この釉薬にはコーンウォール地方の、その年の潮風が影響していたのだろうと分析している。科学的な薬品の混合ではなく、地元でとれる自然の素材を用いて自ら釉薬を調合するという行為にはウィリアム・モリスの思想との関連も認められ、機械生産が主流となった二十世紀において、あえて手作りを続けることに倫理的な意味を見出そうとする姿勢が窺える。後年リーチは、陶芸において一番重要なのは素材の選択であり、素材によって作品の形や装飾はある程度規定されると述べていることもここで思い出される(46)。なお、不幸にしてこの作品は一九五九年に事故にあって破損し、その時の稚拙な修復により上部にはくっきりとその跡が認められる。

ここで、作品の装飾へとさらに目をむけよう。まず、水面に飛び跳ねた魚の描き方については、先に指摘したとおり、東アジアの毛筆の影響が認められる。一九一一年にリーチが生まれて初めて楽焼と出会った際、彼は詩と絵を皿に描くように求められたが、この時彼にはまだ毛筆をうまく使いこなすことができなかった。イギリスの美術学校で訓練を受けたリーチにとって、文字はペンで、絵は絵筆で描くべきものであり、文字も絵画も同じ毛筆で描くという日本のやり方は興味を引くものであった(47)。実際、一九一〇年代には水墨画の模写を行っている。それゆえ、イギリスにおいてこのような毛筆の効果を参照しつつ絵付けができたことは、リーチの強みになりえたと思われる。

次に、この作品における余白の取り方に注目したい。リーチは日本画を研究したことにより、余白の取り方には関心を抱いていた。これは画面内における絵の構成ばかりでなく、その絵を装幀する際の間の取り方をも含んでいる。事実リーチは自分のペン画やスケッチ等を日本で掛け物として装幀していたし、[48] また掛け物の軸のために円筒形の磁器を焼いたこともある。[49] ややうがった見方かもしれないが、《鉄絵魚文壺 Vase "Leaping Salmon"》に描かれた魚の上下にある二組の二重の帯は、掛け軸の装幀に使われる、「一文字」を連想させなくもない。ただし、掛け物は基本的に天を広くとり、地を狭くとるという構成をとるのに対し、《鉄絵魚文壺 Vase "Leaping Salmon"》はそれに従っていない。壺の口から肩の帯までの幅と、下の帯から高台までの幅を比較すると、後者の方が長い。また二本の帯の間の画面に目をやると、ここは一番高くあがった水の飛沫を境として魚と波紋が上下に均等に分割されるように描かれており、ここでも掛け物のような間取りは行われていないことがわかる（挿図一一‐三二）。

リーチがどこまで意図的にこのような絵の配置を行ったのかはわからないが、ひょっとしたら彼がまず二本の帯の間を二等分するように飛沫を描き、これを基準として上下対称となるように魚と波紋を描いた可能性がある。この魚と波紋の形が壺全体の形と呼応していることは先に指摘したが、その描かれた位置も巧みであり、この位置取りにより壺の最も膨らんだ場所が魚と水紋の間にたっぷりとした空間を与えている。このことは、挿図一一‐三一で示した線分を直径とするような球を思い浮かべ、その球が壺全体に占める位置を考えるとき、よりはっきりとするだろう（挿図一一‐三二）。リーチの長男デイヴィッド・リーチ氏と、弟子のウィリアム・マーシャル氏によると、バーナードは常々、装飾よりは形を重視し、装飾を行うなら、それは形をより生き生きとさせるようなものでなければならない、と弟子たちに教えていたという。[50] 事実、リーチが自ら会心の作とみなすこの壺は、高さが三二・七センチしかないのであるが、効果的な絵付けや釉薬の使用により、実際よりも大きいような印象を与える。

こうした余白の取り方と画面構成の考察の後で再度壺全体を眺めると、この作品のもつ幾何学性にあらためて気が付かされる。幾何学性は、先に第十章の第五節で論じたように、リーチの全作品を律する規則の一つである。現実にリーチは中国の壺を理解するために様々な補助線を引いていた（挿図一〇-三四、三六）。よって、リーチの作品を理解する際にもこのような補助線を引くことは有効だと思われるが、そうした補助線として、挿図一一-三二に示したような垂直方向の線を考えることも可能ではなかろうか。この目に見えない末広がりの線は、この壺のいわば背骨の役割をしており、壺全体を文字通り成り立たせている。前章第五節で見たようにリーチは、「重要なのは線分の両端であり、中間はおのずと決まる。線とは力である。線が変化したり交わったりする場所は重要で、アクセントとなる。垂直線とは成長であり、水平線は休息であり、斜線は変化である。直線と曲線、正方形と円、立方体と球は、陶芸家の手に与えられた、正反対の原理である。曲線は美をもたらし、角は力強さをもたらす。［中略］張りのある形には、静かな安定感が宿る」と考えていた。これを《鉄絵魚文壺 Vase "Leaping Salmon"》に当てはめるならば、壺の外形を成す、垂直方向のゆるやかなカーブは、念入りに計算された壺の底部と頭部によって「自ずと」定まったものであろうが、これは優美な印象を見る者に与える。これに対し、水平方向に走る鉄釉の茶色い帯や白い釉薬と素地の境目は、その外形をなす弧を分割するように引かれており、下から上へと伸びる壺の外形線は、この水平な直線と交わるところで「休息」を得ることで、さらに上へと「成長」していくことになる。また、帯と外形線の交わるところは、視覚上の「アクセント」でもある。こうした外面に対し、壺の内側には目に見えない斜線が円錐の弧のように走っており、この斜線が壺を構造的に支えている。このような解釈がリーチの意図にどこまで見合ったものであるかはわからないが、しかし彼がこのような幾何学的な比例配分によって抽象的な美の表現を狙っていたことは確かであろう。

ところで、この魚の絵柄については、さらにもう一つ興味深い資料がある。それは一九七七年の毎日新聞によるインタビューである。ここでリーチは、志賀直哉（一八八三～一九七一）から俳句の説明を聞き、松尾芭蕉の「古池や蛙《かわず》飛びこむ水の音」を題材として壺を制作したことがあると証言しているのだが[51]、ここでリーチの言及している壺が《鉄絵魚文壺 Vase "Leaping Salmon"》を指している可能性は高いと思われる。なぜなら、もちろんここに描かれているのは蛙ではなくて魚であるが、しかしこの魚を描くに際してリーチがこだわったのが波紋と水の音だったこと、ひいては動と静のおりなす緊張関係だったことは、先のリーチ自身による作品描写（本章註（25））から明らかだからである。たしかに蛙はリーチが得意としたモチーフであり、その作例も多いが、しかし調査の及ぶ範囲ではそれらはたいがい皿やタイル等であって壺ではなく、また芭蕉を参照しているという証拠にも乏しいように思われる（挿図一一-三四）[52]。

この、絵柄の典拠として芭蕉の句を想定できるという点は、《鉄絵魚文壺 Vase "Leaping Salmon"》に関してさらなる考察を可能としてくれる。先に見たリーチによる壺の描写の末尾には「また別の場所で別の魚が跳ぶ」とあり、ここからリーチは魚を複数の中の一匹として考えていたことがわかるが、これを逆に「古池や」の解釈に当てはめるならば、リーチはこの句における蛙をも複数の内に捉えていたことになりそうである。それが志賀直哉の説明によるものなのかどうかはわからないが、「古池や」の蛙を複数だとする解釈は日本でも江戸時代から存在するので、志賀直哉が複数説をとっていたとしても不思議はない[53]。しかし私見では、リーチが複数の魚（ないし蛙）を思い浮かべた背景には、別の出典があるように思える。それは、ラフカディオ・ハーンである。当時の「古池や」の英訳を調べてみると、「かわず」はたいがい単数形で翻訳されるのだが、ただ一人ハーンだけは複数形で訳しているからである[54]。リーチはロンドンの画学生だった頃ハーンの本に熱中し、ハーンの本に誘われて一九〇九年に日本に渡航した。そしてリーチの自伝には一九〇九年の来日直後、彼が「日本の俳句を二行詩に英訳したもの」を読んだという記述がある[55]。残念ながらこれがハーンによる俳句の英訳を指すのかどうかは不明だが、しかし来日当初のリーチがハーンの愛読者だったことを考えると、その可能性はあろう。よって、ひょっとしたらわれわれは《鉄絵魚文壺 Vase "Leaping Salmon"》の魚に志賀や芭蕉ばかりでなく、ハーンの影をも見出せるかもしれない[56]。

魚のモチーフの典拠として芭蕉の俳句を想定できるという点はさらに、リーチの作品のタイトルにも新しい観点を与えてくれる。ヨーク・アート・ギャラリーのカタログでは、ミルナー゠ホワイトがこの壺を画廊から購入したときの領収書を典拠として、この壺に"Leaping Salmon"すなわち「飛び跳ねる鮭《さけ》」という名称が与えられている。しかし結論から言えば、このタイトルをつけたのはリーチだとは考えにくい。彼には自作にタイトルをつけるという習慣は基本的になかった。現に先の引用（二五四頁、註25）において、生涯の最高傑作について尋ねられたリーチは、自作の題名をいう代わりに作品の描写をしている。おそらく、この作品にタイトルをつけたのはリーチではなく、画廊の経営者ないし店員だったと思われる。この画廊ボー・ザール・ギャラリーはロンドンの中心地、高級画廊や高級ブランドの店が建ち並ぶニュー・ボンド・ストリートにあった。この壺の価格は三二ギニー、すなわち三三ポンド一二シリングで、日常の雑器とは言い難い。そして、この画廊の顧客には、ミルナー＝ホワイトのような知識人も含まれていた。画廊のスタッフは、そのような場所で売られる壺にはいかなる魚が描かれるべきかを考えた結果、鮭と名付けたのだろう。ここにはイギリス文化の一端が現れているようで興味深い。たしかに、松尾芭蕉など聞いたことのないイギリス人にとって、水面で飛び跳ねる魚とくれば鮭が思い浮かぶのかもしれない。また、シンボリズムにおいて、鮭は川魚の王であり、英知、知恵の象徴となることがある。Salmon という単語の四つの子音 s, l, m, n が、ユダヤの王、ソロモン Solomon に通じることも、この魚を特別なものにしているようだ[57]（事実リーチはソロモンを描くこともあった。本章註（37）参照）。ちなみに、所有者のミルナー＝ホワイトは、この鮭をインスピレーションの表現――突然あらわれて、すぐに消えてしまうもの――だと理解していたようである[58]。

こうしたイギリス流の作品解釈の可能性は、これまで日本では論じられなかった。この壺は一九八九年、一九九二年、一九九七年と日本に三回来たことがあるが[59]、いずれの展覧会においてもこの壺は「鉄絵魚文壺」と呼ばれ、「リーピング・サーモン」という名称は翻訳されなかった。おそらく、芭蕉の「古池や」が人口に膾炙している日本では、「鮭」という語義がなじまなかったのであろう[60]。このことはリーチの作品がもつ両義的な性格を裏付ける興味深いエピソードであるように思われる。リーチの作品においては、東アジアや西ヨーロッパの諸芸術に由来する様々な要素が共存しているため、それぞれの文化的文脈において解釈を行うことが可能となるのである。

この節では、リーチの「東と西の結婚」という言葉から彼の代表作《鉄絵魚文壺 Vase "Leaping Salmon"》を論じた。その結果、この作品は、形体と装飾においては中国の磁州窯の壺を参照していること、魚の絵柄においては日本の俳句がインスピレーションの源となったと思しきこと、それでいて、作品全体は比例配分の原理によって統合され、魚と水面の間の緊張関係がうまく表現されていることなどを論じた。この作品においては、たしかにリーチがいうように、世界の美術・芸術が、それぞれの特質を提供しつつ共存しているようである。

ただし、ここで注意しなければならないことがある。前章の総論でも指摘したように、リーチは諸芸術・諸文化間における相互交渉とその混合を擁護したが、その場合、彼が擁護する混合とは、作家の無意識下において自然におこるもの、すなわち「結婚」に限られており、恣意的な折衷についてはこれを「売春」と呼んで否定していた(61)。しかし、このような主張を彼自身がどの程度まで忠実に実践できたかについては議論の余地がある。この節でとりあげた《鉄絵魚文壺 Vase "Leaping Salmon"》においても、完成までには様々な試行錯誤があったことは明らかであり、当然そこには作家の意図ないし作意というものが介在している。リーチが口では意図的な折衷を否定していたとしても、あるいは、作意のもたらす短所を抑制すべく、単調な繰り返し作業を重んじたり、古今東西の民衆的工芸を学んだりしていたにしても、実際の彼の作品がどのように成り立っているかは別問題と言わねばならない。《鉄絵魚文壺 Vase "Leaping Salmon"》について言えば、作品全体を律する幾何学性にリーチの知性・作意を認めることができるが、結果的に見て彼の言う「結婚」の試みはそれなりに成功し、ある種の調和を達成していると言えよう。この作品がリーチの全生涯を代表しうるような作品かどうかについては議論もあろうが、一九三〇年代においてリーチが達成した表現を考える上で最も意義のある作品の一つであることに間違いはない。

三　「東と西の結婚」のヴィジョン――「生命の樹文」から「飛鳥文」「巡礼者文」へ

本章の第一節と第二節ではリーチの作品のうち、「西洋的ソースが顕著なもの」と「東洋的ソースが顕著なもの」について論じた。これを受けて最後に、「東洋的」とか「西洋的」とかという区分ではソースを特定できないリーチの作品を取り上げる。具体的にはリーチが好んで用いた三つのモチーフ、「生命の樹文」「飛鳥文」「巡礼者文」について論じることになる。

「生命の樹」は聖書の創世記にも現れる、たいへん古いモチーフであるが、リーチが作品においてしばしば用いた重要な模様である。今日美術館の所蔵目録や過去に行われた展覧会の図録で確認できるリーチ作品のうち、この「生命の樹」が用いられているものは四点ある。そのうちの二つはヨーク・アート・ギャラリーのミルナー＝ホワイト・コレクションの中にある、タイル（Tea-Pot Stand, St. Ives, 一九二七年頃、挿図一一-三五）と壺（セント・アイヴス、一九四六年頃、挿図一一-三六）であり、そして残りはヴィクトリア・アンド・アルバート美術館の所蔵する皿（セント・アイヴス、一九二三年、挿図一一-三七）と、京都国立近代美術館所蔵の組タイル（一九二八年頃もしくは一九四〇年、口絵図版Ⅳ）である。[62]

「生命の樹」の模様の初例がいつ現れたのかはわからない。この模様が一九二〇年の作品に早くも使われているという新聞報道もあるが、作品そのものは確認できていない。[63] しかし、リーチが一九二三年に描いたという「生命の樹」の素描が展覧会に出品されたことはある（挿図一一-三八）。[64] これらの情報や右の四つの作品の制作年から考えると、この「生命の樹」の模様はリーチが一九二〇年にイギリスに戻ってから間もなく現れ、そして戦後まで使われ続けたものと考えられる。これまでの議論で皿と壺については既に論じたので、この節ではリーチのタイル作品を例にとり、そこに描かれている「生命の樹」について考えてみたい。

ヨークにある「生命の樹」のタイル（挿図一一-三五）と京都国立近代美術館の組タイルの「生命の樹」（図版Ⅳ）とでは大きさが異なるが、そこにはほとんど同じ絵付けが行われている。前者のタイルは一辺が一五・八センチの正方形で、一九二七年頃に制作され、二ポンドでミルナー＝ホワイトに購入された。[65] これに対し、後者は九枚のタイルから成り立っており、全体の大きさは縦横共に六七・七センチであるから、一枚のタイルの一辺は九インチである。制作時期については、一九二八年頃とするものと一九四〇年とするものがあるが、ヨークのタイルとの類似性や、一九四〇年説の根拠がリーチの著作 *A Potter's Work* であることを考慮すると、一九二八年頃とするのが妥当のように思われる。[66]

リーチのタイルには、壺や皿とは異なる意義が認められる。リーチは自伝の中で次のように述べている。

私個人の作品について言えば、戦後初めての展覧会は一九四六年に［ロンドンの］デイヴィス・ストリートのバークレー・ギャラリーで開かれた。私は九インチ角の、額装したストーンウェアの装飾タイルを相当な数作ったことを覚えている。私がその時以前に作っていたタイルは、無地のものも絵付けしたものも四インチ角で、暖炉周りや炉床で使われることを意図したものだった。この手のものはたくさん作った。時には、純粋に壁面装飾のために、大きなタイルや組タイルを作って楽しんだこともあった。技術的なことを言えば、いつも鉄釉——黒か錆色になる——を用いた筆描きで、時として掻落で鋭さをだした。私は教会や大聖堂に適する、硬く渋く耐久性のある組タイルを作ることをしばしば夢見たが、不幸にしてそのような機会にはとうとう恵まれなかった。(67)

この引用の中に書かれているように、リーチの残したタイル作品は基本的にストーンウェアであり、鉄釉を用いた筆による絵付けがなされている。もともと美術学校で素描や銅版画の訓練をうけたリーチにとって、タイルという平面は、壺や皿などに比して己の画才をより自由にふるえる場所であった。壺、皿、水差し等の他のリーチ作品はリーチの監督のもと、製陶所のチームによって制作されていたことについては総論でも触れた。これに対してタイルの絵付けはリーチ自身の手によって行われるのが常であり、またそれをセールス・ポイントとしていた（もっとも、絵付け前のタイルは製陶所のチームが作っていたと思われるが）。タイルの制作は経営の必要からだけではなく、時としてリーチ自身の楽しみとして行われていたことは、右の引用からも窺える。こうした意味で、リーチの作品群の中でもタイルは、彼の持ち味がより直接に発揮されている点で、重要である。

さらにタイルは、リーチの製陶所の生産ラインの中でも特別な意味合いをもっていた。リーチがセント・アイヴスで活動を始めた一九二〇年代、彼の仕事はまだ一般には理解されず製陶所はしばしば破産の危機に直面したが、しかしタイルだけは例外的に受け入れられ売り上げもよく、タイル生産は一九三〇年頃から発展していった。(68)一九三〇年代初頭にリーチはセント・アイヴスに見切りをつけ、デヴォン州ダーティントンでレナード・エルムハースト夫妻が主宰していたダーティントン・ホール・トラストに生産拠点を移転させることを検討したが、この時の移転計画においてもタイルの生産には特別な重きが置かれていた。第七章第一節で論じたように、一九三〇年代からリーチはセント・アイヴスの製陶所を長男のデイヴィッドに任せ、自分はダーティントンで活動することが多くなった。ダーティントンのシンナーズ・ブリッジにリーチが設立したダーティントン・ポタリーにおいてもタイルは製作された。その一方で、このダーティントン時代においてもリーチ・ポタリーで窯焚きが近づくと、リーチはセント・アイヴスに戻りタイルをはじめとする諸作品に絵付けをしていたという。(69) 当時のものと思われるリーチ・ポタリー（セント・アイヴス）の製品カタログを見ると、リーチが自ら絵付けしたタイルが主力製品の一つだったことがわかる。(70)

先の引用においてリーチは、「教会や大聖堂」のためにタイルを製作するような機会には恵まれなかったと書いているが、しかしリーチのタイル作品には優品が多い。まず、引用にあった「暖炉周りや炉床」で使われることを意図した「四インチ角」のタイルの例として、ダーティントン・ホール・トラストの敷地内にあるウェスト・ウィングという建物の中の一室がある（挿図一一-三九、四〇）。ここは十三、十四世紀の建物を修復したものだが、古いむき出しの黒っぽい木の梁とリーチのタイルが調和を見せている。よりモニュメンタルな例としては、リーチの最初の秘書、エドガー・スキナー Edgar Skinner（一八六二～一九二五）とその妻の墓（挿図一一-四一、四二、四三）と、セント・アイヴスが生んだ異色の画家アルフレッド・ウォリス Alfred Wallis（一八五五～一九四二）の墓がある（挿図一一-四四）。これらはどちらもテート・ギャラリー・セント・アイヴスに隣接した、大西洋を見下ろすバーヌーン墓地 Barnoon Cemetery にある。また日本にあるものでは、大原美術館の《鉄絵組合せ陶板「獅子」》（挿図一一-四五）や日本民藝館の《鉄砂抜絵陶板組合せ陶板　森の中の虎》（挿図一一-四六）が知られている。特に後者にはウィリアム・ブレークの詩の引用があるのみならず、その所有者が日本にブレークを紹介し民芸運動を主導した柳宗悦だった点で、日本とイギリスの文化交流史上重要な意義を有している。柳はリーチに優れた絵付けの能力があることを高く評価し、「陶器にも磁器にも色々よい品があるが、一番見応へのするのは、やはりスリップ・エアーやタイルである」(71)と述べ、リーチの作品の中でもタイルを重じていた。

ここで「生命の樹文」の議論にもどろう。このモチーフは、宗教、歴史、文化において、実に深く濃密な意味あいをもっている。キリスト教において、まず一義的には『創世記』のエデンの園にある樹をさすが、それを新約聖書においてイエス・キリストが張り付けにされた十字架に重ねる解釈もある。しかし、この木の象徴はキリスト教だけには留まらない。それは宇宙の生命の象徴である。地上から天に向かってそびえ立つこの樹は、地下の世界、地上の世界、そして天上の世界を繋ぐものである。また、この植物は、終わりなく繰り返される死とその後の再生の象徴にもなる。シンボリズムの体系では、この樹の根、幹、枝にはそれぞれ対応する動物がおり、根に対しては蛇と竜が、幹に対してはライオン、一角獣、雄鹿、雄牛、雄羊が、そして枝に対してはクジャク、鳩、鷲が組み合わせられる。さらにこれに加えて、根、幹、枝にはそれぞれ対応する色もある。根の色が黒、幹の色は白、そして枝の色は赤であるという(72)。

リーチの描く「生命の樹」は、このような象徴体系に厳密には従っていないように思われる。ここで、京都国立近代美術館所蔵の組タイルに描かれているリーチの「生命の樹」に目を向けよう。この作品においては、上部に北斗七星と、それを挟むように左右に一対の鳥が、中央には生命の樹が、そして下部には水の流れの中を泳ぐ三匹の魚が描かれている。生命の樹の枝には七羽の鳥が左右対称に描かれており、中央の鳥は巣の中の雛に餌を与えている。枝の下方、太い幹の左右を見ると、向かって左には腰を屈め鎌で農作物の刈り入れを行う女が手前に描かれ、遠景には山の連なる風景が描かれている。そして幹の右側では、近景に馬を世話する帽子をかぶった男がおり、遠景には飛び跳ねる鹿が小さく描かれている。樹と動物には鉄釉が用いられ、筆で描かれている。そして魚や樹の幹、枝の交叉部、絵馬のたてがみ、鳥の羽などの細部は、針のような細い先端による掻落で整えられている。

ここに描かれている山の風景や動物たちはどれもリーチの作品に頻出するモチーフであり、それぞれが独立して描かれることもあるのだが（挿図一一‐四八、四九、五〇）、それらのモチーフがこの作品においては勢揃いし、一本の樹を中心として配されている。これらの配置は幾何学的であり、意識的に左右の対称性が用いられているのは明らかである。こうした左右対称の使用は、リーチが日本渡航前、一九〇八年に制作したエッチング作品《ゴシック精神》に既に現れている（挿図一-三）。このエッチング作品とこの「生命の樹」の組タイルを比較すると、教会には生命の樹が、教会両脇の一対の天使に対しては北斗七星の左右にいる一対の鳥が、教会の前を往来する人々に対しては川の中の魚三匹が対応しており、構図的には実に似ていると言わなければならない。たしかにリーチは日本で琳派をはじめとする作品にみられる非対称的な構図を学んだが、しかし作品においてはそれが現れるとは限らないことには注意を要する。

しかし、こうした意図的な動物の配置にもかかわらず、リーチの「生命の樹」の主題は、伝統的なシンボリズムには必ずしも従っていない点で、一見明確ではない。たしかにリーチの「生命の樹」においても枝には鳥がおり、その中には鳩やクジャクに見えるものもなくはないが、しかし鷲は見出せない（ヨークのティーポット・スタンドでは枝の中に鳥はまったくいない）。また幹に対してリーチが描くのは人間と馬であり、シンボリズムの事典がいうようなライオン、一角獣、雄鹿、雄牛、雄羊ではない（ヨークのタイルには幹の左に人間と角のある牛がおり、シンボリズムに従っているといえなくもない）。そして根に対しては、リーチは蛇と竜の代わりに三匹の魚を描いている。さらに、鉄釉で絵付けを行うリーチに、「根には黒、幹には白、枝には赤」という色の組み合わせを望むこともできない。

この「生命の樹」の組タイルに関してリーチ自身は *A Potter's Work* の中で次のように述べている。

この主題はとても古い諸伝統に由来しており、象徴的だと見なされるかもしれない。私が時には抽象的な性格をもつ装飾を行ったのは確かだが、しかし自分をそのようなやり方で制限する気は毛頭なかった。(73)

この引用の中でリーチは、「生命の樹」がたいへん古いモチーフで象徴的な意味を担うことを意識しており、自分の作品が抽象性を帯びることがあり得ると認めつつも、制作においてはシンボリズムの体系を遵守して自分を縛るようなつもりはなかったと述べている。

たしかにリーチ自身が述べているように、彼の作品全体の傾向として、既存の象徴体系を参照しつつもそれに厳密に従うことはなく、むしろいくつかのモチーフを併置することによりある種の趣を暗示しようと試みられることが多い。その例として、日本民藝館所蔵の《鉄砂抜絵陶板組合せ陶板　森の中の虎》（一九四五〜四六年、挿図一一-四六）がある。ここに描かれた絵はもともと一九一三年の雑誌『白樺』の表紙のために描かれたものであるが（挿図一一-四七）、リーチは戦後になってそれをタイルで再び用いた。このタイルの上部には“Tiger tiger burning bright in the forest of the night”というウィリアム・ブレークの“The Tiger”という詩からの引用があり、タイル下部には虎と木と少女が描かれている。しかしここで注意しなければならないのは、ブレイクの原詩に少女は登場しない点である。しかしブレイクの読者ならば、このリーチの描く少女から、「虎」と同じ『経験の歌』に収録された「失われた少女」と「見つかった少女」という詩でうたわれている少女「ライカ」を見て取るかもしれない。よってリーチのタイルにおいては、ブレイクの詩「虎」の一節を直接引用し、虎を描く一方で、そこに原詩には登場しない少女を併置することによって、彼なりのブレイクの詩の世界の解釈を示しているとも言える。こうしたリーチによるブレイク解釈もそれなりに興味深いものであるが、しかしリーチの描く少女が確実に「ライカ」であるという証拠もなければ、少女が「ライカ」でなければならないという必然性もどこにも見出せぬゆえ、以上の議論はあくまでもリーチによる「暗示」の解釈にとどまる[74]。

このようにリーチは描画において、在来のモチーフを参照しつつもそれを自由に用いることで新たな趣をもたせようとすることが多い。そしてこれはもちろん、リーチが在来のシンボリズムについて全く知識がなかったということを意味しない。「生命の樹」を描くに際しても、イエズス会系の寄宿学校、スレード美術学校、ロンドン美術学校で学んだリーチが在来のシンボリズムを全く参照しなかったとはむしろ考えづらい。「生命の樹文」における動物の選択や樹の描き方には、何らかの暗示を行おうとするリーチの意図が働いてるはずである。ただ、その暗示をどこまでリーチの意図に見合う形で解釈できるか否かは、われわれ次第である。ではわれわれは、リーチの描く「生命の樹」をどのように理解すればよいのであろうか。

リーチの「生命の樹」を考える上で興味深い証言をリーチ自身がしている。それは一九五五年にリーチが友人岸田劉生について述べた文章の中にある。リーチは劉生を高く評価しつつ、次のように書いている。

岸田はもともと彼が備えている東洋的な縦糸に、西欧的な横糸をまじえて新しい布を織上げるという、非常な緊張力を要する仕事に堪えるだけの力をうちに備えていた。〔中略〕わたしは西洋と東洋という、人類の文化の二つの大枝の間にうまく橋渡をするには芸術家たるものは双方の文化に深い理解を持つことが先決であると考える。この仕事は芸術家の頭脳の問題であるばかりでなく、心の問題でもある。(75)

この引用の中でリーチが「西洋と東洋という、人類の文化の二つの大枝」という比喩を用いるとき、おそらく彼は生物の進化を示す系統樹を脳裡に思い描いている。すなわち、人類は歴史的、文化的にみて、「東」と「西」という二つの方向に発展していったという理解である。リーチの「東と西の結婚」というアイデアに進化論の影響が認められることは既に第五章第四節で論じた。また、進化論を援用しつつ、日本に東西文明の調停という役割があることを唱えていた、大日本文明協会と内村鑑三についても第五章第八節でふれた。

もしここでリーチの言う「西洋と東洋という、人類の文化の二つの大枝」という比喩を、彼の描く「生命の樹」に当てはめるなら、彼が描く水平方向に伸びる左右対称の大枝は、それぞれ「東洋」と「西洋」を現していることになる。この場合、向かって左に伸びる枝が「東洋」で、右に伸びる枝が「西洋」であろう。その根拠は、それぞれの枝の下にいる人物である。向かって左の下にいるのは編み笠をかぶり、手に鎌をもって農作業に従事する女が描かれている。その遠景には、農村を思わせる風景が広がっている。それに対し右の枝の下にいる人物は、帽子をかぶり、上着とズボンをはいた男であり、この男は馬の世話をしている。この男と馬は、荒野を思わせるような広い場所にいる。第五章第一節で論じたように、リーチにとって「東洋」は女性的で静的であり、「西洋」は男性的で動的であることをここで思い起こせば、このタイルに描かれた男と女の対比や、静的な農業と動的な遊牧という対比に、「東洋」と「西洋」という意味を読みとることができよう。別の言い方をすれば、リーチは「東洋」と

「西洋」の対照的な性格を現すために、左右対称という画面構成法を用いているとも言えそうである。[76]

このような見方にたつと、リーチの描く「生命の樹」において興味深いのは、実は波うつ枝の重なりと絡まりである。左右に広がる二本の大枝からは垂直方向に八本の枝が伸び、その先がそれぞれ二つに分かれている。これらの枝は互いに交叉したり絡まったりしながら伸びていく。それらの枝は時には重なりをみせつつも再び離れていくこともあれば、絡み合うことでお互いの位置を逆転させ、更に伸びて次の交叉や交錯へと向かうものもある。おそらくこれらの枝の動きが、近代という時代の到来によりますます接触の度合いを深めていく「東洋」と「西洋」を現している。そして、先に「生命の樹」というモチーフが一般にもつ意味に、死と再生の繰り返しがある点を指摘したが、この繰り返される時間の流れや生命の循環は、リーチの「生命の樹」においても星座の運行、留まることなく流れる水、雛という若い生命、収穫を迎えた作物、葉のない樹という形で暗示されているように思われる。ここに描かれた人物や動物は皆、「東洋」と「西洋」という二つの大枝の接触という状況下でそれぞれその生を営んでおり、リーチはそうした生を素直に肯定しているようである。「生命の樹文」はリーチのいう「東と西の結婚」の世界観を体現しているのである。

「生命の樹」の枝が「東洋」と「西洋」を表すとなると次に問題となるのはその枝にとまる鳥であるが、しかしそれを論じる前に樹の上部の北斗七星について触れておきたい。空に浮かぶ北斗七星は、地上で営まれる生を見下ろす位置にある。この「北斗七星」という「東洋」の星座は、「西洋」にあっては「おおぐま座」であり、先の《鉄絵魚文壺 Vase “Leaping Salmon”》の場合と同様、ここにも「東」と「西」の二重の解釈が成り立ちうる。道教において北斗七星は神格化され、北斗星君という人の寿命、富貴、貧賤を司る神になったり、あるいは北極星を神格化した北極《ほっきょく》紫微大帝《しびたいてい》という別の神と混同されたりする。[77] リーチが一九一〇年代半ばに道教に興味を持っていたこと、北京に住んだ経験があること、北京で皇帝が天を祭るために使用する天壇（皇穹宇）をエッチングで描いていること（挿図一〇-九）を考えると、彼がこうした道教における北斗七星の意味を知っていた可能性はある。

しかし、この星座によってリーチが何を暗示しているのかは判じがたい。左右の対称性が効果的に使用されているこのタイル作品において、この北斗七星だけはその対称性を崩しているが、それにもかかわらずリーチがあえてこの北斗七星を描いたことから判断して、彼がこの星座に何か特別な意図をもっていた可能性がある。ここであえてこの北斗七星を解釈するとしたら、これは「東洋」と「西洋」という二元を越えた、一元的なものを暗示しているのではなかろうか。なぜならば、この星座は左右に広がる「東洋」と「西洋」という枝とそれらの絡まりの上に、両者をつなぎ止めるような形で位置しているからである。「東洋」と「西洋」という二元の対立を可能ならしめるような次元、すなわち一元的なものを「神」と呼ぶか「真実 truth」や「美」と呼ぶかまではここでは踏み込まないが、しかしリーチが自伝の中国時代の記述において、孔子と老子を中国文明の「北極星」と呼んでいることや、(78)「東洋」と「西洋」の間を巡礼者のように行き来しつづけた彼が、最終的にバハイ教の信仰を受け入れたことがここで思い出される。第七章第一節でも触れたが、バハイ教の信徒は「世界新秩序」とよばれる独特の世界の理想像を持っており、己の出自・文化を超えてこの一元的な「秩序」に参与すべく努力する。むろん、リーチの描いた「生命の樹」は彼がバハイ教に触れる前に制作されたものであるから、この作品をそのままバハイ教と関連させて論じることができないが、しかしそれでもリーチが「東洋」と「西洋」を越えるような次元を志向していたことは、この組タイルの作品において、木の枝でほとんどの鳥たちが空と北斗七星を見上げていることからも窺えるように思われる。

「東洋」と「西洋」に分裂した世界が互いに接触の度合いと頻度を深めていく現代において、「人類の文化の二つの大枝の間にうまく橋渡をする」役割を果たすのが、先の岸田劉生についての引用中にあった「芸術家」であるが、リーチの「生命の樹」においてはこれらの「芸術家」が樹の枝にとまる鳥の姿で現されているように思われる。先の引用でリーチは、「東洋」のものを「西洋」に伝え、「西洋」のものを「東洋」に伝えつつ、そこから「東洋的な縦糸に、西欧的な横糸をまじえて新しい布を織上げ」て新しい文化を生み出すのが「芸術家」であると述べていた。このことは、リーチがタイルに描く鳥が枝と枝が重なったり絡まったりしている部分に描かれていることと、それらの鳥が天に向かっていく枝や空そのものを眺めていることと対応しているように思われる。また、これらの鳥は枝から枝へと飛び移ることができるから、「人類の文化の二つの大枝の間」で「うまく橋渡」をすることのできる存在であると言える。

さらに、この鳥の姿にリーチの考える「芸術家」という意味を見出すことの根拠としては、先のリーチの引用や第三章で考察した「東と西の結婚」という理念の他に、別のリーチの作品がある。それは、リーチが用いた飛ぶ鳥の文様、「飛鳥文」である。「飛鳥文」は戦後のリーチの作品において頻繁に現れる模様である。第二次世界大戦後になるとリーチの作品は全体的により単純な形態と、色の変化の少ない単色へと変じていき、単純には造形上のソースを推測できなくなるが、「飛鳥文」はそうした時期に用いられた模様の一つである。文献で確認できる限りでは、この模様の初例は一九五〇年に現れる（挿図一一-五一）[79]。逆に最も新しいのは、ジャネット・リーチが所有していた二枚の皿で、一九六九年頃のものである（挿図一一-五二）[80]。日本では、大原美術館が皿を、アサヒビール大山崎山荘美術館と日本民藝館が壺を、京都国立近代美術館が皿を、日登《ひとみ》美術館が扁壺を所有している（挿図一一-五三、五四）[81]。リーチ本人が *A Potter's Work* においてその技法を説明しているように、鳥は蠟抜きで、釉薬には天目釉と柿釉が用いられることが多い[82]。シンボリズムの事典によれば、飛ぶ鳥は空間の移動、及びそれに伴う時間の経過を意味する。あるいはまたそれは魂の実体化したものとして、魂の飛翔を意味することもある[83]。滋賀県にある日登美術館の圖師禮三館長によると、かつてバーナード・リーチはこの鳥の模様について、彼の描く鳥に止まっているものは無く、これはイギリスと日本の間を行ったり来たりしている自分を表しているのだと、氏に語ったそうである[84]。これは、先の「生命の樹」に描かれていた鳥の意味を考える上で興味深い証言である。

ちなみに、この鳥と同様の意味をもっていると思われるのが「巡礼者文」である。これも戦後のリーチの作品を代表する重要なモチーフである。この模様は、遅くとも一九五三年までにつくられたことが、日本民藝館所蔵の毛筆画よりわかる（挿図一一-五五）。実作の例として、益子参考館所蔵の《鉄釉抜絵巡礼扁壺》（一九七〇年、セント・アイヴス、挿図一一-五六）がある[85]。その技術的解説がリーチの *A Potter's Work* にある[86]。その形は、二つの浅い鉢を張り合わせ、その後で首と足をつけたものであり、模様は紙のステンシルによってつけたものであろう。この扁壺という形態はリーチがたびたび用いており、最も古いものでは一九一九年から翌年にかけての麻布時代に制作されているが（挿図一一-五七）、そこにはヨーロッパの巡礼者がもつ伝統的な扁壺と、朝鮮など東アジアで用いられた扁壺の、二つの要素が入り込んでいるように思われる（もっとも、リーチ自身は、自分の作品に宗教的な用途を認めていないが）[87]。この巡礼が持つ意味合いは、先の飛鳥の場合とほぼ同じと考えて良い。すなわち、ここにも生涯を通じて「東洋」と「西洋」の間を往還したリーチの人生と主張との関連が認められる。戦後になり、日本だけでなくスウェーデンなどの北欧諸国、アメリカなどの北米、ベネズエラやコロンビアなどの南米、オーストラリアやニュージーランド、バハイ教の本山のあるイスラエルのハイファなどを歴訪し、行く先々で陶芸を論じバハイの信者と接触したリーチには、この「巡礼者」としての自覚が強かったと思われる。

ここで再び「生命の樹」の組タイルの議論に戻ろう。「飛鳥文」や「巡礼者文」が制作されたのは主に第二次世界大戦後なので、「飛鳥文」や「巡礼者文」の解釈をそのまま「生命の樹文」の解釈へ当てはめることはできないが、しかしリーチが「飛鳥文」や「巡礼者文」のような象徴を用い始める前の段階として、「生命の樹」における鳥を位置づけることは可能であると思われる。「生命の樹文」が用いられた一九二〇年代前半において、リーチは既に日本、中国、朝鮮等の東アジアと、イギリス、フランス、イタリア等の西ヨーロッパで見聞を広めていた。東から西へ、西から東へと飛ぶことで人類の文化の交わりを担い、見守るという点で、「生命の樹」にとまる鳥をリーチの考える「芸術家」、ないしリーチ自身として捉えることができよう。

リーチの描く「生命の樹」の枝にとまっている鳥の中で最も重要なのは、中央の巣の中にいる三羽の雛と、それらに餌を与えている親鳥である。この親鳥を「芸術家」と考えるならば、その「芸術家」が世話をし育てている雛は芸術家の作品、すなわち「東洋的な縦糸に、西欧的な横糸を」まじえて織られた「新しい布」であるとも考えられるし、あるいは次世代の「芸術家」とも考えられる。ここで思い出されるのは、リーチが楽焼やガレナ釉の皿で用いた「慈しみのペリカン」というモチーフである（挿図一〇-一一、一一-五）。この、自らの体を傷つけ、己の血を滋養物として雛に与えるペリカンは、慈しみ piety の象徴であった（本章第一節参照）。「生命の樹」において雛に餌を与える親鳥に、この「慈しみのペリカン」という、リーチが一九一〇年代から用いていたモチーフを重ねることは可能だろう。先の引用にもあったように、「東洋的な縦糸に、西欧的な横糸をまじえて新しい布を織上げる」という芸術家の役割は、「非常な緊張力を要する仕事」(88)なのであり、そうした痛みを伴う仕事は、自らの体を傷つけてその血を雛に与えるというペリカンの姿と重なる。

さらに、雛に関して言えば、既に何度か触れたようにリーチは「東と西の結婚」のもたらす美について語るときに「混血児」の比喩を用いることが多く、このことを考慮するならばこの雛は「東洋」の鳥と「西洋」の鳥が「結婚」により生んだ子供だと考えられる。すなわちこの雛は、リーチの考える理想、リーチが「アイノコの真意義」という一文で用いた言葉を使えば、「惨めな半混ざり a miserable half mixture」ではない、「新しい、完全に混ざりきった統一体 a new whole」を表しているように思われる。(89)この親鳥と雛の構想にそれなりの時間が掛けられていることは、リーチの残したスケッチからわかるし（挿図一一-五八、五九）、またこのモチーフにリーチがそれなりの思い入れをもっていたと思しきことは、これが藍染めにもされていることからもわかる（挿図一一-六〇）。このようにみてくると、九枚の組タイル中央、天と地の中間であり、かつ「東洋」と「西洋」に伸びた二つの大枝の中間にも位置する雛と親鳥は、「東と西の結婚」の象徴そのものなのである。

リーチはその晩年、次のような詩を読んでいる。

The Great Oak

It was not by evidence
Or comparison
That I sensed
Truth and beauty

大きな樫

それは証拠によってでも
また比較によってでもなかった
私が一つの全の
諸相として

As aspects
Of one Whole :
They are as parts
Of a great Oak,
So blent and interweft
Of root and trunk,
Branch, twig, acorn,
Or good brown leaf ——
Or green —— fresh fed
With earth's clear juice
Sucked up by those deep roots ;
Changed, fountained in the ambient air
Yet once again.

真と美とを
感じとったのは。
それはちょうど
大きな樫の諸部分のようだ。
まじり　織り合わされた
根や幹や、
大枝、小枝、樫の実、
良い茶色の葉っぱ——
緑の葉っぱ——新しく注入された
大地の澄んだ汁
それはあの深い根で吸い上げたもの。
変えられ、まわりの大気の源泉に
更に一度復帰する。[90]

この詩の中でリーチは、「真実と美」とは一つのものであり、美を追い求める芸術というものは究極において宗教と一致することを述べている。そして、その真実と美とが一致する瞬間を感知したときの感動を、樫の大木の比喩を用いて詠っている。この詩は一九七一年に作られたものであるが、ここで詠われている樫の大木の枝、根、幹の表現と、その樹を中心に水が循環し生命が営まれるというイメージは、リーチが作品でたびたび用いた「生命の樹文」の絵柄とほぼ呼応しているように思われる。リーチのいう「東と西の結婚」は、新しい時代に即した新しい表現を求めようとする希求である一方で、それはまた「東」と「西」という二元を超えたところに「真と美」を求めようとする渇望でもあった。タイルに「生命の樹文」用いた一九二〇年代後半のリーチの関心と希求は、彼の晩年まで貫くものだったと思われる。

この節では「生命の樹文」「飛鳥文」「巡礼者文」という三つのモチーフについて論じ、リーチがこれらにこめた暗示について考察した。その際にはリーチのいう「東と西の結婚」という言葉を根拠として、リーチがこれらを制作したときの意図を復元する形で解釈を試みた。しかしその一方で、これらはいずれも抽象度が高く、観る者はそこに様々な意味を見出すことができるのも事実であるし、またリーチ自身、そのような多様な解釈の可能性を認めていたように思われる。先に見た《鉄絵魚文壺 Vase "Leaping Salmon"》において、壺の形や魚の装飾が日本とイギリスそれぞれの文化的コンテクストにおいて意味を担えるようにつくられていることは、既に論じた通りである。リーチ自身は模様について、「焼き物に用いられる模様は、ことわざや民謡や民俗舞踊と同じような性質をもつべきだ」と考えていた。(91) このリーチ晩年の言葉は、彼の作品を考えるときの指標になる。

たしかに、木や巡礼や鳥は、日英に限らず世界各地に存在する。こうした普遍性のある存在を模様という形に抽出し、提示することで、リーチは観る人々の心の奥底にある集合的無意識に訴えかけようとしているかのようである。ヨーロッパと東アジアの陶磁器を研究して制作を続けたリーチがやがて目指すようになったのは、「東洋」と「西洋」が一つになりうる、このような次元であった。それは「東洋」や「西洋」の区別が生じる前の世界への回帰のようでもあり、あるいは「東洋」と「西洋」がその区別を超えて別の新しい世界に入ることのようでもある。

「生命の樹文」はリーチがこのような最晩年に達した境地に至る前の段階で、「東洋」と「西洋」の関係を模索していた最中に成されたモチーフであるが、そこには既に「東洋」と「西洋」の広がりが左右の対称性を利用して表される一方、北斗七星によってそうした「東」と「西」という人間的世界を支えるような一元的な世界が暗示され、そして画面全体には生命の営みの示す静かな活気に満ちているなど、一九二〇年代における「東と西の結婚」に関するリーチの思索が見事に表現されている。「東と西の結婚」をめぐる思索と表現の系列の中でも「生命の樹文」は一つの到達点と言えるだろう。そしてこの到達点を経たのち、リーチの表現は徐々に抽象度を増していき、「生命の樹文」での表現の試みは「飛鳥文」や「巡礼者文」へと受け継がれていくことになるのである。

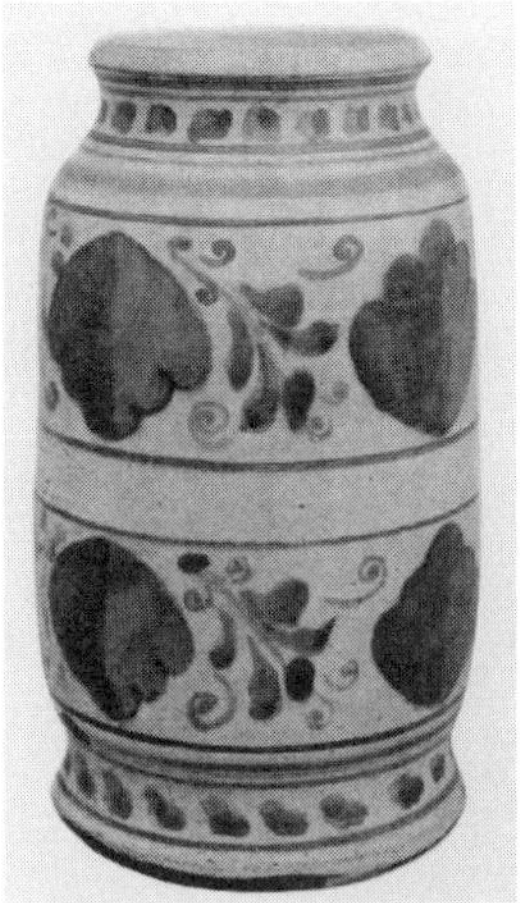

挿図11-1
リーチ《Raku Ware Jar》
1912.

挿図11-2
《マジョリカ草葉文小壺》

挿図11-3
スリップウェアの例
（Lomax, *Quaint Old English Pottery* より）

挿図11-4
スリップウェアの例
（Lomax, *Quaint Old English Pottery* より）

挿図11-6
トゥルーロのレイク・ポタリーでウェット・ハンドルの技法を習うバーナード・リーチ、その息子のデイヴィッドとマイケル、そして濱田庄司（1923年）

挿図11-5
リーチ《ガレナ釉筒描ペリカン図大皿》
1930年, アサヒビール大山崎山荘美術館所蔵

挿図11-8
トゥルーロ・バプティスト・チャーチに残る，レイク・ポタリーの水差し(1)

挿図11-7
レイク・ポタリー跡地
（トゥルーロ・バプティスト・チャーチ）

挿図11-10
トゥルーロ・バプティスト・チャーチに残る，レイク・ポタリーの水差し(3)

挿図11-9
トゥルーロ・バプティスト・チャーチに残る，レイク・ポタリーの水差し(2)

挿図11-12
リーチ《ガレナ釉羽描組皿（2点組）その2》1936年
© *David Leach/Crafts Study Centre (2005)*

挿図11-11
リーチ《ガレナ釉羽描組皿（2点組）その1》1936年
© *David Leach/Crafts Study Centre (2005)*

挿図11-14
聖セナラ教会（ゼノー）
St. Senara, Zennor

挿図11-13
ロマックスの本に掲載された，
人魚のスリップウェア

挿図11-16　聖セナラ教会の椅子の側面

挿図11-15　聖セナラ教会の椅子

挿図11-18
リーチ《炻器天目釉面取コーヒージャッグ》1970年

挿図11-17
リーチ《炻器コーヒーポット》
1965年

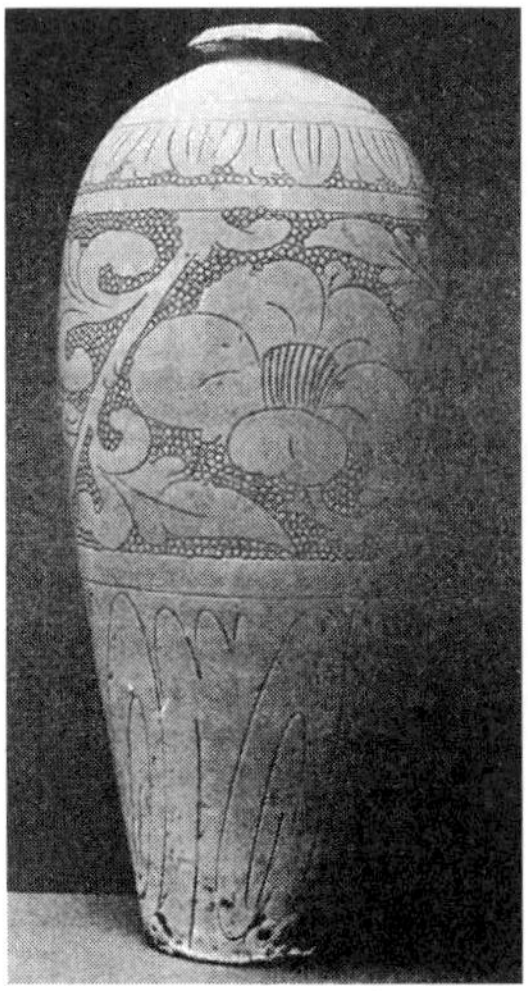

挿図11-20
《Chinese Sung Tz'ou Chou Stoneware Bottle》

挿図11-19
バーナード・リーチ，富本憲吉合同展
（ロンドン，ボーザール・ギャラリー，1931年）。右奥の棚の上段中央に《鉄絵魚文壺 Vase "Leaping Salmon"》が見える。

挿図11-21
バーナード・リーチ旧蔵『李王家博物館所蔵品写真帖』上，中，下巻
セインズベリー日本芸術研究所リサ・セインズベリー図書館所蔵

挿図11-23
リーチ《Egorai Koro 1920》

挿図11-22
リーチ《Egorai Shoyu Tsugi 1918》

挿図11-26
リーチ《壺》1931年頃
©David Leach/
Manchester City
Galleries

挿図11-25
リーチ《掛別呉須花文四耳壺》
1931年

挿図11-24
濱田庄司《Vase》1923,
Victoria & Albert Museum

挿図11-29
リーチの蔵書『李王家
博物館所蔵品写真帖』
にみられる「絵高麗」(2)

挿図11-28
リーチの蔵書『李王家
博物館所蔵品写真帖』
にみられる「絵高麗」(1)

挿図11-27
《Sung Tz'ou Chou Bottle》

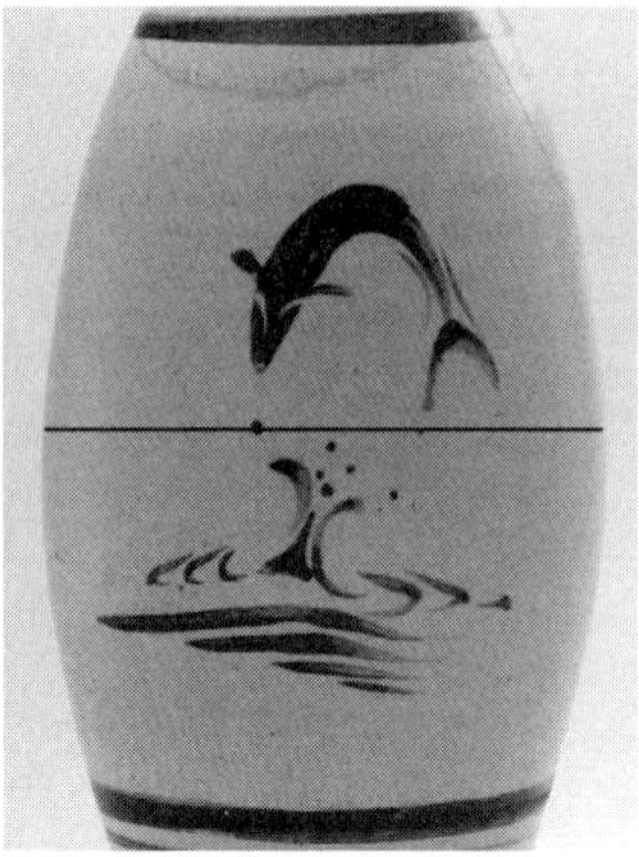

挿図11-31
《鉄絵魚文壺 Vase “Leaping Salmon”》（部分）図解のため，この写真には著者による加工が施されている。York Museums Trust (York Art Gallery)

挿図11-33
《鉄絵魚文壺 Vase “Leaping Salmon”》（底部）
York Museums Trust (York Art Gallery)

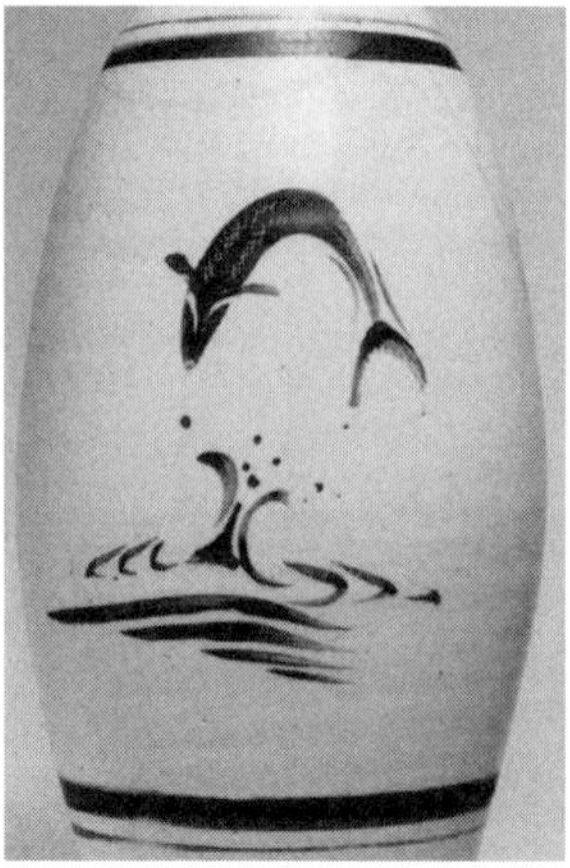

挿図11-30
リーチ《鉄絵魚文壺 Vase “Leaping Salmon”》(部分)York Museums Trust (York Art Gallery)

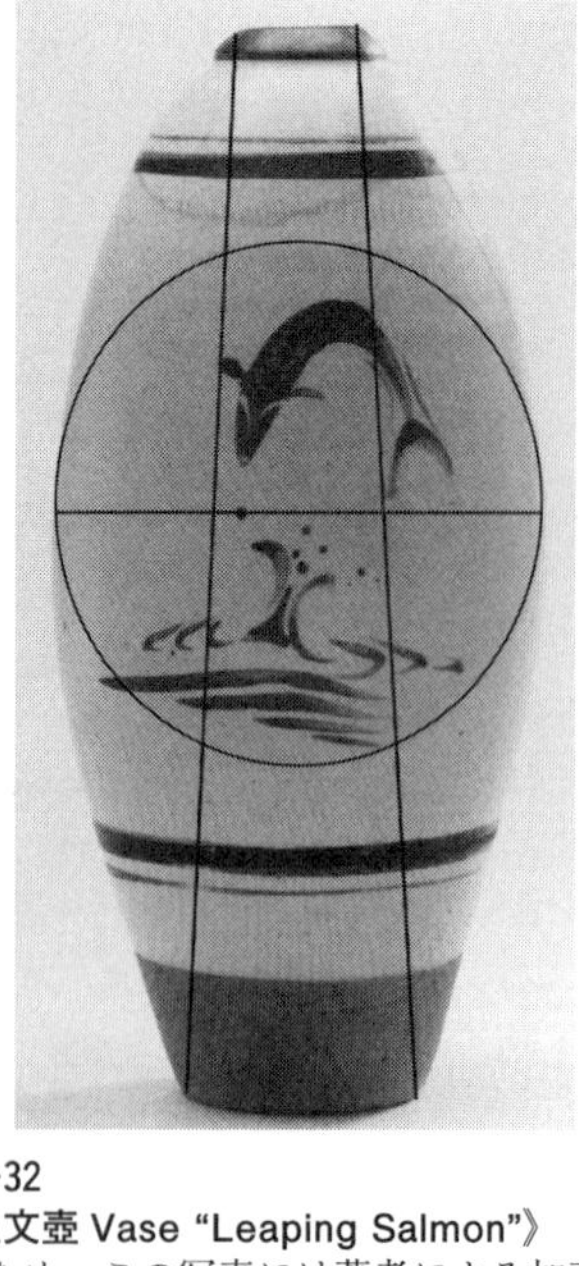

挿図11-32
《鉄絵魚文壺 Vase “Leaping Salmon”》
図解のため，この写真には著者による加工が施されている。York Museums Trust (York Art Gallery)

挿図11-35
リーチ《Tea-Pot Stand》
c. 1927. York Museums Trust (York Art Gallery)

挿図11-34
リーチ《黄釉鉄砂彫絵蛙文大皿》1953年，アサヒビール大山崎山荘美術館所蔵

挿図11-37
リーチ《ガレナ釉筒描生命の樹文大皿》
1923年，Victoria & Albert Museum

挿図11-36
リーチ《Vase, incised with three "Tree of Life" motifs》 c. 1946. York Museums Trust (York Art Gallery)

挿図11-39
ダーティントン・ホール・トラスト内の建物，
ウェスト・ウィングの部屋“No. 21”
Dartington Trust Archive

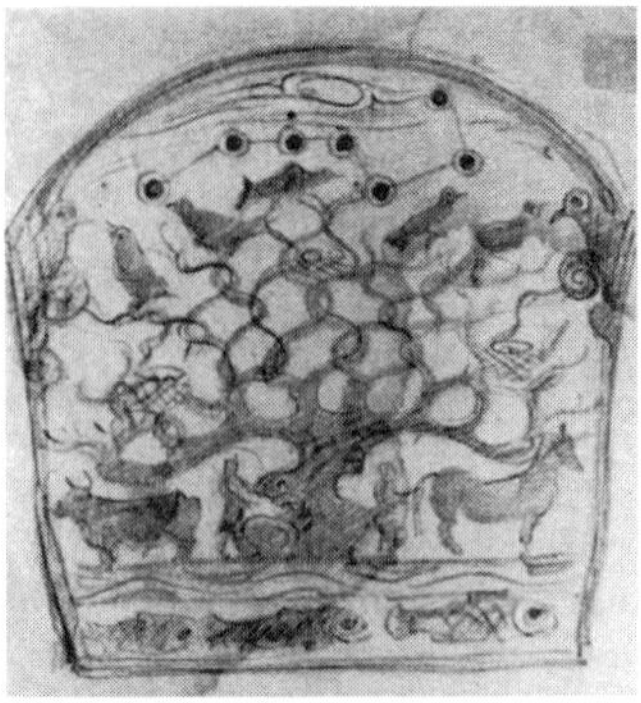

挿図11-38
リーチ《素描“生命の樹”》
1923年

挿図11-41
エドガー・スキナーとその妻の墓(1)

挿図11-40
“No. 21”の暖炉に使われたリーチのタイル
Dartington Hall Trust Archive

挿図11-42　エドガー・スキナーとその妻の墓(2)

挿図11-43　エドガー・スキナーとその妻の墓(3)

挿図11-44
アルフレッド・ウォリスの墓

挿図11-45　リーチ《鉄絵組合せ陶板「獅子」》
1930年頃，大原美術館所蔵

挿図11-46
リーチ《鉄砂抜絵陶板組合せ陶板
森の中の虎》1945-46年

挿図11-48
リーチ《鉄絵魚陶板》
1928年頃

挿図11-47
雑誌『白樺』
1913年

挿図11-50
リーチ《鉄絵組合せ陶板「牧場風景」》
1928年

挿図11-49
リーチ《鉄絵鹿陶板》
1928年頃

挿図11-52
リーチ《青白磁刻線飛鳥文皿》
1967-69年

挿図11-51
リーチ《白象嵌鳥絵壺》
1950年

挿図11-54
リーチ《失透釉彫絵飛鳥文扁壺》
1960年頃，日登美美術館所蔵

挿図11-53
リーチ《天目釉鳥文大皿》
1967年，京都国立近代美術館所蔵

挿図11-55
リーチ《巡礼》
1953年　筆，インク，紙

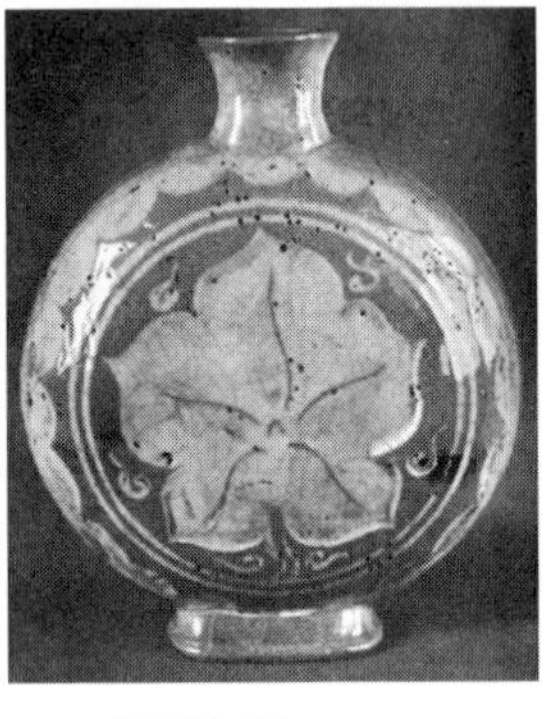

挿図11-57
リーチ《象嵌扁壺》
1920年

挿図11-56
リーチ《鉄釉抜絵巡礼扁壺》
1970年，益子参考館所蔵

挿図11-58　リーチ《巣番の図》1935年

挿図11-60
《木綿地手描藍染“鳥の巣模様”》

挿図11-59　リーチ《鳥のスケッチ》

終章 「東と西の結婚」の今日的意義

バーナード・リーチの墓はセント・アイヴスの東、カービス・ベイ地区のロングストーン墓地 Longstone Cemetery にある。彼は一九七九年五月六日に病院で死去し、五月十日にこの共同墓地に葬られた。(1) 享年九十二歳だった。故人の意志により墓地での葬儀はバハイ式であり、出席者は近親者と信者のみだった。これに対し、翌十一日にはセント・アイヴスの町中にある教区教会にて午後三時から一般向けの葬儀が営まれ、リーチの最初にして最高の弟子、マイケル・カーデューがスピーチを行った。(2)

リーチの墓はロングストーン墓地内にあるロータリーの右手、墓地と民家を隔てる垣根のすぐそばにある（挿図一二-一）。すなわち、墓地の中央から一番遠い場所である。リーチの墓のすぐ前に彼の墓とよく似たデザインの墓があるが、これは晩年のリーチの身の回りの世話をした女性、トルーディ・スコット Trudi Scott の墓である。スコットはコーンウォール州に住む同じバハイ教徒として、一九六〇年代中頃からリーチの秘書を務めた。

あたりを見回して驚かされるのは、リーチの周囲の墓が皆リーチのものよりも新しいことである。これはすなわち一九七九年当時、リーチの墓だけが広い芝生の敷地内で孤立していたことを意味する。彼の墓がセント・アイヴスの町中ではなく、セント・アイヴス郊外の共同墓地の一番端に、一つだけぽつんと作られた事情や経緯は定かではないが、おそらくリーチの信仰と関係があるだろう。リーチはキリスト教徒ではなかったため、教会の墓地には墓を作ることができなかったという、ジャネット・リーチの証言がある。(3)

リーチの墓石には次のような文字が刻まれている。

BERNARD LEACH　バーナード・リーチ
POTTER　陶工
1887-1979　一八八七-一九七九
Follower of Baha'u'llah　バハ・ウラーフの信者
At Spes Non Fracta　せめて砕かれざる希望を
In Manus Tuas Domine　主よ、あなたの御手の中に

挿図12-1
バーナード・リーチの墓

バーナードの長男デイヴィッド・リーチによれば、これらの文字はリーチの孫の一人によって黒い墓石に刻まれたという。(4) 彼が持っていた数々の肩書き――C.B.E., C.H., 勲二等瑞宝章、セント・アイヴス自由市民、名誉文学博士等々――は書かれず、その代わりにただひと言、「陶工」POTTERと書かれているのが印象的である。そしてその下には、リーチのバハイ教への信仰が表されている。

本書では、バーナード・リーチという一表現者が「東と西の結婚」という言葉のもとで世界の諸文化を学び、己の芸術を作り上げていった過程とその成果について、伝記研究、作家論、作品論という三つの観点から考察した。時間軸に沿った美術史的な考察と、比較文化論という文化の空間的な広がりに対する視座を組み合わせたことにより、リーチを単なる陶芸家という枠に押し込めることなく、彼という多彩な人物のもつ独自性と面白さを、学術的に論じることができたのではないかと考える。その一方で、「東と西の結婚」という観点からリーチの生涯と芸術を論じるにあたっては、本書では日本とイギリスという二つの国に「東洋」と「西洋」を代表させることで、リーチがこれら二点を基点とする三点測量を行いつつ世界の諸文化を理解していく様を観察した。別の言い方をするな

らば、本書においては伝記研究、作家論、作品論の三つを論文を構成する柱とする一方、日本とイギリスを焦点とするような楕円をリーチ理解のためのモデルとして別に設定し、三つの柱それぞれに広がりをもたせ、互いに関連づけた。そして、これらすべての議論の一貫した出発点と帰結点が「東と西の結婚」という言葉である。

「東と西の結婚」という思想は、科学技術の発達に伴って世界は相対的に狭くなっており、人や物の接触・交流は益々盛んになっていくという時代認識のもとに成立した。異文化の接触、交流、反発は決して新しい問題ではないが、しかし近代以降においてはその接触の頻度が増加し、度合いも深まったため、文化をめぐる諸問題が先鋭化したことも確かであろう。こうした中、バーナード・リーチは異質な文化が混合していくことに大きな可能性を見出し、そしてそれに対する自己の責任を見出した。これには、彼がさまざまな異文化を己の内に取り入れたり、あるいは異質と思えたものが実は既に自分の内に備わっているのを再発見したりしながら、世界の諸文化が己の内で一つの文化になっていく過程を直に感じられたことが関わっている。

例えば、彼というイギリス人は、日本で偶然陶芸と出会い、浦野繁吉こと六代乾山に入門し、富本憲吉と共に「七代乾山」となり、そしてイギリスのセント・アイヴスで作陶活動を展開した。こうした事態についてリーチ本人は、「初代乾山から伝わった事柄を、外国人である自分が受け継ぐことになってしまった。師の六代乾山はそれに満足していたが、自分は彼の作風には倣っていないので、畏れ多いことだと思う」という主旨の発言をしている。(5)もちろん浦野繁吉を六代乾山と見なしうるかなど、乾山派の変遷については学問的に問題もあるが、しかし江戸初期に日本で始まった陶芸の一系譜が、二十世紀のイギリスの陶芸家によって引継がれたという事実、また当の本人もその意義を自覚していたという事実、リーチの著作によって初代乾山がヨーロッパで紹介されたという事実、そしてリーチ本人が日本で佐野乾山事件に関わったという事実などを考えるとき、(6)異文化を自己の内に引き受けながら新たな文化を生成していく時にリーチが感じた「畏れ」やそれに伴う責任感、そして希望が窺えよう。

リーチは、文化が接触し、折衷的になっていくことを前向きに受けとめる思想を抱き、それを「東と西の結婚」

と呼んだ。折衷が常に新たな表現、文化をもたらすとは限らないし、またそれがある種の反感を招くことがあるのも確かである。しかし既存のものを反復するだけでは、文化の維持はできても進歩はなく、そのような行為が続けばやがてその文化が衰退に向かうこともありえる。リーチは、社会進化論という背景のもと、「東／東洋」と「西／西洋」に代表されるような大きな違いのあるものが、困難を乗り越えて「結婚」することの中に新たな表現や文化が生まれる可能性を見出し、その可能性を、主に陶芸という造形分野において追求した。その際、イギリスと日本はリーチにとってそれぞれ「西洋」と「東洋」への入り口であり、陶芸をはじめとする世界の文化はこの二つの観点から測られ、考察され、理解された。彼は日本の茶陶、朝鮮の高麗や中国の宋の時代の磁器、イギリスの中世陶器、スペインやイタリアのマジョリカほか、世界各地のさまざまな陶磁器の伝統を学びつつ、自分の作品を構想した。そこで参照されたものは、技術や技法に関する事柄や、具体的な造形（デザイン）ばかりでなく、その作品を成立させている造形上の原理や審美観も含まれていた。時には、例えば松尾芭蕉の俳諧がリーチの絵付けにインスピレーションを与えるなど、一見造形とは関係のないものからリーチが刺激を受けることもあった。この意味でリーチの創作の営みとは、さまざまな異文化を「イギリス文化（「西洋」）」と「日本文化（「東洋」）」という観点から、己の能力と経験の及ぶ範囲内において三点測量によって査定し、それを己の内に取り込み、そしてその取り込んだものを用いて新たな表現、文化を模索するという過程だったと言えよう。

ここで改めてリーチの生涯を振り返ってみると、それは「東と西の結婚」の言葉のもと、彼がイギリスと日本を主要な拠点としつつ、「東洋」と「西洋」に分け入っていく旅であったように考えることもできる。「東と西の結婚」の出発点の一つはイギリスの中世主義であった。ロマン主義的な性向をもっていた若きリーチは、歴史的には近代以前の、「中世」という遠い過去、地理的には東アジアという遠い地域にあこがれた。そして、日本などの東アジアで一九一〇年代を過ごした彼はそこで「手仕事」という、産業革命を終えたイギリスでは大部分が失われ、当時の日本でも徐々に失われつつあった、共通の過去の記憶を見出した。これこそが、「伝統」と「現代」、及び

「東洋」と「西洋」の間での橋渡しが必要だとする、「東と西の結婚」という信念の始まりであった。

一九二〇年にイギリスへ帰国したリーチは、コーンウォール州のセント・アイヴスに窯を築き、ヨーロッパ中世の陶芸の再現を試みる一方、個人の手作業による焼物制作が現代においてどのようなスタイルを取るべきか模索した。帰国当初から彼は己を“artist”ないし“artist-potter”と位置づけ、あくまでも「芸術家」として陶芸に臨む態度を保った。彼の制作理念はこれまで見てきた「東と西の結婚」であり、また彼には美の基準・インスピレーションの源泉として、ヨーロッパで彼が学んだものに加えて、「中国の形、朝鮮の線、日本の色」があった(7)。一九二〇年以降のリーチの活動は、産業革命によって失われたと彼が考えた過去を、本格的にヨーロッパの文化の中から見出していく過程であると同時に、それとは別に中国の宋や朝鮮の高麗・李氏朝鮮時代の焼き物についてさらに理解を深めていく道程でもあった。これら「西洋」の過去と「東洋」の過去へと向かう二つの旅は決して別々のものではなかった。時期によって多少のぶれはあるにしても、これら二つの道程は互いに絡まり螺旋を描くように同時進行していったと思われる。そしてこれらはリーチの作品という形でたえず現在にフィードバックをもたらした。その営みは具体的に、リーチの編み出した独自の「生命の樹文」や「巡礼者文」や「飛鳥文」に現れている。

しかしこうしたリーチの見識は、一部の識者や好事家を除けばイギリスでは当初なかなか評価されなかった。帰国後のリーチは、イギリスの芸術制度から逸脱する存在だった。彼の活動には、純粋美術と応用美術という芸術の枠組みに挑戦した点、純粋美術に「生活」という観点を導入した点、そして「西洋美術」と「非西洋美術」を等価と見なし両者の間に優劣を認めなかった点で特色があった。さらにイギリスでの彼は、制作においては無意識、偶然性のもたらすものを擁護しながら、一方では社会的には知的な芸術家として振る舞うという、複雑な状況におかれた。あるいはまた、手作業で作品を制作する彼は、ウェッジウッド社等の工場製品と対立するような立場にあり、「手仕事」を擁護しつつ民衆的工芸を参照する一方で、彼自身の内面では自意識の抑制を心がけながらもそれを完全には果たせないという問題も抱えていた。こうした「職人」と「芸術家」、「手仕事」と「機械」、「意識」と「無意識」の間における、リーチ個人の内面での揺らぎと社会に対する外面的な揺らぎに対し、彼自身は制作活動の他に啓蒙活動や執筆活動を行うことでバランスを保とうとしていたように見える。そして事実これらの活動は、リーチの思想と活動が社会的に認知されるために役立ったと言えるだろう。中でも、*A Potter's Book*『陶工の本』は版を重ね、その影響力の大きさから考えて重要である。

当初周囲から認められなかったリーチも、第二次世界大戦後になると広く認められるようになった。一九六一年と一九七七年にはロンドンの政府系の施設で大規模な回顧展が開催され、ついにはC．B．E．とC．H．という二つの称号を授けられた。そして、今日彼は二十世紀のイギリスを代表する陶芸家の一人という評価を得ており、「スタジオ」を基盤とする個人陶芸家の活動スタイルを確立し、東アジアの陶芸の技術と審美観を導入した人物として、「スタジオ・ポタリーの父 Father of Studio Pottery」と呼ばれている。

次に、リーチにおける日本のもつ意味について考えてみよう。まずリーチの作品について言えば、日本の焼物が直接的にリーチの焼物に影響を及ぼしたことは相対的に少なかったと言わねばならない。リーチの創作活動においてむしろ重要だったのは、日本が及ぼした間接的な影響である。既に見たように、リーチの作品においては日本よりも中国や朝鮮の焼物の影響の方がはるかに重要であるが、それらに関する情報源となったのは、日本の博物館、博覧会と書籍だった。そして日本の茶道は、これら大陸の焼き物を鑑賞する際の日本的なアプローチというものをリーチに示した。また、リーチの生涯を通じ、リーチ・ポタリーの経営を助けたのは、日本という市場である。リーチ・ポタリーの初期において、リーチの日本での展覧会の企画や関税・送金などの事務を中心となって取り仕切ったのは柳宗悦であり、そして大原孫三郎・總一郎や山本為三郎といったコレクターが展覧会でリーチの作品を購入した。また、話の順序は逆になるが、セント・アイヴスを拠点としてイギリス在来の技術の復活を志したリーチを助け、その活動の安定化に寄与したのは、濱田庄司と松林鶴之助という二人の日本人だった。

このように、リーチの作陶活動は、様々な局面において、日本および日本人によって条件づけられている。そして、リーチがイギリスにおいて自らの主張を正当化できたのも、このような自分と「日本」との繋がりの内に主張の論拠を求められたからであった。(8) またこうしたリーチの活動は、日本の陶芸に影響を与えた。日本からみれば、リーチは海の彼方からやってくるマレビトであり、新しい時代の工芸の姿を体現しているように見えた。地方の民窯を訪れたリーチはマレビトとしてその地の風物を愛で、それをスケッチや本に描くことで言祝《ことほ》ぎとし、そして「先生」として現地の工人に「指導」をして彼らを精神的に鼓舞したのだった。日本各地の窯場——大分県の小鹿田、島根県の布志名や出西など——をめぐり、日本にほとんど存在しなかった取っ手に関する技法を伝えたことは特筆されねばならない。

こうした、日本がリーチに対して演じた役割は、一種の子宮 womb に譬えられるのではないかと思われる。リーチにとって「西洋」はいつでも「男性」であるのに対し、「東洋」はいつでも「女性」を体現していた。これはリーチに限らずヨーロッパに広く存在したイメージであるが、リーチの場合興味深いのは、「東洋」の女性性の中に、彼が知ることのなかった「母性」を求めていた形跡がある点である。この観点からすると、イギリスから日本に向かうことで、リーチは象徴的に母胎回帰を演じていたのだという言い方をすることも可能かもしれない。すなわち、様々なしがらみのあるイギリスで活動することに疲れるとリーチは日本に渡航する。そこには彼を待つ多くの友人がいて、彼を温かく迎え入れる。僻地セント・アイヴスでは彼は創作上の悩みを話しあえるような相手に恵まれなかったが、しかし日本にいけば、柳宗悦や濱田庄司をはじめとする沢山の話し相手がいた。日本に上陸したリーチは、自分と同じ関心をもつ同志・友人と共に日本各地の地方文化・美術の見聞を広めつつ、新たな創作のインスピレーションやアイデアを求めた。あるいは、各地の民窯で新しい技術を習得し、自らの新たな表現へと役立てた。その一方で日本滞在は、リーチがイギリスでの己という存在について内省する機会となった。つまり、日本各地でゆたかな経験をしている間、彼はイギリス的な価値判断を停止し、故国での己という存在から一旦身を引き離すことができた。そして世界の中での己の位置について改めて内省する。もちろん、日本で個展を開くことで円貨を稼ぐという、経済的な効用も忘れてはならない。こうして精神的にも、技術的にも、経済的にも活力を取り戻すと、リーチは再びイギリスに戻っていく。このように見ると、日本という母性原理の優位な文化をもつ国がリーチにとって「癒し」を得る場でもあったと言えるのではなかろうか。

ここで重要なのは、リーチが己の母胎回帰願望の実践を、単なるイギリスという現実からの逃避という個人的な出来事に終わらせず、そこに己の使命感を見出し、その実践の結果として様々な作品を生みだした点である。日本という一種の子宮、日本滞在という時間は、リーチが「東と西の結婚」という己の信念の意義を再確認し、そして己の内面や作品において「東洋」の文化的伝統の探求と「西洋」への文化的探求の旅が、互いに絡まり合いながら進んでいく様を検証する機会となっていたように思われる。そして、この検証の場において、「東」と「西」の過去への探求への動きは、そのまま未来の制作活動を方向づけた。リーチの作品はこうした意味で、日本とイギリスの間で往還を繰り返す彼の、肉体的精神的遍歴が形となったものと見なすことが出来る。特に晩年の「飛鳥文」や「巡礼者文」の模様に、こうした特質を見出せよう。「東と西の結婚」という言葉には、創作の原理だけでなく、このような使命感もこめられていたが、その意義は、イギリスにおいてはダーティントン・ホールを設立したエルムハースト夫妻など様々な人々によって認められ、支援された。また同様に日本側でも、柳宗悦ら民芸運動の関係者らによって正当に認識されていたと言えよう。(9) さらに、先にリーチの人生が描いた軌跡を日本とイギリスを焦点とする楕円として捉えたが、この人の輪を通じて多くの陶芸家が日本からイギリスへ、イギリスから日本へと渡り、修行をした。この意味で、確かにリーチは「東洋」と「西洋」の「橋渡し」という行為を果たしたといえる。

ところで、以上に述べたような「東洋」への探求と「西洋」への探求という二つの営みはいわば水平的な広がりをもっていたわけだが、その一方でリーチは「東」と「西」を超えるような次元、すなわち垂直方向への志向性をもっていた。一九六九年に彼は次のような詩を書いている。

Mathematical Evidence　数学的証拠

Without the one,
No two or three
Or multiplicity,
Division or subtraction.
Q.E.D.

一がなければ、
二も三もないし
多数もない。
割り算も引き算もない。
それは証明されるべきであった。(10)

この「数学的証拠」と題する詩はリーチの『詩画集』だけでなく自伝にも見えるが、自伝によればこの詩は「絶対的な帰一神の、一種の数学的証明であり、ある日突然思いついたもの」だという。(11) しかしこの詩にみられる表現は、彼が一九一〇年代中頃に親しんだ中国思想を踏まえているように思われる。『老子』四十二章には「道は一を生じ、一は二を生じ、二は三を生じ、三は万物を生ず」という一文があり、ここにおける「二」が陰陽を表すと解釈される。(12) リーチは知ってか知らずか、「道は一を生じ」を「一がなければ」という仮定表現に置き換えることによって、増えることも減ることもない、「東と西」や「陰と陽」を超えた、そして「一」(the one)をも生み出す根元的な「絶対的な帰一神」を表現している。このような真理・普遍性への関心は彼の場合、さまざまな紆余曲折を経て、バハイ教の信仰に収斂したように思われる。先にみた、文化の三点測量が行われるフィールド、すなわち「イギリス」と「日本」を焦点とする楕円の平面（すなわち世俗の世界）に対して、この宗教という軸を垂直方向に立てるならば、リーチの抱いていた世界観を楕円体という立体のモデルで捉えられるかもしれない。この楕円体という形は、リーチが生の営みが生涯を通じて描き出した軌跡である。彼はたえず自己にとって未知の世界の存在を感じていたし、また宗教的信仰においては「神」という、より高次の次元を指向していた。彼の主張に従って文化と文化の「結婚」を行っていったと仮定すると、やがて世界の文化は均質化し、世界は一元的な価値観を共有することになるが、リーチにおいてはバハイ教における「世界新秩序」という理想の世界像とあいまって、これは肯定されたのだった。世界の諸文化の一元化については政治的にはもちろん問題もあろう。しかし、既存の造形の解釈と自らの新しい造形の提示によって、過去と未来といった時代や「東」や「西」といった空間を超えるようなコミュニケーションが成り立ちうるという認識が、リーチの制作活動における倫理性の根拠だったことも忘れてはならない。リーチが追求した「普遍」は文化的、もしくは審美的・宗教的なものであり、それは政治的なものとは必ずしも一致しない。

今日世界をとりまく情勢はますます多元的となり、一個人が複数の文化や社会にまたがって活躍することも全く珍しくはなくなった。そして様々な文化・価値観は既に様々な形で人々の日常生活の中に寄せ木細工のように入り込んでおり、こうした状況下において一個人が複数の価値規準から物事を眺め、自己の言動を決定することもまた日常的となった。もちろん複数の文化間での三点測量や複眼的思考法などは、決して目新しい物の見方・考え方ではないが、これらの観点は近代という、人類の営みが地球規模になった時代を経ることで磨き直され続け、今日を生きる人々が身に付けるべき作法のようになりつつある。今後改めて考えていかねばならないことは、こうした自らにとって異質だと感じられる文化や価値観を、皮膚感覚のレベルで絶えず感じながら、自らが生きていくために己を組織し直し、かつ自己を取り巻く環境に働きかけていくときの知恵である。この営みの進むべき方向性・運動性を考えるとき、リーチの言う「東と西の結婚」は、単なる一個人の世界観や夢想に留まらず、様々な問題点と可能性をわれわれに示していると言える。

今日では、リーチの名は日本でもイギリスでもそれなりに認知されており、彼の作品が「アイノコ」と蔑まれることもないようである。造形に関して言えば、彼自身は「東と西の結婚」にそれなりに成功したといえよう。しかしそれ以上にリーチが己の理解を作品や著作という形で世に示し積極的に世に問うたという事実、すなわち、「東と西の結婚」という言葉に自ら内実を与え続けようとしたという事実には、さらに注目して積極的に評価してもよいように思われる。

本書ではバーナード・リーチの生涯と芸術を、彼の唱えた「東と西の結婚」という言葉の元に考察した。ただし、リーチに関して本論では取り上げなかったことや、議論が不十分だったことも多い。例えば、一九五二年のダーティントンでの「陶芸とテクスタイルにおける国際工芸家会議」はそれだけでも一つの論文となるテーマであるし、またリーチの戦後の日本滞在——一九五三~五四年、一九六一年、一九六四年、一九六六年、一九七一年——についても、詳細については論じられなかった。この他にも、リーチと民芸運動、リーチと茶道、リーチと濱田庄司など、「東と西の結婚」というテーマとの関連で詳細に論じられるべきテーマは他にも多数あるが、これらは今後の課題としたい。

註

はじめに

（1）Bernard Leach, *Beyond East and West: Memoirs, Portraits and Essays*, London: Faber and Faber, 1978, p. 310. 以下、引用は基本的に引用者の翻訳による。（邦訳として、『東と西を超えて　自伝的回想』福田陸太郎訳、日本経済新聞社、一九八二年。）

（2）Leach, op. cit., p. 238.

（3）Bernard Leach, "East and West", *An English Artist in Japan*, ed. Muneyoshi Yanagi, Tokyo: Matsutaro Tanaka, 1920, p. 41.

（4）Carol Hogben, *The Art of Bernard Leach*, London: Faber and Faber, 1978. J. P. Hodin, "Biographical Note," "Bernard Leach and the Modern Movement", and "The Work of Bernard Leach", Bernard Leach, *A Potter's Work*, 1967, London: Jupiter Books, 1977, pp. 11-30. George Wingfield Digby, *The Work of the Modern Potter in England*, London: John Murray, 1952. Muriel Rose, *Artist Potters in England*, London: Faber & Faber, 1955, chap. 3-4. ローズの本には改訂版（一九七〇年）があるが、筆者は未見である。

（5）Edmund de Waal, *Bernard Leach*, London: Tate Gallery Publishing, [1996].

（6）Tanya Harrod, *The Crafts in Britain in the 20th Century*, [London]: published for the Bard Graduate Centre for Studies in the Decorative Arts by Yale University Press, 1999.

（7）式場隆三郎『バーナード・リーチ』建設社、一九三四年。

（8）水尾比呂志『現代の陶匠』芸艸堂、一九七九年。水尾比呂志編『河井寛次郎・浜田庄司・バーナード・リーチ　現代の陶芸　第三巻』講談社、一九七五年。乾由明「バーナード・リーチ　手と精神の調和・東と西の融合」、乾由明・林屋晴三編『日本の陶磁　現代篇　第二巻』中央公論社、一九九二年、二四九〜二五五頁。

（9）棚橋隆『魂の壺　セント・アイヴスのバーナード・リーチ』新潮社、一九九二年。

（10）オリヴァー・ワトソン「セント・アイヴス　陶芸とバーナード・リーチ」、水沢勉訳、世田谷美術館他編『東と西の架け橋　セント・アイヴス風土と芸術』美術館連絡協議会・読売新聞社、一九八九年（兵庫県立近代美術館、神奈川県立近代美術館、世田谷美術館）、一〇一～一〇五頁。オリヴァー・ワトソン監修『バーナード・リーチ展』バーナード・リーチ展実行委員会、一九九七年（小田急美術館、栃木県立美術館、笠間日動美術館、平塚市美術館、滋賀県立陶芸の森陶芸館）。

（11）このCrafts Study Centreはかつてバースのホルボーン・ミュージアム内にあったが、二〇〇〇年からファーナムのThe Surry Institute of Art & Design, University Collegeに移転を開始した。この作業に伴い、筆者は資料を詳しく閲覧する機会を得なかった。

第Ⅰ部「東と西の結婚」の形成

第一章　十九世紀と二十世紀の狭間――生い立ちから訪日まで　一八八七～一九〇九年

（1）バーナード・リーチ「式場博士の伝記的質問への解答」、式場隆三郎『バーナード・リーチ』建設社、一九三四年、五三六～五六五頁。バーナード・リーチ「日本に在りし十年間」『美術月報』二巻（一九二〇-一年）二～四、五五～五八、七四～七五、九二～九三頁。Bernard Leach, *Beyond East and West*, London : Faber & Faber, 1978.

（2）バーナード・リーチ、志賀直哉、里見弴、大原総一郎、浜田庄司、松方三郎、田中豊太郎「座談会　リーチさんを囲んで」『民藝』一〇七号（一九六一年一一月）一一頁。

（3）リーチ「式場博士の伝記的質問への解答」五五七～五五八頁。

（4）バーナード・リーチの長男デイヴィッド・リーチ氏のご教示による（デヴォン州のボーヴェイ・トレイシーにある氏のご自宅にて、二〇〇〇年三月九、十日と同年六月二十一日にインタビュー）。リーチが学んだボーモント・ジェジュイット・カレッジは一九六七年に閉校されており、当時の資料を探すことはできなかった。なお、現在ウィンザーにはSt. John's Beaumontという、やはりイエズス会系の学校があるが、これはリーチとは無関係である。

（5）リーチ「式場博士の伝記的質問への解答」五四一頁。リーチ「日本に在りし十年間」二頁。

（6）リーチ「日本に在りし十年間」二頁。

（7）ある座談会の席でリーチは「自分は東洋に生れて、東洋に住んだことがあるから、自分の国に帰つた時にいくら今の欧羅巴の生活に入れと云つたとてどうしても反対の所が自分にあつた」と述べている。（バーナード・リーチ、濱田庄司、芹澤銈介、森數樹、浅野長量、柳宗悦、水谷良一「リーチの話を聴く座談会」『工藝』四二号、一九三四年六月、三〇頁。）

（8）リーチ「式場博士の伝記的質問への解答」五四〇頁。

（9）スレード美術学校については、ステュアート・マクドナルド『美術教育の歴史と哲学』中山修一・織田芳人訳、玉川大学出版部、一九九〇年、一五章。

（10）Leach, *Beyond East and West*, p. 28.

（11）この章の註（9）参照。参考として、Petraten-Doesschate Chu, "Lecoq de Boisbaudran and Memory Drawing : A Teaching Course between Idealism and Naturalism", in Gabriel P. Weisberg, *The European Realist Tradition*, Bloomington : Indiana University Press, 1982, pp. 242-289. ルグロはルコック・ド・ボワボードランから学んだ。

（12）Leach, *Beyond East and West*, p. 27. リーチ「式場博士の伝記的質問への解答」五四一頁。

（13）Leach, *Beyond East and West*, pp. 28-9.

（14）リーチ「式場博士の伝記的質問への解答」五四二頁。

（15）棚橋隆『魂の壺　セント・アイヴスのバーナード・リーチ』新潮社、一九九二年、二〇二頁。バーナード・リーチの長男、デイヴィッドによれば、祖父のホイル博士はエジンバラやマンチェスターの博物館で働いた後、カーディフの国立博物館の創立に加わり、ここの初代館長になったという（デイヴィッド・リーチ氏へのインタビュー、ボーヴェイ・トレイシーの氏のご自宅にて、二〇〇二年十二月十三日）。William Evans Hoyle（一八五五-一九二六）の著作の一例として、"A Diagnostic Key to the Genera of Recent Dibranchiate Cephalopoda", *Manchester Memoirs*, vol. 48, 1904, no. 21. おそらくこの海洋生物学者がリーチの叔母の配偶者であろう。

（16）リーチ「日本に在りし十年間」三頁。

（17）リーチ「式場博士の伝記的質問への解答」五四四頁。

（18）リーチ、前掲書、五四四頁。

（19）リーチ他「座談会　リーチさんを囲んで」一二頁。

（20）Leach, *Beyond East and West*, p. 31. フライデー・クラブについては、Frances Spalding, "Friday Club", in Jane Turner, ed., *The Dictionary of Art*, London : Macmillan Publishers Ltd., 1996, vol. 11, p. 774. ヘンリー・ラムの代表作の一つは、ブルームズベリ・グループの作家リットン・ストレーチー（一八八〇〜一九三二）の肖像である。後に『白樺』同人が「公共白樺美術館」の建設を呼びかけたときリーチはこれに賛同し、所有していたヘンリー・ラムとオーガスタス・ジョンの作品を寄付している。なお、オーガスタス・ジョンの自伝には、リーチの名前は登場しないものの、ヘンリー・ラムの名が見える（Augustus John, *Chiaroscuro : Fragments of Autobiography*, 1952, London : Arrow Books, 1962）。

（21）リーチ「式場博士の伝記的質問への解答」五四四〜五四六頁。Leach, *Beyond East and West*, p. 32. リーチ「日本に在りし十年間」三〜四頁。

（22）リーチ「式場博士の伝記的質問への解答」五四六頁。

（23）Leach, *Beyond East and West*, p. 32.

（24）リーチ「日本に在りし十年間」四頁。Leach, *Beyond East and West*, p. 32.

（25）Leach, op. cit., pp. 32-33.

（26）Leach, op. cit., p. 31. 参考として、リーチ「式場博士の伝記的質問への解答」五五二頁。式場隆三郎「リーチ年譜」、式場、前掲書、六八二頁。

（27）Leach, *Beyond East and West*, p. 32.

（28）高村光太郎がロンドン時代のリーチについて書いた文章としては、「日本の芸術を慕ふ英国青年」「バーナード　リーチ君に就いて」「リーチを送る」「二十六年前」（以上『高村光太郎全集』増補版、筑摩書房、一九九四〜一九九八年、七巻）、「青春の日」「父との関係」（以上『全集』増補版、一〇巻）などがある。対談「わが生涯」（『全集』増補版、一一巻）も参考になる。また、ロンドン時代のリーチと高村の交友については、請川利夫・野末明『高村光太郎のパリ・ロンドン』新典社選書七、新典社、一九九三年、三章参照。

（29）高村「父との関係」全集一〇巻二四二頁。

（30）リーチ「日本に在りし十年間」五五頁。リーチ「式場博士の伝記的質問への解答」五四八頁。Leach, *Beyond East and West*, p. 36.

（31）リーチ「日本に在りし十年間」五五頁。

（32）高村「二十六年前」七巻一七〇頁。一方、リーチはこの頃ロンドン美術学校でレジナルド・ターヴィーと再会し、共同生活をしていた（リーチ「式場博士の伝記的質問への解答」五四七頁）。

（33）高村は出会った頃のリーチについて、「其頃はまだ実際日本へ来る心持ちはなかつたやうだ」と書いている。高村「日本の芸術を慕ふ英国青年」七巻一六〇頁。

（34）Leach, *Beyond East and West*, p. 36. リーチ「日本に在りし十年間」四頁。リーチ「式場博士の伝記的質問への解答」五四九頁。

（35）リーチ他「座談会　リーチさんを囲んで」一二頁。

（36）Lionel Lambourne, *Utopian Craftsmen*, London : Astragal Books, 1980, pp. 190-192.（邦訳として、ライオネル・ラバーン『ユートピアン・クラフツマン』小野悦子訳、晶文社、一九八五年。）これらの作品は、彼が晩年を過ごした村にある、ディッチリング博物館に収蔵されている。ディッチリングについては第七章でまた触れる。

（37）リーチ「式場博士の伝記的質問への解答」五五二頁。

（38）リーチ「式場博士の伝記的質問への解答」五四九頁。Leach, *Beyond East and West*, p. 36. リーチ「日本に在りし十年間」四頁。

（39）リーチはブラングヴィンについて、「その先生は漁師の生まれだつたから体がよくて元気がある。教え方は素直だつたがその絵にはあきちやつた。けれども親切です。この学校は長くいても駄目ですよといつた。だから非常にありがたい感じがしたんです。私はこの時に日本へ行こうと決心した」と発言している。（リーチ他「座談会　リーチさんを囲んで」一二頁。）

（40）リーチ「式場博士の伝記的質問への解答」五五〇～五五一頁。なお、リーチは一九〇八年に成人し、父親の遺産を相続したと思われる。

（41）Leach, *Beyond East and West*, p. 35.

（42）高村「日本の芸術を慕ふ英国青年」一六一～一六二頁。

（43）自伝では、イタリア・フランス旅行の後にブラングィンの「自然に行け」のエピソードが位置しているが、しかしこれは記憶違いであろう。講演会「日本に在りし十年間」には、「這いつてから半歳で学校を止めて宜いと先生が云つた」と書かれている。また、高村光太郎によれば、リーチのイタリア旅行には日本渡航の前提という位置づけがあった（「バーナードリーチ君に就いて」七巻一六四頁）。

(44) Leach, *Beyond East and West*, p. 40.
(45) 高村「日本の芸術を慕ふ英国青年」一五七頁。高村「わが生涯」全集一一巻三四七頁。
(46) Leach, *Beyond East and West*, p. 172.
(47) リーチ「式場博士の伝記的質問への解答」五三六〜五三七頁。
(48) 棚橋隆に対し、バーナード・リーチは父アンドルー・リーチに『古い日本の物語』という著作があると述べている（棚橋、前掲書、七〇頁）。この本は未確認であるが、もし実在するならばリーチ家の教養を物語るエピソードの一つに加えられるだろう。
(49) Leach, *Beyond East and West*, p. 30.
(50) リーチ「式場博士の伝記的質問への解答」五四七頁。
(51) Bernard Leach, *A Review 1909–1914*, Tokyo : Japan Advertiser, 1914, p. 2.
(52) バーナード・リーチは濱川博に対し、「神学校を中退したハーンに、私は心からおめでとうといいたい。私もハーンも同じ系統の学校にいたことがあったので、ハーンの気持はよくわかる。」と述べたという。（濱川博『風狂の詩人小泉八雲』恒文社、一九七九年、一二六頁）。また、興味深いことに、ラフカディオ・ハーンもジョージ・ボローの小説を読んでいたらしい。マルチニーク島に住むハーンの女友達は、手紙の中でハーンのことを「なつかしいボローさま」と呼んでいる。（濱川、前掲書、二二四〜二二五頁）。参考として、平川祐弘監修『小泉八雲事典』（恒文社、二〇〇〇年）の項目「リーチ、バーナード・ハウエル」（鈴木禎宏）と「ロマ文化」（西成彦）を見よ。
(53) 草光俊雄「甦る文化　ヴィクトリア朝の中世」、草光俊雄・小林康夫編『未来のなかの中世』東京大学出版会、一九九七年、二〇七〜二二二頁。アリス・チャンドラー『中世を夢みた人々――イギリス中世主義の系譜――』高宮利行監訳（慶應義塾大学高宮研究会訳）、研究社出版、一九九四年、六章。
(54) Clare Johnston, *A Guide to St Luke's Church Chelsea*, London : St Luke's Church, 1999, pp. 3-4.
(55) クロード・レヴィ・ストロースはこのような世界観を「疑似進化論」と呼んでいる。『人種と歴史』荒川幾男訳、みすず書房、一九七〇年、二〇頁。
(56) William Burges, "The International Exhibition", *Gentleman's Magazine*, July 1862 : 10.
(57) "In the West it is increasingly difficult by actual comparison to visualise how much we have lost but here in the East,

although fast disappearing and bereft of all creative energy, much mediaeval handicraft and custom yet lingers on [.]" Bernard Leach, "Art and Commerce", *Far East*, 20 Dec 1913 : 492.

（58） Earl Miner, *The Japanese Tradition in British and American Literature*, Princeton : Princeton University Press, 1966, ch. 2.

（59） 川端香男里『ユートピアの幻想』講談社学術文庫、一九九三年、三四頁以下。

（60） 高村「日本の芸術を慕ふ英国青年」一六〇～一六一頁。

（61） 高村「二十六年前」一七〇～一七一頁。

（62） 高村「日本の芸術を慕ふ英国青年」一六〇頁。

（63） 高村、前掲書、一五九頁。

（64） リーチ「式場博士の伝記的質問への解答」五五六頁。棚橋、前掲書、二二六～二二七頁。

（65） 『高村光太郎全集』増補版、一九九六年、二一巻、書簡二三三五、二三三七、二三四〇、二三四一、二三四二（二三一～二二八、三三五～三三九頁）。北川太一編『高村光太郎資料』文治堂書店、一九七二年、二集、書簡二三〇六、二八～二九頁。

（66） エンディミヨン・ウィルキンソン『誤解　ヨーロッパvs.日本』徳岡孝夫訳、中央公論社、一九八〇年、二章。川本皓嗣「お菊さんと侯爵夫人」、平川祐弘・鶴田欣也編著『内なる壁　外国人の日本人像・日本人の外国人像』ＴＢＳブリタニカ、一九九〇年、一〇八～一三〇頁。

第二章　日本滞在――日本　一九〇九～一九一四年

（1） 第一章の註65参照。

（2） この上野の家にはその後日本画家五島耕畝が住み、関東大震災と戦災を免れ、緑陰荘という旅館になった。太田臨一郎「若き日の富本憲吉（下）」、『民藝』三六号（一九五五年一二月）二二頁。

（3） バーナード・リーチ、志賀直哉、里見弴、大原総一郎、浜田庄司、松方三郎、田中豊太郎「座談会　リーチさんを囲んで」『民藝』一〇七号（一九六一年一一月）一四頁。

（4） 高村光太郎「版画の話」『高村光太郎全集』増補版、筑摩書房、一九九五年、四巻五四頁。小野忠重「創作版画の黎明」『方寸』復刻版第一巻解説、三彩社、一九七二年。

（5）この教室ではモデルを用いたヌード・デッサンも行われた。教室の様子については里見弴「思出片々」『工藝』二九号（一九三三年四月）一八～二五頁（『里見弴随筆集』岩波文庫、一九九四年に収録）と、里見弴「バーナード・リーチを憶う」本庄桂輔（聞き手）、『学鐙』一九七九年八月、四～七頁を見よ。また、児島のエッチング作品については、『児島喜久雄画集』（用美社、一九八七年）を見よ。
（6）棚橋隆『魂の壺　セント・アイヴスのバーナード・リーチ』新潮社、一九九二年、九五頁。高村光太郎「わが生涯」『高村光太郎全集』増補版、筑摩書房、一九九五年、一一巻三四七頁。
（7）濱田庄司『無尽蔵』朝日新聞社、一九七四年、三三七頁。バーナード・リーチ「ケンブリッヂ油絵具」『方寸』一九一〇年一〇月、一六頁。
（8）バーナード・リーチ『日本絵日記』柳宗悦訳、毎日新聞社、一九五五年、四七、五七頁（講談社、二〇〇二年、八九、一〇三頁）。Bernard Leach, *Beyond East and West*, London : Faber & Faber, 1978, p. 45.
（9）桜木谷慈宣は次のように証言している。「柳さんや富本さんはリーチの仕事の上での本当の協力者だつたと思ひますが、私はリーチの遊び友達だつたのです。『日本の旧くから残つて居る生活知りたい』と申しますので、茶の湯、尺八、三味線、弓、撃剣、色々遊芸の道に案内しました。中で茶の湯と撃剣とはリーチの気に入つて、二人で一緒に稽古に通ひ詰めたものです。思へば其の茶の湯の稽古が因でリーチは画家から陶土への道を選びますし、私もお陰で大きな抹茶碗で挽茶を戴くことを覚えました。」（「同人雑録」『工藝』四六号、一九三四年一〇月、一〇一頁。）
（10）バーナード・リーチ「日本に在りし十年間」『美術月報』二巻（一九二〇年一二月）五七頁。
（11）Leach, *Beyond East and West*, p. 62.
（12）例として森田亀之輔「泰西現代巨匠伝叢［三］英国画家フランク、ブラングヰン」『美術新報』九巻（一九一〇年五月）一一五～一一七頁。蛇足であるが、森田は後に金沢美術工芸大学の学長になる。
（13）一記者［坂井犀水］「バーナード・リーチ氏の展覧会を観る」『美術新報』八巻（一九〇九年一〇月）一〇六～一〇七頁。坂井犀水「晩秋の諸展覧会・其二」『美術新報』一四巻（一九一四年一二月）七一頁。
（14）Bernard Leach, *A Review 1909-1914*, Tokyo : Japan Advertiser, 1914.
（15）長原止水については、坂井犀水「現今の作家（三）　長原止水氏」『美術新報』一三巻（一九一四年二月）一四八～一五二頁。長原がリーチについて書いたものとして、「バアナアド・リーチ氏」『美術新報』一四巻（一九一四年一二月）八五～

八七頁。

（16）濱田、前掲書、三二〇頁。淡島寒月については、山口昌男『「敗者」の精神史』（岩波書店、一九九五年）を見よ。

（17）「美術家道楽一覧」『美術新報』一三巻（一九一四年一月）一四〇〜一四一頁。

（18）坂井「現今の作家（三）長原止水氏」一五二頁。

（19）バーナード・リーチ《人形》『美術新報』一一巻（一九一二年四月）一九四頁。リーチから長原を紹介された三浦直介によれば、長原は三春張子人形を所有しており、それを屏風の画題にしたことがあるという（「三春人形」『民藝』六一号、一九五八年一月、二五〜二六頁）。

（20）リーチ他「座談会　リーチさんを囲んで」一五頁。

（21）淡島寒月がリーチについて書いた文章としては、岩波文庫の『梵雲庵雑話』の巻末の解説に収録されたものがある（一九九九年、四五五頁）。寒月がリーチについて述べた文章は他にもあるかという筆者からの問い合わせに対し、文庫本解説者の延廣真治教授からは、「寒月はきわめてかいたもののすくないひとです。文庫にはいったのと、解説にふれた以外のものはぞんじません」という回答を得た（筆者宛電子メール、二〇〇〇年四月二二日）。

（22）柳宗悦「リーチ」『柳宗悦全集』一四巻、筑摩書房、一九八二年、七七〜七八頁。

（23）この論争については、中村義一『日本近代美術論争史』求龍堂、一九八一〜一九八二年、四章。

（24）例えば、石井柏亭「方寸書架」『方寸』四巻（一九一〇年二月）二頁。高村光太郎「AB HOC ET AB HAC」『高村光太郎全集』増補版、筑摩書房、一九九五年、六巻三六〜四三頁。

（25）劉生は一九一一年十月の白樺主催泰西版画展覧会の会場にてリーチを見かけている（「リーチを送るに臨みて」、Muneyoshi Yanagi, ed., *An English Artist in Japan*, Tokyo : Matsutaro Tanaka, 1920, p. 31.『岸田劉生全集』岩波書店、一九七九年、二巻、二八〇頁）。一方リーチが劉生に注目したのは、翌年ないし翌々年のフュウザン会のようだ（Leach, *Beyond East and West*, p. 123）。

（26）「私が恩師尾形乾山先生の仕事場で茶碗を焼いていたころのことだつた。柳宗悦からかねて〝岸田が金に困つている〟と聞いていたので、私は岸田に私の仕事を手伝つてくれるよう頼んだ。二人の付合は一層深まつた。」（バーナード・リーチ「岸田劉生のこと」『産業経済新聞』一九五五年四月一六日。）

（27）岸田「リーチを送るに臨みて」、p. 32.（全集二八一頁。）

（28）「二人はたちまち心の友だちになつた。彼は私にほめられると、〝描くことそのもののために描く〟元気が出ると喜んだ。一方私も自分の絵やエッチングを彼からほめられて勇気が湧いた。」（リーチ「岸田劉生のこと」。）

（29）雑誌『美術』の一巻（一九一七年一〇月、岩村透追悼号）の四四二頁に、岩村透と森田、富本、南ら学生達の写真がある。

（30）『美術週報』一九一五年九月一二日、六頁。矢代幸雄「児島喜久雄の思い出」『忘れ得ぬ人びと』岩波書店、一九八四年一七八〜一九六頁。

（31）森田亀之輔「本誌主催新進作家小品展覧会　展覧会の成立に就いて」『美術新報』一〇巻（一九一一年五月）二〇七、二〇九頁。山田俊幸監修『モダンデザインの先駆者　富本憲吉展』朝日新聞社、二〇〇〇年、三三頁。

（32）参考として、「埋め草」『美術新報』一〇巻（一九一一年七月）二八九頁。バーナード・リーチ《唐人物》『美術新報』一〇巻（一九一一年五月）二二〇頁。

（33）「編輯室にて」『白樺』一九一二年三月、一五〇頁。

（34）柳「リーチ」七八頁。また、同様のことが武者小路実篤の「他人の内の自分に」（『白樺』一九一二年二月、一五頁）にも書かれている。

（35）「洋画展覧会記事」『白樺』一九一一年一二月、一一二頁。

（36）高村「日本の芸術を慕ふ英国青年」『高村光太郎全集』増補版、筑摩書房、一九九五年、七巻一六二頁。「同人雑録」『工藝』四六号（一九三四年一〇月）九九頁。

（37）『柳宗悦全集』二一巻上（筑摩書房、一九八九年）に収録されている書簡より作成。尚、音楽家や演奏家の名前は除いた。

（38）"St. Ives Literary Society", *Supplement to St. Ives Times*, 31 Oct 1925. リチャード・クラショー（一六一二?〜四九）はイギリス形而上派の詩人、ジョン・ミリントン・シング（一八七一〜一九〇九）はアイルランドの劇作家。Bjornsen はノルウェーの劇作家、ビョルンソン Björnson（一八三二〜一九一〇）のことか。Roeme と Vaughan については不詳。

（39）柳宗悦「ヴァン・ゴオホに関する著書」『白樺』一九一二年一一月、八五〜九四頁（『柳宗悦全集』一巻に収録）。バーナード・リーチ「ゴオホ号に」『白樺』一九一二年一一月、七一〜七二頁。Leach, *Beyond East and West*, p. 66.

（40）例として、『柳宗悦全集』二一巻上に収録された書簡のうち、六八、二二六、二二九。寿岳文章「白樺派の人たちとウィリアム・ブレイク」（『柳宗悦と共に』集英社、一九八〇年に収録）に詳しい。

（41）"Enthralled, I was on the spot seized with the desire to take up this craft [pottery]." (Leach, *Beyond East and West*, pp.

55-6.）バーナード・リーチ「富本、濱田、その他の友達」、柳宗悦口訳、式場隆三郎筆録、式場隆三郎『バーナード・リーチ』建設社、一九三四年、二二四～二二六頁。

（42）この時の作品は、当時開催中だった美術新報主催の展覧会（前項参照）に出品された（Leach, *Beyond East and West*, p. 65）。なお、堀川光山はリーチと同じく上野桜木町に住んでいたが、堀川からは特に感化は受けていないとリーチは述べている。

（43）入門の経緯については、バーナード・リーチ、濱田庄司「対談・日本の陶芸」（『三彩』一九六九年一二月、二三～二六、三七～三九頁）を見よ。ちなみに、三浦乾也は石井柏亭の親戚である（石井柏亭「古い浅草」『方寸』一九〇九年一一月、八～一〇頁。益井邦夫『幕末の鬼才　三浦乾也』里文出版、一九九二年、二五六、二六〇～二八二頁）。浦野繁吉については、その娘奈美（尾形乾女）が著述を残しており、参考になる（尾形乾女『蓮の実』かまくら春秋社、一九八一年）。また、繁吉と奈美の作品については、『乾山六世完結記念　尾形乾女作陶展』図録（昭和四十八年八月七日～十二日、日本橋三越本店六階工芸サロン）。

（44）濱田、前掲書、三三〇頁。

（45）この伝書の内容は、リーチが一九四〇年に著した著作 *A Potter's Book* において “Kenzan Raku Pigments” として公開されることになる。リーチが授かった「伝書」は、リーチの友人桜木谷慈宣によって英訳された（「同人雑録」『工藝』四六号一〇一頁）。しかし、これは一九一九年の火事により焼失した可能性が高い。*A Potter's Book* に掲載されたデータは、同じく六代乾山から伝書を授けられた富本憲吉によってリーチにもたらされた写しに基づいたものであろう。

（46）Leach, *Beyond East and West*, p. 57.

（47）余談であるが、リーチの浦野繁吉に対する敬愛の念は終生変わらなかった。浦野繁吉は関東大震災での負傷がもとで一九二三年に死去するが、死の間際に洗礼を受けた。後年、一九五四年頃のこと、浦野とゆかりのあった教会の信者からの依頼により、リーチはこの恩師を記念して十字架と六つの燭台を作った（挿図二-五、六）。これらは東京東日暮里にある、日本聖公会神愛教会に納められ、現在でも礼拝に用いられている。神愛教会の司祭パウロ田光信幸氏（当時）によれば、これらの燭台と十字架は教会の信者の依頼によってリーチが「一九五五年頃」に岐阜の高山で制作したもので、依頼者はこれを受け取るために当時まだ一般には珍しかった自動車で高山まで赴いたという。漆塗りの十字架はリーチがデザインし、日本の職人が作ったものであろう（十字架の台座の裏側には「六世乾山マタイ尾形繁吉記念」という文字が彫られている。挿図二

-七）。これに対し飴釉がかかった六基の不揃いな燭台は、あるいはリーチが自ら轆轤でひいたものかもしれない（挿図二-八）。田光氏には二〇〇〇年八月十九日にお話をうかがった。なお、筆者はこの神愛教会のリーチ作品の情報を、国立民族学博物館の熊倉功夫教授（当時）に負っている。

（48）濱田、前掲書、三三二頁。

（49）バーナード・リーチ「製陶の話」『中央美術』一九一八年二月、五〇頁。

（50）リーチ、同右書、五一～五二頁。リーチ「日本に在りし十年間」『美術月報』二巻（一九二一年一月）七五頁。

（51）Bernard Leach, "Kenzan and His Times," *I.H.J. Bulletin*, The International House of Japan, April 1962, no. 9, p. 13.

（52）一九一八年の時点で、リーチは次のような発言をしている。「支那へ行つたとき北京の博物館で宋時代の白磁、青磁の大層いゝものを沢山見て来た。日本のものでは私の一番好きなのは光悦、乾山のものである。古九谷にも中々いゝものがある。又高麗焼は非常に好きである。英国のものは好かない。英国も三百年前程から駄目になつた。今英国で一番もてはやされて居るものが、私は一番嫌いである。上野の博物館には東洋のものには中々いゝものがあるが、西洋のものはまるでお話にならない。その中で和蘭のもの二点、西班牙のもの一点がやゝ価値がある位のものである。」（リーチ「製陶の話」五二頁。）

（53）小林純子「東京における博覧会の変容とその影響」、江戸東京博物館『博覧都市江戸東京』展図録、一九九三年一五四～一五五頁。

（54）参考として、吉見俊哉『博覧会の政治学』中公新書、一九九二年。

（55）富本憲吉（筆名、安堵久左）「拓殖博覧会の一日」『美術新報』一二巻（一九一二年一二月）七五～七七頁。また参考として、"Japan's Colonial Empire : As Seen at the First Colonial Exhibiion Now Open in Tokyo", *Far East*, 5 Oct 1912 : 152-153.

（56）参考として、吉田憲司『文化の「発見」』岩波書店、一九九九年。吉田憲司、ジョン・マック（編）『異文化へのまなざし大英博物館と国立民族学博物館のコレクションから』ＮＨＫサービスセンター、一九九七年。

（57）リーチはその晩年、次のような詩を詠んでいる。

Poor Hearn!/ When he died/ He had no Frend [sic.]/ I have grown old (86)/ With so many Frend [sic.]/ I may not come/ This way again/ Before it is too late/ Thank you Hearn!（かわいそうなハーン/彼は友もなく早く死んでしまった/私もすでに年老いた（86）/こんなにたくさんの友にかこまれながら/もう二度と日本を訪れることはないかも知

れないが/口がきけなくなる前にひとこと/ハーンよ　ありがとう）（岡村美穂子訳）
出典は濱川博『風狂の詩人　小泉八雲』恒文社、一九七九年、六四〜六五、一八八〜一八九頁。友人に恵まれたという点で、日本でのリーチは幸福だったと言えよう。

（58）志賀直哉は一九一〇年代のリーチについて、

「ハーンの書いたのは過去の日本で、現在の日本ではない。」或時［リーチは］こんな事を云つてゐた。現在の日本を理解するものは自身だといふ口吻だつた。

と証言している。志賀直哉「リーチのこと」『志賀直哉全集』岩波書店、一九七四年、七巻、七六一〜七六二頁。（参考として、六九六頁も見よ）。

（59）Leach, *Beyond East and West*, p. 75.

（60）小宮豊隆「若冲の絵」『美術新報』一四巻（一九一五年二月）一六二頁。

（61）J. P. Hodin, "The Work of Bernard Leach", Bernard Leach, *A Potter's Work*, 1967, London : Jupiter Books, 1977, p. 22.

（62）Leach, *A Review 1909-1914*, Introduction.

（63）リーチがイギリスのスリップ・ウェアを知ったのは一九一三年である。富本憲吉「千九百拾参年頃」及び柳宗悦「スリップ・ウエアの渡来」（共に『工藝』一五号、一九三三年一月）を見よ。なお、前者は『製陶余録』（昭森社、一九四〇年）に、後者は『柳宗悦全集』一二巻に収録されている。

（64）こうした美術観にはブルームズベリ・グループのロジャー・フライに近いものがある。ターニャ・ハロッドは、このようなリーチの抱いた美術観には当時としては革新的な一面があったと指摘している。Tanya Harrod, "Bernard Leach Traditionalist or Visionary", *Ceramic Review*, Nov-Dec 1994 : 20-23.

（65）「編輯室にて」『白樺』一九一二年五月、一三二頁（『柳宗悦全集』一〇巻に収録）。

（66）「私は教へる為に来たのでないでした。学ぶ為に来ました。当り前の西洋人は皆日本人に何か教へる為に来ます。日本人も飽きた気持があつたと私は思つて居りました。」（リーチ「日本に在りし十年間」五七頁）。

（67）例えば長與善郎は、「印象派以後の画家達の複製が来た時などは騒ぎでした。リーチも亢奮してワンダフルと云つて鉄瓶を引つくり返したりしたものです。私はこんな西洋人もあるものかと驚きました」と回顧している。式場隆三郎「リーチ座

談会記」、『工藝』三六号（一九三三年一二月）五八頁。

(68) 柳宗悦「私の知れるリーチ」『柳宗悦全集』筑摩書房、一九八二年、一四巻、九二頁。

(69) 岸田、前掲書、三三～三四頁。（全集二八一～二八二頁。）

(70) 詳しくは鈴木禎宏「バーナード・リーチと岸田劉生」、『ジャポニスム研究』一八号、一九九八年、三〇～四一頁。

(71) 高村光太郎「バーナード　リーチ君に就いて」『高村光太郎全集』増補版、筑摩書房、一九九五年、七巻一六五頁。

(72) 坂井犀水「晩秋の諸展覧会（其二）」『美術新報』一四巻（一九一四年一二月）七一頁。

(73) 例えば、木下杢太郎「リイチ氏の陶器展覧会」『美術新報』一四巻（一九一四年一二月）九七頁。

(74) 例えば、「リーチ　日本滞在五カ年間の作品展」『時事新報』一九一四年一〇月二四日（『大正ニュース事典』毎日コミュニケーションズ、一九八六年、一巻に収録）。

(75) この作品は『美術新報』一〇巻一二号（一九一一年一〇月）に掲載されたカラー図版としてのみ知られており、現在の所在は不明である。作品には「ＢＨＬ」というリーチの署名の下にローマ数字で「ＭＤＣＣＣＸＩ」（一九一一年、ＭＣＭＸＩの誤り）という制作年が書かれている。参考として、Leach, *Beyond East and West*, p. 71.

第三章　東洋と西洋――中国　一九一四～一九一六年

(1) "Mainly about People", *Far East*, 14 Nov 1914 : 243 ; 5 Dec 1914 : 369.「個人消息」『美術週報』一九一四年一一月八日、七頁。

(2) 「個人消息」『美術週報』一九一五年一月一七日、九頁。"Mainly about People", *Far East*, 8 May 1915 : 184.

(3) 「消息」『美術新報』一四巻（一九一五年八月）四一四頁。

(4) 一九一五年六月二十三日、「八百善」にてリーチの送別会が開かれた。出席者は、リーチ夫妻、田中喜作、梅原龍三郎、有島生馬、長原止水、三浦直助、斉藤豊作、山下新太郎、柳宗悦、高村光太郎、森田亀之輔、石井柏亭、坂井犀水。『美術新報』一四巻（一九一五年八月）四一四頁。

(5) バーナード・リーチ「日本に在りし十年間」『美術月報』二巻（一九二〇年一二月）五七～五八頁。

(6) バーナード・リーチ「保存すべき古代日本芸術の特色」『美術新報』一〇巻（一九一一年一〇月）三七八頁。

(7) 参考として、出原栄一『日本のデザイン運動　インダストリアルデザインの系譜　増補版』ぺりかん社、一九九六年、七六～七八頁。矢部良明監修『日本やきもの史』美術出版社、一九九八年、八章。

（8）リーチは後年、師の六代乾山は「東洋の工芸家総てと同様、伝統から離れて西洋の影響に屈服したとき、迷子になってしまった」と述べている。Bernard Leach, *A Potter's Book*, 1940, London : Faber & Faber, 1976, p. 31.

（9）岡落葉「宮川香山翁を訪ふ」『美術新報』一〇巻（一九一一年七月）二九〇～二九一、（一九一一年九月）三五七～三五九頁。

（10）参考として、佐藤道信『〈日本美術〉誕生　近代日本の「ことば」と戦略』講談社、一九九六年。

（11）参考として、姜尚中「東洋（オリエント）の発見とオリエンタリズム」『現代思想』二三巻三号（一九九五年）一六二～一七二頁。

（12）竹内好「近代の超克」『竹内好全集』筑摩書房、一九八〇年、八巻三五、六四～六五頁。

（13）Bernard Leach, "Art and Commerce," *Far East*, 20 Dec 1913 : 491-495.

（14）こうしたリーチの東西観には、リーチが読んだという、岡倉覚三の *The Book of Tea* の第一章と通底する部分がある。

（15）Bernard Leach, "The Meeting of East and West in Pottery," *Far East*, 29 May 1915 : 247-250 ; 5 Jun 1915 : 288-291 ; 12 Jun 1915 : 312-315.

（16）Bernard Leach, *A Review 1909-1914*, Tokyo : Japan Advertiser, 1914.

（17）William Blake, *The Marriage of Heaven and Hell*, with an Introduction and Commentary by Geoffrey Keynes, London : Oxford University Press, 1975.

（18）本章の註6参照。

（19）詳しくは第十章第五節で述べるが、これらの対にはのちに独特の解釈が加えられ、作品を批評する際の基準へと発展していくことになる。

（20）富本憲吉「支那へ去らんとするリーチ氏に就て」『美術新報』一四巻（一九一四～一五年）一七二頁。

（21）仲万美子「『日本音楽』に対する内・外の目　二〇世紀初頭の場合」『民族藝術』六巻（一九九〇年）一七四～一七九頁。

（22）Alfred Westharp, "The Soul of Japanese Music," *Far East*, 20 Dec 1913 : 520-521. Letter, *Far East*, 21 Jun 1913 : 488-90＋. "The Renaissance of the Geisha through Japanese Music," *Far East*, 21 Feb 1914 : 760. "How World-Peace can be Produced," *Far East*, 21 Nov 1914 : 267-269.

（23）「ウェストハルプ氏　日本音楽に就いて本邦人と意見を異にしたるを以て北京に去れり。」（「個人消息」『美術週報』一九一三年一一月九日、三頁。）参考として、田辺尚雄「日本音楽は世界最高か最劣等か　ウェストハルプ氏に」『音楽界』一九一三年一〇月、五九〜六一頁。

（24）"Modern Education, Psychological Education, Education based upon the principle of self-realization as Kung Fu-tsu, long ago, and Dr. Montessori now again teaches us, that is the means by which World Peace may be produced." (Westharp, "How World-Peace can be produced", p. 269.) モンテッソリ教育については、平塚益徳「モンテッソリ」「モンテッソリ法」、『教育学辞典』岩波書店、一九三九年、四巻二二七〇〜二二七二頁。白川蓉子「モンテッソーリ、M.」「モンテッソーリ法」、細谷俊夫他編『教育学大事典』第一法規出版、一九九〇年、六巻三八五〜三八六頁。

（25）Bernard Leach, *Beyond East and West*, London : Faber & Faber, 1978, pp. 102-103.

（26）リーチの教育への関心は、初の著作 *A Review 1909-1914* の'Education'という項目に現れている。リーチの中国渡航とモンテッソリ教育の関係については、棚橋隆『魂の壺　セント・アイヴスのバーナード・リーチ』新潮社、一九九二年、一五五〜一五六頁が参考になる。リーチは教具の開発を行う予定であった。なお、リーチが読んだという直接的な証拠はないが、一九一四年一月から二月にかけての六週間に、*The Far East* 誌には"Chinese Education : How East and West Meet"と題する記事が六回連載されており、この中で中国の学校教育においてモンテッソリの提唱する教育方法と孔子の道徳の教えを併用すべきことが論じられている（Wei Hsi-chin, "Chinese Education : How East and West Meet", *Far East*, vol. 4 (1914) : 647-648, 679-681, 707-709, 737-738, 762-764, 789-791）。この記事の著者の正体は不明であるが、この投稿記事の内容やタイトル、リーチが *The Far East* 誌に投稿をしていたという事実や、リーチがウェストハープの名を見出したのが同じく *The Far East* 誌だった思われる点などを考慮しても、リーチがこの記事を読んでいた可能性はあろう。

（27）Leach, op. cit., pp. 103-104.

（28）富本、前掲書。

（29）「バーナード・リーチ、柳宗悦両氏に工芸美術を聴く夕」『日本医事新報』六三九号（一九三四年一一月）。

（30）ウェストハープとリーチが決別したきっかけは、リーチの長女の出産だという。ウェストハープのもとを去ると、「それまでよりも幸福な独立した日々が始まった」とリーチは書いている。Leach, op. cit., p. 95.

（31）Bernard Leach, "A Night at the Chinese Shadow Play", *New East*, Oct 1918 : 342-345.

（32） J. P. Hodin, "Introduction", The Arts Council of Great Britain, *Bernard Leach : Fifty Years a Potter.* London : The Arts Council of Great Britain, 1961, p. 7.

（33） 「支那へ行つたとき北京の博物館で宋時代の白磁、青磁の大層いゝものを沢山見て来た。」（バーナード・リーチ「製陶の話」『中央美術』一九一八年二月、五二頁。）

（34） Leach, *A Potter's Book*, ch. 1.

（35） 坂井犀水「リーチ氏の新窯を訪ふて」『美術月報』一巻（一九二〇年一月）九二頁。

（36） Bernard Leach, "China, Corea [sic], Japan," *An English Artist in Japan*, ed. Muneyoshi Yanagi, Tokyo : Matsutaro Tanaka, 1920, pp. 44-47. 邦訳は寿岳文章訳「支那、朝鮮、日本」、式場隆三郎編『バーナード・リーチ』建設社、一九三四年、一三三〜一三四頁。引用は寿岳の翻訳に拠った。

（37） Leach, "A Night at the Chinese Shadow Play," p. 342.

（38） デイヴィッド・リーチ氏へのインタビュー。デヴォン州のボーヴェイ・トレイシーにある氏のご自宅にて、二〇〇〇年三月十日。

（39） 柳宗悦「書簡二五〇」『柳宗悦全集』筑摩書房、一九八九年、二一巻上。

（40） 柳宗悦「書簡二〇四」および「書簡二一二」、柳、前掲書。

（41） Bernard Leach, "Notes on William Blake"『白樺』一九一四年四月、四六二〜四七一頁。

（42） 柳宗悦「編輯室にて」『白樺』一九一四年四月、五七三頁（『柳宗悦全集』五巻に収録）。

（43） 柳宗悦はロバートソン・スコット宛ての未投函書簡（一九一六年二月二二日付）において、次のようにウェストハープを批判している。"Arrogant Westharp simply failed in Japan, because he wished to teach from the beginning with the attitude of civilized man to the barbarians! Young Leach was loved by all of those who know him in Japan, for he never preached but showed us his warm study of oriental spirit in his art."『柳宗悦全集』二一巻上、六五〇頁。

（44） 柳宗悦「書簡二三六」、柳、前掲書、六七四〜六七五頁。引用は引用者の翻訳による。

（45） 柳宗悦「書簡二三一」、柳、前掲書、六七六頁。引用は引用者の翻訳による。

（46） Leach, *Beyond East and West*, pp. 74-75.

（47） 柳宗悦「書簡二四七」、柳、前掲書。この書簡はリーチの自伝にも収録されている。Leach, op. cit., pp. 79-86.

（48）“In duality unity rests! Where two men meet there must be love.”柳、同右書、六七一頁。Leach, op. cit., p. 80.
（49）柳、同右書、六六八頁。引用は引用者の翻訳による。
（50）Leach, op. cit., p. 98.
（51）Leach, op. cit., p. 87.
（52）水尾比呂志「リーチ・河井・濱田の陶業」『現代の陶芸　第三巻　河井寛次郎・濱田庄司・バーナード・リーチ』講談社、一九七五年、一四〇頁。

第四章　陶芸家リーチ誕生——日本　一九一六〜一九二〇年

（1）「消息」『美術』一巻（一九一六年一二月）一〇〇頁。
（2）柳宗悦「書簡二五八」『柳宗悦全集』筑摩書房、一九八九年、二一巻上。
（3）バーナード・リーチ「日本に在りし十年間」『美術月報』二巻（一九二〇〜二一年）二〜四、五五〜五八、七四〜七五、九二〜九三頁。Bernard Leach, *Beyond East and West*, London : Faber & Faber, 1978.『柳宗悦全集』一四巻に収録されている、リーチに関する文章。『黒田清輝日記』中央公論美術出版、一九六八年、四巻。バーナード・リーチ「富本、濱田その他の友達」、柳宗悦口訳、式場隆三郎筆録、式場隆三郎『バーナード・リーチ』建設社、一九三四年、二二一〜二四五頁。
（4）式場隆三郎「リーチ座談会記」『工藝』三六号（一九三三年一二月）五三頁。
（5）柳宗悦「書簡二五七」『柳宗悦全集』二一巻上。
（6）水尾比呂志編「年譜」『柳宗悦全集』二二巻下、二三九頁。
（7）柳宗悦「私の知れるリーチ」『柳宗悦全集』一四巻八三〜九三頁。
（8）この頃のリーチの陶芸家としての技量は、まだ基本的に素人の域に留まっていたという指摘がある。志賀直哉「リーチのこと」『志賀直哉全集』岩波書店、一九七四年、七巻五二九、七六二頁。
（9）水尾比呂志「柳兼子夫人に聞く」（『柳宗悦全集月報』に連載）のうち、五と十五など。柳兼子「リーチさんを思ひ出して」『白樺』一九二三年五月、五三〜六〇頁。志賀直哉「雪の日」（『志賀直哉全集』三巻七七〜八六頁）。
（10）棚橋隆『魂の壺　セント・アイヴスのバーナード・リーチ』新潮社、一九九二年、九三頁。
（11）「之から我孫子は又賑やかになりそうだ。今椿［貞雄］が来て景色を描いてゐる。その内岸田［劉生］も来る筈だ。清宮

［彬］はリーチに陶器を教はりに来る事になつてゐる。又園池［公致］か山脇［信徳］かが我孫子に住む事になりそうだ。丁度いゝ家を見つけたのですゝめてゐる。九里も勧めれば土地を買ひそうだ。（以上柳）」（柳宗悦「編輯室にて」『白樺』一九一八年三月、二三八頁。『柳宗悦全集』二〇巻二三～二四頁に収録）。

(12) 柳宗理「気むずかし屋のオヤジ宗悦・オフクロ兼子は料理上手」、『我孫子市史研究』我孫子市教育委員会、一二号（一九八八年）二六〇～二六三頁。

(13) Bernard Leach, *Hamada, Potter*, 1975, Tokyo: Kodansha International, 1990, pp. 91-92. バーナード・リーチ「思うこと、思い出すこと」田畑豊訳、『学鐙』一九六一年一一月、七頁。

(14) リーチ「思うこと、思い出すこと」六頁。

(15) リーチ「富本、浜田その他の友達」二三五頁。「メストロヴイツク」とは、ユーゴスラビアの彫刻家イヴァン・メシュトロヴィチ（一八八三～一九六二）のことであろうか。

(16) "The week-ends I spent with my family, and from Monday to Friday lived with Yanagi and his wife, consolidating my Japanese friendships, making exchange and thereby expanding whilst taking part in the early days of a movement in art which is still rippling round the world. It has in fact merged into something greater — the prelude to marriage between the two hemispheres. Such is the only possible way to rid ourselves of the role of dualism. If the meaning of the word is obscure, let me add that it is the most universal criticism levelled against the Occident by the Orient and is therefore vitally important." (Leach, *Beyond East and West*, p. 115.)

(17) 参考として、草光俊雄「柳宗悦と英国中世主義―モリス、アーツ・アンド・クラフツ、ギルド社会主義―」、杉原四郎編『近代日本とイギリス思想』日本経済評論社、一九九五年、一一三～一四二頁。Hugh Cortazzi, "The Mingei Movement and Bernard Leach", Ian Nish, ed. *Britain & Japan: Biographical Portraits*, Folkestone: Japan Library -Curzon Press Ltd., 1994, 190-205＋.

(18) ロバートソン=スコットについては、Mari Nakami, "J. W. Robertson-Scott and His Japanese Friends," Ian Nish, ed., *Britain & Japan: Biographical Portraits*, Richmond: Japan Library -Curzon Press Ltd., 1997, vol. 2, pp. 166-179＋.

(19) リーチが *The New East* 誌によせた文章としては以下のものがある。Bernard Leach, "Factories and Handicrafts in Japan," *New East*, Apr 1918: 324-328. "A Night at the Chinese Shadow Play," *New East*, Oct 1918: 342-345. この雑誌

に掲載されたリーチの作品としては：《Brush Drawing of a Pinnacle Rock at Karuizawa》*New East*, Mar 1918（この作品は現在日本民藝館の所蔵となっている）。また、リーチは美術史家オズワルト・シレン（Osvald Sirén, 一八七九～一九六六）を連れて岸田劉生を訪ねたことがあるが（『岸田劉生全集』岩波書店、一九七九年、五巻、二〇一頁）、リーチがシレンを知ったのはおそらくこの雑誌を通じてであろう（二巻二二〇～二二二頁に、シレンが東京で行った講演の記録が載っている）。さらに、この雑誌の三巻二号（一九一八年八月）には劉生の自画像が掲載されているが、これを仲介したのはリーチだった可能性がある。

（20）柳宗悦「書簡二二八」「書簡二二九」『柳宗悦全集』二一巻上、一八六～一八七、六七六～六七七頁。

（21）M. Yanagi, "Our Thirsty, Free, Green Minds", *New East*, Jul 1917 : 50-503. Takeo Arishima, "Love the Plunderer : the Metaphysics of a Modern Japanese", *New East*, Aug 1917 : 47-50. "The Young Christ and the Powers of Darkness from the Japanese of Saneatsu Mushakoji", *New East*, Aug 1917 : 58-63. "The Lad Seibei and His Gourd, from the Japanese of Shiga Naoya", *New East*, Sep 1918 : 267-268.

（22）棚橋、前掲書、二七頁。

（23）本章の註(19)参照。

（24）ヴァルター・ベンヤミン「複製技術時代の芸術」『ヴァルター・ベンヤミン著作集』二巻、晶文社、一九九三年。

（25）Leach, *Beyond East and West*, p. 115. バーナード・リーチ「日本に在りし十年間」『美術月報』二巻（一九二一年二月）九三頁。

（26）富本憲吉は「リーチは石造の家に育ったので、木造の家の危険を知りませんでした」と証言している（式場「リーチ座談会記」五三頁）。なお、我孫子の窯の場所は不明である。旧柳宗悦邸の現在の住人、村山正八氏は、同じ敷地内にある小山（古墳とも言われる）のあたりに窯があったのではないかと推測しておられるが、当時の写真とリーチ自身の証言よりその可能性は低いように思われる。窯の位置の特定は、周辺の宅地開発により、もはや困難である。村山氏には二〇〇二年二月二日に氏のご自宅でお話をうかがった。

（27）流逸荘の名付け親は黒田清輝と坂井犀水である（『美術週報』一九一四年一二月一三日、八頁）。黒田は仲省吾の実務能力を高く評価し、重用していた。黒田が関わった国民美術協会という団体の事務局は流逸荘におかれていた。ちなみに、リーチのイギリスの帰国後、この窯は仲省吾が使用した（仲「リーチを憶ふ」、式場『バーナード・リーチ』三二五頁）。また、

Mansimran Singh というインド人も一時期使用している（バーナード・リーチ他「座談会　リーチさんを囲んで」『民藝』一〇七号、一九六一年一一月、一八頁、及び Marion Whybrow, *The Leach Legacy*, Bristol : Sansom & Company, 1996, p. 181）。晩年の仲についてはC・W・ニコル『バーナード・リーチの日時計』（松田銑訳、角川書店、一九八二年）が参考になる。

（28）リーチは自伝の中で、この援助が実現するまで彼は黒田清輝とは面識がなかったと述べているが、それは記憶違いないし脚色である。

（29）当時の経緯については、仲省吾「リーチを憶ふ」（式場『バーナード・リーチ』三一七〜三二五頁に収録）や式場「リーチ座談会記」五八〜六〇頁を見よ。また、『黒田清輝日記』の一九一七年から一九二〇年までの記述には、リーチの名が散見される。なお、リーチの新住所の典拠は、岸田劉生「書簡一九四」『岸田劉生全集』一九八〇年、一〇巻二九八頁。

（30）式場「リーチ座談会記」五四頁。

（31）同右書、五九頁。

（32）リーチ他「座談会　リーチさんを囲んで」一八頁。柳「私の知れるリーチ」八八頁。

（33）坂井犀水「リーチ氏の新窯を訪ふて」『美術月報』一巻（一九二〇年一月）九二〜九三頁。

（34）J. P. Hodin, "The Work of Bernard Leach", Bernard Leach, *A Potter's Work*, 1967, London : Jupiter Books, 1977, p. 23.

（35）黒田、前掲書、一三〇四頁。石井柏亭「芸苑日抄」『美術月報』一巻（一九二〇年三月）一三〇頁。

（36）ブラングウィンは家具のデザインを行っており、その作品は松方の美術館に展示されることになっていた（藤島武二「松方幸次郎氏の蒐集品に就て」『美術月報』一巻、一九二〇年五月、一三六〜一三八頁）。ブラングウィンについては尹相仁『世紀末と漱石』（岩波書店、一九九四年）第三章(五)と Lionel Lambourne, *Utopian Craftsmen*, London : Astragal Books, pp. 190-192 が、松方コレクションについては神戸市立博物館『松方コレクション展』図録（一九八九年）掲載の諸論文がそれぞれ参考になる。

（37）Bernard Leach, *A Review 1909-1914*, Tokyo : Japan Advertiser, 1914, p. 13.

（38）Muneyoshi Yanagi, ed., *An English Artist in Japan*, Tokyo : Matsutaro Tanaka, 1920.

（39）旅行の詳細については、柳宗悦「彼の朝鮮行」『改造』一〇巻三号（一九二〇年一〇月）四四＋頁。（『柳宗悦全集』六巻五二〜七八頁。）

（40）浅川伯教「李朝陶器の価値及び変遷に就て」『白樺』一九二二年九月、附録一〜二頁。

（41）坂井犀水「藻細工」『美術月報』一巻（一九二〇年八月）一九八頁。

（42）Leach, *Beyond East and West*, p. 119.

（43）「編輯室にて」『白樺』一九一六年八月、一六四頁（『柳宗悦全集』二〇巻一七頁に収録）。

（44）岸田劉生「リーチを送るに臨みて」、Yanagi, op. cit., pp. 34-35.（『岸田劉生全集』二巻二八二頁。）

（45）「去年、流逸荘でしたリーチの展覧会に出てゐたペンと毛筆とで水と舟など描いた簡素な素畫には、日本畫風の手法が更に新しい生命を与へられ生かされてゐるのを見て感心した。そこには不思議に日本風の生きた味があり、又自然の余韻が、つきない感じが出てゐた。」（岸田、前掲書、Yanagi, op. cit., pp. 39-40.『岸田劉生全集』二巻二八五〜二八六頁。）劉生がここで言及している作品は、リーチによる手賀沼のスケッチであろう（参考として、挿図四-三）。

（46）柳宗悦「書簡二八六」『柳宗悦全集』二一巻上、五八頁。なお、この家はもはや現存しない。現在の地主、村山正八氏のご教示による（村山氏のご自宅にて、二〇〇〇年二月二日）。

（47）「新案伊呂波悪戯」『美術新報』一四巻（一九一五年一月）一三七頁。また、『白樺』の美術移植については、中村義一『近代日本美術の側面』造形社、一九七六年、三章。

（48）鈴木貞美編『大正生命主義と現代』河出書房新社、一九九五年。鈴木貞美「大正生命主義と雑誌『白樺』」要旨メモ、第五十七回日本比較文学会全国大会シンポジウム「白樺派への比較文学的アプローチ」一九九五年六月四日、帝塚山大学。

（49）本多秋五『「白樺」派の文学』新潮文庫、一九六〇年、九九、一二四〜一二五、一三四〜一三六頁。

（50）明治末における額縁製作の実際についは次の記事が興味深い。鳥呂「額縁の談」『美術新報』九巻（一九〇九年一二月）三三〜三四頁。

（51）バーナード・リーチ「保存すべき古代日本芸術の特色」『美術新報』一〇巻（一九一一年一〇月）三七八頁。

（52）高村光太郎「油絵の懸け方」『高村光太郎全集』筑摩書房、一九九五年、四巻一〇一〜一〇四頁。

（53）森田亀之輔「本誌主催　新進作家小品展覧会　展覧会の成立に就いて」『美術新報』一〇巻（一九一一年五月）二〇七〜二一三頁。芋洗生［岩村透］「雑感　小作品展覧会に就て」『美術新報』一〇巻（一九一一年五月）二一五〜二一七頁。

（54）参考として、富本憲吉「室内装飾漫言」『美術新報』一〇巻（一九一一年八月）三二八頁。

（55）大正時代の「二重生活」については、エドワード・サイデンステッカー『東京下町山の手　一八六七－一九二三』安西徹雄訳、TBSブリタニカ、一九八六年が参考になる。

（56）リーチは一九一七年二月に西村の自宅を訪ねていると思われる。加藤百合『大正の夢の設計家　西村伊作と文化学院』朝日新聞社、一九九〇年、七四頁。

（57）リーチの家具については次の文献を参照。森口多里「芸術としての家具」『早稲田文学』一六五号（一九一九年八月）五八～六〇頁。「新建築紹介」『建築評論』一九一九年七月、三五～三六頁。『建築評論』一九一九年八月、四、二〇、三七頁。広川松五郎「工芸及リーチ氏の近作に就いて」『中央美術』一九一九年九月、三二～三五頁。

（58）リーチ・バーは山本為三郎と柳宗悦の構想のもと、バーナード・リーチのデザインに従い、吉田五十八によって設計された、イギリスのコテージ風のバーである。室内にはバーナード・リーチ、河井寛次郎、濱田庄司、芹沢銈介、棟方志功の作品が展示され、またここで用いられている椅子やテーブルはすべて、リーチの監督のもと長野県の松本民芸家具によって製作されたものである。「ロイヤルホテルの中へ昔の『三国荘』をつくる」という、山本為三郎の意志にそった空間となっている。

第五章　「東と西の結婚」のヴィジョン——その形成と内実

（1）Bernard Leach, "East and West", *An English Artist in Japan*, Muneyoshi Yanagi, ed., Tokyo : Matsutaro Tanaka, 1920, p. 41.

（2）Leach, op. cit., p. 41. 引用は引用者の翻訳による。邦訳が二種類ある。「私は東洋と西洋とが結婚した幻を見、時間の広間のはるか下方に幼児のやうな声が反響するのを聞い［脱字］。いかに長き間ぞ？　いかに長き間ぞ？」（「東洋と西洋」寿岳文章訳、式場隆三郎『バーナード・リーチ』建設社、一九三四年、一二七頁。）「私は東と西の婚姻のまぼろしを見た。／そして、はるかな時の会堂の先に、／子供のような声のこだまを聞いた。／どの位？　どの位長く？」（『東と西を超えて』福田陸太郎訳、日本経済新聞社、一九八二年、四〇三頁。）

（3）Leach, op. cit., p. 42.

（4）シモーヌ・ペトルマン「二元論（哲学と宗教における）」出村みや子訳、フィリップ・P・ウォーナー編『西洋思想大事典』平凡社、一九九〇年、三巻四四九～四五五頁。

(5) Bernard Leach, "Art and Commerce", *Far East*, 20 Dec 1913: 491-495. Bernard Leach, "The Meeting of East and West in Pottery", *Far East*, 29 May 1915: 247-250; 5 Jun 1915: 288-291; 12 Jun 1915: 312-315.

(6) バーナード・リーチ「家具の試作について」岡田弘訳、式場隆三郎『バーナード・リーチ』建設社、一九三四年、一六一頁。

(7) バーナード・リーチ「『アイノコ』の真意義」『美術』一巻（一九一七年四月）一三五～一三六頁。

(8) Bernard Leach, *Beyond East and West*, London: Faber and Faber, pp. 237-238.

(9) この章の註(5)参照。

(10) リーチ「『アイノコ』の真意義」。雑誌に掲載された翻訳を引用。

(11) 出原栄一『日本のデザイン運動　インダストリアルデザインの系譜　増補版』ぺりかん社、一九九六年、二章。

(12) リーチ「日本に在りし十年間」『美術月報』二巻（一九二一年一月）七五頁。Leach, "The Meeting of East and West in Pottery", pp. 288, 312. またリーチは "Life is the stem, art the flower." と述べたこともある（Leach, "Miscelaneous [sic]," Yanagi, op. cit., p. 49）。つまり、毎日の生活（茎）がしっかりとしなければ良い芸術（花）は生まれないと彼は考えていたようだ。

(13) リーチは一九二〇年に、自身がボーモント・ジェジュイット・カレッジ在学中にラスキンを愛読していたことを述べ、「ジョン《ママ》ラスキンの考へを其時阿父さんのやうに考へた、何と綺麗な人と思つて今でも非常に好きです」（「日本に在りし十年間」『美術月報』二巻、一九二〇年九月、二頁）と発言している。すなわち、一九二〇年のイギリス帰国間際の時期においても、リーチを中世主義の観点から考察することは有効であると思われる。

(14) 坂井犀水「リーチ氏の新窯を訪ふて」『美術月報』一巻（一九二〇年一月）九二頁。またリーチは、「芸術は宗教と兄弟であることを悉く皆忘れました」と述べたこともある（「日本に在りし十年間」『美術月報』二巻、一九二一年二月、九二頁）。

(15) 「不作為」、ジョン・A・ハードン編著、A・ジンマーマン監修『現代カトリック事典』浜寛五郎訳、エンデルレ書店、一九八二年、五八一頁。浜口吉隆「怠りの罪」、学校法人上智学院新カトリック大事典編纂委員会編『新カトリック大事典』研究社、一九九六年、一巻九〇七～九〇八頁。

(16) このキリスト教の考え方では、生活が醜くなっていることに気がついていない人、及び、気がついていてもそれを改善できる立場にいない人は、「怠りの罪」には問われない。なお、リーチがボーモント・ジェジュイット・カレッジでカトリックの教育を受けていたことを想起されたい。リーチが「怠りの罪」に言及している例として、Leach, "East and West", p. 41.

(17) 森口多里「芸術としての家具　リーチ氏作品展覧会評」『早稲田文学』一六五号（一九一九年）五九頁。

(18) "Herbert Spencer's Advice to Japan", Lafcadio Hearn, *Japan : An Attempt at Interpretation*, Rutland : Charles E. Tuttle Company, 1955, pp. 481-486.

(19) リーチは一九五五年に「わたしは西洋と東洋という、人類の文化の二つの大枝の間にうまく橋渡をするには芸術家たるものは双方の文化に深い理解を持つことが先決であると考える。この仕事は芸術家の頭脳の問題であるばかりでなく、心の問題でもある」（「岸田劉生のこと」『産業経済新聞』昭和三〇年四月一六日）と述べているが、ここでいう「人類の文化の二つの大枝」は、生命の進化の道筋を示す系統樹を踏まえた表現であろう。すなわち、人類の文化の「進化」の流れには、大きく言って「東」と「西」という二つの系統があるとリーチは理解していたと考えられる。そして、第十一章第三節で扱うが、二本の「大枝」をもつ「生命の樹　Tree of Life」は、リーチの作品における重要なモチーフとなっている。

(20) バーナード・リーチ「製陶の話」『中央美術』一九一八年二月、五二～五三頁。

(21) Bernard Leach, "A Strange but Pleasant Dream", "A Terrible Dream", "Nightmare", *An English Artist in Japan*, ed. Muneyoshi Yanagi, Tokyo : Matsutaro Tanaka, pp. 57-64.

(22) バーナード・リーチ『日本絵日記』柳宗悦訳、毎日新聞社、一九五五年、一一八～一一九頁。

(23) バーナード・リーチ「思うこと、思い出すこと」田畑豊訳、『学鐙』一九六一年一一月、六頁。

(24) 「それから話頭《ママ》は、仲［省吾］氏が目下リーチ氏等と共に計画しつゝある農民芸術の事に転して、又互に熱心に語つた。［リーチ］氏は『農民芸術の研究もしたいし、研究したいことが余りに多い、身体が幾つあつても足らない』と嘆息した。」（坂井、前掲書、九三頁。）

(25) 晩年のリーチはスタジオ・ポターの作る作品について次のように棚橋隆に述べている。「ノウ！　我々はフォークじゃない。それは不可能だ。フォーク・クラフト！　記憶にも教育にもたよらぬ単純さ！　それが人々の心情を歓喜させる。我々は教育されて単純ではなくなっている。我々はインテリジェントだ。我々は知性を使わなくてはならない。我々にはそんなに純粋なものはできない。激しい苦痛の体験によって殉教したあの偉大な人のような純粋さはもてない。」（棚橋隆『魂の壺　セント・アイヴスのバーナード・リーチ』新潮社、一九九二年、一〇一頁。）

(26) Leach, *Beyond East and West*, p. 36. リーチ「日本に在りし十年間」『美術新報』二巻（一九二〇年二月）五五頁。

(27) リーチ「日本に在りし十年間」九二頁。

(28) 「同人雑録」『工藝』四六号（一九三四年一〇月）一〇一頁。

(29) 棚橋、前掲書、二七頁。

(30) 自伝の中でリーチは中国時代について、「運悪く私は一人の禅僧にも合わなかった」と述べている。Leach, *Beyond East and West*, p. 82.

(31) 柳宗悦「書簡二四七」『柳宗悦全集』二一巻上、六六八頁。引用は引用者の翻訳による。

(32) D. Teitaro Suzuki, "Zen, the Spiritual Heritage of the East", *New East*, Jun 1917 : 69-71. "Illogical Zen", *New East*, Jul 1917 : 72-74. "Is Zen Negation?", *New East*, Sep 1917 : 54-58. "Practical Zen", *New East*, Mar 1918 : 247-50. "'Satori': Acquiring a New Viewpoint", *New East*, May 1918 : 473-476. "Zazen and Koan", *New East*, Sep 1918 : 292-295.

(33) Suzuki, "Is Zen Negation?", p. 55.

(34) Suzuki, "Zazen and Koan", p. 293.

(35) Suzuki, "'Satori': Acquiring a New Viewpoint", p. 473.

(36) 水尾比呂志「浜田庄司とバーナード・リーチ論」『三彩』二五二号（一九六九年一二月）四三頁。

(37) 参考として、Bernard Leach, "Oh Fugitive Universe unto What End?", Yanagi (ed.), op. cit., pp. 53-54 を見よ。この詩編でリーチは「自意識」の抑制ないし解消という問題を扱っているように思われる。

(38) リーチ「日本に在りし十年間」九二頁、および「英国より（一九二〇年十一月廿九日）」『美術月報』二巻（一九二一年二月）九三頁。なお、この「東洋と西洋の間に橋を架ける」という考え方は、かつて柳宗悦が批判したものである。第三章第四節をみよ。

(39) 谷川徹三は『茶の美学』（淡交社、一九七七年）の中で、茶の湯には「社交的なもの、儀礼的なもの、修行的なもの、芸術的なもの」という四つの要素があり、茶の湯の構造はこの四つを頂点とした三角錐として捉えることが出来ると論じているが、これら四つの要素はリーチにおける「生活と芸術」「宗教と芸術」という観点や禅への関心と部分的に対応している。またリーチは、一九一五年の "The Meeting of East and West in Pottery" において茶の湯に言及しており、それなりに茶道を理解していたことを伺わせる。なお、谷川とリーチの関係については、谷川「人生の道、物の美」、『我孫子市史研究』我孫子市教育委員会、一二号、一九八八年、二五五～二五九頁を見よ。

(40) リーチは、陶芸において「西洋」は「東洋」に借りがあると述べている。Bernard Leach, *A Potter's Book*, 2nd ed., 1945, London: Faber & Faber, 1976, pp. 16-17. Leach, "The Meeting of East and West in Pottery", part 2.

(41) 中国から日本に戻る時点で、リーチはモンテッソリ教育への関心を失ってはいない。柳宗悦「書簡二五七」（柳、前掲書）を見よ。

(42) Leach, *Beyond East and West*, p. 87.

(43) 村形明子編訳『アーネスト・F・フェノロサ資料』第三巻（ミュージアム出版、一九八七年）九七～一〇三頁。Earl Miner, *The Japanese Tradition in British and American Literature*, Princeton: Princeton University Press, 1966, pp. 22-24.

(44) 大隈重信「東西文明の調和」*New East*, Jul 1917: 7-11. 参考として、大隈重信『東西文明之調和』一九二二年、早稲田大学出版部、一九九〇年。早稲田大学図書館『大隈重信生誕百廿五年記念展観』早稲田大学、一九六三年、三三頁。

(45) 大日本文明協会は、大正十一年に大隈信常が二代会長として引き継ぎ、大正十四年には財団法人文明協会へと発展したが、昭和十三年まで存続した後自然消滅した（佐藤能丸「大日本文明協会」『国史大辞典』吉川弘文館、一九七九～一九九七年。）

(46) 本章の註(19)参照。

(47) 日本におけるモリスの受容については、本論文で扱う時期とはずれるが、次の文献が参考になる。Shuichi Nakayama, "The Impact of William Morris in Japan: 1904 to the Present", *Journal of Design History*, vol. 9 (1996): 273-283. また、次の発表資料も参考にした。藤田治彦「ウィリアム・モリスと日本」、国立民族学博物館「柳宗悦と民芸運動研究会」（熊倉功夫教授主催）発表資料、二〇〇二年一月一六日。

(48) 棚橋、前掲書、一〇二頁。

(49) 正木晃「大正生命主義と仏教」、鈴木貞美編『大正生命主義と現代』河出書房新社、一九九五年、一四二～一五〇頁。

(50) 参考として、鈴木貞美「大正生命主義、その前提・前史・前夜」、鈴木、前掲書、七〇～七七頁。滝田佳子「トランセンデンタリストと東洋　ソローを中心に」、芳賀徹他編『講座比較文学　第六巻　東西文明圏と文学』東京大学出版会、一九七四年、二九七～三一七頁。新保哲『ソローの精神と現代　東西融合論に向けて』行路社、一九八八年。ただし、新保の議論の進め方には疑問を感じる。

(51) 柳宗悦「序［ポール・ケラス著、八幡關太郎『仏陀の福音』］」『柳宗悦全集』一四巻四九七～四九九頁。武者小路実篤「六号雑記」『白樺』一九二〇年四月、二五一頁。

(52) トルストイとケイラスについては、柳富子の講演「トルストイと東洋の聖賢たち」（一九九四年一一月一二日、早稲田大学比較文学研究室主催）の参考資料による。

(53) 内村鑑三「地理学考」『内村鑑三全集』岩波書店、一九八〇年、二巻。参考として、鈴木範久『内村鑑三とその時代』日本基督教団出版局、一九七五年、七章。内田芳明『現代に生きる内村鑑三』岩波書店、一九九一年、三章。

(54) 内村、前掲書、四六四、四六八頁。

(55) Leach, *Beyond East and West*, p. 241.

(56) Bernard Leach, "China, Corea [sic], Japan," Yanagi (ed.), op. cit., p. 45.

第Ⅱ部「東と西の結婚」の実践（一）——セイト・アイヴスのバーナード・リーチ

第六章　リーチ・ポタリーの設立——一九二〇～一九三六年

(1) Bernard Leach, Letter, *St. Ives Times*, 29 Oct 1920. Bernard Leach, Letter, *St. Ives Times*, 7 Apr 1922, p. 4. 以下 *St. Ives Times* は St. Ives Trust Archive Study Centre 所蔵のものによる。以下、特にことわりのない限り、引用の翻訳は引用者による。

(2) 参考として、世田谷美術館他編『東と西の架け橋　セント・アイヴス』美術館連絡協議会・読売新聞社、一九八九年（兵庫県立近代美術館、神奈川県立近代美術館、世田谷美術館）。*St Ives 1939-64 : Twenty-Five Years of Painting, Sculpture and Pottery*, Rev. ed., London : Tate Gallery Publishing, 1996. Peter Davies, *St. Ives Revisited*, Abertillery : Old Bakehouse Publications, 1994.

(3) 式場隆三郎「リーチ座談会記」『工藝』三六号（一九三三年一二月）五四頁。

(4) Bernard Leach, *Beyond East and West*, London : Faber & Faber, 1978, p. 139.

(5) Bernard Leach, Letter, *Supplement to St. Ives Times*, 17 Aug 1923, p. 11. 参考として、"St. Ives Pottery", *St. Ives Times*,

15 Oct 1920.

（6）Leach, *Beyond East and West*, p. 139. 前田正明「泰西陶芸雑話11　リーチ・ポタリーを訪ねて」『陶説』二六八号（一九七五年七月）五二頁。Oliver Watson, "Bernard Leach: Rewriting a Life", Margot Coatts, ed., *Pioneers of Modern Craft: Twelve Essays Profiling Key Figures in the History of Twentieth-Century Craft*, Manchester: Manchester University Press, 1997, p. 28.

（7）Leach, op. cit., pp. 143-144. なお、この一文の初出はおそらく、The Leach Pottery, *The Leach Pottery 1920-1946*, pamphlet associated with exhibition at the Berkley Galleries, London: The Berkley Galleries, 1946, p. 2である。（邦訳として、「リーチ工房　一九二〇年より一九四六年まで」河井博訳、『工藝』一一九号、一九四八年七月、二二〜二九頁がある。）引用した自伝のテクストとの間に異同が若干ある。

（8）The Leach Pottery, *The Leach Pottery 1920-1952*, pamphlet associated with exhibition at the Berkley Galleries, London: The Berkley Galleries, 1952, p. 1.（邦訳として、「リーチ窯について　一九二〇-一九五二年」式場隆三郎訳、『リーチ』毎日新聞社、一九五三年、三九〜五〇頁。）これは註(7)の文献の改訂版である。以下の議論では、この一九五二年版を用いることとする。

（9）"Beautiful pots cannot be produced by machines; and it is the factory, which, by mass production, has eliminated beauty, standardised form and kept prices low./ In the St. Ives pottery we use tools but no machinery; it is hand, and I might add brain work from beginning to end." Leach, Letter, 17 Aug 1923.

（10）リーチの自伝『東と西を超えて』（日本経済新聞社、一九八二年）を翻訳した福田陸太郎は"counter-Industrial Revolution"を「反［産業］革命」と訳しているが（一六七頁）、これは誤訳である。

（11）The Leach Pottery, op. cit., p. 1.

（12）リーチは制作にあたるとき必ずネクタイを締めていたというが、これはイギリス社会の歴史的社会的慣習やリーチの育ちに起因しているばかりでなく、そこには自分は職人ではない、知識人＝芸術家であるというリーチの自己主張も含まれているように思われる（挿図六-五）。

（13）Bernard Leach, *A Potter's Book*, 1940, London: Faber and Faber, 1976. *A Potter's Book*は石川欣一により『陶工の本』（中央公論社、一九五五年）として翻訳されたが、金子賢治はこの本は今日の理解からすれば『陶芸家の本』と呼ぶべきものだと鋭く指摘している。金子賢治『現代陶芸の造形思考』安部出版、二〇〇一年、一四四～一五〇頁。なお、金子は同書で近現代工芸における「スタジオ」の意義について論じている。

(14) "My Japanese friend, Mr. Hamada, is my artist-craftsman assistant and chemist./ Mr. Skinner is joining us next month as business manager and assistant craftsman. I was an established potter in Japan years before Mr. Hamada took up this work, and of our present output more than three-quarters is designed, worked upon, and stamped with my seal." (Leach, Letter, 7 Apr 1922.)

(15) セント・アイヴスで活動を開始した当時にリーチが抱いていた問題意識については、次の文献に詳しい記述がある。J. P. Hodin, "The Work of Bernard Leach", Bernard Leach, *A Potter's Work,* 1967, London : Jupiter Books, 1977, p. 24.

(16) "The aim of my work in St. Ives is to continue making pottery from my own designs with our local Cornish materials. The technique remains very largely Oriental, except in the Galena slip-ware...My chief endeavour is to produce a high temperature stoneware of various types, somewhat resembling the early Chinese and Corean [sic.] works of the Sung and Korai periods. This pottery is very different from any which has been made in England until quite recently, and as it has the advantage of being hard and strong it can be used for practical purposes." (Leach, Letter, 17 Aug 1923.)

(17) "In regard to the clays used, we obtain them as locally as possible, china clay and fire clay from Towednack, and two or three red and blue plastic clays from the St. Erth deposits. Besides these we get Cornish stone and feldspar from St. Austell, and a ball clay and white slip clay from Devon. These are mixed in various proportions for different wares. I hope to depend more and more on local materials, not only because it saves expenses, but because it enables one to choose on the spot exactly what one needs and to develop in the finished pottery a basic local character./ The same applies to the glazes for stoneware, which are composed of various wood or vegetable ashes, such as pine, oat, wheat, bracken, rhododendron, etc. ; feldspar, lime and quarts ; and mineral oxide colouring agents, like ochre, tin and copper." (Leach, Letter, 17 Aug 1923.) なお、ファイア・クレイとは、高温に耐えられる、可塑性のある粘土のことで、ストーンウエアに用いられる。また、ボール・クレイとは花崗岩を分解したものから作られる、可塑性のある白い粘土のことである。

(18) 式場、前掲書、五四頁。Janet Leach, "Fifty One Years of the Leach Pottery", *Ceramic Review,* Mar-Apr 1972 : 4.

(19) Leach, *Beyond East and West,* p. 137.

(20) "Art of the East: Brought West to St. Ives Pottery", *St. Ives Times*, 19 Nov 1920.

(21) "The Leach Pottery", *St. Ives Times*, 18 Aug 1922.

(22) 本章の註(17)参照。参考として、式場、前掲書、五五～五六頁。

(23) "The Leach Pottery."

(24) 式場、前掲書、五五頁。

(25) "The kiln is, I believe, quite unique in England, probably in Europe, for it is of a traditional Sino-Japanese type, called a climbing kiln, being built in tiers on a slope. (Hence the sloping roof of the kiln shed). It is fired entirely with wood fuel (pine) and works admirably. When fully packed it holds about 500 pieces in three chambers and takes just about 24 hours to fire up to 1300℃, burning between two and three tons of wood. Wood is superior to coal as fuel, as it imparts a finer quality to the glazes, which I cannot afford to sacrifice, in spite of increased cost and labour of production." (Leach, Letter, 17 Aug 1923.)

(26) J. P. Hodin, "Biographical Note", Leach, *A Potter's Work*, p. 12.

(27) 式場、前掲書、五六頁。なお、未確認情報であるが、ストーク・オン・トレントの美術館 The Potteries Museum & Art Galleryに、コレクターのヘンリー・バーゲンがかつて所蔵していたリーチ作の壺があり、そこに"B. Leach, 1st baking October 11 1921"というラベルがあるという。

(28) Marion Whybrow, *The Leach Legacy: St Ives Pottery and Its Influence*, Bristol: Sansom & Co.-Redcliff Press Ltd., 1996, pp. 180-181.

(29) 靏之助は渡英前からリーチを知っていた。リーチからセント・アイヴスに来てほしいという旨の手紙を受け取った時、靏之助はオクスフォード大学留学のための保証人をリーチが引き受けることを条件として、セント・アイヴスに赴いたという（靏之助は日本でオクスフォード大学の聴講生の資格を得ていた）。靏之助は一九二四年にセント・アイヴスを去ると、オクスフォード大学で中世美術と陶磁器を修め、一九二五年に帰国したとされる。その後彼は一九二八年に佐賀県有田窯業試験場の場長代理として有田に赴き、九州諸窯で発掘調査を行う一方、陶土に可塑性を与える研究をしたが、三十七歳で急逝した。松林豊斎氏へのインタビュー、京都宇治の朝日焼窯にて、二〇〇〇年九月十日。Leach, *Beyond East and West*, pp. 142, 145, 149-154. 松林美戸子『カラー朝日焼　土は生きている』淡交社、一九七七年、一四七～一五四頁。柴田秋介（写真）、松林美戸子（文）『宇治朝日焼　伝統を未来に託して』京都、朝日焼、一九九一年、九九頁。朝日焼窯芸資料館には鶴之助がイギリスから日本に送った葉書などが保存されている。

（30）"A Visit to Katharine Pleydell-Bouverie", *Ceramic Review*, Nov-Dec 1974 : 5. Katharine Pleydell-Bouverie, "Early Days at St. Ives", *Ceramic Review*, Mar-Apr 1978 : 28.

（31）The Leach Pottery, op. cit., p. 4.

（32）リーチ・ポタリーの歴史には、リーチ家の者がここに一人も居なかった時期が存在する。一九三四年から三五年にかけてバーナードは日本に滞在するが、その留守を預かるべき息子デイヴィッドがストーク・オン・トレントへ行ってしまったため、ダーティントンではバーナード・フォレスター Bernard Forrester（一九〇八～九〇、一九三一年からリーチ・ポタリーで働いていた）がデイヴィッドを引き継いで陶芸の教授にあたり、セント・アイヴスでは秘書のローリー・クックス Laurie Cookes（のちにリーチの二番目の妻となる）と陶芸家のハリー・デイヴィス Harry Davis（一九一〇～八六）が留守を守った。バーナードが不在の間、リーチ・ポタリーでは六回の本焼が行われたという。（The Leach Pottery, op. cit., p. 4.）

（33）Leach, *Beyond East and West*, p. 156.

（34）バーナード・リーチ、志賀直哉、里見弴、大原総一郎、浜田庄司、松方三郎、田中豊太郎「座談会　リーチさんを囲んで」『民藝』一〇七号（一九六一年一一月）一九頁。

（35）式場、前掲書、五六頁。Leach, *Beyond East and West*, p. 153. リーチの弟子育成法については、次の発言が参考になる。"My co-workers and I, are glad to demonstrate to anyone on Saturday mornings in the pottery, and I make no secret of any process, for the simple reason that this kind of pottery making is personal in the same way that an artist's painting is personal——the personal note cannot be effectively stolen ; and if any process we employ should be of help or stimulus to a student, he is welcome to it."（私の同僚と私は、日曜日の午前中ならば、製陶所でどなたにもよろこんで工程をご説明いたしますし、私はどの工程についても隠し立てはいたしません。それと申しますのも単純な理由で、芸術家の描く絵画が個人的なものであるのと同様に、私たちの所で行っているような焼き物づくりも個人的でして、個人の表現の特徴は盗もうにも盗めないものだからです。私たちが用いているやり方がもし学生への手助けになったり刺激になったりするのであれば、それを用いてくださってもかまいません。）(Leach, Letter, 17 Aug 1923.)

（36）“Art of the East Brought West to St. Ives Pottery”. “The Leach Pottery”. W. R. Calvert, “The Potter of St. Ives : Englishman Who Sells to Japan”, *St. Ives Times*, 13 Oct 1922, p. 10.

（37）式場、前掲書、五六頁。

（38）参考として、柳宗悦「書簡三七八」及び「書簡九六四」『柳宗悦全集』筑摩書房、一九八九年、二一巻上。

（39）Leach, Letter, 17 Aug 1923.

（40）The Leach Pottery, op. cit., p. 1.

（41）Leach, *Beyond East and West*, p. 143.

（42）“In fact, most of the pots I make are for practical use, vases, bowls, mugs, jars, dishes, etc., but the best pieces are very expensive. They are exceedingly difficult to produce and involve many failures both on account of the high temperature at which they are fired and of the difficulty in finding English substitutes for the Eastern materials. It is impossible to make fine pottery to-day at a low cost.”（Leach, Letter, 17 Aug 1923.）引用は引用者の翻訳による。

（43）Leach, *Beyond East and West*, p. 143. 参考として、本章の註（34）も見よ。

（44）“The Leach Pottery”, *St. Ives Times*, 8 Dec 1922.

（45）Leach, op. cit., p. 143.

（46）リーチ・ポタリーには登窯の他にもいくつかの小さな窯が作られたが、そのうちの一つは楽焼と素焼きを行う小さな丸い窯であり、夏の間は毎週木曜日の午後、セント・アイヴスの町民や滞在中の観光客を対象とした楽焼教室で使用された。Leach, op. cit., p. 142. R.M.N., “Pottery Thursdays”, *St. Ives Times*, 4 Sep 1925, p. 8.

第七章　リーチ・ポタリーの展開——一九三七〜一九五六年

（1）David Leach, “Lowerdown Pottery”, *Ceramic Review*, May-Jun 1973 : 4.

（2）晩年のリーチは、「若い時から［酒を］飲む習慣がなかった。酒は嫌いかって？　いや、好きだよ。しかし酒は高い。私はいつもひどい貧乏だった。だから〈スループ〉［スループ・イン。セント・アイヴスの港そばにある酒場で、町の芸術家達が集まる場所］へは通えなかった」という言葉を残している。棚橋隆『魂の壺　セント・アイヴスのバーナード・リーチ』新潮社、一九九二年、一二二頁。

（3） 柳宗悦「同人雑録」『工藝』四三号、一九三四年七月、七三頁。

（4） Bernard Leach, "Thoughts on Japanese Crafts"（バーナード・リーチ「日本の工芸に付ての感想」）『工藝』五三号（一九三五年五月）pp. 1-8（一〜一四頁）。

（5） この自動車の購入代金十二ポンドは、ダーティントン・ホール・トラストから一九三六年七月八日に支払われている。Letter from Assistant Secretary to Bernard Leach, 8 July, 1936, in the box "Bernard Leach, a) Gen. Correspondences, 1926-1979", Dartington Hall Trust Archive.

（6） ディッチリングについては、萬木康博・長田謙一監修『イギリス工芸運動と濱田庄司』イギリス工芸運動と濱田庄司展実行委員会、一九九七年（陶芸メッセ・益子、ふくやま美術館、渋谷区立松濤美術館、ナビオ美術館、千葉市美術館）。ディッチリングは濱田庄司が益子を活動の地として選択する際のモデルとなった。リーチのエッチングの師、フランク・ブラングウィン（一八六七〜一九五六）も晩年をこの地で過ごした。

（7） J. P. Hodin, "Biographical Note", Bernard Leach, *A Potter's Work*, 1967, London: Jupiter Books, 1977, p. 12. Doug Fitch, "The Ceramic Heritage of Devon", Sam Smiles, ed., *Going Modern and Being British: Art, Architecture, and Design in Devon c. 1910-1960*, Exeter: Intellect, 1998, pp. 81-5. Michael Young, *The Elmhirsts of Dartington*, 1982, Dartington: Dartington Hall Trust, 1996, pp. 196-197.

（8） *Dartington: 60 Years of Pottery 1933-1993*, ed. and with an introduction by David Whiting, Dartington: Dartington Cider Press, 1993, pp. 27-32.

（9） バーナード・リーチは一九三五年に日本からイギリスに帰国すると、ダーティントン・ホール側と様々な交渉をしている。ダーティントン・ホールに残されている書類や書簡のうち、一九三〇年代中頃のものでは、ダーティントン・ポタリーの建設とリーチ・ポタリーの閉鎖計画が記された文書（"Memorandum of Discussion with Mr. Leach on 16. 7. 35"）や、リーチ・ポタリー再建のための資金援助計画が記載されたもの（"Memorandum on Re-organization of the Leach Pottery, 21 June, 1937"）が注目される。また、先の註（5）で引いた書類によれば、リーチには一九三六年六月から翌年五月までの一年間、ダーティントン・ホールから給与が支給されていることも興味深い。これらの書類はいずれもダーティントン・ホールの古文書館にある、バーナード・リーチ関係の書類・書簡が集められた箱、"Bernard Leach, a) Gen. Correspondences, 1926-1979", Dartinton Hall Trust Archive の中にある。

（10）次の資料は、第二次世界大戦の終了直後においてもまだバーナード・リーチがセント・アイヴスに拠点をおくかダーティントンに移るかを検討していたことを示している。Bernard Leach, Letter to Leonard and Dorothy Elmhirst, 7 Nov 1945, in the box "Bernard Leach, a) Gen. Correspondences, 1926-1979", Dartington Hall Trust Archive.

（11）The Leach Pottery, *The Leach Pottery 1920-1952*, pamphlet associated with exhibiton at the Berkley Galleries, London: The Berkley Galleries, 1952, p. 4.

（12）一例として、旧西ドイツにおける *A Potter's Book* の影響については、ガビ・デヴァルト「旧西ドイツの陶芸」櫻庭美咲訳、『ドイツ陶芸の一〇〇年　アール・ヌーヴォーから現代作家まで』朝日新聞社、二〇〇〇年、三二～四〇頁（東京国立近代美術館工芸館、愛知県陶磁資料館、滋賀県立陶芸の森陶芸館、江別市セラミックアートセンター、山口県立萩美術館・浦上記念館、ケラミオン美術館）。

（13）黒柳恒男「バハーイー教」、山折哲雄監修『世界宗教大事典』平凡社、一九九一年、一五二二頁。Joseph Sheppherd, *The Elements of Bahá'í Faith*, Shaftesbury: Element, 1992.

（14）リーチが一九一〇年代前半に購読していたと思われる雑誌に、*The Far East* がある。この雑誌の一九一五年五月一五日号には、バハイ教についての記事が掲載されている（"Prophet of the Most Great Peace", *Far East*, 15 May 1915: 203-204）。リーチがこの雑誌の一九一五年五月二九日号などに投稿していることや、当時彼がこの雑誌を通じてウェストハープ博士の記事を読んでいたことを考えると、このバハイ教についての記事に彼が目をとめた可能性がある。ただし、リーチ本人はマーク・トビーからバハイ教の話を聞いたと自伝などに書いている。Bernard Leach, "Mark, Dear Mark", Maggie Giraud, ed., *Tobey*, Dartington: High Cross House, Dartington Hall Trust, 1996. n. p. トビーについては、本章の註(3)も見よ。なお、リーチの著作 *Drawings, Verse & Belief*（一九七六年）はマーク・トビーに献じられている。

（15）戦後バーナード・リーチはリーチ・ポタリーを、日曜日にはバハイ教信者の集いのための会場として提供したことがある（"The Bahá'í Faith," *St. Ives Times*, 12 July 1946, p. 7）。参考として、Robert Weinberg, ed., *Spinning the Clay into Stars: Bernard Leach and the Bahá'í Faith*, Oxford: George Ronald, 1999.

（16）The Leach Pottery, *The Leach Pottery 1920-1952*, pamphlet associated with exhibition at the Berkley Galleries, London: The Berkley Galleries, 1952, p. 5.

（17）D. Leach, op. cit., pp. 4-5.

(18) The Leach Pottery, op. cit., p. 4.

(19) "Potters' Bodies", *Ceramic Review*, Jan-Feb 1981 : 20.

(20) デイヴィッド・リーチ氏へのインタビュー、デヴォン州のボーヴェイ・トレイシーにある氏のご自宅（Lowerdown Pottery）にて、二〇〇〇年三月九、十日と六月二十一日。

(21) D. Leach, op. cit., p. 4.

(22) 実はこの他にも、四人目の徒弟としてジョージ・ウィタカー George Whitaker（生没年不明）という人物がいる。ただしウィタカーが修得したのは、釉薬に関する技術のみだった。この点で、轆轤や窯の扱いなど、全てを修得した他の三人の徒弟達と異なっているので、本文では言及しなかった。ウィリアム・マーシャル氏へのインタビュー、レラントの氏のご自宅にて、二〇〇〇年三月二十日と六月二十五日。デイヴィッド・リーチ氏へのインタビュー、デヴォン州のボーヴェイ・トレイシーにある氏のご自宅にて、二〇〇二年十二月十二、十三日。

(23) ケネス・クイックは一九六三年に来日し、益子の濱田庄司のもとで学んだ。しかし、海水浴中の事故により、同年死去した。参考として、「ケネス・クイック氏来日」『民藝』一二四号（一九六三年四月）六一頁。「英人青年陶工　クイック・ケネス［ママ］さん水死」『民藝』一二九号（一九六三年九月）五八頁。Leach, *Beyond East and West*, pp. 259-260.

(24) Whybrow, *The Leach Legacy : St Ives Pottery and Its Influence*, Bristol : Sansom & Co.-Readcliff Press Ltd., 1996, pp. 180-181. ただし、ジョージ・ダンとハレイショ・ダン（一九三七年からジョージ・ダンの息子のハレイショがリーチ・ポタリーに加わり、単純労働を担当した）はここに含まれていない。

(25) The Leach Pottery, op. cit., pp. 4-5. 一九四六年のセント・アイヴス・タイムスの記事は、リーチの展覧会向けの作品に触れた後で、このあたりの事情を次のように簡潔に報じている。

「その一方で焼き物は内的な必要性ばかりでなく外的な必要性をも満たすべきだという確信が強まっていったことから、より安価な家庭向けの製品が作られるようになった。これらは最初イングリッシュ・スリップウェアとストーンウェアにおいて、後にはストーンウェアと硬質磁器において作られた。」"Meanwhile a growing conviction that pots should conform to outward as well as inward need, led to the making of less expensive domestic pieces, first in English slipware and stoneware and later in stoneware and hard porcelain only." ("The Leach Pottery, St. Ives", *St. Ives Times*, 7 June 1946, p. 6.)

なお、J. P. Hodin は *A Potter's Work* に寄せた文章（"The Work of Bernard Leach", Leach, *A Potter's Work*, p. 25）の中で、リーチ・ポタリーでは一九三〇年代半ばにストーンウェアの生産が始まったという理解を示しているが、これは明らかに間違いである。ストーンウェアは一九二〇年代から既に生産されていた。また、リーチ・ポタリーで磁器の生産が本格化するのは第二次世界大戦後である。

（26）Hodin, op. cit., p. 25.

（27）"When the remnants of this show went to Japan, rather hidden among the bouquets, I found one penetrating, disconcerting criticism : 'We admire your stoneware——influenced by the East——but we love your English slipware-*born, not made.*' That sank home, and together with the growing conviction that pots must be made in answer to outward as well as inward need, determined us to counterbalance the exhibition of expensive personal pottery by a basic production of what we called domestic ware." (Bernard Leach, *Beyond East and West*, London : Faber & Faber, 1978, p. 146.) この引用にみられる日本からの展覧会評は、おそらく柳宗悦によるものであろう（棚橋、前掲書、九六頁）。柳宗悦がリーチにより多くのスリップウェアを日本での個展に送るよう催促した書簡として、例えば「書簡三七八（一九二五年一一月二日）」や「書簡九六四（一九三三年一二月二三日）」（ともに『柳宗悦全集』筑摩書房、一九八九年、二一巻上）などがある。一九三四年から翌年にかけての日本滞在において、関東大震災から復興した東京の姿を目にしたことは、リーチが都市生活について認識を新たにする契機となった。『工藝』五三号（一九三五年五月）に掲載されたリーチの三つの文章、「日本の工芸に付ての感想」「十四年後の日本の印象」「英国への音信」がそれを表している。

（28）デイヴィッド・リーチによれば、彼はマネージャーに就任した当初から、従業員には個人作品の制作を奨励していたという。デイヴィッド・リーチ氏へのインタビュー、二〇〇二年十二月十二、十三日。

（29）The Leach Pottery, op. cit., p. 5. 一九四六年のカタログには四六点の製品の写真が掲載されており、最も安いバター用の小皿で一シリング四ペンス、最も高価なスープ用のジャグと六つのボールのセットで一ポンド一七シリング八ペンスであった。

（30）Janet Leach, "Fifty One Years of the Leach Pottery", *Ceramic Review*, Mar-Apr 1972 : 5.

（31）参考として、Oliver Watson, "Bernard Leach : Rewriting a Life", Margot Coatts, *Pioneers of Modern Craft : Twelve Essays Profiling Key Figures in the History of Twentieth Century Craft*, Manchester : Manchester University Press, 1997, p.

23.

(32) "The Leach Pottery : Statement of Sales for Quarter, 1st December, 1939 to 29th February, 1940" (document attached to letter from W. K. Slater to Leonard Elmhirst dated 12 March 1940), in the box "Bernard Leach, a) Gen. Correspondences, 1926-1979", Dartington Hall Trust Archive.

(33) The Leach Pottery, op. cit., p. 1. デイヴィッド・リーチ氏へのインタビュー、二〇〇二年十二月十二、十三日。

(34) The Leach Pottery, op. cit., p. 5.

(35) ちなみに、こうして雇われた者の中に、後にセント・アイヴスを代表する抽象画家で美術評論家となるパトリック・ヘロン Patric Heron（一九二〇～九八）がいた。

(36) J. P. Hodin, "Biographical Note", Leach, *A Potter's Work,* p. 13. Leach, *Beyond East and West,* p. 219.

(37) 一九四六年頃のリーチ・ポタリーの様子については、次の文献が興味深い。Vivienne Browning, *St. Ives Summer 1946 : The Leach Pottery,* St. Ives : The Book Gallery, 1995.

(38) Whybrow, op. cit., pp. 180-181.

(39) デイヴィッド・リーチ氏によれば、セント・アイヴスのリーチ・ポタリー側は戦後、移転計画を必ずしも放棄したわけではなかったが、ダーティントン・ホール側が戦争を経てこの計画に関心を持たなくなったという。（デイヴィッド・リーチ氏へのインタビュー、二〇〇〇年三月九、十日と六月二十一日。）バーナード・リーチの後に "The Cabin" の住人となり、戦後のダーティントン・ポタリーを指導した人物として、マリアンヌ・ド・トレイ氏がいる。彼女もこの戦後の好景気に助けられて、陶芸家としての活動を軌道に乗せた。彼女は一九五二年七月にダーティントンで開催された「陶芸とテクスタイルにおける国際工芸家会議」において、柳宗悦の講演と濱田庄司のデモンストレーションに出席している。マリアンヌ・ド・トレイ氏へのインタビュー、氏のご自宅 "The Cabin" にて、二〇〇〇年三月八日。参考として、*de Trey at Dartington : An Exhibition of the Work of Marianne de Trey 1947-94,* Dartington : Dartington Hall Trust, 1995.

(40) Hodin, "The Work of Bernard Leach", p. 28

(41) マーシャル氏へのインタビュー。

(42) "We have aimed at a high common denominator of belief and in the sharing of responsibility and profits. By accepting the Cornish motto 'one and all', and by making the workshop a 'we job' instead of an 'I job' we appear to have solved

our main economic problem as handworkers in a machine age and to have found out that it is still possible for a varied group of people to find and give real satisfaction because they believe in their work and in each other." (The Leach Pottery, *The Leach Pottery 1920-1946*, pamphlet associated with exhibition at the Berkley Galleries, London : The Berkley Galleries, 1946, p. 6.)

（43）デイヴィッド・リーチ氏へのインタビュー、二〇〇二年十二月十二、十三日。

（44）"After many years of trials, he [Bernard Leach] now realizes that a fully successful group experiment like his depends either upon a superimposed leadership or upon a common ground of belief." (Hodin, op. cit., p. 26.) 詳しくは次章参照。

（45）富本憲吉が伝える次の言葉は、リーチの徒弟に対する態度を考えるときに参考になる。「家長が自分の下に使つて居る徒弟や子弟の出来映えが悪かつた場合には、鞭でも、罰でも加へ得る様な生産組織が欲しいとリーチも常に云つて居た。」（「模様に付ての座談会」『工藝』三七号、一九三四年一月、七一頁。）参考として、本章註(3)のマーク・トビーの発言（本文一四六頁）を見よ。

（46）会議の報告書として、*The Report of the International Conference of Craftsmen in Pottery & Textiles at Dartington Hall, Totnes, Devon, July 17-27, 1952* がダーティントン・ホールの資料館にある。（邦訳として、ダーティントン・ホール・トラスト&ピーター・コックス編『ダーティントン国際工芸家会議報告書—陶芸と染色：一九五二年—』藤田治彦監訳・解説、思文閣出版、二〇〇三年。）参考として、本章註(39)参照。

（47）「補足情報」『民藝』二七号（一九五五年三月）二七頁。

（48）Hodin, "Biographical Note", p. 13.

（49）Bernard Leach, Letter to Leonard and Dorothy Elmhirst, 27 May 1955, & Letter to Leonard Elmhirst, 14 June 1955, in the box "Bernard Leach, a) Gen. Correspondences, 1926-1979", Dartington Hall Trust Archive. ただしデイヴィッド・リーチ氏は筆者とのインタビューにおいて、弟マイケルは自分の意志でセント・アイヴスを出ていったと証言している。

（50）D. Leach, op. cit., p. 4-5.

（51）Bernard Leach, Introduction, *David Leach : A Monograph*, ed. Robert Fournier, 1977, Lacock Wilts : Fournier Pottery, 1979.

（52）デイヴィッド・リーチ氏へのインタビュー、二〇〇〇年三月九、十日と六月二十一日。

(53) "No one else in the 53 years of the history of the Leach Pottery has had so long, so privileged, so fruitful and yet ultimately so frustrated an apprenticeship-come-partnership with my dear father." (D. Leach, op. cit., p. 4.)

第八章　リーチ・ポタリーの発展——一九五六年以降

(1) Bernard Leach, *Beyond East and West*, London : Faber & Faber, 1978, pp. 257-258. 柳宗悦「書簡一九五一」『柳宗悦全集』筑摩書房、一九八九年、二一巻下。

(2) "By the time I arrived in 1956 David and Michael Leach were starting their own potteries in Devon. There was a trained group here mostly Cornish, mostly apprenticed, with no previous Art education. They were proud of their abilities and successes with the high level of the standard-ware... Bernard and I decided at this point not to take any more local apprentices, though Bill Marshall and Kennith [sic.] Quick were making very good pots on their own. We decided instead to take a series of more advanced young potters, most of them to stay two years. During this time we have had 4 Americans, 5 Canadians, 3 New Zealanders, 4 Australians, 3 Indians, 2 French, 1 Belgian, 1 Danish and a goodly number of English. In 1957 we brought Atsuya Hamada over for 2 years and in 1959 [sic.] we brought Shigeyoshi Ichino from Tamba for a 3 year period." (Janet Leach, "Fifty One Years of the Leach Pottery", *Ceramic Review*, Mar-Apr 1972 : 5.) 以下、特に断りがない限り、引用は引用者の翻訳による。

(3) B. Leach, op. cit., p. 259.

(4) J. P. Hodin, "Biographical Note", Bernard Leach, *A Potter's Work*, 1967, London : Jupiter Books, 1977, p. 12.

(5) Marion Whybrow, *The Leach Legacy : St Ives Pottery and Its Influence*, Bristol : Sansom & Co.-Redcliff Press Ltd., 1996, pp. 180-181 より算出。

(6) Leach, *Beyond East and West*, p. 260.

(7) 平均十人という数字は Whybrow の著作 *The Leach Legacy* から算出したものであるが、次にあげるリーチ・ポタリーに関する他の記録とも概ね一致する。一九五八年七月はじめにセント・アイヴスを訪れた大原總一郎は、当時リーチ・ポタリーでは弟子兼使用人が男女合わせて十二人働いていたと記録している（「St. Ives のバーナード・リーチ」『民藝』六九号、一九五八年九月、四二頁）。また、一九六七年に発行された本 *A Potter's Work* の中でJ・P・ホダンは、当時リーチ・ポタリーには十人ないし十二人ほどのスタッフがいたと書き残している（J. P. Hodin, "The Work of Bernard Leach", Leach, *A Potter's Work*, p. 26)。そして、一九七七年にセント・アイヴスを訪れた前田正明によれば、この頃リーチ・ポタリーにはジャネットとウィリアム・マーシャル以下、五人のスタッフがいたという（前田正明「泰西陶芸雑話11　リーチ・ポタリーを訪ねて」『陶説』二六八号、一九七五年、五五頁）。

（8）ジョン・リーチ氏へのインタビュー、サマセット州にある氏のご自宅（Muchelney Pottery）にて、二〇〇二年十二月十六日。蛇足であるが、バーナード・リーチの次男、マイケルの息子のフィリップ・リーチ Philip Leach も陶芸家である（Springfield Pottery, Hartland)。

（9）ウィリアム・マーシャルは、濱田篤哉がセント・アイヴスで働いていた頃を振り返り、「こちらが教えることよりも彼から教わることの方が多かった」と述べ、濱田篤哉が在英の陶芸家達に少なからぬ影響を及ぼしたことを認めている。（マーシャル氏へのインタビュー、二〇〇〇年三月二十日と六月二十五日。）

（10）"Each potter must be allowed and encouraged to 'do his own thing', to develop his individual expression in pots alongside his development in throwing standard-ware. We feel that this balance is the most important thing of the pottery. Too much concentration on individual pots or too much digging in to standard pots would be detrimental to the workshop as a whole and detrimental to those involved." (J. Leach, op. cit., p. 6.)

（11）"We believe in the validity of repeat throwing of utility ware for many reasons. We can teach a young potter to throw a pre-determined shape and permit him a wide latitude for exploration within that shape. As his skill and perception develops, we can pay him a small wage for the pots he makes and he, at the same time, is growing. He must keep the image of making each batch of pots better than the batch before, although he knows that by the catalogue they will sell for the same price. While the potter is making a hundred mugs, he must always remember that one person is going to buy and use one mug." (J. Leach, op. cit., p. 5.)

（12）J. P. Hodin, "The Work of Bernard Leach", p. 26.

（13）"News : Regional Report : Crafts in Cornwall", *Crafts*, Sep-Oct 1977 : 10.

（14）J. Leach, op. cit., p. 6. 参考として、第七章の註(29)を見よ。

（15）前田、前掲書、五三頁。

（16） J. Leach, op. cit., p. 6.

（17） J. Leach, op. cit., p. 6. 前田、前掲書、五五頁。

（18） B. Leach, *Beyond East and West*, p. 258.

（19） "I had often wondered what would happen if I became ill or died. The immediate question was how to preserve the tradition I had tried to establish whilst allowing for the further expansion of every member of a group. I had designed most of the pots myself, making drawings with measurements and weights, which are distributed among the crew." (B. Leach, op. cit., p. 258.)

（20） 残念ながら出西窯におけるリーチの素描のオリジナルは昭和四十九年の火災により失われ、現在は多々納弘光氏の手による写ししか残っていない（挿図九-二）。

（21） B. Leach, op. cit., p. 259. バーナード・リーチは若い陶芸家の教育・訓練について次のように書いている。「世界中から徐々に、百人近くの学生を私たちは受け入れたと思うが、学校やアメリカの大学で行われているクラスのようなものを始める企てはまったくなかった。私は彼らが陶土のイロハ——材質——陶土に対してそれがもつ元来の要件——形と装飾——窯、スリップ、釉薬等——を学ぶにつれ、技術的にも審美的にも彼らの自立を励ますため、また必ず正しい規準に拠ることを主張しながらも、規則でしばることは避けながら、定期的に彼らと話をした。これは確かにいくらかの困難の原因となったが、本当の弊害などはなく、また彼らの熱意を冷やすこともなかった。」（B. Leach, op. cit., p. 156.）このような態度での学生や訓練生の育成は、戦前と戦後を通じて行われた。

（22） J. Leach, op. cit., p. 5.

（23） 前田、前掲書、五四頁。

（24） マーシャル氏へのインタビュー。

（25） "News : Regional Report : Crafts in Cornwall", p. 10.

（26） エレナ・クルーク氏へのインタビュー、パリにある氏の陶芸スタジオ「マサペ Massapê」にて、一九九九年七月八日。参考として、Delphine Laurent, "Helena Klug : Le primat de l'expérience", *Revue de la céramique et du verre*, mai-juin 1999 : 26-29.

（27） J. Leach, op. cit., pp. 4-6. 一九七二年の一年間に登窯は二回しか使用されなかったという。ちなみに、現在では全く使用されていない。

（28） Hodin, “Biographical Note”, p. 12

（29） “The Oriental climbing kiln...is flanked by an electric kiln for biscuit firing (’Young people do biscuit-fired earthenware as a challenge’, said Janet Leach, ’because it’s so difficult and time-consuming. You have to glaze at exactly the right moment.’)” (“News : Regional Report : Crafts in Cornwall”, p. 10.)

（30） 大原、前掲書、四二頁。

（31） J. Leach, op. cit., p. 6.

（32） 前田、前掲書、五三頁。

（33） B. Leach, op. cit., p. 137.

（34） “Dobell’s fire clay and red ball clay, is local, from St. Agnes and north Devon. It is stored as long as possible, at least two months, and mixed on the premises in a dough mixer rescued from a redundant bakery (the Leach Pottery was the first to use one).” (“News : Regional Report : Crafts in Cornwall”, p. 10.)

（35） 奈良県の富本憲吉記念館の副館長、山本茂雄氏のご教示による。参考として、山本茂雄・森谷美保編「年譜」、山田俊幸監修『モダンデザインの先駆者　富本憲吉展』朝日新聞社、二〇〇〇年、一六五頁。

（36） Hodin, “The Work of Bernard Leach”, p. 23.

（37） バーナード・リーチ、志賀直哉、里見弴、大原総一郎、濱田庄司、松方三郎、田中豊太郎「座談会　リーチさんを囲んで」『民藝』一〇七号（一九六一年一一月）一九頁。

（38） “The yearly output is up to 22000 pieces (of which 2000 are individual)...” (Hodin, “The Work of Bernard Leach”, p. 26.)

（39） J. Leach, op. cit., p. 6.

（40） Bernard Leach, Letter to Leonard Elmhirst, 11 October 1956, in the box “Bernard Leach, a) Gen. Correspondences, 1926-1979”, Dartington Hall Trust Archive.

（41） 大原、前掲書、四四頁。

（42） 濱田庄司『窯にまかせて』一九七六年、日本図書センター、一九九七年、一二〇頁。K. F. Naumann, *Ceramic Review*,

Sep-Oct 1973 : 4.

（43）晩年のリーチの暮らしぶりについては、棚橋隆『魂の壺　セント・アイヴスのバーナード・リーチ』（新潮社、一九九二年）が参考になる。

（44）前田、前掲書、五二頁。

第九章　制作における「自力」と「他力」

（1）“After many years of trials, he now realizes that a fully successful group experiment like his depends either upon a superimposed leadership or upon a common ground of belief.” J. P. Hodin, “The Work of Bernard Leach”, Bernard Leach, *A Potter's Work*, 1967, London : Jupiter Books, 1977, p. 26. 以下、特に断りのない限り、引用は引用者の翻訳による。

（2）第五章第二、五節参照。（特に一〇〇頁と一〇九頁。）

（3）「芸術至上主義」という言葉は、「生活のための芸術」という言葉と対になった時に初めて意味をもつとアイアデル・ジェンキンズは論じている。アイアデル・ジェンキンズ「芸術至上主義」金井嘉彦訳、フィリップ・P・ウォーナー編『西洋思想大事典』平凡社、一九九〇年、一巻、六九七～七〇〇頁。

（4）Bernard Leach,《Brush Drawing, Depicting the Potter Driving on the Potters》. c. 1950. *Ceramic Review* Nov-Dec 1994 : 20.

（5）柳宗悦「再度民芸と作家とについて」『民藝』七四号（一九五九年二月）一〇頁。

（6）藤間亨「出西窯」、『島根県大百科事典』上巻、山陰中央新報社、一九八二年、八三二頁。『出西窯　図録』平田市立旧本陣記念館、一九九八年。『大いなる自然《もの》に生かされて　斐伊川の人びと　出西窯・木次乳業』宍道湖・斐伊川流域環境フォーラム、一九九九年。

（7）バーナード・リーチ『日本絵日記』柳宗悦訳、毎日新聞社、一九五五年、七八～七九頁。『バーナード・リーチ日本絵日記』柳宗悦訳、水尾比呂志補訳、講談社、二〇〇二年、一二二～一二三頁。

（8）柳、前掲書、一〇～一一頁。

（9）リーチは柳宗悦が民芸運動の「父」にあたるのに対し、自分はある意味で「祖父」にあたると書いたことがある。バーナード・リーチ「思うこと、思い出すこと」田畑豊訳、『学鐙』一九六一年一一月、五頁。

（10）Bernard Leach, *Beyond East and West*, London : Faber & Faber, 1978, p. 188.

（11）Bernard Leach, "My Farewell Letter to Craftsmen in Japan", 24 Nov 1964, in the box "Bernard Leach, a) Gen. Correspondences, 1926-1979", Dartington Hall Trust Archive. 引用は引用者が翻訳したが、邦訳として、「日本の友人たちへ」佐々木潤一訳、『民藝』一四四号（一九六四年一二月）四〜六頁がある。

（12）これは後にまとめられ、一九七二年に *The Unknown Craftsman* として出版される。

（13）バーナード・リーチ「文化勲章と芸術家たち」虫明亜呂無訳、『芸術新潮』一九六二年一月、一四五頁。なお、一九六一年十一月十日にリーチが出西を訪問したときの写真が、『民藝』一〇九号（一九六二年一月）二五頁に掲載されている。

（14）Leach, "My Farewell Letter to Craftsmen in Japan."

（15）Leach, *Beyond East and West*, pp. 188-189.

（16）当時の出西窯が抱えていた問題点として、出西同人多々納弘光は『民藝』の座談会の席で、財政面とデザイン面での不安定さを挙げている。（大原総一郎ほか「座談会　現代民窯の動向」『民藝』一二四号、一九六三年四月、一〇頁。大原総一郎ほか「座談会　製作を主とした民芸品の諸問題」『民藝』一三四号、一九六四年二月、二六〜二七頁。）当時の出西窯の製品の写真が、『民藝』一二四号に掲載されている（「出西窯陶器展」『民藝』一二四号五八頁）。リーチに学んだと思われる、イギリス風の水差しやタンカード、エッグ・ベイカーなどが見られる。参考として、「受賞者の言葉　団体賞　出西窯」『民藝』一二〇号（一九六二年一二月）一八頁。田中豊太郎「日本民芸館展作品講評：陶磁器」『民藝』一三二号（一九六三年一二月）一二頁（写真一二一、一三五頁）。大原総一郎ほか「座談会　使用者の立場から　民芸品の諸問題」『民藝』一三八号（一九六四年六月）四三〜四六頁。

（17）「当時、日本語には、『フォーク・アート』という意味を表わす言葉はありませんでしたが、結局それに『民芸』という訳語を与えたのは柳君でした。わたしは、自分の作品がこうした種類に属していないことは、はじめから心得ていましたし、また、素朴で、自らを深く意識していない人々の作品と、『個人作家』と呼ばれる人々の作つた工芸品の間に違いがあることは、すでに、一九一七年か一八年のころから知つていました。」（リーチ「思うこと、思い出すこと」六頁。）

（18）本章の註（11）参照。

（19）Leach, *Beyond East and West*, pp. 299-300. リーチの自伝において出西についての記述は、一九三四年から三五年の日本滞在を扱った第一四章にもあるが、前述のとおり出西窯は一九四七年に設立された窯なので、これは明らかにリーチの記憶違いである。注意されたい。

（20） Leach, "My Farewell Letter to Craftsmen in Japan".

（21） "I stepped back in wonder...another Power was at work; not mine; nor Kenji's skill; not even the clay or good wheel, but the absence of any self-assertive ego to hinder the birth of a congregate good pot made for its own sake. My only contribution was what I had learned from mediaeval English traditions of form." (Leach, *Beyond East and West*, p. 189.)

（22） 多々納弘光氏へのインタビュー、出西窯無自性館にて、二〇〇〇年十二月六日。

（23） Bernard Leach, "My Farewell Letter to Craftsmen in Japan". 引用の訳出にあたってはこの一九六四年の手紙を底本としたが、自伝 *Beyond East and West* (p. 300) も参照した。両者の間にはテクストの異同がある。自伝の訳は次のとおり。「私はこの考え――この［「他力」の啓示を受けたという］確信――を胸におさめ、コーンウォールの仕事場に持ち帰りますが、それをあなたがた、日本の職人の友人たちのもとにも残していきます。濱田は私に、三人の偉大な仏教者の教えの上に、柳が如何にして彼の美学を打ち立てたかを、教えてくれました。すなわち、法然は阿弥陀へ祈願をすれば救済が約束されると説き、その次の親鸞は、阿弥陀の慈悲は私たちが罪と呼ぶものすべてを覆うものであるゆえ、そうした祈願は本質的ではないと説き、そして三人の内の最後、一遍上人に至っては、人は阿弥陀ないし神の中におり、あるいは神ないし阿弥陀が人の中にいるという〈遍在〉の原理を説くことで、浄土宗と禅宗の間にある見かけ上の相違を乗り越える橋を渡しました。このようにして柳は私たちに、芸術家と職人の問題に対して基礎的な解決を与えたのです。

芸術家が個人主義を乗り越えるとき、〈天上の美の円卓〉にたどり着きます。それは相対性や、上か下かといったあらゆる分別の向こう側にあるのですが、しかし芸術家はそこに行くことで、職人とは異なる次元にたどり着くのです。芸術家は直感ないし感覚と同様、知性を用いて物事を見、そして理解することができるので、したがって他の者を先導することができます。これが最も真実な姿の芸術家です。柳は私たちにこれを実行し、今一度協同的な仕事がすべての人々の生の表現となるような社会の状態に導いてほしいと頼んでいるのです。私自身の感じでは、これは、芸術家当人の小さな規模の場合ならばともかく、芸術家の力の及ばないことであり、それを実現するには、神の力が人間の中の神的な要素を結集させることが必要であると思っています。私がバハー・アッラーフの教えに帰依しているのは、バハー・アッラーフの教えは人類のもつすべての偉大な諸宗教を、世界規模で包含し、またそれらを結びつけているからです。

ほとんどすべての古い友人との面会を果たし、齢七十七歳にして第二の祖国を去るにあたり、私が抱いている考えは以上のとおりです。」

（24）一九六四年にリーチは“he [the artist] arrives on a different plane to the artizan [sic.]”と書いたが、この箇所は自伝においては“he [the artist] arrives on a different plane from that of the artisan”と書き改められ、両者の至る場所の違いがより明確にされている。

（25）John Farleigh, *The Creative Craftsman*, London : G. Bell and Sons Limited, 1950, pp. 64-65.

（26）“In becoming a convinced Bahá'í, the only discarding of slowly gathered convictions has been the replacement of self at the centre of the circle by ‘The Other Power’—God—and the result has been the strange, for the jigsaw pieces begin to fall into place—seemingly by themselves.” Bernard Leach, “My Religious Faith”, Tokyo : privately printed, 1953. Rpt. in *Spinning the Clay into Stars : Bernard Leach and the Bahá'í Faith*, ed. Robert Weinberg, Oxford : George Ronald, 1999, p. 65.

（27）Bernard Leach, “Ying, Yang”, *Drawings, Verse & Belief*, revised ed., London : Jupiter Books, 1977, p. 56. 引用は福田陸太郎訳によった（『バーナード・リーチ詩画集』五月書房、一九七五年、六五～六六頁）。

（28）外村吉之介「バーナド《ママ》・リーチ回想」、『日々美の喜び　民芸五十年』講談社、一九八〇年、八五～八六頁。

（29）リーチ「思うこと、思い出すこと」五頁。

第Ⅲ部「東と西の結婚」の実践（二）——リーチ作品論

第十章　リーチ作品の論じ方——作品論総論

（1）Bernard Leach, *Beyond East and West*, London : Faber and Faber, 1978, p. 238.

（2）バーナード・リーチ「家具試作について」岡田弘訳、式場隆三郎『バーナード・リーチ』建設社、一九三四年、一六一頁。

（3）Michael Williams, “The Arts in Cornwall : Bernard Leach”, *Cornish Magazine*, 5 (Feb 1963): 315.

（4）上野東日暮里にある神愛教会にはリーチが師の六代乾山浦野繁吉（一八五二～一九二三）を記念して奉納した漆塗りの十字架と飴釉の陶器の燭台がある（五〇頁、挿図二-五）。作品制作の動機から考えて、これら六基の燭台はリーチ自身が轆轤でひいた可能性が高く、リーチの晩年の作であるとはいえ、彼の轆轤の腕前を知る上で参考となろう。これらはみな大きさも形も不揃いである上、蝋燭をたてるという実用性においても難がある。教会の司祭パウロ田光信幸氏（当時）によれば、蝋燭をたてる場所の内径が六基の燭台すべてで異なっているため、蝋燭を立てる際にはそれぞれ台にあわせて蝋燭の根本を削ったり、紙を巻きつけて太くしたりするなどの工夫が要るという（三一五頁、第二章の註(47)参照）。

（5）この作品の底部にはリーチ・ポタリーとバーナード・リーチのモノグラムの他に、もう一つサイン（おそらく"M"と"W"を組み合わせたもの）がある（挿図一一-三三）。この作品を轆轤でひいた人物は特定されていない。

（6）濱田庄司『無尽蔵』朝日新聞社、一九七四年、六五頁。

（7）バーナード・リーチ「日本のやきもの」野田愛子訳、『月刊文化財』一九六六年九月、一二頁。同様の発言として、バーナード・リーチ「白と黒とは混ぜずに」『心』一九六一年一一月、一四一頁。参考として、尾形乾女『蓮の実』かまくら春秋社、一九八一年、九四頁。

（8）"a real judgment in pottery must be based upon the highest standards of the past constantly checked by the present, as in all art." (Leach, op. cit., p. 238.) 参考として Bernard Leach, *A Potter's Book*, 2nd ed., London : Faber & Faber, 1976, ch. 1.

（9）Bernard Leach, *The Potter's Challenge*, ed. by David Outerbridge, London : Souvenir Press, 1976 ; New York : E.P. Button, 1976. Bernard Leach, *A Potter's Portfolio*, London : Lund Humphries, 1951.

（10）棚橋隆『魂の壺　セント・アイヴスのバーナード・リーチ』新潮社、一九九二年、一四三頁。参考として、Leach, *Beyond East and West*, pp. 63, 66.

（11）例えば、リーチと富本が「いっちん」という技法を見出したときのエピソードが次の文献に出ている。バーナード・リーチ、富本憲吉、河井寛次郎、浜田庄司「四陶匠は語る」『民藝』一〇九号（一九六二年一月）一一～一三頁。

（12）バーナード・リーチ、濱田庄司、河井寛次郎述　柳宗悦著『焼物の本』共同通信社、一九八五年。

（13）Bernard Leach, *A Potter's Work*, 1967, London : Jupiter Books, 1977.

（14）Leach, *A Potter's Work*, pl. 14.

（15）Leach, op. cit., pl. 50.

（16）Leach, op. cit., pl. 54.

（17）濱田、前掲書、一七三頁。バーナード・リーチ他「座談会　リーチさんを囲んで」『民藝』一〇七号（一九六一年一一月）一六頁。

（18）"Michael Cardew and I were certainly the first to go back to the English eighteenth century, and later to the thirteenth-century English traditions for inspiration. It should be clearly stated, however, that we never copied them any more than we copied the Chinese, Korean or Japanese pots." Leach, *Beyond East and West*, p. 223.

（19）Bernard Leach, "Art and Commerce", *Far East*, 20 Dec 1913 : 495.

（20）佐々木健一『美学辞典』東京大学出版会、一九九五年、四五〜四六頁。

（21）オリヴァー・ワトソン監修『バーナード・リーチ展』バーナード・リーチ展実行委員会、一九九七年、図版六四、七三頁。

（22）Carol Hogben, *The Art of Bernard Leach*, London : Faber & Faber, 1978, pl. 26. Oliver Watson, *Studio Pottery*, London : Victoria and Albert Museum, no. 319, p. 202.

（23）座右宝刊行会編『世界陶磁全集』河出書房、一九五五年、一三巻、図版一一五上《高麗青磁鉄絵　七曜文小壺》。バーナード・リーチの妻、ジャネット・リーチの死後、リーチの蔵書や作品はロンドンで競売にかけられ散逸したが、幸いなことに蔵書の一部はセインズベリー日本芸術研究所（SISJAC : Sainsbury Institute for the Study of Japanese Arts and Cultures）の所有となった。一九九九年十月十四日と十五日に調査を行った結果、同研究所には図書と雑誌あわせて三十三点七十五冊の旧リーチ蔵書があった。調査の詳細については、鈴木禎宏「セインズベリー日本芸術研究所所蔵バーナード・リーチ旧蔵書コレクションについて」『比較文学・文化論集』東京大学比較文学・文化研究会、一八号（二〇〇一年）一三〜二一頁。なお、競売のカタログは、Bonhams, *The Art & Influence of Asia Including the Janet Leach Collection, Wednesday 16th September 1998*, London : Bonhams, 1998.

（24）Leach, *A Potter's Work*, pl. 67 にはリーチ・ポタリーが所有していた類品がみえる。

（25）座右宝刊行会編『世界陶磁全集』河出書房、一九五六年、一四巻図版一四〇〈SISJAC 所蔵〉。田中豊太郎『李朝陶磁譜』聚楽社、一九四二年〈SISJAC 所蔵〉。田中豊太郎の『李朝陶磁譜』の表紙見返しには毛筆で「バーナード・リーチ先生に贈る／田中豊太郎」、ペンにて"Bernard Leach 1953 /from Toyotaro Tanaka. 1953"という書き込みがあり、また図版の四六と九四が引きちぎられ失われていた。《飴釉面取壺》《飴釉角瓶》については大阪市立東洋陶磁美術館編『東洋陶磁の展開』財団法人大阪市美術振興協会、一九九九年、図版一五二。

（26）式場、前掲書、七一五～七一七頁。

（27）"In design, form, and technique, the most nearly complete amalgamation of East and West, including Post Impressionist influence, amongst these pots." (Bernard Leach, "The Meeting of East and West in Pottery," *Far East*, 5 Jun 1915 : 289.)

（28）J. P. Hodin, "The Work of Bernard Leach", Leach, *A Potter's Work*, p. 27. 参考として、Williams, op. cit., p. 315.

（29）Hodin, op. cit., pp. 23-24.

（30）Hodin, op. cit., pp. 21-22. Leach, *A Potter's Book*, pp. 23-24. 引用は引用者が翻訳した。

（31）第三章第二節参照（特に五九頁）。

（32）ただし、「直線と曲線」等の二項対立は、ヨーロッパではピュタゴラス以来存在するものであり、リーチ独自のものとは言い難いところもある。シモーヌ・ペトルマン「二元論（哲学と宗教における）」出村みや子訳、『西洋思想大事典』平凡社、一九九〇年、三巻、四四九～四五五頁。

（33）挿図一〇-三四、三五はブリティッシュ・ミュージアム所蔵の、《Tall white stoneware bottle, Northeast China, Liao dynasty, 11th or 12th Century A.D., OA 1936. 10-12. 186》だと思われる。

（34）Hodin, op. cit., pp. 29-30.

（35）デイヴィッド・リーチ氏へのインタビュー、デヴォン州ボーヴェイ・トレイシーの氏のご自宅にて、二〇〇〇年三月九、十日、六月二十一日。ウィリアム・マーシャル氏へのインタビュー、コーンウォール州セント・アイヴス、レラントの氏のご自宅にて、二〇〇〇年三月二十日、六月二十五日。

（36）棚橋、前掲書、一〇五～一〇六頁。

（37）Hodin, op. cit., p. 28. 棚橋、前掲書、六二頁。

（38）参考として、富本憲吉ほか「模様に付ての座談会」『工藝』三七号（一九三四年一月）六二～七四頁。山本茂雄「特集 模様から模様をつくらず三考」『現代の眼』東京国立近代美術館、四四三号（一九九一年一〇月）二～四頁。

（39）ジャネット・リーチ「バーナード・リーチ〈日本と英国〉」、ジョン・ヒューストン他監修『英国の代表作にみるバーナード・リーチ』朝日新聞社、一九八〇年、一七、二二頁。Oliver Watson, "Bernard Leach : Rewriting a Life", *Pioneers of Modern Craft : Twelve Essays Profiling Key Figures in the History of Twentieth-Century Craft*, Ed. Margot Coatts,

Manchester: Manchester University Press, 1997, pp. 22, 25.

（40）北大路魯山人「バーナード・リーチの陶器」『みずゑ』五七三号（一九五三年五月）四八〜五一頁。

（41）富本憲吉「友人リーチ」『工藝』一九号（一九三二年四月）三九〜四二頁（『製陶余録』昭森社、一九四〇年に収録）。また、富本憲吉記念館の副館長、山本茂雄氏の御教示による。ちなみに、晩年のリーチは富本憲吉が贈られた《東西触接》の書（縦書き）を、部屋に飾っていた。それをリーチは"East is touching West, between me and him"と説明したという（棚橋、前掲書、一一七〜一一八、一九一頁）。この書の写真は、星井博子「バーナード・リーチ」『暮らしの創造』一四号（一九八〇年九月）一八頁。なお、このリーチ所蔵の《東西触接》の書とは別に、奈良県の富本憲吉記念館にも額装された《東西触接》の書（横書き）がある（挿図一〇-三八）。

第十一章　リーチ作品の分析の試み――作品論各論

（1）Charles J. Lomax, *Quaint Old English Pottery*, London: Sherratt and Hughes, 1909.

（2）バーナード・リーチ、富本憲吉、河井寛次郎、浜田庄司「四陶匠は語る」『民藝』一〇九号（一九六二年一月）二一頁。

（3）一例として、J. P. Hodin, "The Work of Bernard Leach," Bernard Leach, *A Potter's Work*, 1967, London: Jupiter Books, 1977, p. 24.

（4）Leach, *A Potter's Work*, pl. I.

（5）濱田庄司『無尽蔵』朝日新聞社、一九七四年、一〇七〜一〇九、三二九頁。バーナード・リーチ、志賀直哉、里見弴、大原総一郎、浜田庄司、松方三郎、田中豊太郎「座談会　リーチさんを囲んで」『民藝』一〇七号（一九六一年一一月）一六頁。

（6）Bernard Leach, "Art and Commerce", *Far East* 20 Dec 1913: 495.

（7）Bernard Leach, *A Potter's Book*, 2nd ed., 1945, London: Faber & Faber, 1976, pl. 19.

（8）式場隆三郎『バーナード・リーチ』建設社、一九三四年、図版三〇。『バーナード・リーチ代表作品展』朝日新聞社、一九六六年、表紙及び陶磁器の部四。『日本の友・英国の陶芸家　バーナード・リーチ』天満屋岡山店、一九七一年、図版一七。濱田庄司編『バーナード・リーチ』朝日新聞社、一九六六年、図版八。濱田『無尽蔵』八〇頁。太田臨一郎「バーナード・リーチ」『暮らしの創造』一四号（一九八〇年九月）一六頁。Leach, *A Potter's Book*, pl. 21. Leach, *A Potter's Portfolio*, London : Lund Humphries, 1951, pl. 30. Leach, *A Potter's Work*, pl. 2. ちなみに、大原美術館はこの日本民藝館所蔵の皿と類似の皿を所有している。

（9）柳宗悦「私の知れるリーチ」『柳宗悦全集』筑摩書房、一九八二年、一四巻八八〜八九頁。

（10）Leach, *A Potter's Portfolio*, pl. 30 への解説。

（11）アサヒビール大山崎山荘美術館編『アサヒビール大山崎山荘美術館』財団法人アサヒビール芸術文化財団、一九九八年、図版五四。諸山正則・佐々木潤一監修『民芸派の名匠たち　河井、濱田、リーチらと共に　山本爲三郎コレクションから』朝日新聞社、一九九六年、図版七七。

（12）式場、前掲書、図版一〇七、七三四頁。Christine Parnell, *Images of England Truro*, Stroud : Tempus, 1999, p. 58.

（13）Leach, *A Potter's Book*, p. 33.

（14）Leach, *A Potter's Work*, pl. 5. 濱田庄司「滞英雑記（スリップウエア）」『工藝』二五号（一九三三年一月）四七〜五三頁。Leach, *A Potter's Book*, pp. 113-114. バーナード・リーチ、河井寛次郎、濱田庄司述、柳宗悦著『焼物の本』共同通信社、一九八五年、一八三〜一八四頁。

（15）Michael Cardew, "The Pottery of Mr. Bernard Leach," *Studio*, Nov 1925 : 299. Bernard Leach, *Beyond East and West*, London : Faber and Faber, 1978, p. 139. 式場、前掲書、図版四五、七二〇〜七二一頁。濱田『バーナード・リーチ』図版一一。『日本の友・英国の陶芸家　バーナード・リーチ』図版三九。ジョン・ヒューストン他監修『バーナード・リーチ展』朝日新聞社、一九八〇年、図版二三、四一頁。大原美術館編『大原美術館V陶磁器と板画と染色』財団法人大原美術館、リーチの図版一二。世田谷美術館編『東と西の架け橋　セント・アイヴス』美術館連絡協議会・読売新聞社、一九八九年、C-二二、二二七頁。

（16）Leach, *Beyond East and West*, p. 139. ゼノー在住の書誌学者、故エリック・クウェイル氏、及び日本民芸協会の濱田琉司氏にもご教示をいただいた。

（17）「髪」を異性愛の象徴とした場合、鏡と櫛をもつ女性は「淫乱」を意味することがあるという。徳井淑子『服飾の中世』勁草書房、一九九九年、二八頁。

（18）Leach, op. cit., pp. 138-139.

（19） Cardew, op. cit., p. 299.

（20） 柳宗悦「書簡三七八（一九三五年一一月二日）」『柳宗悦全集』二一巻中、二九四、六一三頁。

（21） Leach, op. cit., p. 215. 以下の書簡はすべてダーティントン・ホールの記録保存館にある。Bernard Leach, Letters to W. K. Slater, 7 Jul 1934, 19 Sep 1935, 21 Sep 1935. W.K. Slater, Letters and reports to Leonard Elmhirst, 20 August 1934, 3 December 1935, 11 May 1938, 12 March 1940. W.K. Slater, Letters to Bernard Leach, 5 September 1934, 2 December 1935. In box "Bernard Leach", The Dartington Hall Trust Archive.

（22） Leach, *A Potter's Work*, pl. 30. ヒューストン、前掲書、図版一五二（一一八頁）。

（23） 式場、前掲書、図版五九。Carol Hogben, ed., *The Art of Bernard Leach*, London: Faber, 1978, pl. 56. 世田谷美術館、前掲書、図版C-四〇。渡辺俊夫・佐藤智子監修・執筆『Japanと英吉利西　日英美術の交流一八五〇-一九三〇』世田谷美術館、一九九二年、図版三八六。オリヴァー・ワトソン監修『バーナード・リーチ展』バーナード・リーチ展実行委員会、一九九七年、図版八八。Sarah Riddick, *Pioneer Studio Pottery: The Milner-White Collection*, London: Lund Humphries, 1990, pl. VII (66), p. 64. Bernard Leach, *Hamada, Potter*, 1975, Tokyo: Kodansha International, 1990, pp. 119-120. Leach, *A Potter's Work*, pl. 21.

（24） Riddick, op. cit., pp. 9, 59.

（25） 滝口進「バーナード・リーチ九十歳の回顧展」『芸術新潮』一九七七年五月、一七七頁。

（26） Victoria and Albert Museum, *The Art of Bernard Leach: A Loan Retrospective Exhibition March to May 1977*, London: Victoria and Albert Museum, 1977, p. 11. 滝口進は註(25)の引用の壺を「ヴィクトリア・アンド・アルバート美術館蔵の魚の跳んでいる花瓶」と同定しているが、これは「ヨーク・シティ・アート・ギャラリー」の間違いであろう。たしかに滝口の言う通りヴィクトリア・アンド・アルバート美術館は魚の描かれている花瓶を所有しているが（Circ 144-1931. 一九七七年の展覧会目録では六三番、Hogben, op. cit., pl. 49）、そこに波紋は描かれていない。

（27） 磁州窯については次の文献を参照した。長谷部楽爾『磁州窯』、中国の陶磁七、平凡社、一九九六年。小川裕充、弓場紀知（責任編集）『五代・北宋・遼・西夏』（世界美術大全集　東洋編　五）小学館、一九九八年。Regina Krahl, "China, §VII, 3 (iv) (b): Ceramics: Song Cizhou wares", Jane Turner, ed., *The Dictionary of Art*, London: Macmillan, 1996, vol. 6, pp. 895-896. Laurence Chi-Sing Tam, "China, §VII, 3 (v) (b): Ceramics: Yuan Cizhou wares", Turner, op. cit., vol. 6, pp. 900-901.

(28) 安堵久左［富本憲吉］「拓殖博覧会の一日」『美術新報』一二巻（一九一二年一二月）七五～七七頁。この記事とともに掲載された写真に、「絵高麗」の壺が四点写っている。当時「絵高麗」と呼ばれていた作品群には、今日から見れば中国のものと朝鮮のものとが含まれていたが、おそらくリーチは当初、「絵高麗」を朝鮮のものとして捉えていたと思われる。

(29) リーチがイギリスに帰国する大正九年の時点で、当時の東京帝室博物館は少なくとも「帯青色釉黒絵瓶子」という「絵高麗」一点を所有していた。『東京帝室博物館美術工芸部第二区焼製品目録』東京帝室博物館、一九一九年、九〇頁。なお、リーチが博物館に通っていた様子については、Leach, *Beyond East and West*, pp. 63, 66.

(30) 「あいにくリーチの姿はなく、応接間で待つことになった。床の間に宋のかなり大きな絵高麗のつぼがあり、中央には漢の博山炉があった。床には大きな梵字が二幅かかっていた。」（濱田庄司『窯にまかせて』日本図書センター、一九九七年、六二頁。）

(31) Leach, *A Potter's Book*, pl. 32. ここに掲載されている壺は、ヴィクトリア・アンド・アルバート美術館所蔵の、《Flask stoneware with cream slip under black painted design, N. Chinese : 13-14 Century, Le Blond Gift c. 628-1918》である可能性がある。

(32) Barley Roscoe, "Pots of Inspiration", *Ceramic Review*, Sep-Oct 1982 : 30. リーチが所有していた陶磁器の一部は現在、クラフト・スタディ・センターが所有している。

(33) 李王家博物館『李王家博物館所蔵品写真帳』上・中・下巻、李王職発行、朝鮮総督官房総務局印刷所印刷、大正六年（第二版）。セインズベリー日本芸術研究所　リサ・セインズベリー図書館所蔵。

(34) 第十章の註(23)参照。

(35) 富本憲吉も「絵高麗」に一目おいていた。濱田庄司「富本憲吉さんを悼む」『民藝』一二七号（一九六三年七月）四五頁。（富本憲吉は、自分が自信をもっていた笹模様も、絵高麗の写真の影にすぎなかった、という意の手紙を濱田庄司に送ったとのこと。）リーチと富本が「絵高麗」と思しき壺を前にして談笑している写真が、『民藝』一二九号（一九六三年九月）四六頁にある。

(36) Muneyoshi Yanagi, ed., *An English Artist in Japan*, Tokyo : Matsutaro Tanaka, 1920.

(37) オリヴァー・ワトソンはこの壺の主題の典拠が『新約聖書』の「マタイによる福音書」の第六章であると指摘している。

ワトソン、前掲書、作品八四（八六頁）。

（38）柳宗悦「書簡三一一（一九二三年五月五日）」、『柳宗悦全集』筑摩書房、一九八九年、二一巻上、二五五、六二二頁。

（39）ワトソン、前掲書、作品九〇（八九頁）。

（40）Hogben, op. cit., pl. 76.

（41）この図版三四六にみえる「絵高麗」は、註(28)の文献の七六頁に掲載されているものと同一である可能性がある。

（42）第十章の冒頭でも述べたが、この壺を実際に轆轤でひいたのがリーチではない点にここでまたふれたい。壺の底には、リーチのモノグラムの他にWとMを組み合わせたものがあり（挿図一一-三三）、これが轆轤成形をした人物の存在を窺わせるが（Riddick の前掲書の当該箇所をみよ）、しかしこの人物は特定されていない。（イニシャルよりリーチの弟子 William Marshall の名があがるかもしれないが、その可能性はない。マーシャルがリーチ・ポタリーに加わったのは一九三八年であり、《鉄絵魚文壺 Vase "Leaping Salmon"》の制作よりも後である。）

（43）Hodin, op. cit., p. 22.

（44）Leach, *Hamada, Potter*, pp. 119–120.

（45）濱田『窯にまかせて』七三頁。

（46）"So much depends on the material, the quality of the clay and its determination of form and pattern. One sees a pot as a living thing. Life and vitality, that's the simple criterion." Michael Williams, "The Arts in Cornwall : Bernard Leach", *Cornish Magazine*, 5 (Feb. 1963): 315.

（47）リーチの毛筆への関心の例をいくつか挙げる。Bernard Leach, "East and West", Yanagi, *An English Artist in Japan*, p. 43. Leach, *Beyond East and West*, pp. 176, 194-195. バーナード・リーチ「日記から」、水谷良一・櫻木谷慈宣訳、『工藝』四六号（一九三四年一〇月）二二頁。バーナード・リーチ「英国への音信」『工藝』五三号（一九三五年五月）三三頁。

（48）「柳［宗悦］と私はともに、織物［裂］においても手漉き紙においても、日本的な釣り合い、色彩、素材を用いた。筆絵や素描の上下の余白の割合に関しては、私はある程度柳に従った。われわれ［イギリス人］は油絵や素描の上部よりは下部により大きく余白を取る傾向にあるが、日本人は下部よりも上部をずっと広く開けることには注目すべきである。」(Leach, *Beyond East and West*, p. 186.) 同じく自伝の一九四〜一九五頁からもリーチが装丁をしていたことがわかる。また、リーチは日本の装丁について論じたこともあった。バーナード・リーチ「保存すべき古代日本芸術の特色」『美術新報』一〇巻（一九一一年一〇月）三七八～三七九頁。リーチ「英国への音信」三三三頁。

(49) リーチの制作した陶軸の例として《藍鉄砂線彫陶軸三種》（アサヒビール大山崎山荘美術館、制作年不明）がある。また、日本民藝館にはリーチ作の陶軸が実際に用いられた掛け物がある。

(50) デイヴィッド・リーチ氏へのインタビュー、デヴォン州ボーヴェイ・トレイシーの氏のご自宅にて、二〇〇〇年三月九、十日、六月二十一日。ウィリアム・マーシャル氏へのインタビュー、コーンウォール州セント・アイヴス、レラントの氏のご自宅にて、二〇〇〇年三月二十日、六月二十五日。参考として、棚橋隆『魂の壺　セント・アイヴスのバーナード・リーチ』新潮社、一九九二年、一〇五～一〇六頁。

(51) 「そうだ。〝白樺〟を通じて親友になった志賀直哉に俳句の精神について教えてもらったことがあった。むずかしかったが理解できた。松尾芭蕉の、古池や……という句。これをモチーフにして壺を作った。十数度目。やっと納得できるものが焼きあがった。たしかあれは英国の美術館にあると思う。」（「サンデーレポート〝日本の心〟を今こそ…　病と高齢の身押してリーチ氏が最後の大著」『毎日新聞』一九七七年六月五日。）なお、リーチが志賀直哉から俳句の説明を受けたことは、棚橋、前掲書、五四頁にもある。

(52) 蛙文の皿の例として、アサヒビール大山崎山荘美術館に《黄釉鉄砂彫絵蛙文大皿》（一九五三年）が二点ある。蛙文のタイルの例としては、益子参考館の《鉄絵蛙と月陶板》（一九二八年頃）がある。

(53) 復本一郎『芭蕉古池伝説』大修館書店、一九八八年、五三～六五頁。復本氏の研究によれば、「古池や」の蛙を複数と見る解釈は江戸時代からあった。しかし、芭蕉の自画賛二点を根拠として復本氏は、芭蕉本人は蛙を一匹と考えていた、と述べている。「芭蕉自身は、一匹の蛙をイメージしていたのである。実際には、数匹いたとしても、芭蕉は一匹にデフォルメしたわけであり、それが文学というものである。」（六〇頁）

(54) Hiroaki Sato, *One Hundred Frogs: From Renga to Haiku to English*, New York and Tokyo: Weatherhill, 1983, pp. 151, 169. この本には「古池や」の英訳が百通り集められているが、蛙が複数形で翻訳されているのはハーンのもの（p. 151）とHisao Kanaseki のもの（p. 169）の二例しかなく、そのうち一九三一年の《鉄絵魚文壺》制作時に参照が可能だったのはハーンの翻訳だけである。ところで、この Sato の本に掲載されているハーンの訳は“Old pond—frogs jumped in—sound of water”であるが、これはハーンの原典とは異なっているので注意されたい。正しくは、“Old pond—frogs jumping in—sound of water.”である（Lafcadio Hearn, “Frogs”, *Exotics and Retrospectives*, Boston: Little, Brown, and

Co., 1899, p. 164)。なお、ハーンによる俳句の翻訳については、前島志保「俳句」、平川祐弘監修『小泉八雲事典』恒文社、二〇〇〇年、四七六〜四七八頁。

(55) Leach, *Beyond East and West*, p. 43.

(56) 参考として、リーチとハーンの関係については、鈴木禎宏「リーチ　バーナード・ハウエル」、平川、前掲書、六七六〜六七九頁。また、話はそれるが、リーチは日本の俳句の中でも小林一茶のものを好み、その幾つかを英訳して自著 *Drawings, Verse, and Belief* に掲載している。

(57) 「サケ」、ジャン・シュヴァリエ他『世界シンボル大事典』大修館書店、一九九六年、四二〇頁。「サケ」、アト・ド・フリース『イメージ・シンボル事典』山下主一郎主幹、大修館書店、一九八四年、五四三頁。

(58) Riddick, op. cit., p. 64.

(59) 本章の註(23)参照。

(60) この名称を使い始めたのは一九八九年の世田谷美術館である。当時この展覧会に関わった世田谷美術館の学芸員清水真砂氏にうかがったところ、たしかに展覧会図録の制作時、「リーピング・サーモン」というタイトルを和訳することにはためらいを感じたとのことであった（二〇〇〇年十一月二十五日、東京茗荷谷の茗渓会館で開催されたジャポニスム学会例会の席にてお話を聞く）。蛇足であるが、本章の註(25)の文献において滝口進も、リーチの作品をみて芭蕉の「古池や」を連想している。

(61) Leach, *Beyond East and West*, pp. 237-242, 241.

(62) Riddick, op. cit., pl, 58 (p. 61), pl. I (p. 66). Oliver Watson, *Studio Pottery: Twentieth Century British Ceramics in the Victoria and Albert Museum Collection*, London: Phaidon Press Ltd., in association with the Victoria and Albert Museum, 1996, pl. 24 (cat. 315). ヒューストン、前掲書、図版四一、四六頁。この作品は、Leach, *A Potter's Work*, pl. 35 と同一だと思われる。

(63) "...the £3240 (estimate £800-£1100) for a slipware dish dated 1920 in the border. It is decorated with a golden brown glaze with a brown slip tree of life at the centre." ("Sale Room: Leach's Stoneware Vase Sells for £3780", *Times*, 24 July 1984.)

(64) ヒューストン、前掲書、図版一六二、一三一頁。

(65) Riddick, op. cit., pl. 58, p. 61.

(66) このタイルに限らず、リーチの *A Potter's Work* で示されている作品の制作年代には疑問の残るものが多い。

(67) Leach, *Beyond East and West*, p. 224. 引用は引用者の翻訳による。

(68) The Leach Pottery, *The Leach Pottery 1920-1952*, pamphlet associated with exhibition at the Berkley Galleries, London : The Berkley Galleries, 1952, p. 3.

(69) デイヴィッド・リーチ氏へのインタビュー。

(70) *The Leach Pottery Saint Ives Cornwall, Catalogue of Tiles Fireplaces Pottery*, St. Ives : The Leach Pottery, n. d.

(71) 柳宗悦「リーチの位置」、『柳宗悦全集』筑摩書房、一四巻、一九八二年、一二九頁。

(72) 「木」、シュヴァリエ、前掲書、二七六～二八四頁。「Tree 木」、ド・フリース、前掲書、六五〇～六五二頁。「木」「エッサイの樹」ジェニファー・スピーク『キリスト教美術シンボル事典』中山理訳、大修館書店、一九九七年、二三七～二三九頁。ロジャー・クック『イメージの博物誌一五　生命の樹　中心のシンボリズム』植島啓司訳、平凡社、一九八二年。長田玲子「生命の樹（木）」、山折哲雄監修『世界宗教大事典』平凡社、一九九一年、一〇九一～一〇九二頁。

(73) "The subject is derived from very old traditions and may be regarded as symbolic. I do make decorations at times which are abstract in character, but have no desire to limit myself in this way." (Leach, *A Potter's Work*, pl. 35.) 引用は引用者の翻訳による。

(74) ちなみに、ブレークの影響を受けて、リーチ自身も虎を題材にした詩を残している。Bernard Leach, "Tiger, Tiger", *Drawings, Verse & Belief*, rev. ed., London : Jupiter Books, 1977, p.114.

(75) バーナード・リーチ「岸田劉生のこと」『産業経済新聞』一九五五年四月一六日。なお、リーチと劉生の交友に関しては、鈴木禎宏「バーナード・リーチと岸田劉生」、『ジャポニスム研究』一八号（一九九八年）三〇～四一頁。

(76) 二元論の表現に関して次の記事が参考になる。「[中国の] 文学表現における対句、建築などにおけるシンメトリーの愛好も陰陽論と切りはなすことができない。」（三浦国雄「陰陽」、山折、前掲書、二〇七頁。）

(77) 野口鐵郎「北斗星君」、野口鐵郎他編『道教事典』平河出版社、一九九四年、五四七～五四八頁。山田利明「北極紫微大帝」野口、前掲書、五四九頁。可児弘明「北極星」野口、前掲書、五四九頁。野尻抱影「北斗七星」山折、前掲書、一七六八頁。麦谷邦夫「北極星」山折、前掲書、一七八〇頁。

（78） Leach, *Beyond East and West*, p. 103. 第三章第二節の註(27)（六〇頁）参照。
（79） ヒューストン、前掲書、図版一〇九、一〇二頁。
（80） ヒューストン、前掲書、図版一三六、一一二頁。Hogben, op.cit., pl. 118.
（81） 大原美術館編、前掲書、リーチの図版二四。濱田『バーナード・リーチ』図版六九。『アサヒビール大山崎山荘美術館』図版七〇。『民芸派の名匠たち』図版八五。ワトソン、前掲書、図版一五七、一六四。Hogben, op. cit., pls. 96, 97, 115, 118.
（82） Leach, *A Potter's Work*, pls. XI, 52, 57.
（83） 「鳥」、シュヴァリエ、前掲書、七一五～七一八頁。「bird 鳥」、ド・フリース、前掲書、六一～六三頁。スピーク、前掲書、三三一～三三四頁。
（84） 圖師禮三氏へのインタビュー。滋賀県の日登美美術館にて、一九九九年八月十九日。
（85） ヒューストン、前掲書、図版一五六、一一九頁。ワトソン、前掲書、図版一五九、一四〇頁。
（86） Leach, *A Potter's Work*, pl. 32, 59.
（87） Leach, op. cit., pl. VII.
（88） リーチは自著 *A Potter's Portfolio* や *The Potter's Challenge* において《楽焼走兎図大皿》（一九一九年、我孫子、口絵図版Ⅰ）を、自分が参照したスペインの皿と並べて掲載し、両者を比較しているが（挿図一〇-六参照）、その中で世界の諸文化の「統合」ないし「結婚」を達成することがいかに困難であるかについて、次のように述べている。“Broadening expression and awareness progressively eliminate naive expression, resulting commonly in an intermediate stage of gaucherie. But there is a further condition, frequently attained only through suffering (comprehended and accepted) which liberates, and which in these pages I have called integration. Hardly any modern artist who has achieved this balance of faculties and understanding of life has escaped this road of pain.”
（89） バーナード・リーチ「『アイノコ』の真意義」『美術』一巻（一九一七年四月）二三五～二三六頁。詳しくは第五章第二節をみよ。
（90） Bernard Leach, “The Great Oak”, *Drawings, Verse & Belief*, p. 96. 引用は福田陸太郎訳によった。（『バーナード・リーチ詩画集』五月書房、一九七五年、九七～九八頁）。

(91) J. P. Hodin, "The Work of Bernard Leach", Leach, *A Potter's Work*, p. 28. 棚橋、前掲書、六三頁。

終章　「東と西の結婚」の今日的意義

(1) "Programme of Prayers and Readings for the Bahá'í Funeral of Mr Bernard Leach C.H., C.B.E. Thursday, 10th May 1979," n. p. 故エリック・クウェイル氏のご教示による。

(2) "In Memorium Bernard Leach 1887-1979, St. Ives Parish Church, Friday, 11th May, 1979 at 3.00 p.m.", St. Ives : St. Ives Parish Church, 11 May 1979.

(3) 棚橋隆『魂の壺　セント・アイヴスのバーナード・リーチ』新潮社、一九九二年、二五八頁。

(4) デイヴィッド・リーチ氏へのインタビュー、デヴォン州のボーヴェイ・トレイシーにある氏のご自宅にて、二〇〇〇年三月十日。及び、棚橋、前掲書、七一頁。

(5) Bernard Leach, "Kenzan and His Times", *IHJ Bulltene*, The International House of Japan, no. 9, Apr 1962 : 9-16.

(6) 佐野乾山事件とは、栃木県佐野で「発見」された、初代乾山作とされる作品群をめぐる真贋論争である。Leach, "Kenzan and His Times". バーナード・リーチ「佐野乾山の跡を辿る」『芸術新潮』一九六四年九月、四六〜四九頁。

(7) Bernard Leach, "China, Corea [sic.], Japan", *An English Artist in Japan*, ed. Muneyoshi Yanagi, Tokyo : Matsutaro Tanaka, 1920, p. 45.

(8) 参考として、Edmund de Waal, "Homo Orientalis : Bernard Leach and the Images of the Japanese Craftsman", *Journal of Design History*, vol. 10 (1997) : 355-362. ただし、この論文における事実認識に関しては問題もある。

(9) 戦後、リーチがイギリスから日本への「逃避」をはかった時、柳宗悦はそれをいさめたことがある。柳宗悦「書簡二九五一（一九五五年六月二三日）」『柳宗悦全集』筑摩書房、一九八九年、二一巻下。

(10) Bernard Leach, "Mathematical Evidence", *Drawings, Verse & Belief*, rev. ed., London : Jupiter Books, 1977, p. 70. 引用は福田陸太郎訳によった（『バーナード・リーチ詩画集』五月書房、一九七五年、七六頁）。

(11) Bernard Leach, *Beyond East and West*, London : Faber and Faber, 1978, p. 80. 参考として、Bernard Leach "Miscelaneous [sic.]", Muneyoshi Yanagi (ed.), *An English Artist in Japan*, Tokyo : Matsutaro Tanaka, 1920, p. 48.

(12) 林克「陰陽」、野口鐵郎他編集『道教事典』平河出版社、一九九四年、二一一〜二一二頁。

おわりに

本書は東京大学大学院総合文化研究科の比較文学比較文化研究室に提出した博士学位論文「『東と西の結婚』のヴィジョン：バーナード・リーチの生涯と芸術に関する比較文化的研究」（二〇〇二年）にもとづくものである。

各章の初出は次の通りである。

第一章　鈴木禎宏「十九世紀と二十世紀の狭間　バーナード・リーチの伝記的研究一八八七―一九〇九」、東大比較文学会『比較文学研究』七八号（平成一三年八月）四～二一頁。

第五章　鈴木禎宏「『東と西の結婚』のヴィジョン　バーナード・リーチの芸術志向」、東大比較文学会『比較文学研究』第七一号（平成一〇年二月）八七～一〇八頁。

第六、七、八章　鈴木禎宏「セント・アイヴスのバーナード・リーチ　リーチ・ポタリーの展開とその意義」、『英国セント・アイヴスへ　東と西　海を越えた絆　バーナード・リーチと濱田庄司』（(財）益子町観光振興公社、二〇〇二年）一四～三一頁。

第十一章第三節　鈴木禎宏「バーナード・リーチ作品試論《鉄絵魚文壺 Vase "Leaping Salmon"》について」、美術史学会『美術史』一五三冊（平成一四年一〇月）六二～七五頁。

転載を快くご許可くださった関係各位に、この場を借りて御礼申し上げる。

また、写真掲載に際しご協力を賜った関係各位にも謝意を表したい。

執筆においては、実に様々な人々のご指導とご助言をいただいた。末筆ながらここにその一部の方々のご芳名を記して謝意を表明したい。

この論文はバーナード・リーチとゆかりのある人々から直接うかがった証言の上に成り立っている。お話をうかがえたのは、故デイヴィッド・リーチ氏、ウィリアム・マーシャル氏、かつてリーチ・ポタリーで学んだエレナ・クルーク氏、バーナード・リーチからダーティントン・ポタリーを引き継いだマリアンヌ・ド・トレイ氏、リーチ・ポタリーで働いていたトレヴァー・コーサー氏、益子の濱田製陶所の濱田晋作氏と友緒氏、島根県出西窯代表多々納弘光氏である。これらの陶芸家の方々から親しくお話をうかがえたことは、実に意義深いことであった。

論文の作成にあたっては、次にあげる美術館のスタッフ、コレクター、ディーラーの方々から、様々なご助言やご協力をいただいた。前世田谷美術館長大島清次先生、日登美美術館長圖師禮三先生、アサヒビール大山崎山荘美術館の佐々木潤一氏、富本憲吉記念館の山本茂雄氏、陶芸メッセ・益子の横堀聡氏、世田谷美術館の清水真砂氏、出光美術館の荒川正明氏、ヴィクトリア・アンド・アルバート美術館のオリヴァー・ワトソン氏とルパート・フォークナー氏、前テート・ギャラリー・セント・アイヴスの館長マイケル・トビー氏。五島美術館の元学芸員で、現東京芸術大学教授の竹内順一先生には、佐野乾山に関わる調査のお手伝いをさせていただいた。ロンドンのコレクター、マイケル・ディーン氏とその奥方ヒロコ様のコレクションを拝見できたことは有意義であった。また、フィリップスのディーラー、シリル・フランクル氏には、リーチの作品だけでなくリーチ作品の贋物まで見せていただいた。ダーティントン・ホール・トラストの記録文書館 High Cross House と、セント・アイヴスの図書館内にある St. Ives Trust Archive Study Centre のスタッフの方々のことも欠かすことはできない。そして、駒場の日本民藝館の皆様と日本民藝協会の方々には、学部四年生の時以来、一貫して調査へのご協力をいただいた。

リーチに関する調査の過程においては、実に様々な人々との出会いがあった。朝日焼十四代故松林豊斎先生、益子の日下田染色工房の日下田正先生、我孫子在住の村山正八先生、日本聖公会司祭パウロ田光信幸師、岸田劉生のご遺族で江戸千家渭白流のお家元、八代川上渭白（紫竹庵静邑）先生、萩焼で修業をした陶芸ビデオ作家、ピーター・レイノルズ氏、バーナード・リーチが生前最後に訪れたというゼノーの書誌学者、故エリック・クウェイル氏とその奥様サチコ様、ロンドンのチェルシー・スクール・オブ・アートの渡辺俊夫教授とその助手の菊池裕子氏、リーチの評伝の著者エドモンド・ドゥ・ワール氏とその友人の陶芸家ジュリアン・ステアー氏、慶應義塾大学の河合正朝教授、美術史家ターニャ・ハロッド博士、晩年のバーナード・リーチと親交のあった棚橋隆氏。これらの人々からもたいへん有益なお話をうかがった。イギリスでの調査においては、セインズベリー日本芸術研究所の所長、ニコル・ルマニエール博士と、アドミニストレーターの内田ひろみさんをはじめとするスタッフの方々のお世話になった。

さらに、ジャポニスム学会の皆様にも様々なご助言・ご支援をいただいた。また、国立民族学博物館で平成十三、十四年度に開催された「柳宗悦と民芸運動」研究会においては、たいへん有益な議論を共有することが出来た。研究会主催者の熊倉功夫教授（現・林原美術館館長）をはじめ、研究会の皆様に御礼申し上げる。

この論文は、東京大学で教鞭を執られる諸先生方の優れたご指導と、諸先輩・学友からのご教示と励ましの上に成り立っている。学部の卒業論文が本研究の出発点であるが、卒論においてはエリス俊子助教授の丁寧なご指導を受けた。修士論文においては川本皓嗣教授にご指導をいただいた。そして、博士課程での指導教官、三浦篤助教授には、論文の構成や内容に関して様々なご指摘やアドバイスをいただいた。内村鑑三をはじめとするキリスト教に関する事柄は、川中子義勝先生と岡部雄三先生の演習や、宮本久雄先生のお話やご著作に教えられることが多かった。この他にも、比較研究室にて、延廣真治先生、竹内信夫先生をはじめとする諸先生方からご指導をいただいた。

最後に、出版においては、ミネルヴァ書房の杉田啓三社長と編集部の田引勝二氏が、根気よく作業にお付き合いくださった。本研究に関しては、平成十四、十五、十六年度に文部科学省の科学研究費補助金（若手（B））の交付を受けている。併せて御礼申し上げる。

本書脱稿後イギリスにて、エマニュエル・クーパー氏の手によるリーチの伝記が出版されたが、筆者は未見である。クーパー氏にかつてお会いした時（二〇〇二年七月七日）のお話では、クーパー氏は一度も来日することなく伝記を書かれたようであるが、イギリスにおいても日本においても、リーチ研究は進んできている。
本書が日本側におけるリーチ研究のひとつの「標準」になることを祈念して、本書を世に送り出す。

平成十八年新春　東京にて

鈴木禎宏

さ 行

た 行

人名索引

あ　行

か　行

《著者紹介》

鈴木禎宏（すずき　さだひろ）

略　歴　1970年　千葉県生まれ。
1994年　東京大学教養学部教養学科（比較日本文化論）卒業。
1996年　東京大学大学院修士課程（総合文化研究科）修了。
1999年　東京大学大学院博士課程（総合文化研究科）単位取得退学。
2001年　お茶の水女子大学生活科学部・専任講師。
2002年　博士号（学術）取得。
2007年　お茶の水女子大学大学院・准教授。現在に至る。
日本比較文学会，美術史学会，文化資源学会，ジャポニスム学会他会員。

著　書　「民芸運動とバーナード・リーチ」熊倉功夫，吉田憲司編『柳宗悦と民藝運動』思文閣出版，2005年。
「アーツ・アンド・クラフツ運動から民芸運動へ――バーナード・リーチの寄与」デザイン史フォーラム編，藤田治彦責任編集『アーツ・アンド・クラフツと日本』思文閣出版，2004年，ほか。

シリーズ・人と文化の探究①

バーナード・リーチの生涯と芸術

――「東と西の結婚」のヴィジョン――

2006年3月10日　初版第1刷発行　〈検印省略〉
2016年4月30日　初版第3刷発行

定価はカバーに
表示しています

著　者　鈴木禎宏
発行者　杉田啓三
印刷者　中村勝弘

発行所　株式会社　ミネルヴァ書房
607-8494　京都市山科区日ノ岡堤谷町1
電話代表　(075)581-5191番
振替口座　01020-0-8076番

中村印刷・兼文堂

ISBN978-4-623-04304-0
Printed in Japan

な　行

は　行

ま　行

や　行

ら　行

事項索引

あ 行

か 行

さ　行

た　行

な　行

は　行

ま　行

や　行

ら　行

わ　行

欧　文

参考文献

一次資料（バーナード・リーチの著作）

〈刊本（単著・翻訳）〉（出版年順）

Leach, Bernard. *A Review 1909-1914.* Tokyo : Japan Advertiser, 1914.

---. *A Potter's Outlook. Handworker's Pamphlet No. 3.* London : New Handworkers' Gallery, 1928.

---. *A Potter's Book.* 2nd ed. 1945. London : Faber & Faber, 1976. Introduction by Soetsu Yanagi and Preface by Michael Cardew.

---. *A Potter's Portfolio,* London : Lund Humphries, 1951.

---. 『日本絵日記』柳宗悦訳，毎日新聞社，1955年。（『バーナード・リーチ日本絵日記』柳宗悦訳，水尾比呂志補訳，講談社，2002年。）

---. 『陶工の本』石川欣一訳，中央公論社，1955年。

---. *Kenzan and His Tradition : The Lives and Times of Koetsu, Sotatsu, Korin, and Kenzan.* London : Faber & Faber, 1966.

---. 『乾山・四大装飾芸術家の伝統』水尾比呂志訳，東京美術，1967年。

---. *A Potter's Work.* With introduction and biographical note by J. P. Hodin. 1967. London : Jupiter Books, 1977.

---. *Drawings, Verse & Belief*. Revised ed. London : Jupiter Books, 1977.

Yanagi, Soetsu. *The Unknown Craftsman.* Trans. and adapted by Bernard Leach. Tokyo : Kodansha International, 1972.

Leach, Bernard. 『バーナード・リーチ詩画集』福田陸太郎訳，五月書房，1975年。

---. *Hamada, Potter*. 1975. Tokyo : Kodansha International, 1990.

---. *The Potter's Challenge.* Ed. David Outerbridge. London : Souvenir Press, 1976 ; New York : E.P. Button, 1976.

---. *Beyond East and West : Memoirs, Portraits and Essays.* London : Faber & Faber, 1978.

---. 『東と西を超えて：自伝的回想』福田陸太郎訳，日本経済新聞社，1982年。

リーチ，バーナード，河井寛次郎，濱田庄司（述），柳宗悦（著）『焼物の本』共同通信社，

1985年。

〈刊本：単著以外〉（出版年順）

Leach, Bernard. “East and West”. In *An English Artist in Japan.* Ed. Muneyoshi Yanagi. Tokyo : Matsutaro Tanaka, 1920. 41-43.

---. “China, Corea [sic.], Japan”. In *An English Artist in Japan.* Ed. Muneyoshi Yanagi. Tokyo : Matsutaro Tanaka, 1920. 44-47.

---. “Miscelaneous [sic.]”. In *An English Artist in Japan.* Ed. Muneyoshi Yanagi. Tokyo : Matsutaro Tanaka, 1920. 48-51.

---. “Poems [Dead London, Oh Fugitive Universe unto What End?, The Five Senses, The Mystic Ring, Summer Joy, The Bamboo Grove]”. In *An English Artist in Japan.* Ed. Muneyoshi Yanagi. Tokyo : Matsutaro Tanaka, 1920. 52-56.

---. “Three Dreams : A Strange but Pleasant Dream, A Terrible Dream, Nightmare”. In *An English Artist in Japan.* Ed. Muneyoshi Yanagi. Tokyo : Matsutaro Tanaka, 1920. 57-64.

---. 「東洋と西洋」壽岳文章訳，式場隆三郎『バーナード・リーチ』建設社，1934年，125-130頁。

---. 「支那，朝鮮，日本」壽岳文章訳，式場隆三郎『バーナード・リーチ』建設社，1934年，130-134頁。

---. 「想片」壽岳文章訳，式場隆三郎『バーナード・リーチ』建設社，1934年，134-139頁。

---. 「詩編」（「死せる倫敦」「おゝ捕へ難き宇宙よ　いづこに向つて行くや？」「五感」「神秘の指輪」「夏のよろこび」「藪」），壽岳文章訳，式場隆三郎『バーナード・リーチ』建設社，1934年，140-149頁。

---. 「三つの夢」（「奇妙だが楽しかつた夢」「恐ろしい夢」「悪魔」），壽岳文章訳，式場隆三郎『バーナード・リーチ』建設社，1934年，149-155頁。

---. 「家具の試作について」岡田弘訳，式場隆三郎『バーナード・リーチ』建設社，1934年，157-163頁。

---. 「スタンリー・スペンサー」岡田弘訳，式場隆三郎『バーナード・リーチ』建設社，1934年，187-191頁。

---. 「浜田庄司：一九二九年春倫敦浜田庄司個展に際して」橋詰光春訳，式場隆三郎『バーナード・リーチ』建設社，1934年，209-212頁。

---. 「富本，濱田その他の友達」柳宗悦口訳，式場隆三郎筆録，式場隆三郎『バーナード・リーチ』建設社，1934年，221-245頁。

---.「式場博士の伝記的質問への解答」，式場隆三郎『バーナード・リーチ』建設社，1934年，536-565頁。

---.「茶の湯」『茶　私の見方』春秋社，1956年。（唐木順三編『外国人の見た日本　第4巻』筑摩書房，1961年，268-272頁に収録。）

---. "An Open Letter to New Zealand Potters". In *Bernard Leach : Essays in Appreciation.* Ed. T. Barrow. Wellington, NZ : N.Z. Potter, 1960. 6-9.

---. "Looking Backwords and Forewards at 72". In *Bernard Leach : Essays in Appreciation.* Ed. T. Barrow. Wellington, NZ : N.Z. Potter, 1960. 11-15.

---. "A Note on Japanese Tea Ceremony Wares." In *Bernard Leach : Essays in Appreciation.* Ed. T. Barrow. Wellington, NZ : N.Z. Potter, 1960. 37-38.

---. "Belief and Hope". Arts Council of Great Britain, *Bernard Leach. Fifty Years a Potter.* London : Arts Council of Great Britain, 1961.

---.「浜田と私」，柳宗悦編『浜田庄司作品集』朝日新聞社，1961年。

---. "My Faith",『バーナード・リーチ代表作品展』朝日新聞社，1966年。

---.「親友・濱田庄司」，濱田庄司『自選浜田庄司陶器集』朝日新聞社，1969年。

---.「乾山先生」『乾山六世完結記念　尾形乾女作陶展』三越美術部，1973年，4，6-7頁。

---. Introduction. *The Living National Treasure of Japan, 1973.* Ed. Derek Birdsall. Text Barbara Curtis Adachi. London : Wildwood House, 1973.

---. Introduction. *David Leach : A Monograph.* Ed. Robert Fournier. 1977. Lacock Wilts : Fournier Pottery, 1979.

---. "My Friend Hamada".「わが友　濱田」（水尾比呂志訳）。『濱田庄司蒐集益子参考館 1』学習参考社，8-10頁，pp. 224-226.

---.「高村光太郎について」，写真／土門拳，詩／日本の詩人たち『現代彫刻』サンケイ出版，1979年，36頁。

---. "Mark, Dear Mark". In *Tobey.* Ed. Maggie Giraud. Dartington : High Cross House, Dartington Hall Trust, 1996. n. p.

---.「日本の洋風家具」，池田三四郎『新版　松本民芸家具』沖積舎，1996年。

---.「現代の陶芸家」「工芸家における統合」鈴木禎宏訳，ダーティントン・ホール・トラスト，ピーター・コックス編『ダーティントン国際工芸家会議報告書——陶芸と染色：1952年——』藤田治彦監訳・解説，思文閣出版，2003年。26-40，261-273頁。

〈雑誌記事・新聞記事ほか〉（出版年順）

リーチ，バーナード.「バーナード，リーチ氏の談話」『方寸』3巻（1909年12月）12頁。

---.「ケンブリツヂ油絵具」『方寸』4巻（1910年10月）16頁。

---.「保存すべき古代日本芸術の特色」『美術新報』10巻（1911年10月）378-379頁。
---.「[『婦人装飾図』へのコメント]」『美術新報』10巻（1911年10月）386頁。
---.「蝕銅版に就て」柳宗悦訳，『白樺』1911年11月，67-73頁。
---.「オーガスタス・ジョーン」柳宗悦訳，『白樺』1912年３月，112-121頁。
---.「一九一三年度の文部省美術展覧会」『審美』1912年７月，10-12頁。
---.「ゴオホ号に」柳宗悦訳，『白樺』1912年11月，71-72頁。
---. "Art and Commerce". *Far East* 20 Dec. 1913 : 491-495.
---. "Notes on William Blake".『白樺』1914年４月，462-471頁。
---. "An Artist's Pottery". *Far East* 27 June 1914 : 386.
---. "An Exhibition : Oct. 20-Nov. 1". *Far East* 10 Oct. 1914 : 87.
---. "The Meeting of East and West in Pottery". *Far East* 29 May 1915 : 247-250 ; 5 June 1915 : 288-291 ; 12 Jun 1915 : 312-315.
---.「『アイノコ』の真意義」『美術』１巻（1917年４月）235-236頁。
---.「製陶の話」『中央美術』1918年２月，50-53頁。
---. "Factories and Handicrafts in Japan". *New East* Apr 1918 : 324-328.
---. "A Night at the Chinese Shadow Play". *New East* Oct 1918 : 342-345.
---.「エッチング其他」『中央美術』1919年３月，63-65頁。
---. "[about Walt Whitman]",『白樺』1919年５月，159頁。
---.「『回顧』より」柳宗悦訳，『美術写真画報』１巻１号（1920年１月)。
---.「『回顧』より」『地上』２巻４号（1920年５月）２-11頁。
---.「日本に在りし十年間」『美術月報』２巻（1920-21年）２-４，55-58，74-75，92-93頁。
---. Letter. *St. Ives Times* 29 Oct 1920.
---.「英国より」『美術月報』２巻（1921年２月）93頁。
---. Letter. *St. Ives Times* 7 Apr 1922 : 4.
---.「手紙」高村光太郎訳，『白樺』14巻５号（1923年５月）１-10頁。(『高村光太郎全集』筑摩書房，1994年，17巻236-242頁，及び，『清春』清春白樺美術館，24号，1996年10月，２-10頁に収録。)
---. Letter. *Supplement to the St. Ives Times* 17 Aug 1923 : 11.
---. Letter. *St. Ives Times* 28 Dec 1923 : 5.
The Leach Pottery [Bernard Leach]. *Some Press Opinions.* St. Ives : Leach Pottery, [c. 1925].
---. "Leach and Tomimoto, West and East". *Studio,* 101. 458 (May 1931) : 346-349.
---.「陶工一家言」橋詰光春訳，『工藝』29号（1933年４月）57-70頁。
---.「富本，濱田，其の他の友達」柳宗悦口訳，式場隆三郎筆録，『工藝』37号（1934年

1月）40-61頁。(式場隆三郎『バーナード・リーチ』建設社，1934年，221-245頁に収録。)

---.「英国の工芸その他」『アトリエ』11巻7号（1934年7月）11-12頁。

---.「手紙」水谷良一・櫻木谷慈宣訳，『工藝』46号（1934年10月）6-18頁。

---.「日記から」水谷良一・櫻木谷慈宣訳，『工藝』46号（1934年10月）19-24頁。

---.「宗達から受くるもの」『塔影』11巻（1935年2月）8-9頁。

---.「船木君の人と作品」比木喬訳，『工藝』52号（1935年4月）12-22頁。

---. "Thoughts on Japanese Crafts, Impression of Japan after Fourteen Years, A Letter to England". 『工藝』53号（1935年5月）1-41頁。

---.「日本の工芸に付ての感想」比木喬訳，『工藝』53号（1935年5月）1-14頁。

---.「十四年後の日本の印象」比木喬訳，『工藝』53号（1935年5月）15-29頁。

---.「英国への音信」比木喬訳，『工藝』53号（1935年5月）30-57頁。

---. "An Exhibition of Traditional Japanese Crafts". London : The Little Gallery, May 1936.

---. "Pottery". In *Fifteen Craftsmen on Their Crafts.* Ed. and with an Introduction by John Farleigh. London : The Sylvan Press, 1945. 44-51.

The Leach Pottery [Bernard Leach]. *The Leach Pottery 1920-1946.* Pamphlet associated with exhibition at the Berkley Galleries. London : The Berkley Galleries, 1946.

The Leach Pottery [Bernard Leach]. *The Leach Pottery : Handmade Fire-Proof Stoneware and Hard Porcelain Catalogue.* St. Ives : The Leach Pottery, 1946.

---.「リーチ工房　一九二〇年より一九四六年まで」河井博訳，『工藝』119号（1948年7月）12-29頁。

[Leach, Bernard] "The St. Ives Times". *St. Ives Times* 12 Jul 1946 : 7.

---. "Craftsmanship (II) The Contemporary Studio Potter". *Journal of the Royal Society of Arts* 161. 4769 (21 May 1948) : 356-373.

---.「英国十三世紀の焼物の世界」『民藝』1951年10月。

The Leach Pottery [Bernard Leach]. *The Leach Pottery 1920-1952.* Pamphlet associated with exhibition at the Berkley Galleries. London : The Berkley Galleries, 1952.

---. "The Contemporary Potter". *The Report of the International Conference of Craftsmen in Pottery & Textiles at Dartington Hall, Totnes, Devon, July 17-27, 1952.* TS. The Dartington Hall Archive. 12-18.

---. "The Integration of the Craftsman". *The Report of the International Conference of Craftsmen in Pottery & Textiles at Dartington Hall, Totnes, Devon, July 17-27, 1952.* TS. The Dartington Hall Archive. 137-142.

---. "My Religious Faith". Tokyo. privately printed, 1953. Rpt. in *Spinning the Clay into Stars : Bernard Leach and the Bahá'í Faith.* Ed. Robert Weinberg. Oxford : George Ronald, 1999.

---.「リーチ窯について　一九二〇―一九五二年」式場隆三郎訳，『リーチ』毎日新聞社，1953年，39-50頁。

---.「私の宗教的信念」北郷鷹生訳，私家版，1954年。

---.「リーチの手紙―セント・アイヴス窯から―」『民藝』27号（1955年３月）26-27頁。

---.「岸田劉生のこと」『産業経済新聞』1955年４月16日。

---.「笹川邸のバーナード・リーチ」『民藝』32号（1955年８月）32-33頁。

---.「セント・アイヴスから」『民藝』33号（1955年９月）15頁。

---. "The Contemporary Studio Potter". A paper delivered to the Royal Society of Arts in 1948 and recently revised by the author. *Pottery Quarterly* Summer 1958 : 43-58.

---. Letter. *St. Ives Times & Echo* 17 Feb 1961.

---.「英国中世陶器展によせて―生き生きした13世紀の焼物の世界―」『民藝』106号（1961年10月）６-８頁。

---.「内からの仕事―四度目の訪日―」『民藝』107号（1961年11月）７-９頁。

---.「思うこと，思い出すこと」田畑豊訳，『学鐙』1961年11月，４-９頁。

---.「白と黒とは混ぜずに」『心』1961年11月，141-145頁。

---. "Kenzan and His Times". *IHJ Bulletin.* The International House of Japan. 9 (Apr 1962) : 9-16.

---.「大原総一郎へ　私信より」『民藝』109号（1962年１月）14頁。

---.「日本を離れるに際して」『民藝』110号（1962年２月）44頁。

---.「東に寄せる心　バーナード・リーチ氏少年少女と語る」『婦人の友』（1962年２月）48-54頁。

---. "To New Zealand Potters". *New Zealand Potter* Aug 1962 : 5-7.

---.「文化勲章と芸術家たち―再遊の日本での断想―」虫明亜呂無訳，『芸術新潮』1962年１月，140-145頁。

---.「回想の富本憲吉」『民藝』129号（1963年９月）46-47頁。

---.「東京民芸協会だより　富本憲吉記念講演会　憲吉と私」『民芸手帳』75号（1964年８月）62-64頁。

---.「佐野乾山の跡を辿る」『芸術新潮』1964年９月，46-49頁。

---.「松本民芸館を見て」『民藝』142号（1964年10月）26-27頁。

---.「第３回民芸講座講演　柳宗悦の美論」『民藝』142号（1964年10月）49頁。

---.「日本の友人たちへ」佐々木潤一訳,『民藝』144号(1964年12月)4-6頁。

---.「日本のやきもの」野田愛子訳,『月刊文化財』1966年9月, 4-12頁。

---.「東と西十話」横川信義(毎日新聞外信部)訳,『毎日新聞』1966年11月27日より12月8日まで10回連載。

---. "Impressions of Japan". *Mainichi Daily News* 5-9 Dec 1966.

---. "The Beginning of the Shinners Bridge Pottery". *Dartington Hall News,* 9 June 1967. Rpt. in : *A Dartington Anthology 1925-1975.*

---. "Students and Hand-made Standard Ware". *Ceramic Review* May-Jun 1971 : 13.

---. Letter. *St. Ives Times & Echo* 26 Apr 1974.

---.「日本の友日本の心」『日本経済新聞』1974年10月9日。

---. Letter. *Ceramic Review* Mar-Apr 1977 : 3.

---. "News : Hamada An Appreciation by Bernard Leach with Exclusive Extracts from His Forthcoming Memoirs Beyond East and West". *Crafts* Mar-Apr 1978 : 9.

---. Letters. *Ceramic Review* Jan-Feb 1978 : 27-28.

---. "Leach on Leach". *Ceramic Review* Mar-Apr 1978 : 22-25.

---. "International Ceramics 1972, Victoria & Albert Museum, London : From Bernard Leach". *Ceramic Review* Sep-Oct 1972 : 11.

Leach, Bernard. et al. "Hamada". *Crafts* Sep-Oct, 1973 : 17-19.

[The Leach Pottery/Bernard Leach]. *The Leach Pottery Saint Ives Cornwall, Catalogue of Tiles Fireplaces Pottery,* St. Ives : The Leach Pottery, n. d.

〈座談会・対談〉(出版年順)

リーチ,バーナード,柳宗悦,河井寛次郎,濱田庄司,水谷良一「赤絵談義」『工藝』45号(1934年9月)1-27頁。

リーチ,バーナード,濱田庄司,芹澤銈介,森數樹,浅野長量,柳宗悦,水谷良一「リーチの話を聴く座談会」『工藝』42号(1934年6月)25-41頁。

リーチ,バーナード他「〈座談会〉敗けた国の文化」『中央公論』68巻4号(1953年4月)(北川太一編『高村光太郎資料集』文治堂書店,1972年, 3巻322-357頁に収録)。

リーチ,バーナード他「〈座談会〉バーナード・リーチを囲んで」『心』6巻6号(1953年6月)。

リーチ,バーナード,富本憲吉「作陶遍歴」『淡交』1954年7月。

リーチ,バーナード他「〈座談会〉リーチを囲む会」『心』8巻1号(1955年1月)。

リーチ,バーナード,志賀直哉,里見弴,大原総一郎,浜田庄司,松方三郎,田中豊太郎「座談会　リーチさんを囲んで」『民藝』107号(1961年11月)10-20頁。

リーチ，バーナード，富本憲吉，河井寛次郎，浜田庄司「四陶匠は語る」『民藝』109号（1962年1月）15-22頁。

リーチ，バーナード，大原総一郎，浜田庄司，豊平良顕「沖縄民芸を語る　リーチ氏を囲み現地座談会」『朝日新聞』1964年4月27日夕刊5頁。

リーチ，バーナード，大原総一郎，浜田庄司，豊平良顕「座談会　沖縄の民芸―那覇で開いた全国大会―」『民藝』138号（1964年6月）8-13頁。

リーチ，バーナード，浜田庄司，安川慶一，柳宗理，田中豊太郎「座談会　欧米の民芸品」『民藝』139号（1964年7月）8-18頁。

リーチ，バーナード，志賀直哉，大原総一郎，浜田庄司，松方三郎，田中豊太郎「座談会　バーナード・リーチ氏を囲んで」『民藝』144号（1964年12月）43-50頁。

リーチ，バーナード，濱田庄司「東と西　リーチ氏を囲んで」『民藝』198号（1969年6月)。

リーチ，バーナード，浜田庄司「対談　五十年の友情」『民芸手帳』135号（1969年8月）8-17頁。

リーチ，バーナード，濱田庄司「対談・日本の陶芸」『三彩』252号（1969年12月）23-26，37-39頁。

リーチ，バーナード，濱田庄司「対談・50年の思い出」，濱田庄司『無尽蔵』朝日新聞社，1974年。


〈展覧会図録，作品集，美術館の目録など〉（出版年順）

Yanagi, Muneyoshi, ed. *An English Artist in Japan.* Tokyo : Matsutaro Tanaka, 1920.
『リーチ［上野松坂屋　リーチ個展図録］』毎日新聞社，1953年
Arts Council of Great Britain, *Bernard Leach, Fifty Years a Potter.* London : Arts Council of Great Britain, 1961.
『バーナード・リーチ代表作品展』朝日新聞社，1966年。東京日本橋三越，大原美術館。
濱田庄司編『バーナード・リーチ』朝日新聞社，1966年。
バーナード・リーチ展実行委員会『日本の友・英国の陶芸家　バーナード・リーチ』天満屋岡山店，1971年。天満屋岡山店。
水尾比呂志『現代の陶芸　第3巻　河井寛次郎・濱田庄司・バーナード・リーチ』講談社，1975年。
Victoria and Albert Museum. *The Art of Bernard Leach : A Loan Retrospective Exhibition March to May 1977.* London : Victoria and Albert Museum, 1977.
Hogben, Carol. *The Art of Bernard Leach.* London : Faber, 1978.
『濱田庄司蒐集　益子参考館　3　欧米・その他』学習研究社，1979年。
ジョン・ヒューストン他監修『英国の代表作にみるバーナード・リーチ展』朝日新聞社，

1980年。大阪阪急百貨店，東京三越美術館，大原美術館，名鉄百貨店，黒崎そごう。
Renfrew Museum and Art Galleries, *The Studio Ceramics Collection at Paisley Museum and Art Gallery*. Renfrewshire : Paisley Museum and Art Gallery, 1984. 49-51.
世田谷美術館編『東と西の架け橋　セント・アイヴス』美術館連絡協議会・読売新聞社，1989年。
Riddick, Sarah. *Pioneer Studio Pottery : The Milner-White Collection*. London : Lund Humphries in association with York City Art Gallery, 1990.
乾由明・林屋晴三編『日本の陶磁　現代篇　第二巻』中央公論社，1992年。
Watson, Oliver. *Studio Pottery : Twentieth Century British Ceramics in the Victoria and Albert Museum Collection*. London : Phaidon in association with the Victoria and Albert Museum, 1993.
諸山正則・佐々木潤一監修『民藝派の名匠たち―河井・濱田・リーチらと共に―山本爲三郎コレクションから』朝日新聞社，1996年。大丸心斎橋店，大丸ミュージアム・東京。
オリヴァー・ワトソン監修『バーナード・リーチ展』バーナード・リーチ展実行委員会，1997年。小田急美術館，栃木県立美術館，笠間日動美術館，平塚市美術館，滋賀県立陶芸の森陶芸館。
アサヒビール大山崎山荘美術館編『アサヒビール大山崎山荘美術館』財団法人アサヒビール芸術文化財団，1998年。
今泉篤男（序文），鈴木尚夫（略歴）『大原美術館　V　陶磁器と版画と染色』財団法人大原美術館，n. d.

〈ビデオ〉

TSW Film & Television Archive. *Leach and Hepworth : The Stories of Two Great South West Artists*. TSW Film & Television Archive, n. d.

〈未確認のもの〉

Leach, Bernard. “Exhibition of Pottery by Shoji Hamada”. Pamphlet associated with exhibition at Paterson’s Gallery. London : Paterson’s Gallery 1929.
---. *A Potter in Japan, 1952-1954*, London : Faber & Faber, 1960.

二次資料（バーナード・リーチに関する資料・研究）

〈日本語文献〉（著者名五十音順）

青山二郎「此の頃の日記より」『山繭』3巻3号（1928年3月）48-53頁。

青山二郎「工芸等閑日記」『山繭』3巻6号（1928年6月）27-34頁。

青山二郎「バアナード・リーチ」『芸術新潮』1953年4月，43-45頁。

赤羽王郎「バーナード・リーチ氏を送る」『地上』2巻4号（1920年5月）2頁。

赤羽王郎「六号雑記」『地上』2巻7号（1920年8月）63-65頁。

赤城泰舒「版画展覧会出品の紹介」『みづゑ』169号（1919年3月）27-28頁。

秋田亮「四国のお菓子」『民藝』52号（1957年4月）33-35頁。

芥川龍之介「西洋人」『芥川龍之介全集』筑摩書房，1971年，4巻96-97頁。

芥川龍之介「書簡四二」『芥川龍之介全集』筑摩書房，1971年，7巻39-43頁。

芥川龍之介「書簡四四」『芥川龍之介全集』筑摩書房，1971年，7巻43-47頁。

浅川伯教「李朝陶器の価値及び変遷に就て」『白樺』1922年9月，附録1-22頁。

東珠樹「白樺派と美術　武者小路実篤・岸田劉生と仲間たち」『白樺派と美術　武者小路実篤，岸田劉生と仲間たち』読売新聞社，1999年。東京ステーションギャラリー，千葉そごう美術館。

芦角屋閑「七代乾山リーチ考」『陶説』357号（1982年）34-38頁。

安部栄四郎，船木道忠，太田直行，尾野敏郎，福間定義「島根民芸の歩み　松江宍道湖畔皆美館にて」『民藝』41号（1956年5月）10-15頁。

新木正之介「リーチを訪ねて」『民芸』81号（1959年9月）56-57頁。

有島武郎「Pocket Diary 1918」『有島武郎全集』筑摩書房，1982年，12巻243頁。

淡島寒月『梵雲庵雑話』岩波文庫，1999年。

池田三四郎「松本の開智学校」『民藝』35号（1955年11月）22-25頁。

池田三四郎「松本民芸家具の諸問題」『民藝』51号（1957年3月）16-19頁。

池田三四郎「松本の家具」『民藝』62号（1958年1月）20-24頁。

池田三四郎「リーチさんと松本木工」『民芸手帳』98号（1966年7月）12-16頁。

池田三四郎『松本民芸家具への道』沖積舎，1990年，189-190，205頁。

池田三四郎『新版　松本民芸家具』沖積舎，1996年。

石井潤「『方寸』概説」（三）（四），『方寸』復刻版，三彩社，1973年。

石井柏亭「方寸書架」『方寸』4巻（1910年2月）2-3頁。

石井柏亭記「諸家雑談（二）合田清氏」『方寸』4巻（1910年7月）8頁。

石井柏亭「昨年の芸術界」『美術週報』1915年1月1日，5（99）頁。

石井柏亭「芸苑日抄」『美術月報』1巻（1920年3月）130頁。

石井柏亭「芸苑日抄」『美術月報』1巻（1920年5月）145頁。

石丸重治「スリップ・ウェア」『工藝』25号（1933年1月）11-41，22頁。

井上誠「珈琲茶碗」『民藝』25号（1955年1月）26頁。

今井生「六号雑記」『地上』2巻4号（1920年5月）53頁。

今井信雄「解説『地上』」について」『復刻雑誌地上』社団法人信濃教育会出版部，1984年。

乾由明「バーナード・リーチの芸術」『英国の代表作にみるバーナード・リーチ展』朝日新聞社，1980年。

乾由明「バーナード・リーチ　手と精神の調和・東と西の融合」，乾由明・林屋晴三編『日本の陶磁　現代篇　第二巻』中央公論社，1992年，249-255頁。

岩野俊夫「土蔵造りの美　矢掛の民家を訪う」『民藝』48号（1956年12月）29-31頁。

宇野三吾「リーチの工芸観」『日本美術工芸』308号（1964年5月）106-110頁。

浦仙生「秋の諸展覧会」『美術新報』12巻（1912年11月）49-50頁。

大島清次「セント・アイヴス：芸術コロニーの灯消えず」『読売新聞』1993年7月28日。

太田直行「出雲に於けるリーチ氏」『工藝』46号（1934年10月）33-41頁。

太田臨一郎「若き日の富本憲吉（上）」『民藝』35号（1955年11月）36-41頁。

太田臨一郎「若き日の富本憲吉（下）」『民藝』36号（1955年12月）21-26頁。

太田臨一郎「バーナード・リーチ」『暮しの創造』14号（1980年9月）8-18頁。

大原総一郎「St. Ives のバーナード・リーチ」『民藝』69号（1958年9月）40-44頁。

大原総一郎，柳宗悦，濱田庄司「座談会　欧米の陶器をめぐって」『民藝』74号（1959年2月）12-20頁。

岡田三郎助「富本憲吉君の芸術　即興的のものが多かつた」『美術』1巻（1917年4月）233-234頁。

岡田譲「小品に魅力　富本・河井・浜田・リーチ四人展評」『朝日新聞』1954年7月3日。

尾形乾女［奈美］『蓮の実』かまくら春秋社，1981年。

加藤三之雄「浜田庄司氏の芸術」『日本美術工芸』308号，97-100頁。

柏木秀夫「高村光太郎とバーナード・リーチ――荻原守衛の死をめぐって」『みすず』288号（1984年10月）2-9頁。

嘉治隆一「私の湯呑茶碗」『民藝』33号（1955年9月）26頁。

金子賢治『現代陶芸の造形思考』安部出版，2001年。

観塔楼「リーチ断想　東京だより」『日本美術工芸』174号（1953年4月）48-49頁。

岸田劉生『岸田劉生全集』岩波書店，1978-1980年，全10巻。

岸田劉生「昨年の芸術界」『美術週報』1915年1月1日，5（99）頁。

岸田劉生「作品色刷会に就て」『白樺』８巻10号（1917年10月）158-159頁。

岸田劉生「リーチを送るに臨みて」, *An English Artist in Japan*, Ed. Muneyoshi Yanagi. Tokyo : Matsutaro Tanaka, 1920. 31-40.（『白樺』1920年５月，１-６頁，及び清春白樺美術館『清春』24号，1996年10月，さらに『岸田劉生全集』岩波書店，1979年，２巻，280-６頁に収録。）

岸田劉生「六号にて」『白樺』11巻10号（1920年10月）127-131頁。

岸田劉生「書簡194」『岸田劉生全集』岩波書店，1980年，10巻298頁。

北大路魯山人「バーナード・リーチの陶器」『みづゑ』573号（1953年５月）48-51頁。

木下杢太郎「最近洋画界」『美術新報』13巻（1913年11月）56-58頁。

木下杢太郎「リイチ氏の陶器展覧会」『美術新報』14巻（1914年12月）97頁。

木村義男「福間貴士君との交友―絵画個展に思う」『山陰中央新報』1982年３月24日。

草光俊雄「柳宗悦と英国中世主義」，杉原四郎編『近代日本とイギリス思想』日本経済評論社，1995年，123-142頁。

黒川常幸「バーナード・リーチと日本」『日本児童文学』1982年11月，56-64頁。

黒田清輝『黒田清輝日記』全４巻，中央公論美術出版，1968年，４巻。

黒田鵬心「展覧会巡り・バアナードリーチ氏の作品」『美術週報』1914年10月25日，４頁。

K「ろくろ」『民藝』26号（1955年２月）26-27頁。

児島喜久雄「入門の思出」『工藝』29号（1933年４月）43-48頁。

兒島喜久雄『兒島喜久雄画集』用美社，1987年。

小林敬造「陶境，丹波の立杭」『民藝』52号（1957年４月）23-25頁。

小林雄三「松江の菓子」『民藝』41号（1956年５月）21-23頁。

小宮豊隆「若冲の絵」『美術新報』14巻（1915年２月）162-163頁。

一記者［坂井犀水］「バーナード・リーチ氏の展覧会を観る」『美術新報』８巻（1909年10月）106-107頁。

坂井犀水「歓喜と感謝と弁妄」『美術新報』10巻（1911年５月）217頁。

雪堂［坂井犀水］「随感録」『美術新報』10巻（1911年８月）328-329頁。

坂井犀水「京都，奈良の十日（二）」『美術新報』11巻（1912年10月）411-415頁。

雪堂［坂井犀水］「早春の諸展覧会」『美術新報』12巻（1913年４月）248-250頁。

雪堂［坂井犀水］「晩春の諸展覧会」『美術新報』13巻（1914年６月）315頁。

坂井犀水「晩秋の諸展覧会（其一）」『美術新報』14巻（1914年12月）71頁。

坂井犀水「リーチ氏の新窯を訪ふて」『美術月報』１巻（1920年１月）92-93頁。

［坂井犀水］「藻細工」『美術月報』１巻（1920年８月）198頁。

里見弴「編輯室より」『白樺』1911年５月，114頁。

里見弴「思出片々」『工藝』29号（1933年４月）18-25頁。（『里見弴随筆集』岩波文庫，

1994年に収録)。

里見弴「バーナード・リーチ氏　惜別の追憶」『毎日新聞』1979年5月9日。

里見弴「バーナード・リーチを憶う」本庄桂輔(聞き手),『学鐙』1979年8月, 4-7頁。

司馬遼太郎「塗料をぬった伊吹山:近江散歩8」『街道をゆく』全43巻, 1971-96年, 朝日新聞社, 24巻。

志賀直哉「雪の日」『志賀直哉全集』岩波書店, 1973年, 3巻77-86頁。

志賀直哉「リーチのこと」『志賀直哉全集』岩波書店, 1974年, 7巻529-531, 695-696, 760-764頁。

式場隆三郎『ファン・ホッホの生涯と精神病』聚楽社, 1932年, 第8編1415, 1419頁。

式場隆三郎「リーチ書誌」『工藝』29号(1933年4月)71-112頁。

式場隆三郎「同人雑録　リーチ書誌余談」『工藝』29号(1933年4月)117-120頁。

式場隆三郎「第三回工藝座談会記」『工藝』35号(1933年11月)57-65頁。

式場隆三郎「リーチ座談会記」『工藝』36号(1933年12月)52-62頁。

式場隆三郎『バーナード・リーチ』建設社, 1934年。

式場隆三郎「リーチ断片」『工藝』46号(1934年10月)25-32頁。

式場隆三郎『宿命の芸術』昭和書房, 1943年。

式場隆三郎「小鹿田を訪ねて」『民藝』27号(1955年3月)2-3頁。

式場隆三郎「スエーウデン[ママ]の陶芸家　ウルイヘム・コーゲエの面影」『民藝』31号(1955年7月)21-22頁。

式場隆三郎「十和田湖のほとり」『民藝』44号(1956年8月)28-30頁。

式場隆三郎「書物と装釘」『民藝』49号(1957年1月)18-19頁。

寿岳文章「向日町から」『工藝』44号(1934年8月)66-68頁。

寿岳文章「白樺派の人たちとウィリヤム・ブレイク—バーナード・リーチを中心に—」『柳宗悦と共に』集英社, 1980年, 279-286頁。

白洲正子「バーナード・リーチの芸術」『学鐙』1979年8月, 8-11頁。

鈴木禎宏「『東と西の結婚』のヴィジョン:バーナード・リーチの芸術志向」『比較文学研究』71号(1998年2月)87-108頁。

鈴木禎宏「バーナード・リーチと岸田劉生」『ジャポニスム研究』18号(1998年)30-41頁。

鈴木禎宏「バーナード・リーチ年譜 1909-1920年」『あざみ』富本憲吉研究会, 7号(2000年5月)141-149頁。

鈴木禎宏「リーチ, バーナード・ハウエル」, 平川祐弘監修『小泉八雲事典』恒文社, 2000年。

鈴木禎宏「セインズベリー日本芸術研究所所蔵バーナード・リーチ旧蔵書コレクションについて」『比較文学・文化論集』18号(2001年3月)13-21頁。

鈴木禎宏「十九世紀と二十世紀の狭間：バーナード・リーチの伝記的研究1887-1909」『比較文学研究』78号（2001年8月）4-21頁。

鈴木繁男「心の窓」『暮しの創造』14（1980年9月）32頁。

鈴木朱竹「随筆　民芸炉話」『民藝』51号（1957年3月）33-34頁。

鈴木進「日本の心もった“明治人”バーナード・リーチ翁を悼む」『山陰中央新報』1979年5月12日。

鈴木彦四郎「リーチ・高村・柳の交友」『ちくま』160号（1984年7月）28-30頁。

須藤眞金「現代日本民芸展のモデルルーム小感」『帝国工芸』9巻1号（1935年1月）26-27頁。

芹沢銈介「出雲の旅　屏風絵の構想について」『民藝』26号（1955年2月）17-20頁。

高津生「六号雑記追加」『地上』2巻4号（1920年5月）53頁。

高村光太郎『高村光太郎全集』増補版，筑摩書房，1994-98年，22巻。

　「廢頽者より――バアナアド・リイチ君に呈す――」1巻74-79頁。

　「よろこびを告ぐ —TO B. LEACH—」1巻217-220頁。

　「メロン」1巻306-308頁。

　「版画の話」4巻49-55頁。

　「油絵の懸け方」4巻101-104頁。

　「AB HOC ET AB HAC」6巻36-43頁。

　「日本の芸術を慕ふ英国青年」7巻157-163頁。

　「バーナード　リーチ君に就いて」[「バアナアド・リーチ君に就いて」] 7巻164-165頁。

　「リーチを送る」7巻166-168頁。

　「二十六年前」7巻169-171頁。

　「リーチ的詩魂」7巻172-173頁。

　「琅玕堂より」9巻49-51頁。

　「青春の日」10巻128-138頁。

　「遍歴の日」10巻139-152，141頁。

　「父との関係：アトリエにて」10巻225-257頁。

　「高村光太郎彫刻會」11巻135-140頁。

　「わが生涯」11巻334-372頁。

　「(日記) 昭和22年6月24日」12巻197-198頁。

　「(日記) 昭和28年2月10日から29年11月24日まで」13巻177，179-180，184-185，227，312頁。

　「書簡902」14巻323頁。

「書簡1982，2075，2083」15巻324，350，352頁。

「仏蘭西だより—水野葉舟への手紙—」20巻５－８頁。

「書簡2234，2235，2236，2237，2240，2241，2242，2264，2265，2266，2277，2295，2298，2319，2320，2338，2377，3012」21巻20-28，35-39，57-58，63，75-76，78，89-90，102-103，134，501頁。

高村光太郎「書簡（2306，2704）」，北川太一編『高村光太郎資料』文治堂書店，1972年，２巻28-29，369頁。

高村豊周「工芸美術界を論ず」『美術写真画報』1920年１月，33-36頁。

滝口進「バーナード・リーチ九十歳の回顧展」『芸術新潮』1977年５月，176-180頁。

武上秋津「安来の金工品」『民藝』53号（1957年５月）34-37頁。

武田雨水「版画私見」『みづゑ』169号（1919年３月）25-27頁。

ダーティントン・ホール・トラスト，ピーター・コックス編『ダーティントン国際工芸家会議報告書——陶芸と染色：1952年——』藤田治彦監訳・解説，思文閣出版，2003年。

田中喜作「余録」『卓上』３号（1914年８月）n.p.。

田中喜作「余録」『卓上』４号（1914年９月）23-24頁。

田中喜作「余録」『卓上』５号（1914年12月）13-16頁。

田中喜作「余録」『卓上』６号（1915年５月）21-22頁。

田中喜作「富本憲吉君の芸術　何人の作品にも見られない美しい追憶」『美術』１巻（1917年４月）229-230頁。

田中豊太郎「新年の随想　生活文化向上のために」『民藝』49号（1957年１月）45-47頁。

田中豊太郎「リーチ近作の陶器」『民藝』140号（1964年８月）28頁。

田中松太郎「法隆寺金堂壁画を撮影して」『美術』１巻（1917年４月）223-226頁。

棚橋隆『魂の壺　セント・アイヴスのバーナード・リーチ』新潮社，1992年。

谷川徹三「人生の道，物の美」『我孫子市史研究』我孫子市教育委員会，12号（1988年）255-259頁。

辻本勇『近代の陶工・富本憲吉』双葉社，1999年。

土屋省三「サンデーレポート“日本の心”を今こそ…　病と高齢の身押してリーチ氏が最後の大著」『毎日新聞』1977年６月５日。

土屋省三「やきものを知らない私が人間リーチにひかれて英国へ会いに行くの記」『銀花』32号（1977年）86-92頁。

鶴見俊輔『柳宗悦』平凡社，1976年，６章。

ディグビイ，［ジョージ］ウィングフィールド「バーナード・リーチ」『学鐙』1961年10月，34-36頁。

デヴァルト，ガビ「旧西ドイツの陶芸」櫻庭美咲訳，『ドイツ陶芸の100年　アール・ヌー

ヴォーから現代作家まで』朝日新聞社，2000年，32-40頁（東京国立近代美術館工芸館ほか）。

寺川由巳「小鹿田窯の歴史」『民藝』41号（1956年5月）35-37頁。

寺川由巳「伝統を守る小鹿田窯」『民藝』52号（1957年4月）30-32頁。

寺川由巳「小鹿田窯とリーチさん」『民芸手帳』98号（1966年7月）16-23頁。

外村吉之介「同人雑録」『工藝』43号（1934年7月）77頁。

富本憲吉「法隆寺金堂内の壁画」『美術新報』10巻（1911年9月）347頁。

安堵久左［富本憲吉］「拓殖博覧会の一日」『美術新報』12巻（1912年12月）75-77頁。

富本憲吉「支那へ去らんとするリーチ氏に就て」『美術新報』14巻（1915年2月）172頁。

富本憲吉「リーチ氏に就て」，*An English Artist in Japan.* Ed. Muneyoshi Yanagi. Tokyo : Matsutaro Tanaka, 1920. 41-45.

富本憲吉「製陶雑話」『美術月報』2巻（1921年1月）73-74頁。

富本憲吉「千九百拾参年頃」『工藝』25号（1933年1月）42-46頁。

富本憲吉「友人リーチ」『工藝』29号（1933年5月）39-42頁。

富本憲吉「リーチと乾山と私」『新工芸』1巻6号（1933年12月）。

富本憲吉「六代乾山とリーチのこと」『茶わん』4巻1号（1934年）。

富本憲吉『製陶余録』昭森社，1940年。

富本憲吉「六世乾山の思ひ出」『美術・工芸』9号（1942年12月）。

豊口真衣子「佐野乾山事件とバーナード・リーチ」『比較文学・文化論集』東大比較文学・文化研究会，15号（1998年）35-49頁。

仲省吾「リーチを憶ふ」，式場隆三郎『バーナード・リーチ』建設社，1934年，317-325頁。

永竹威「小鹿田の魅力」『民藝』27号（1955年3月）4-5頁。

長田謙一「濱田庄司と工芸家村の系譜」，萬木康博・長田謙一監修『イギリス工芸運動と濱田庄司』イギリス工芸運動と濱田庄司展実行委員会，1997年，11-21頁。

長原孝太郎「富本憲吉君の芸術　趣味の高い美術家気質の人」『美術』1巻（1917年4月）234-235頁。

長原止水［孝太郎］「バアナアド・リーチ氏」『美術新報』14巻（1914年12月）85-87頁。

中村義一『近代日本美術の側面』造形社，1976年，3章。

中村精「リーチの日本絵日記を読みて」『民藝』31号（1955年7月）23頁。

中村精「新刊紹介　リーチ著石川欣一訳『陶工の本』」『民藝』35号（1955年11月）42頁。

中村［精？］「新刊紹介　内藤匡編　富本憲吉陶器集」『民藝』49号（1957年1月）31頁。

中村精「リーチ氏の叙勲」『民芸手帳』98号（1966年7月）8-11頁。

中村精「編集後記」『民芸手帳』98号（1966年7月）80頁。

中村精「バーナード・リーチ」『本の手帖』61号（1967年2月）52-57頁。

中村精「編集後記」『民芸手帳』135号（1969年8月）64頁。

長與善郎「六号雑記」『白樺』1920年5月，123-125頁。（『清春』清春白樺美術館，1996年10月，24号18-19頁に収録。）

ニコル，C. W.『バーナード・リーチの日時計』松田銑訳，角川書店，1982年，49-83頁。

野間吉夫「小鹿田の皿山」『民藝』27号（1955年3月）6-9頁。

野間吉夫「九州の民芸地図」『民藝』29号（1955年5月）15-18頁。

野間吉夫「帰らざる人たち」『民藝』67号（1958年7月）39-40頁。

濱川博『風狂の詩人　小泉八雲』恒文社，1979年。

濱田庄司「滞英雑記（スリップ・ウエア）」『工藝』25号（1933年1月）47-53頁。

濱田庄司「新作の紹介」『工藝』25号（1933年1月）67-68頁。

濱田庄司「リーチ・ポッテリー」『工藝』29号（1933年4月）32-38頁。（式場隆三郎『バーナード・リーチ』建設社，1934年に収録。）

濱田庄司「ギル訪問」『工藝』31号（1933年8月）37-43頁。

濱田庄司「リーチの素描」『工藝』46号（1934年10月）1-5頁。

濱田庄司「リーチの楽焼」，式場隆三郎『バーナード・リーチ』建設社，1934年，345-350頁。

濱田庄司他「新作陶器について」『民藝』72号（1958年12月）17-23頁。

濱田庄司「富本憲吉さんを悼む」『民藝』107号（1963年7月）45頁。

濱田庄司「東京民芸協会だより　富本憲吉記念講演会　富本さんの作風」『民芸手帳』75号（1964年8月）65-70頁。

濱田庄司編『バーナード・リーチ』朝日新聞社，1966年。

濱田庄司「リーチの作品に寄せて」『民藝』169号（1967年1月）。

濱田庄司「リーチ夫人の仕事」『民藝』179号（1967年11月）。

濱田庄司『無尽蔵』朝日新聞社，1974年。

濱田庄司『窯にまかせて』日本経済新聞社，1976年；日本図書センター，1997年。

広川松五郎「工芸及リーチ氏の近作に就いて」『中央美術』1919年9月，31-35頁。

福田陸太郎「鈴木大拙とバーナード・リーチ」『在家仏教』1997年3月。

船木研児「リーチ先生と布志名」『民芸手帳』98号（1966年7月）24-26頁。

船木道忠「布志名に於けるリーチ先生」『工藝』46号（1934年10月）42-47頁。

船木研児「出雲のリーチ回想『バーナード・リーチ陶芸展』に寄せて」『山陰中央新報』1982年4月7日。

冬野旅人「読者だより」『民藝』33号（1955年9月）38-39頁。

別宮美穂子「セント・アイヴスとリーチ先生」『清春』清春白樺美術館，24号（1996年10月）36-39頁。

星井博子「バーナード・リーチ氏を訪ねて」『現代の眼』270号（1977年５月） ６-７頁。

前田正明「泰西陶芸雑話11　リーチ・ポタリーを訪ねて」『陶説』268号（1975年７月）49-56頁。

松尾信夫「小石原の皿山」『民藝』33号（1955年９月）16-19頁。

松方三郎「リーチと劉生」『民芸・絵・読書』築地書館，1976年，70-72頁。

松本，遠藤，二男「読者だより」『民藝』31号（1955年７月）35頁。

丸山太郎「出西窯の陶器」『民藝』39号（1956年３月）65-66頁。

三浦直介「三春人形」『民藝』62号（1958年１月）25-26頁。

三木多聞「マーク・トビーとバーナード・リーチ（リーチと白樺派）」，清春白樺美術館『清春』24号（1996年10月）40-43頁。

三代沢本寿「中部地方の民芸品」29号（1955年５月） ７-12頁。

水尾比呂志「浜田庄司とバーナード・リーチ論」『三彩』252号（1969年12月）40-44頁。

水尾比呂志『現代の陶芸　三巻　河井寛次郎・濱田庄司・バーナード・リーチ』講談社，1975年，132-179頁。

水尾比呂志「リーチさんのこと」『ちくま』74-80号（1975年６-12月）。

水尾比呂志「バーナード・リーチの人と仕事」『銀花』32号（1977年）77-85頁。

水尾比呂志『現代の陶匠』芸艸堂，1979年。

水尾比呂志「柳兼子夫人に聞く」『柳宗悦全集月報』筑摩書房，1980-1992年。

水尾比呂志「リーチさんと柳宗悦先生（リーチと白樺派）」『清春』24号（1996年10月）33-35頁。

水谷良一「『工藝』座談会」『工藝』30号（1933年６月）61-65頁。

水谷良一「同人雑録」『工藝』43号（1934年７月）75頁。

水谷良一「再びリーチ氏を囲んで」『工藝』46号（1934年10月）48-69頁。

武者小路実篤「他人の内の自分に」『白樺』1912年２月，15-16頁。

[武者小路実篤]「ロダンの彫刻の来た事について」『白樺』1912年２月，149-150頁。

武者小路実篤「六号雑記」『白樺』1916年11月，238-239頁。

武者小路実篤「六号雑記」『白樺』1917年６月，109頁。

武者小路実篤「六号雑記」『白樺』1918年４月，196頁。

武者小路実篤「六号雑記」『白樺』1920年４月，251-252頁。

武者小路実篤「六号雑記」『白樺』1920年10月，132頁。

武者小路実篤「リーチの素描を見て」『民藝』140号（1964年８月）19頁。

武者小路実篤「リーチの仕事」『バーナード・リーチ代表作品展』朝日新聞社，1966年。

武者小路実篤「彼が三十の時」『武者小路実篤全集』小学館，1988年，２巻354，366，392-393，397頁。

武者小路実篤「リーチの素描を見て」『民藝』140号（1964年8月）19頁。

武藤直治「美術界月報　草土社展覧会」『美術写真画報』1920年1月，93頁。

村岡景夫「同人雑録」『工藝』33号（1933年10月）66頁。

宗邦「六号雑記」『地上』1919年9月，56頁
森口多里「芸術としての家具　リーチ氏作品展覧会評」『早稲田文学』165号（1919年）58-60頁。

森口多里「リーチ氏を送る（外一件）」『早稲田文学』177号（1920年）6-8頁。

森田亀之輔「本誌主催新進作家小品展覧会　展覧会の成立に就いて」『美術新報』10巻（1911年5月）207-213頁。

矢代幸雄「児島喜久雄の思い出」『忘れ得ぬ人びと』岩波書店，1984年，178-196頁。

柳兼子「リーチさんを思ひ出して」『白樺』1923年5月，53-60頁。（式場隆三郎『バーナード・リーチ』建設社，1934年に収録。）

柳宗理「気むずかし屋のオヤジ宗悦・オフクロ兼子は料理上手」『我孫子市史研究』我孫子市教育委員会，12号，1988年，260-263頁。

柳宗理「リーチさんの思い出」『清春』24号（1996年10月）28-32頁。

柳宗悦『柳宗悦全集』筑摩書房，1981-1992年，全22巻。

[柳宗悦]「編輯室にて」『白樺』1912年5月，131-132頁。

柳宗悦「編輯室にて」『白樺』1914年4月，572-573頁。

柳宗悦「リーチ」『美術新報』14巻（1914年12月）87-90頁。

柳宗悦「我孫子から　通信一」『白樺』1914年12月，72-82頁。

柳宗悦『キリアム・ブレーク』洛陽堂，1914年。

柳宗悦「編集室にて」『白樺』1916年8月，164頁。

柳宗悦「編集室にて」『白樺』1916年11月，239頁。

柳宗悦「編輯室にて」『白樺』1918年3月，238頁。

柳宗悦「赤倉温泉から」『白樺』1919年8月，100-101頁。

柳宗悦「余の知れるリーチ（現代作家評論その一）」『美術写真画報』1920年1月，1＋頁。（「私の知れるリーチ」として全集14巻に収録。）

柳宗悦「リーチの帰国」『白樺』1920年5月，122頁。

柳宗悦編『リーチ　An English Artist in Japan』私家版（田中松太郎印刷・発行），1920年。

柳宗悦「編輯室にて」『白樺』1920年10月，135頁。

柳宗悦「彼の朝鮮行」『改造』1920年10月，44＋頁。

柳宗悦「我孫子から」『白樺』1921年4月，81-83頁。

柳宗悦「富本君の陶器」『白樺』1921年5月，178頁。

柳宗悦「『陶磁器の美』の出版に就て，其他」『白樺』1922年10月，212-214頁。

柳宗悦「リーチの展覧会其の他」『白樺』1922年12月，83頁。

柳宗悦「リーチの展覧会」『白樺』1923年４月，114-115頁。

柳宗悦「『白樺』の編集に就て」『白樺』1923年６月，157-160頁。

柳宗悦「編輯余録」『工藝』３号（1931年３月）64頁。

柳宗悦「芹沢君に就て」『工藝』24号（1932年12月）８-16頁。

柳宗悦「新作の紹介　リーチの大皿とカーデューのミルクパン」『工藝』25号（1933年１月）67-68頁。

柳宗悦「スリップ・ウエアの渡来」『工藝』25号（1933年１月）60-66頁。

柳宗悦「同人雑録」『工藝』26号（1933年２月）60頁。

柳宗悦「リーチに」『工藝』29号（1933年４月）49-56頁。

柳宗悦「同人雑録」『工藝』29号（1933年４月）113-116頁。

柳宗悦「同人雑録」『工藝』30号（1933年６月）57頁。

柳宗悦「同人雑録」『工藝』33号（1933年10月）57頁。

柳宗悦「同人雑録」『工藝』36号（1933年12月）68頁。

柳宗悦「同人雑録　正月号その他」『工藝』38号（1934年２月）74-75頁。

柳宗悦「同人雑録」『工藝』40号（1934年３月）109頁。

柳宗悦「同人雑録」『工藝』41号（1934年５月）73，75頁。

柳宗悦「同人雑録」『工藝』43号（1934年７月）73-74頁。

柳宗悦「同人雑録」『工藝』44号（1934年８月）64-65頁。

柳宗悦「口絵小解」『民藝』39号（1956年３月）32-44頁。

柳宗悦「伝統の価値について」『民藝』62号（1958年２月）４-７頁。

柳宗悦「民芸館の存在」『民藝』63号（1958年３月）９-14頁。

柳宗悦，志賀直哉，濱田庄司，柳悦孝，田中豊太郎「駒場放談　柳宗悦先生を囲んで」『民藝』63号（1958年３月）17-25頁。

柳宗悦「再度民芸と作家とについて」『民藝』74号（1959年２月）４-11頁。

柳宗悦「乾山さんとリーチ」『乾山六世完結記念　尾形乾女作陶展』三越美術部，1973年，５頁。

柳宗悦「リーチの作品」『暮しの創造』14巻４号（1980年９月）５頁。

柳宗悦著，バーナード・リーチ，濱田庄司，河井寛次郎述『焼物の本』共同通信社，1985年。

山本茂雄「特集　模様から模様をつくらず三考」『現代の眼』443号（1991年10月）２-４頁。

山本茂雄「リーチの詩情・富本の詩情」『奈良文化・観光クオータリー』（有）奈良観光弘業（1993年１月）５頁。

山本為三郎「民芸運動の初期　三国荘の由来」『民藝』64号（1958年４月）14-17頁。

吉田小五郎「リーチ」『暮しの創造』14号（1980年9月）44頁。

吉田璋也「山陰の民芸」『民藝』29号（1955年5月）14頁。

吉田璋也「山陰の民窯」『民藝』52号（1957年4月）2-9頁。

由水常雄『図説西洋陶磁史』ブレーン出版，1977年。

ラバーン，ライオネル『ユートピアン・クラフツマン』晶文社，1985年。

リーチ，ジャネット「バーナード・リーチ〈日本と英国〉」，ジョン・ヒューストン他監修『英国の代表作にみるバーナード・リーチ』朝日新聞社，1980年，14-21頁。

流逸荘「バアナアド・リーチ氏告別紀念展覧会（広告）」『美術月報』1巻（1920年5月）裏表紙。

ワトソン，オリヴァー「セント・アイヴス　陶芸とバーナード・リーチ」，水沢勉訳，世田谷美術館他編『東と西の架け橋　セント・アイヴス』読売新聞社，1989年，102-105頁。


〈日本語文献（著者名のないもの）〉（出版年順）

「消息」『美術新報』8巻（1909年5月）31頁。

「消息」『美術新報』9巻（1910年8月）178頁。

「ABC〔雑録〕」『方寸』4巻（1910年10月）15頁。

「編輯記事」『白樺』1910年11月，232-233頁。

「本誌主催小品展覧会に就いて」『美術新報』10巻（1911年4月）199頁。

「招待日」『美術新報』10巻（1911年5月）213-214頁。

「埋め草」『美術新報』10巻（1911年7月）289頁。

「随感録」『美術新報』10巻（1911年8月）328-329頁。

「展覧会」『美術新報』10巻（1911年8月）331-332頁。

「編者より」『美術新報』10巻（1911年10月）386頁。

「編輯室にて」『白樺』1911年11月，145，152頁。

「洋画展覧会記事」『白樺』1911年12月，112-113頁。

「白樺第四回展覧会」『白樺』1912年2月，149頁。

「展覧会：白樺第四回展覧会」『美術新報』11巻（1912年3月）171頁。

「編輯室にて」『白樺』1912年3月，150頁。

「第四回展覧会記事」『白樺』1912年4月，137頁。

「編輯室にて」『白樺』1912年4月，139頁。

「消息」『美術新報』11巻（1912年8月）358頁。

「時報」『美術新報』12巻（1912年11月）。

「表紙画に就て」『白樺』1913年1月，269-271頁。

「展覧会　現代大家小芸術品展覧会」『美術新報』12巻（1913年４月）252頁。

「消息」『美術新報』12巻（1913年８月）398頁。

「編輯室にて」『白樺』1913年８月，198-199頁。

「編輯室にて」『白樺』1913年10月，277頁。

「消息」『美術新報』13巻（1913年12月）94頁。

「時報・展覧会」『美術新報』13巻（1914年１月）145頁。

「編輯室にて」『白樺』1914年１月，348頁。

「編輯室にて」『白樺』1914年２月，165頁。

「週報」『美術週報』1914年５月24日，４頁。

「田中屋美術店」『美術週報』1914年５月31日，８頁。

「今週の美術暦」『美術週報』1914年10月18日，７頁。

「個人消息」『美術週報』1914年10月18日，７頁。

「リーチ　日本滞在五カ年間の作品展」『時事新報』1914年10月24日（『大正ニュース事典』毎日コミュニケーションズ，1986年，１巻に収録）。

「諸展覧会」『美術週報』1914年10月25日，５頁。

「週報言」『美術週報』1914年11月１日，１頁。

「出版」『美術週報』1914年11月１日，４頁。

「[広告：リーチの個展：田中屋と三笠]」『美術週報』1914年11月１日，裏表紙。

「個人消息」『美術週報』1914年11月８日，７頁。

「芸苑月誌」『美術新報』14巻（1914年11月）66頁。

「編輯室にて」『白樺』1914年11月，273頁。

「バアナアド・リーチ氏への送別　諸家の感想」『美術新報』14巻（1914年12月）84-90頁。

「芸苑月誌」『美術新報』14巻（1914年12月）98頁。

「美術店」『美術週報』1915年１月１日，８（102）頁。

「田中屋の新陳列」『美術週報』1915年１月17日，６頁。

「美術店」『美術週報』1915年１月17日，７頁。

「個人消息」『美術週報』1915年１月17日，９頁。

「編輯室にて」『白樺』1915年３月，283-284頁。

「消息」『美術新報』14巻（1915年８月）414頁。

「リーチ氏送別八百善小集［写真]」『美術新報』14巻（1915年８月）414頁。

「輯編室にて」『白樺』1915年10月，184頁。

「消息」『美術』１巻（1916年12月）100頁。

「消息」『美術新報』16巻（1917年１月）144頁。

「(個人消息)」『みづゑ』144号（1917年２月）32頁。

「消息」『美術』1巻（1917年2月）178頁。

「消息」『美術新報』16巻（1917年2月）176頁。

「富本憲吉君の芸術」『美術』1巻（1917年4月）229-237頁。

「編輯室にて」『白樺』1917年6月，113頁。

「編輯室にて」『白樺』1917年9月，251頁。

「編輯室にて」『白樺』1917年12月，167頁。

「展覧会」『美術新報』17巻（1918年1月）136頁。

「編輯室にて」『白樺』1918年1月，178-179頁。

「編輯室にて」『白樺』1918年4月，199頁。

「編輯室にて」『白樺』1918年12月，131頁。

「芸苑日誌」『美術新報』19巻（1919年1月）127頁。

「新建築紹介　リーチ氏の家具」『建築評論』1919年7月，35-36頁。

「(リーチの家具の写真)」『建築評論』1919年8月，14，20，37頁。

「芸苑日誌」『美術新報』19巻（1919年8月）254頁。

「個人消息」『美術月報』1巻（1919年8月）15頁。

「消息」『美術新報』1919年12月，304頁。

「展覧会月評　草土社第七回展」『美術月報』1巻（1920年1月）95頁。

「時報　国民美術協会主催岩村男記念第三回講演会」『美術月報』1巻（1920年3月）132頁。

「消息」『美術写真画報』1920年4月，96頁。

[リーチ送別号]『白樺』1920年5月。

「編輯室にて」『白樺』1920年5月，126頁。

「リーチ送別号」『地上』2巻4号（1920年5月)。

「バーナード・リーチ氏陶器展覧会」『美術写真画報』1920年5月，94頁。

「時報」『美術月報』1巻（1920年5月）148頁。

「個人消息」『美術月報』1巻（1920年5月）149頁。

「リーチ作品展覧会（広告)」『白樺』1920年5月。

「個人消息」『美術月報』1巻（1920年6月）166頁。

「リーチ作品展覧会（広告)」『白樺』1920年6月。

「展覧会月評　リーチ氏告別展」『美術月報』1巻（1920年7月）180頁。

「個人消息」『美術月報』1巻（1920年7月）181頁。

「新刊紹介　リーチ＝ An English Artist in Japan」『美術月報』1巻（1920年8月）190頁。

「消息」『美術写真画報』1920年8月，72頁。

「劉生画集及芸術観（広告)」『白樺』1920年9月。

「バーナード・リーチ近作陶磁器展覧会（広告)」『白樺』1923年4月。

[リーチ号]『白樺』1923年5月。

「美術界（展覧会）」『みづゑ』275号（1928年1月）76頁。

「編輯余録」『工藝』8号（1931年8月）68頁。

「挿絵解説」『工藝』9号（1931年9月）61頁。

「編輯余録」『工藝』12号（1931年12月）59頁。

「編輯余録」『工藝』13号（1932年1月）116頁。

「編輯余録」『工藝』19号（1932年7月）61頁。

「同人雑録」『工藝』25号（1933年1月）71頁。

「同人雑録」『工藝』28号（1933年4月）93頁。

「社内より」『工藝』35号（1933年11月）75頁。

「模様に付ての座談会」『工藝』37号（1934年1月）62-74頁。

「同人雑録」『工藝』41号（1934年5月）73頁。

「同人雑録」『工藝』45号（1934年9月）79-88頁。

「同人雑録」『工藝』46号（1934年10月）98-104頁。

「バーナード・リーチ，柳宗悦両氏に『工藝』美術を聴く夕」『日本医事新報』639号（1934年11月）。

「雑録」『工藝』52号（1935年4月）60-64頁。

「芸術と人〈大原美術館二十周年記念公開座談会〉」『中央公論』66巻1号（1951年1月）。

「民芸談義」『芸術新潮』1953年4月，16頁。

「東京民芸協会だより　リーチさんを送る」『民藝』25号（1955年1月）30頁。

「地方民芸協会だより　福島県民芸協会近況」『民藝』25号（1955年1月）31頁。

「編集後記」『民藝』25号（1955年1月）32頁。

「たくみ案内」『民藝』26号（1955年2月）32-33頁。

「東京民芸協会　忘年会」『民藝』26号（1955年2月）34頁。

「[補足情報]」『民藝』27号（1955年3月）27頁。

「(『日本絵日記』の広告)」『民藝』30号（1955年6月）。

「表紙について」『民藝』32号（1955年8月）4頁。

「日本民芸館だより　民芸館よりのお願い」『民藝』32号（1955年8月）32-33頁。

「日本民芸館だより」『民藝』，34号（1955年10月）45頁。

「バーナード・リーチ著石川欣一訳『陶工の本』広告」『民藝35号（1955年11月）2頁。

「日本民藝館だより」『民藝』37号（1956年1月）46頁。

「新刊紹介」『民藝』42号（1956年6月）39頁。

「日本民芸館だより」『民藝』42号（1956年6月）52-53頁。

「民芸洋家具」『民藝』51号（1957年3月）14-15頁。

「ショッピングガイド」『民藝』51号（1957年３月）50頁。

「民芸協会だより　新潟民芸協会主催『益子陶器，松本家具の民芸展』」『民藝』56号（1957年８月）54-55頁。

「編輯後記」『民藝』74号（1959年２月）58頁。

「浜田庄司作品展とバーナード・リーチ展」『工芸ニュース』29号（1961年秋）58頁。

「特集バーナード・リーチ」『民藝』107号（1961年11月）。

「バーナード・リーチ略年譜」『民藝』107号（1961年11月）40-41頁。

「名誉学位をリーチ氏に」『民藝』107号（1961年11月）46頁。

『国際文化会館のあゆみ1961年４月-1962年３月』国際文化会館，1962年7号，11頁。

「リーチの素描」『民藝』140号（1964年８月）20-27頁。

「編集後記」『民芸手帳』75号（1964年８月）72頁。

「展覧会メモ　バーナード・リーチ作陶展」『民芸手帳』76号（1964年９月）46-47頁。

「第三回民芸夏期講座」『民藝』142号（1964年10月）45-48頁。

「昭和三十九年度　日本民芸館展」『民藝』144号（1964年12月）７頁。

「バーナード・リーチ記念号」『民芸手帳』98号（1966年７月）。

「リーチさんの祝賀送別会」『民芸手帳』98号（1966年７月）60-61頁。

「リーチ号」『民藝』179号（1967年）

「特集Ⅰ：浜田庄司とバーナード・リーチ」『三彩』252号（1969年12月）。

『乾山六世完結記念　尾形乾女作陶展』三越美術部，1973年［昭和48年８月７日-12日　日本橋三越本店六階工芸サロン］。

「日本の友　日本の心　ヤキモノ通じ50年変わらぬきずな　バーナード・リーチ」『日本経済新聞』1974年10月９日。

「特集：バーナード・リーチと日本」『銀花』32号（1977年）。

「『日本の陶芸が心配』浜田氏の死去を悲しむリーチ氏」『日本経済新聞』1978年１月６日。

「『浜田庄司よ，私は泣きたい』リーチ氏"悲しい誕生日"」『毎日新聞』1978年１月６日。

「山陰の民芸運動にも功績　陶芸家リーチ氏死去」『山陰中央新報』1979年５月８日。

「『民芸王国島根』の恩人　生涯と東西の架け橋に」『山陰中央新報』1979年５月８日。

「リーチ追悼号（上）」『民藝』320号（1979年８月）。

「リーチ追悼号（下）」『民藝』321号（1979年９月）

「特集　リーチとタウト」『暮しの創造』14号（1980年９月）。

「話の部屋　バーナード・リーチ陶芸展」『山陰中央新報』1982年４月14日。

「豊かな造形美50点　松江でバーナード・リーチ陶芸展開く」『山陰中央新報』1982年４月２日。

「清春白樺美術館開館記念号」『清春』1983年４月。

「光太郎らの書簡　英に大量　陶芸家リーチとの交流克明に」『読売新聞』1983年12月10日。

「玉湯　展示室がオープン　湯町窯の歩み一目で　バーナード・リーチらゆかりの作品も公開」『山陰中央新報』1990年1月19日。

「特集：バーナード・リーチと日本の仲間」『民藝』508号（1995年）。

「特集：リーチと白樺派」『清春』24号（1996年10月）。

「近代美術家列伝（77-80）　バーナード・リーチ＋児島喜久雄＋安井曾太郎＋梅原龍三郎」『美術手帖』734号（1996年12月）194-201頁。

〈日本語展覧会図録〉（出版年順）

清春白樺美術館『白樺派とその周辺』朝日新聞社，1987年。

世田谷美術館他編『東と西の架け橋　セント・アイヴス』美術館連絡協議会・読売新聞社，1989年。兵庫県立近代美術館，神奈川県立近代美術館，世田谷美術館。

渡辺俊夫・佐藤智子監修・執筆『Japan と英吉利西　日英美術の交流1850-1930』世田谷美術館，1992年。

京都国立近代美術館『京都国立近代美術館創立30周年記念展　世界の工芸―所蔵作品による―』京都国立近代美術館，1993年。

三重県立美術館『「平常」の美・「日常」の美　柳宗悦展』（財）三重県立美術館協力会，1997年。

『布志名焼展　図録』平田市立旧本陣記念館，1997年。

『出西窯　図録』平田市立旧本陣記念館，1998年。

萬木康博・長田謙一監修『イギリス工芸運動と濱田庄司』イギリス工芸運動と濱田庄司展実行委員会，1997年（陶芸メッセ・益子，ふくやま美術館，渋谷区立松濤美術館，ナビオ美術館，千葉市美術館）。

『白樺派と美術　武者小路実篤，岸田劉生と仲間たち』読売新聞社，1999年，東京ステーションギャラリー，千葉そごう美術館。

山田俊幸監修『モダンデザインの先駆者　富本憲吉展』朝日新聞社，2000年。

〈英語・欧文献〉（著者姓アルファベット順）
Auld, Ian. “The Leach Pottery 1977”. *Crafts* May-Jun, 1977 : 46.
Baldwin, Gordon. “The Art of Bernard Leach”. *Crafts* May-Jun, 1977 : 45-46.
Birks, Tony & Cornelia Wingfield Digby. *Bernard Leach, Hamada & Their Circle : from the Wingfield Digby Collection.* 1992. London : Marston House, 1995.
Borrow, T., ed. “Essays in Appreciation of Bernard Leach”. *New Zealand Potter,* 1960
Browning, Vivienne. *St. Ives Summer 1946 : The Leach Pottery.* St. Ives : The Book Gallery, 1995.

Calvert, W. R. "The Potter of St. Ives : Englishman Who Sells to Japan". *St. Ives Times* 13 Oct 1922 : 10.

Cardew, Michael. "The Pottery of Mr. Bernard Leach". *Studio* Nov 1925 : 298-301.

---. "Letters : 1920 Revolution". *Ceramic Review* Nov-Dec 1977 : 24-25.

Carter, Pat. *A Dictionary of British Studio Potters.* Hants : Scolar Press, 1990. 95.

C.F.S. "Some Thoughts about Art". *The Far East* 7 Nov 1914 : 212-213.

Colin, Pearson. "Books : David Leach : A Monograph 1977 edited by Robert Fournier". *Crafts* Nov-Dec 1977 : 49.

Cooper, Emanuel. *Ten Thousand Years of Pottery.* London : British Museum Press. Ch. 13.

---. "Tradition in Studio Pottery". In *Pottery in the Making : World Ceramic Traditions.* Ed. Ian Freestone and David Gaimster. London : British Museum Press. 206-211.

Cortazzi, Hugh. "The Mingei Movement and Bernard Leach". In *Britain & Japan : Biographical Portraits.* Ed. Ian Nish. London : Japan Library, 1994. 190-205+.

Davies, Peter. *St. Ives Revisited : Innovators and Followers.* Abertillery : Old Bakehouse Publications, 1994.

The Dartington Hall Trust. *The Report of the International Conference of Craftsmen in Pottery & Textiles.* Edited and Published in typescript by Dartington Hall Trust & Peter Cox, 1954.

The Dartington Hall Trust Archive : "T ARTS APPLIED 3 : Bernard Leach", "T ARTS APPLIED 4 : Bernard Leach".

de Waal, Edmund. *Bernard Leach.* London : Tate Gallery Publishing, [1996].

---. "Homo Orientalis : Bernard Leach and the Images of the Japanese Craftsman". *Journal of Design History* 10 (1997) : 355-362.

Digby, George Wingfield. *The Work of the Modern Potter in England.* London : John Murray, 1952.

Dunk, James. "The Artist-Potter of St. Ives : Bernard Leach and His Craft". *St. Ives Times* 8 Oct 1926 : 4.

Eden, Michael and Victoria Eden. *Slipware : Contemporary Approaches.* London : A & C Black, 1999. 18-22.

Farleigh, John, ed. *Fifteen Craftsmen on Their Crafts.* London : Sylvan Press, 1945.

Farleigh, John. *The Creative Craftsman.* London : G. Bell and Sons Limited, 1950. Ch. 4.

Feaver, William. "But Every Pitcher Tells a Story...". *Observer Review* 21 Dec 1997 : 10.

Fieldhouse, Murray. "The Art of Bernard Leach". *Crafts* May-Jun, 1977 : 45-46.

Fitch, Doug. "The Ceramic Heritage of Devon". In *Going Modern and Being British : Art, Architecture, and Design in Devon c. 1910-1960.* Ed. Sam Smiles. Exeter : Intellect, 1998. 79-92.

Fletcher, John Gould. "The Pottery and Tiles of Bernard Leach". *Artwork* Summer 1931 : 117-123.

Frankel, Cyril. *Modern Pots : Hans Coper, Lucie Rie & Their Contemporaries the Lisa Sainsbury Collection.* Norwich : University of East Anglia, 2000. 136-141.

Fraser, Jane, and Liz Paul. "A Living Tradition : Modernism and the Decorative Art". Design Museum, *Modern Britain : 1929-1939.* London : Design Museum, 1999. 52-68.

Garner, Phiippe. *The Contemporary Decorative Arts from 1940 to the Present Day.* London : Phaidon, 1980. 98-100.

Giraud, Maggie, ed. *Tobey.* Dartington : High Cross House, Dartington Hall Trust, 1996.

Godden, Geoffrey. *Encyclopaedia of British Porcelain Manufactures.* London : Barrie & Jenkins, 1988.

Hall, John Whitney & Richard K. Beardsley "News of the Profession". *Far Eastern Quarterly* Feb 1953 : 244-258.

Haile, T.S. "The Pottery of Bernard Leach : Twenty-Six Significant Years". *Our Time* Jul 1946 : 261-262.

Harrod, Tanya. "Bernard Leach Traditionalist or Visionary". *Ceramic Review* Nov-Dec 1994 : 20-23.

---. *The Crafts in Britain in the 20th Century.* N. p. : Published for The Bard Graduate Centre for Studies in the Decorative Arts by Yale University Press, 1999.

Haslam, Malcolm. *William Staite Murray.* London : Crafts Council, 1984.

Henrywood, R. K. *An Illustrated Guide to British Jugs from Medieval Times to the Twentieth Century.* Shreewsbury : Swan Hill Press, 1997. Ch. 15.

Heron, Patrick. "Bernard Leach". *The New English Weekly* 27 Jun 1946 : 109-110.

---. "A Master-Potter's Aesthetic". Rev. of *A Potter's Portfolio* by Bernard Leach. *New Statesman and Nation* 2 Feb 1952 : 130+.

Hildyard, Robin. *European Ceramics.* London : V & A Publications, 1999. Ch. 6.

Hodin, J. P. "Bernard Leach". *Studio* 133 : 648 (1947).

---. *The Dilemma of Being Modern.* London : Routledge and Kegan Paul, 1956.

---. Introduction. *Bernard Leach : Fifty Years a Potter.* London : The Arts Council, 1961.

---. "Biographical Note", "Bernard Leach and the Modern Movement", and "The Work of Bernard Leach". Bernard Leach. *A Potter's Work.* 1967. London : Jupiter Books, 1977. 11-30.

---. "Leach, Bernard Howell". Ed. Load Blake and C. S. Nicholls. *The Dictionary of National Biography.* Oxford : Oxford University Press, 1986. 488-489.

Hogben, Carol. *The Art of Bernard Leach.* London : Faber & Faber, 1978.

---. "Towards a Standard : the Bernard Leach Seminar at the Royal Geographical Society London 4 March". *Crafts* May-Jun 1977 : 12

Kato, Shuichi. "Kenzan and His Tradition : The Lives and Times of Koetsu, Sotatsu, Korin and Kenzan - Bernard Leach". *Pacific Affairs* Spring 1968 : 103-106.

Lambourne, Lionel. *Utopian Craftsmen.* London : Astragal Books, 1980.

Leach, David. "Lowerdown Pottery". *Ceramic Review* May-Jun 1973 : 4-7.

Leach, Janet. "Fifty One Years of the Leach Pottery". *Ceramic Review* Mar-Apr 1972 : 4-7.

Leslie, Fiona. *Designs for 20th-Century Interiors.* London : V & A Publications, 2000. 83.

Lewis, David. "Leach and Hamada". *Studio* Oct 1952 : 114-117.

M.A.H. "Mr. Leach's Pottery Show". *St. Ives Times* 21 Mar 1924 : 5.

Marsh, Ernest. "Bernard Leach, Potter". *Apollo* 37. 216 (1943).

Moeran, Brian. "Bernard Leach and the Japanese Folk Craft Movement : the Formative Years". *Journal of Design History* 2 (1989) : 139-144.

---. "The Marriage of East and West". *Studio Potter* Dec 1998 : 13-15.

Naumann, K. F. Letter. *Ceramic Review* Sep-Oct 1973 : 4.

Niblett, Kathy. "England §VII (5) Ceramics after 1900". Jane Turner, ed., *The Dictionary of Art.* London : Macmillan Publishers Ltd., 1996.

The Open University. "A Second Level Interdisciplinary Corse, Art & Environment, the Kizaemon O Ido Tea Bowl, Prepared for the Course Team by Simon Nicholson". 1977.

Parnell, Christine. *Images of England Truro.* Stroud : Tempus, 1999. 58.

Pleydell-Bouverie, Katharine. "Early Days at St. Ives". *Ceramic Review* Mar-Apr 1978 : 25-29.

Poole, Julia E. *English Pottery. Fitzwilliam Museum Handbooks.* Cambridge : Cambridge University Press, 1995. 134-135.

Portal, Jane. "A Korean Porcelain 'Full-Moon' Jar : Bernard Leach, Lucie Rie, and the

Collecting of Oriental Ceramics". *Apollo* Nov 1999 : 36-37.

Rhodes, Daniel. *Stoneware and Porcelain : The Art of High-Fired Pottery.* London : Pitman Publishing, 1960. 39.

Rice, Paul (text) and Christopher Gowing (Appendices). *British Studio Ceramics in the 20th Century.* London : Barrie & Jenkins, 1989. Ch. 2.

Riddick, Sarah. *Pioneer Studio Pottery : The Milner-White Collection.* London : Lund Humphries in association with York City Art Gallery, 1990.

R.M.N. "Pottery Thursdays". *St. Ives Times* 4 Sep 1925 : 8.

Roscoe, Barley. "Pots of Inspiration". *Ceramic Review* Sep-Oct 1982 : 28-31.

Rose, Muriel. *Artist Potters in England.* London : Faber & Faber, 1955. Ch. 3-4.

Rothschild, Henry. "British Potters Today". *Studio* May 1960 : 146-150+ ; June 1960 : 196-200.

---. Preface. *More British Potters.* N. p. : Cambridge Aids to Learning Ltd., n. d.

Ruhrmund, Frank. "The Summer of 1946 'Magical' in St. Ives". *St. Ives Times & Echo* 26 Jan 1996 : 4.

St. Ives Trust Archive Study Centre. "File : Bernard Leach & Leach Pottery 509 & 608". St. Ives : St. Ives Trust Archive Study Centre, St. Ives Library.

St. Ives Council. *Bernard Leach.* A Compendium to commemorates the Honorary Freedom of the Borough to Bernard Leach and Barbara Hepworth. St. Ives : W. J. Rose, 1968.

Schuefftan, Kim. "Sixteen Years on, Bernard Leach Legacy Not Going to Pot". *Daily Yomiuri* 9 Jun 1995 : 14.

Scott, Trudi. "Bernard Leach and the Baha'i Faith". *Ceramic Review* Nov-Dec 1979 : 40.

Tate Gallery St. Ives. *Partnerships & Practice : Dartington Hall and Its Artists.* St. Ives : Tate Gallery St. Ives, [1998?].

Trelawny, A. R. "A Beautiful Trade". *St Ives Times* 31 Mar 1922 : 10.

University of Cambridge. *Kettle's Yard : An Illustrated Guide.* Cambridge : Kettle's Yard Committee, 1980.

Victor, Margrie. "Bernard Leach Today". *Ceramic Review* Mar-Apr 1978 : 29-31.

Wakefield, Hugh. "The Leach Tradition". *Crafts* Jan-Feb 1974 : 16-19.

Watson, Oliver. *Studio Pottery : Twentieth Century British Ceramics in the Victoria and Albert Museum Collection.* London : Phaidon in association with the Victoria and Albert Museum, 1993.

---. "The St Ives Pottery". *Tate Gallery. St. Ives 1939-64 : Twenty five Years of Painting,*

Sculpture and Pottery. Revised Ed. London : Tate Gallery Publishing. 1996. 220-227.

---. "Bernard Leach : Rewriting a Life". In *Pioneers of Modern Craft : Twelve Essays Profiling Key Figures in the History of Twentieth-Century Craft.* Ed. Margot Coatts. Manchester : Manchester University Press, 1997. 22-36.

---. "The Leach School in the Modern World". In *Jim Malone : Artist Potter.* Bolton : Bolton Museum Art Gallery and Aquarium, 1997. 8-12.

Weinberg, Robert, ed. *Spinning the Clay into Stars : Bernard Leach and the Bahá'í Faith.* Oxford : George Ronald, 1999.

Whiting, David, ed. *Dartington : 60 Years of Pottery 1933-1993.* Dartington : Dartington Cider Press, 1993.

Whybrow, Marion. *St Ives 1883-1993 : Portrait of an Art Colony.* Introduction by David Brown. Woodbridge :The Antique Collectors' Club, 1994.

---. *The Leach Legacy : St Ives Pottery and Its Influence.* Bristol : Sansom & Co.-Redcliff Press Ltd., 1996.

Milliams, Gerry, Peter Sabin and Sarah Bodine, eds. *Studio Potter Book.* New York : Van Nostrand Reinhold Company, 1978. 188, 206.

Williams, Michael. "The Arts in Cornwall : Bernard Leach". *Cornish Magazine* 5 (Feb 1963) : 314-315.

---. "The Supreme Potter Who Became a Guru". *Western Morning News* 3 Apr 1997 : 12.

Wilson, Richard L. *The Art of Ogata Kenzan : Persona and Production in Japanese Ceramics.* New York : Weatherhill. 1991. Ch. 7.

Windsor, John. "The Million Dollar Question", *Independent* 12 Sep 1998.

---. "The Art of Bernard Leach". *Connoisseur Year Book,* 1958.

---. "Bernard Leach : Fifty Years a Potter". *Museums Journal* 60. 10 (1961) : 248-251.

Yanagi, Muneyoshi. "The Art of Bernard Leach". *Far East* 24 Oct 1914 : 151-153.

---. "The Art of Bernard Leach". *Shirakaba* Nov 1914 : 245-255.

---. ed. *An English Artist in Japan.* Tokyo : Matsutaro Tanaka, 1920.

Young, Michael. *The Elmhirsts of Dartington.* 1982. Dartington : Dartington Hall Trust, 1996.

〈英語文献（著者名のないもの）〉（出版年順）

"Mainly about People". *Far East* 26 Oct 1912 : 243.

"Mainly about People". *Far East* 14 Nov 1914 : 243.
"Mainly about People". *Far East* 5 Dec 1914 : 369.
"Mainly about People". *Far East* 8 May 1915 : 184.
"From Far and Near". *Far East* 5 Jun 1920 : 203.
"St. Ives Pottery". *St. Ives Times* 15 Oct 1920.
"Art of the East : Brought West to St. Ives Pottery". *St. Ives Times* 19 Nov 1920.
"The Leach Pottery". *St. Ives Times* 18 Aug 1922.
"The Leach Pottery". *St. Ives Times* 8 Dec 1922.
Letter (St. Ives Literary Society). *Supplement to St. Ives Times* 31 Oct 1925.
"St. Ives Literary Society". *St. Ives Times* 5 Mar 1926 : 5.
"Notes : London : Pottery by Bernard Leach". *Studio* Jun 1926 : 423-430.
"The Leach Pottery, St. Ives". *St. Ives Times* 7 June 1946 : 6.
"The Bahá'í Faith". *St. Ives Times* 12 July 1946 : 7.
"Leach Pottery Exhibition at St. Ives". *St. Ives Times* 10 Oct 1947.
"Mr. B. Leach Leaves St. Ives for Scandinavia". *St. Ives Times* 25 Mar 1949.
"East Meets West at the Turn of the Potter's Wheel". *St. Ives Times* 30 Nov 1951.
"Mr. Bernard Leach, for the Degree of Doctor of Letters, honoris casa". *The University of Exeter Gazette.* 1961.
"Bernard Leach of St. Ives Is 80". *St. Ives Times & Echo* 6 Jan 1967 : 1.
"Birthday Tribute to a Great Artist-Potter". *St. Ives Times & Echo* 13 Jan 1967.
"Home News : an Eventful Year for Bernard Leach". *Times* 5 Jan 1977.
"Bernard Leach at 90". *South Devon Scene* 11 Mar 1977.
"News : Regional Report : Crafts in Cornwall". *Crafts* Sep-Oct 1977 : 9-11.
"Leach Retroepective". *Crafts* Mar-Apr 1977 : 11.
"Bernard Leach". *Ceramic Review* Mar-Apr 1978 : 22.
"Programme of Prayers and Readings for the Bahá'í Funeral of Mr Bernard Leach C.H., C.B.E. Thursday, 10th May 1979". N. p. [1979].
"In Memorium Bernard Leach 1887-1979, St. Ives Parish Church, Friday, 11th May, 1979 at 3.00 p.m.". St. Ives : St. Ives Parish Church, 11 May 1979.
"Bernard Leach Commemorated". *Western Morning News* 22 May 1979.
"Bernard Leach". *Crafts* Jul-Aug 1979 : 3, 49.
Celebrating Bernard Leach. Dartington : Dartington Hall Trust. 23 June 1979.
"Bernard Leach 1887-1979 : A Tribute". *Ceramic Review* Jul-Aug 1979 : 3.
"Obituaries supplement : Mr Bernard Leach, Renaissance of Ceramics". *Times* 19 Nov

1979.
"Potters' Bodies". *Ceramic Review* Jan-Feb 1981 : 20.
"Sale Room : Leach's Stoneware Vase Sells for £ 3780". *Times* 24 Jul 1984.
"A 'Stamp' Celebration for Bernard Leach". *St. Ives Times & Echo* 30 Oct 1987.
"Bernard Leach CBE". Geoffrey A. Godden. *Encyclopaedia of British Porcelain Manufacturers.* London : Barrie & Jenkins, 1988 : 471-473.
"Please Don't Break Them". *Western Morning News* 9 Aug 1995.
"The Leach Legacy". *St. Ives Times & Echo* 13 Sep 1996 : 1.
"Potters Pay Tribute to Leach's Great Legacy". *Western Morning News* 16 Sep 1996.
"Leach Pottery Listed by Banks". *St. Ives Times & Echo* 6 Mar 1998 : 1.

〈欧文展覧会図録・競売目録など〉（出版年順）

Victoria & Albert Museum. *Exhibition of English Pottery Old and New.* London : Victoria & Albert Museum, 1936.
British Potters : Zwei Wanderausstellungen Organisiert vom Crafts Advisory Committee in Verbindung mit dem British Council. London : Crafts Advisory Committee, [1972].
Victoria & Albert Museum. *The Art of Bernard Leach.* London : Victoria and Albert Museum, 1977.
An Exhibitioin of British 20th Centyry Studio Ceramics. Catalogue by Ian Bennett. Forword by David Wueensberry. London : Christopher Wood Gallery, 1980.
W. H. Lane & Son. *Highly Important Bernard Leach Ceramics : Oriental Objets d'Art to Be Sold by Auction on Thursday 29th May 1980 at 10. 30 a.m.* Penzance : W.H. Lane & Son, 1980.
An Exhibition of British 20th Century Studio Ceramics. Catalogue by Ian Bennett. Forward by David Wueensberry. London : Christopher Wood Gallery, 1980.
W. H. Lane & Son. *Highly Important Bernard Leach Ceramics, Works of Shoji Hamada and Other Studio Potters Oriental Objets d'Arts to be sold by Auction on Thursday 21st May 1981 at 10. 30. a.m.* Penzance : W.H. Lane & Son, 1981.
Moderne Keramik aus der Sammlung Freudenberg : Vier Elemente Drei Lander Deutcshland, England, Japan. Frankfurt : Museum fur Kunsthandwerk Frankfurt am Main, 1992.
Michael Leach Potter 1913-1985 : A Memorial Exhibition. North Devon Museum. March 1995.
St Ives 1939-64 : Twenty-Five Years of Painting, Sculpture and Pottery. Rev. ed. London :

Tate Gallery Publishing, 1996.
Bonhams, *The Art & Influence of Asia Including the Janet Leach Collection, Wednesday 16th September 1998,* London : Bonhams, 1998.

三次資料（一次資料と二次資料以外で論文作成に用いたもの）

〈日本語〉（著者名五十音順）

石井潤「『方寸』概説」（一）～（五），『方寸』復刻版，三彩社，1973年。

石井柏亭「古い浅草」『方寸』３巻（1909年11月）８-10頁。

石井柏亭記「第三回文部省美術展覧会合評」『方寸』３巻（1909年12月）３-８頁。

出原栄一『日本のデザイン運動 インダストリアルデザインの系譜　増補版』ぺりかん社，1996年。

[岩村透] 芋洗生「雑感　小作品展覧会に就て」『美術新報』10巻（1911年５月）215-217頁。

ウィトコウアー，ルドルフ「天才：美術と美術家における個人主義」佐藤栄利子訳，フィリップ・P・ウォーナー編『西洋思想大事典』平凡社，1990年，３巻356-369頁。

ウィルキンソン，エンディミヨン『誤解　ヨーロッパ vs. 日本』徳岡孝夫訳，中央公論社，1980年。

西琴博士 [ウェストハープ，アルフレッド]「日本音楽と教育」『音楽界』1913年９月，55頁。

ウェストイルプ，アルフレツド [ウェストハープ，アルフレッド]「全東洋の音楽的協同」『音楽会』1913年10月，54頁。

ウォーナー，フィリップ・P編『西洋思想大事典』平凡社，1990年。

請川利夫・野末明『高村光太郎のパリ・ロンドン』新典社，1993年，３章。

内田芳明『現代に生きる内村鑑三』岩波書店，1991年，Ⅲ章。

内村鑑三「地理学考」『内村鑑三全集』岩波書店，1980年，２巻352-480頁。

大隈重信「東西文明の調和」*New East* Jul 1917 : 7-11.

大阪市立東洋陶磁美術館編『東洋陶磁の展開』財団法人大阪市美術振興協会，1999年。

大澤吉博『ナショナリズムの明暗　漱石・キプリング・タゴール』東京大学出版会，1982年。

大原総一郎ほか「座談会　現代民窯の動向」『民藝』124号（1963年４月）７-16頁。

大原総一郎ほか「座談会　製作を主とした民芸品の諸問題」『民藝』134号（1964年２月）23-30頁。

大原総一郎ほか「座談会　使用者の立場から　民芸品の諸問題」『民藝』138号（1964年６月）43-46頁。

大道武男「若き日のウォーナー　その初期の来日をめぐって」『茨城大学五浦美術文化研究所報』7号（1979年）41-48頁。

岡落葉「宮川香山翁を訪ふ」『美術新報』10巻（1911年7月）290-291；（1911年9月）357-359頁。

小川裕充，弓場紀知（責任編集）『五代・北宋・遼・西夏』世界美術大全集東洋編5，小学館，1998年。

奥田次郎坊「陶工三浦乾也」『美術新報』13巻（1914年3月）199-202頁。

小野忠重「創作版画の黎明」「方寸の版画」「森田恒友と平福百穂」「柏亭と未醒」「白羊・繁二郎・一磨」，『方寸』復刻版解説，三彩社，1972年。

加藤百合『大正の夢の設計家　西村伊作と文化学院』朝日選書394，朝日新聞社，1990年。

亀井俊介「日本におけるホイットマン：自然主義から理想主義への展開とホイットマン：3白樺派」，『近代文学におけるホイットマンの運命』研究社，1970年，410-433頁。

川端香男里『ユートピアの幻想』講談社，1993年。

川端康成「東西文化の架橋」，『川端康成全集』新潮社，1980-84年，28巻16-19頁。

川本皓嗣「お菊さんと侯爵夫人」，平川祐弘・鶴田欣也編著『内なる壁　外国人の日本人像・日本人の外国人像』TBSブリタニカ，1990年，108-130頁。

神崎宣武「民芸と農民美術」『暮しの創造』14号（1980年9月）64-69頁。

姜尚中「東洋（オリエント）の発見とオリエンタリズム」『現代思想』23巻3号（1995年）162-172頁。

草光俊雄「アーティストとアーティザン『技能』観の変遷」，草光俊雄ほか編『英国をみる——歴史と社会』リブロポート，1991年，101-118頁。

草光俊雄「甦る文化　ヴィクトリア朝の中世」，草光俊雄・小林康夫編『未来のなかの中世』東京大学出版会，1997年，207-222頁。

クック，ロジャー『イメージの博物誌15　生命の樹　中心のシンボリズム』植島啓司訳，平凡社，1982年。

グレイアム，ジョン「ウト・ピクトゥラ・ポエシス（詩は絵のごとく）」森田義之訳，フィリップ・P・ウォーナー編『西洋思想大事典』平凡社，1990年，1巻285-295頁。

古宇田實「吾楽殿」『美術新報』9巻（1910年1月）13-14頁。

黒柳恒男「バハーイー教」，山折哲雄監修『世界宗教大事典』平凡社，1991年，1521頁。

コナント，エレン「明治初期日本における美術と政治　フェノロサの『影響』をめぐって」，山崎信子・井田卓訳，芳賀徹・平川祐弘・亀井俊介・小堀桂一郎編『講座比較文学　第4巻　近代日本の思想と芸術II』東京大学出版会，1974年，61-85頁。

小林純子「東京における博覧会の変容とその影響」，江戸東京博物館『博覧都市江戸東

京』展図録，1993年，154-155頁。

駒井哲郎『銅版画のマチエール』美術出版社，1976年。

サイデンステッカー，エドワード『東京下町山の手：1867-1923』安西徹雄訳，ＴＢＳブリタニカ，1986年。

坂井犀水「現今の作家（三）　長原止水氏」『美術新報』13巻（1914年２月）148-152頁。

坂井犀水「松方氏の美術館」『美術月報』１巻（1920年５月）135頁
坂井犀水「松方氏蒐集の洋画」『美術月報』１巻（1920年５月）138-139頁
坂井犀水『黒田清輝』聖文閣，1937年。

佐久間政一訳「オーガスタス・ヂヨンの芸術」『中央美術』46号（1919年７月）47-53頁，47号（1919年８月）39-45頁。

佐々木健一『美学辞典』東京大学出版会，1995年。

佐藤道信『〈日本美術〉誕生　近代日本の「ことば」と戦略』講談社，1996年。

佐藤能丸「大日本文明協会」『国史大辞典』吉川弘文館，1979-97年。

佐渡谷重信『アメリカ精神と日本文明』講談社学術文庫，1990年。

ジェンキンズ，アイアデル「芸術至上主義」金井嘉彦訳，フィリップ・Ｐ・ウォーナー編『西洋思想大事典』平凡社，1990年，１巻697-700頁。

柴田秋介（写真），松林美戸子（文）『宇治朝日焼　伝統を未来に託して』京都，朝日焼，1991年。

寿岳文章『柳宗悦と共に』集英社，1980年。

シュヴァリエ，ジャン他『世界シンボル事典』大修館書店，1996年。

白川蓉子「モンテッソーリ，M.」「モンテッソーリ法」，細谷俊夫他編『教育学大事典』第一法規出版，1990年，６巻385-386頁。

新保哲『ソローの精神と現代　東西融合論に向けて』行路社，1988年。

杉村芳美『「良い仕事」の思想　新しい仕事倫理のために』中公新書，1997年。

鈴木貞美編『大正生命主義と現代』河出書房新社，1995年。

鈴木貞美「大正生命主義と雑誌『白樺』」要旨メモ，第57回日本比較文学会全国大会シンポジウム「白樺派への比較文学的アプローチ」，1995年６月４日，帝塚山大学。

鈴木範久『内村鑑三とその時代』日本基督教出版局，1975年，７章。

鈴木博之「工業化時代の中世」，草光俊雄ほか編『英国をみる—歴史と社会』リブロポート，1991年，137-158頁。

スピーク，ジェニファー『キリスト教美術シンボル事典』大修館書店，1997年。

銭本健二「スペンサー，ハーバート」，平川祐弘監修『小泉八雲事典』恒文社，2000年，321-322頁。

ターヴェイ，レギナルド「レギナルド，ターヴェイ氏談　英国画家の近状」『美術新報』

9巻（1910年8月）166-167頁。

滝田佳子「トランセンデンタリストと東洋　ソローを中心に」，芳賀徹・平川祐弘・亀井俊介・小堀桂一郎編『講座比較文学　第6巻　東西文明圏と文学』東京大学出版会，1974年，297-317頁。

匠秀夫「『白樺』と美術とのかかわり―『美術新報』『みづゑ』との比較において―」，明治美術学会編『日本近代美術と西洋　国際シンポジウム』中央公論美術出版，1992年，273-278頁。

竹内好「近代の超克」『竹内好全集』筑摩書房，1980年，8巻3-67頁。

タタルキェヴィチ，W.「分類（芸術の）」片山美紀訳，フィリップ・P・ウォーナー編『西洋思想大事典』平凡社，1990年，4巻247-252頁。

田中豊太郎「日本民芸館展作品講評：陶磁器」『民藝』132号（1963年12月）21-23頁。

田辺尚雄「日本音楽は世界最高か最劣等か　ウエストハルプ氏に」『音楽界』1913年10月，59-61頁。

田辺尚雄「食卓上の楽論」『音楽界』1913年11月，56-59頁。

田辺尚雄「アルフレッド，ウヱストハルプ氏の日本音楽意見に就て」『音楽界』1914年1月，54-57頁。

谷川徹三『茶の美学』淡交社，1977年。

谷川徹三『芸術における東洋と西洋』岩波書店，1990年。

チャンドラー，アリス『中世を夢みた人々―イギリス中世主義の系譜―』高宮利行監訳（慶應義塾大学高宮研究会訳），研究社出版，1994年，6章。

鳥呂「額縁の談」『美術新報』9巻（1909年12月）33-34頁。

鶴田欣也編『日本文学における〈他者〉』新曜社，1994年。

東京国立博物館『東京国立博物館図録目録・中国陶磁篇Ⅰ』東京国立博物館，1988年。

東京帝室博物館『東京帝室博物館美術工芸部第二区焼製品目録』東京帝室博物館，1919年。

徳井淑子『服飾の中世』勁草書房，1999年。

ド・フリース，アト他『イメージ・シンボル事典』山下主一郎主幹，大修館書店，1984年。

富本憲吉「室内装飾漫談」『美術新報』10巻（1911年8月）328頁。

富本憲吉「工房より」『美術』1巻（1917年4月）240頁。

仲万実子「『日本音楽』に対する内・外の目　20世紀初頭の場合」『民族藝術』6巻（1990年）174-179頁。

中村義一『日本近代美術論争史』求龍堂，1981-1982年。

野口鐵郎他編『道教事典』平河出版社，1994年。

芳賀徹・平川祐弘・亀井俊介・小堀桂一郎編『講座比較文学　第4巻　近代日本の思想と芸術II』東京大学出版会，1974年。

芳賀徹・平川祐弘・亀井俊介・小堀桂一郎編『講座比較文学　第5巻　西洋の衝撃と日本』東京大学出版会，1973年。

芳賀徹・平川祐弘・亀井俊介・小堀桂一郎編『講座比較文学　第6巻　東西文明圏と文学』東京大学出版会，1974年。

長谷部楽爾『磁州窯』，中国の陶磁7，平凡社，1996年。

浜口吉隆「怠りの罪」，学校法人上智学院新カトリック大事典編纂委員会編『新カトリック大事典』研究社，1996年，1巻907-908頁。

平川祐弘・鶴田欣也編著『内なる壁　外国人の日本人像・日本人の外国人像』TBS ブリタニカ，1990年。

平川祐弘・萩原孝雄編『日本の母　崩壊と再生』新曜社，1997年。

平川祐弘監修『小泉八雲事典』恒文社，2000年。

平塚益徳「モンテッソリ」「モンテッソリ法」，『教育学辞典』岩波書店，1939年，4巻，2270-2272頁。

フェノロサ，アーネスト・F.『アーネスト・F・フェノロサ資料』村形明子編訳，ミュージアム出版，1987年，3巻97-103頁。

復本一郎『芭蕉古池伝説』大修館書店，1988年，53-65頁。

藤島武二「松方幸次郎氏の蒐集品に就て」『美術月報』1巻（1920年5月）136-138頁。

藤島武二「松方氏蒐集作品に就て」『中央美術』1919年8月，60頁。

藤間亨「出西窯」，『島根県大百科事典』上巻，山陰中央新報社，1982年，832頁。

ブレイク，ウィリアム『ブレイク全著作』梅津済美訳，名古屋大学出版会，1989年。

ペトルマン，シモーヌ，「二元論（哲学と宗教における）」出村みや子訳，フィリップ・P・ウォーナー編『西洋思想大事典』平凡社，1990年，3巻449-455頁。

ベンツ，エルンスト『禅　東から西へ』，柴田健策・榎木真吉訳，春秋社，1984年。

ベンヤミン，ヴァルター『ヴァルター・ベンヤミン著作集2　複製技術時代の芸術』晶文社，1993年。

本多秋五『「白樺」派の文学』新潮文庫，1960年。

マクドナルド，ステュアート『美術教育の歴史と哲学』中山修一・織田芳人訳，玉川大学出版部，1990年，15章。

益井邦夫『幕末の鬼才　三浦乾也』里文出版，1992年，256，260-282頁。

松林美戸子『カラー朝日焼　土は生きている』淡交社，1977年，147-154頁。

松本重治（編集世話人代表）『松方三郎』共同通信社，1974年。

水尾比呂志「柳兼子夫人に聞く」『柳宗悦全集月報』筑摩書店，1981-1992年。

[武者小路実篤]「美術館をつくる計画に就て」『白樺』1917年10月，146-148頁。

武者小路実篤「六号雑記」『白樺』1920年4月，251頁。

森田冥霊子［亀之輔］「エッチング小史」『美術新報』9巻（1909年12月）29-32頁。

森田亀之輔「泰西現代巨匠伝叢［三］英国画家フランク，ブラングヰン」『美術新報』9巻（1910年5月）115-117頁。

矢部良明監修『日本やきもの史』美術出版社，1999年。

山折哲雄監修『世界宗教大事典』平凡社，1991年。

山口昌男『「敗者」の精神史』岩波書店，1995年。

山本正三『ウィリアム・モリスのこと』相模選書，1980年。

柳富子「トルストイと東洋の聖賢たち」n. p., 1994年11月12日。

柳宗悦「ロダン彫刻入京記」『白樺』1912年2月，151-154頁。

柳宗悦「ヴァン・ゴオホに関する著書」『白樺』1912年11月，85-94頁（『柳宗悦全集』筑摩書房，1巻に収録）。

柳宗悦「編輯室にて」『白樺』1916年8月，164頁。

柳宗悦「序［ポール・ケラス著，八幡關太郎『仏陀の福音』］」『柳宗悦全集』14巻497-499頁。

尹相伊『世紀末と漱石』岩波書店，1994年。

吉田憲司『文化の「発見」』岩波書店，1999年。

吉見俊哉『博覧会の政治学』中公新書，1992年。

レヴィ＝ストロース，クロード『人種と歴史』荒川幾男訳，みすず書房，1974年。

レヴィナス，エマニュエル『実存から実存者へ』西谷修訳，講談社，1996年。

李王家博物館『李王家博物館所蔵品写真帳』上・中・下巻，李王職発行，朝鮮総督官房総務局印刷所印刷，1917年（第二版）

早稲田大学図書館『大隈重信生誕百廿五年記念展観』早稲田大学，1963年。

渡辺正雄「明治初期のダーウィニズム」，芳賀徹・平川祐弘・亀井俊介・小堀桂一郎編『講座比較文学　第5巻　西洋の衝撃と日本』東京大学出版会，1973年，83-107頁。


〈日本語（著者名のないもの）〉（出版年順）

「個人消息」『美術週報』1913年10月12日，3頁。

「個人消息」『美術週報』1913年11月9日，3頁。

「美術家道楽一覧」『美術新報』13巻（1914年1月）140-141頁。

「新案伊呂波悪戯」『美術新報』14巻（1915年1月）137頁。

「編輯室にて」『白樺』1917年10月，154-157頁。

「美術館に就ての反響」『白樺』1917年11月，245-250頁。

「ポール・ケラス著仏陀の福音（広告）」『白樺』1920年1月。

「仲省吾陶器展」『中央美術』1922年1月，130頁。

「受賞者の言葉」『民藝』120号（1962年12月）26-28頁。

「出西窯陶器展」『民藝』124号（1963年４月）58頁。

「ケネス・クイツク氏来日」『民藝』124号（1963年４月）61頁。

「英人青年陶工　クイック・ケネス［ママ］さん水死」『民藝』129号（1963年９月）58頁。

「ラングドン・ウォーナー博士年譜」『茨城大学五浦美術文化研究所報』１号（1971年）93-94頁。

『式場隆三郎文庫目録　日本近代文学館所蔵資料目録４』財団法人日本近代文学館，1979年。

「不作為」，ジョン・A・ハードン編著，A．ジンマーマン監修『現代カトリック事典』浜寛五郎訳，エンデルレ書店，1982年，581頁。

「特集　ダーウィン」『現代思想』1993年２月。

『大いなる自然《もの》に生かされて　斐伊川の人びと　出西窯・木次乳業』宍道湖・斐伊川流域環境フォーラム，1999年。


〈日本語展覧会図録〉


神戸市立博物館『松方コレクション展』神戸市立博物館，1989年。

内山武夫編・監修『モダン・デザインの父ウィリアム・モリス』ＮＨＫ大阪放送局，ＮＨＫきんきメディアプラン，1997年。京都国立近代美術館，東京国立近代美術館，愛知県美術館。

吉田憲司，ジョン・マック（編）『異文化へのまなざし　大英博物館と国立民族学博物館のコレクションから』NHK サービスセンター，1997年。

大阪市立東洋陶磁美術館編『東洋陶磁の展開』財団法人大阪市美術振興協会，1999年。

ペーター・エルツェ他監修『ハインリッヒ・フォーゲラー展』財団法人東日本鉄道文化財団，2000年。（東京ステーション・ギャラリー，大丸ミュージアム・心斎橋）。

〈英語・欧文献〉（著者姓アルファベット順）

Arishima, Takeo. "Love the Plunderer". *New East* Aug 1917 : 47-50.
Baha'u'llah. *The Hidden Words of Baha'u'llah and Selected Holy Writings.* N. p. : Baha'i, Publishing Trust of the Spiritual Assembly of the Báha'ís of Malaysia, 1999.
The Báha'í World Centre. *Báha'í Shrine and Gardens on Mount Carmel Haifa - Islael.* Haifa :The Báha'í World Centre, n. d.
Blake, William. *The Marriage of Heaven and Hell.* With an Introduction and Commentary by Geoffrey Keynes. London : Oxford University Press, 1975.
Bonham-Carter, Victor. *The Story of Dartington.* Dartington : The Dartingtoh Hall Trust, 1957.
Burges, William. "The International Exhibition". *Gentleman's Magazine* July 1862 :

3-12.

Chu, Petraten-Doesschate. "Lecoq de Boisbaudran and Memory Drawing : A Teaching Course between Idealism and Naturalism". In *The European Realist Tradition.* Ed. Gabriel P. Weisberg. Bloomington : Indiana University Press, 1982. 242-289.

Dartington Hall Trust. *Dartington Hall : A Guide.* Dartington : Dartington Hall Trust, n. d.

The Ditchling Museum. *A Brief Guide to the Ditchling Community of Artists and Craftsmen.* Ditchling : The Ditchling Museum, n. d.

Fournier, Robert, and Shelia Fournier. *A Guide to Public Collections of Studio Pottery in the British Isles.* London : Ceramic Review Publishing Ltd, 1994.

Hearn, Lafcadio. *Exotics and Retrospectives.* Bonton : Little, Brown, and Co., 1899. 157-172.

Hsi-Chin, Wei. "Chinese Education : How East and West Meet". *Far East* 24 Jan 1914 : 647-648 ; 31 Jan 1914 : 679-681 ; 7 Feb 1914 : 707-709 ; 14 Feb 1914 : 737-738 ; 21 Feb 1914 : 762-764 ; 28 Feb 1914 : 789-791.

John, Augustus. *Chiaroscuro : Fragments of Autobiography.* 1952. London : Arrow Books, 1962.

Johnston, Clare. *A Guide to St Luke's Church Chelsea.* London : St Luke's Church, 1999.

Kidel, Mark. *Beyond the Classroom : Dartington's Experiments in Education.* Bideford : Green Books, 1990. Ch. 5.

Kikuchi, Yuko. "The Myth of Yanagi's Originality : The Formation of *Mingei* Theory in its Social and Historical Context". *Journal of Design History* 7 (1994) : 247-266.

---. "Hybridity and the Oriental Orientalism of *Mingei* Theory". *Joural of Design History,* 10 (1997) : 343-354.

Kipling, Rudyard, "The Ballad of East and West", *Rudyard Kipling's Verse.* Definitive Ed. London : Hodder and Stoughton Ltd., 1940. 234-238.

Krahl, Regina. "China, §VII, 3 (iv)(b) : Ceramics : Song Cizhou wares". Jane Turner, ed., *The Dictionary of Art,* London : Macmillan Publishers Ltd., 1996. 6 : 895-896.

Lane, Peter. *Ceramic Form.* London : A & C Black, 1998.

Laurent, Delphine. "Helena Klug". *Revue de la céramique et du verre* 106 (mai-juin 1999) : 26-29.

Lomax, Charles J. *Quaint Old English Pottery.* London : Sherratt and Hughes, 1909.

Miner, Earl. *The Japanese Tradition in British and American Literature.* Princeton : Princeton University Press, 1966. Ch. 2.

[Mushanokoji, Saneatsu.] "The Young Christ and the Power of Darkness from the

Japanese of Saneatsu Mushakoji". *New East* Aug 1917 : 58-63.

Nakami, Mari. "J. W. Robertson-Scott and His Japanese Friends". In *Britain & Japan : Biographical Portraits.* Ed. Ian Nish. Richmond : Japan Library -Curzon Press Ltd., 1997 : 166-179+.

Nakayama, Shuichi. "The Impact of William Morris in Japan : 1904 to the Present". *Journal of Design History* 9 (1996) : 273-283.

Pleydell-Bouverie, Katharine. "Early Days at St. Ives". *Ceramic Review* Mar-Apr 1978 : 25-29.

Rice, Paul, and Marianne Haile, Victor Margrie, Eugene Dana. *Sam Haile : Potter and Painter 1909-1948.* London : Bellew Publishing Co. in collaboration with Cleverland County Council, 1993.

Said, Edward W. *Culture and Imperialism.* New York : Vintage Books, 1994.

Sato, Hiroaki. *One Hundred Frogs : From Renga to Haiku to English.* New York and Tokyo : Weatherhill, 1983. 151, 169.

Sheppherd, Joseph. *The Bahá'í Faith.* Shaftesbury : Element, 1992.

[Shiga, Naoya.] "The Lad Seibei and His Gourd, from the Japanese of Shiga Naoya". *New East* Sept 1918 : 267-268.

Siren, Oswald. "The Relation of Nature and Art". *New East* Mar 1918 : 220-222.

Smilles, Sam, ed. *Going Modern and Being British : Art, Architecture, Design in Devon c. 1910-1960.* Exeter : Intellect, 1998.

Spalding, Frances. "Friday Club". Jane Turner, ed., *The Dictionary of Art.* London : Macmillan Publishers Ltd., 1996. 11 : 774.

[Spencer, Herbert.] "Herbert Spencer's Advice to Japan". Lafcadio Hearn. *Japan : An Attempt at Interpretation.* Rutland : Charles E. Tuttle Company, 1955. 481-486.

Suzuki, Teitaro [Daisetsu]. "Zen, the Spiritual Heritage of the East". *New East* June 1917 : 67-71.

---. "Illogical Zen". *New East* Jul 1917 : 72-74.

---. "Is Zen Negation?". *New East* Sep 1917 : 54-58.

---. "Practical Zen". *New East* Mar 1918 : 247-250.

---. "'Satori' : Acguiring a New Viewpoint". *New East* May 1918 : 473-476.

---. "Zazen and Koan". *New East* Sep 1918 : 292-295.

Tam, Laurence Chi-Sing. "China, §VII, 3 (v)(b) : Ceramics : Yuan Cizhou wares". Jane Turner, ed., *The Dictionary of Art,* London : Macmillan Publishers Ltd., 1996. 6 : 900-901.

Westharp, Alfred. "The Soul of Japanese Music". *Far East* 21 Jun 1913 : 488-490, 499.

---. "The Renaissance of the Geisha through Japanese Music". *Far East* 20 Dec 1913 : 520-521.

---. Letter. *Far East* 21 Feb 1914 : 760.

---. "How World-Peace Can Be Produced". *Far East* 21 Nov 1914 : 267-269.

Whybrow, Marion. *Potters in Their Place.* St. Ives : St. Ives Printing and Publishing Co., 1985.

Wine, Humphrey. "Academy". Jane Turner, ed., *The Dictionary of Art,* London : Macmillan Publishers Ltd., 1996. 1 : 101-108.

Yanagi, M [uneyoshi]. "Our Thirsty, Free, Green Minds". *New East* Jul 1917 : 50-53.

Yates-Owen, Eric, and Robert Fournier. *British Studio Potter's Marks.* London : A & C Black, 1999.

〈英語文献（著者名のないもの）〉（出版年順）

"Japan's Colonial Empire : As Seen at the First Colonial Exhibiion Now Open in Tokyo". *Fart East* 5 Oct 1912 : 152-153.

"Mainly about People". *Far East* 12 Jul 1913 : 601.

"Peking : Art for Life's Sake". *Far East* 20 Dec 1913 : n. pag.

"Prophet of the Most Great Peace". *Far East* 15 May 1915 : 203-204.

"Artists' Colony at St. Ives". *Times Educational Supplement* 20 Oct 1961.

"A Visit to Katharine Pleydell-Bouverie". *Ceramic Review* Nov-Dec 1974 : 4-6.

"Miss M. H. Horne" *St. Ives Times & Echo* 9 Oct 1981.

"Setagaya Director Finally Visits St. Ives". *St. Ives Times & Echo* 14 Jun 1991.

"Press Release : Mashiko Delegation Visit Tate Gallery St. Ives". St. Ives Tate Gallery St Ives, 9 Jun 1995.

de Trey at Dartington : An Exhibition of the Work of Marianne de Trey 1947-94. Dartington : Dartington Hall Trust, 1995.

Michael Leach Potter 1913-1985 : A Memorial Exhibition. North Devon Museum, March 1995.

"Obituaries : Janet Leach". *Daily Telegraph* 16 Sep 1997.

"Obituries : Janet Leach". *Times* 17 Sep 1997.

The Directory of Craft Makers in Britain. London : Dory Publishing, 1999.

口絵・挿図一覧

Ⅰ　バーナード・リーチ《楽焼走兎図大皿》我孫子，1919年，直径33.5cm，日本民藝館所蔵。

Ⅱ　バーナード・リーチ《ガレナ釉筒描人魚文大皿》セント・アイヴス，1925年，直径48.0cm，大原美術館所蔵。

Ⅲ　バーナード・リーチ《鉄絵魚文壺 Vase “Leaping Salmon”》セント・アイヴス，1931年，高さ32.7cm，York Museums Trust (York Art Gallery).

Ⅳ　バーナード・リーチ《鉄絵組合せ陶板「生命の樹」》セント・アイヴス，1928年頃もしくは1940年，高さ・幅ともに67.7cm，京都国立近代美術館所蔵。

1-1　3歳のバーナード・リーチと祖父母。1890年，京都の写真師掘真澄が撮影。式場隆三郎『バーナード・リーチ』建設社，1934年，図版92。

1-2　14歳のバーナード・リーチ。イギリスのボーンマスにて写真師 Debenhem Gould が撮影。式場，前掲書，図版95。

1-3　バーナード・リーチ《ゴシック精神　セントルーク教会》エッチング，1908年，日本民藝館所蔵。

1-4　セント・ルーク教会(1) St. Luke’s Church, Chelsea.（筆者撮影，2000年6月）

1-5　セント・ルーク教会(2)（筆者撮影，2000年6月）

2-1　美術新報主催小品展。『美術新報』1911年5月，209頁。

2-2　バーナード・リーチ《男の肖像》エッチング，1913年，東京国立近代美術館所蔵。

2-3　バーナード・リーチ《自画像》エッチング，1914年，日本民藝館所蔵。

2-4　バーナード・リーチ《婦人図装飾画（婦人装飾図)》『美術新報』1911年10月。

2-5　バーナード・リーチ《十字架と燭台》1954年頃，日本聖公会東京教区神愛教会所蔵。（筆者撮影，2000年8月）

2-6　バーナード・リーチ《十字架》挿図2-5に同じ。

2-7　バーナード・リーチ《十字架（背面)》挿図2-5に同じ。

2-8　バーナード・リーチ《燭台》挿図2-5に同じ。

3-1　リーチ送別会。1915年6月23日，「八百善」にて。『美術新報』14巻（1915年8

月）414頁。
3-2　バーナード・リーチ《草花図》毛筆，制作年不明。（筆者撮影，2000年4月）Dartington Hall Trust Archive.
3-3　3-2の落款。（筆者撮影，2000年4月）Dartington Hall Trust Archive.
3-4　バーナード・リーチ《北京の前門》エッチング，1918年，日登美美術館所蔵。オリヴァー・ワトソン監修『バーナード・リーチ展』バーナード・リーチ展実行委員会，1997年，図版14。

4-1　我孫子の仕事場でのリーチ。式場，前掲書，図版99。
4-2　我孫子での白樺派　我孫子根戸の武者小路邸の庭にて，1917年。志賀直吉所蔵，武者小路実篤記念館提供。
4-3　バーナード・リーチ《手賀沼》エッチング，1918年頃，日本民藝館所蔵。
4-4　リーチの装丁：『白樺』及び，その別冊。
4-5　リーチの装丁：武者小路実篤『一つの道』。
4-6　リーチの装丁：志賀直哉『夜の光』。
4-7　麻布での窯開き。1919年10月23日。式場，前掲書，図版101。
4-8　バーナード・リーチ《Yanagi in His Study. Abiko. 1918》ペン画，1918年，日本民藝館所蔵。
4-9　リーチ作の机，1918年。式場，前掲書，図版58。
4-10　リーチ作の本棚，日本民藝館所蔵。
4-11　流逸荘でのリーチ個展(1)。Muneyoshi Yanagi, ed., *An English Artist in Japan,* Tokyo : Matsutaro Tanaka, 1920.
4-12　流逸荘でのリーチ個展(2)。1918年。式場，前掲書，図版57。
4-13　大阪リーガロイヤルホテルのリーチ・バー。リーガロイヤルホテル提供。

6-1　イギリス関連地図。
6-2　リーチ・ポタリー。（筆者撮影，2000年3月）
6-3　自宅カウント・ハウス前のリーチ一家と濱田庄司，1924年頃。式場，前掲書，図版109。
6-4　現在のカウント・ハウス。（筆者撮影，2000年3月）
6-5　仕事場でのバーナード・リーチ，1929年。式場，前掲書，図版113。
6-6　リーチ・ポタリーにある釉薬の標本。（筆者撮影，2000年3月）
6-7　リーチ・ポタリーの登窯。（筆者撮影，2000年3月）
6-8　リーチ・ポタリーの登窯（焚き口)。（筆者撮影，2000年3月）

6-9　デイヴィッド・リーチ氏。（筆者撮影，2000年3月）
6-10　デイヴィッド・リーチ氏のローワーダウン・ポタリーの窯。（筆者撮影，2000年3月）
6-11　ウィリアム・マーシャル氏。（筆者撮影，2000年3月）
6-12　ウィリアム・マーシャル氏の窯。（筆者撮影，2000年3月）

7-1　ダーティントン・ホール・トラストの中心施設，グレート・ホール。（筆者撮影，2000年3月）Dartington Hall Trust Archive.
7-2　現在のダーティントン・ポタリー。（筆者撮影，2000年3月）Dartington Hall Trust Archive.
7-3　リーチの住居 The Cabin.（筆者撮影，2000年3月）Dartington Hall Trust Archive.
7-4　バーナード・リーチ《鉄釉 ONE & ALL 銘水注》制作年不明，アサヒビール大山崎山荘美術館所蔵。『アサヒビール大山崎山荘美術館』財団法人アサヒビール芸術文化財団，1998年，図版61（53頁）。
7-5　「陶芸とテクスタイルにおける国際工芸家会議」（1952年）での柳宗悦，バーナード・リーチ，濱田庄司。ダーティントン・ホールで販売されている絵葉書より。Dartington Hall Trust Archive.
7-6　デイヴィッド・リーチ氏とローワーダウン・ポタリーのショールーム。（筆者撮影，2000年3月）

8-1　リーチ・ポタリーのスタンダード・ウェア2点。制作年不明。筆者所蔵。
8-2　スタンダード・ウェアのカタログ。The Leach Pottery, *The Leach Pottery: Hand-made Fire-Proof Stoneware and Hard Porcelain Catalogue,* St. Ives: The Leach Pottery, 1946.
8-3　1958年頃のリーチ・ポタリー。濱田篤哉作成。大原総一郎「St. Ives のバーナード・リーチ」『民芸』69号（1958年9月）41頁。
8-4　リーチ・ポタリーのミキサー。（筆者撮影，2000年3月）
8-5　バーナード・リーチ愛用の蹴轆轤。ウィリアム・マーシャル氏所蔵。（筆者撮影，2000年3月）
8-6　バーナロフト。（筆者撮影，2000年3月）

9-1　『リーチ先生御指示図案写本』(1)（リーチが出西窯に残したスケッチの写し）。多々納弘光氏所蔵。（筆者撮影，2000年12月）

9-2　『リーチ先生御指示図案写本』(2)。(筆者撮影，2000年12月)
9-3　『リーチ先生御指示図案写本』(3)。(筆者撮影，2000年12月)
9-4　『リーチ先生御指示図案写本』(4)。(筆者撮影，2000年12月)
9-5　『リーチ先生御指示図案写本』(5)。(筆者撮影，2000年12月)
9-6　出西窯にてバーナード・リーチが制作した作品(1)。出西窯所蔵。火災の被害を受けている。(筆者撮影，2000年12月)
9-7　出西窯にてバーナード・リーチが制作した作品(2)。出西窯所蔵。火災の被害を受けている。(筆者撮影，2000年12月)

10-1　Bernard Leach,《Pot: "Fish Banners"》St. Ives, exh. 1931. Sarah Riddick, *Pioneer Studio Pottery: The Milner-White Collection,* London: Lund Humphries in association with York City Art Gallery, 1990, pl. 65. York Museums Trust (York Art Gallery).
10-2　バーナード・リーチ《素描　端午の節句》1934年。濱田庄司『バーナード・リーチ』朝日新聞社，1966年，図版92。
10-3　Bernard Leach,《Bowl, porcellaneous stoneware, decorated in the centre with the figure of a Korean washerwoman in pale cream colour on a light brown ground.》St. Ives, c. 1936. Carol Hogben, *The Art of Bernard Leach,* London: Faber, 1978, pl. 68.
10-4　Bernard Leach, *A Potter's Work,* 1967, London: Jupiter Books, 1977, drawing no. 26.
10-5　バーナード・リーチ《鉄絵秋草文皿》益子，1934-35年，直径22.4cm，日本民藝館所蔵。
10-6　スペインの古作とリーチの作品。Bernard Leach, *The Potter's Challenge,* London: Souvenir Press, 1976.
10-7　バーナード・リーチ《白磁盒子》セント・アイヴス，1968年，日本民藝館所蔵。
10-8　バーナード・リーチ《炻器鉄釉掻落蓋物》[セント・アイヴス]，1967年頃，直径22.4cm，バーナード・リーチ旧蔵。ジョン・ヒューストン他監修『英国の代表作にみるバーナード・リーチ展』朝日新聞社，1980年，図版130。
10-9　バーナード・リーチ《素描"北京の天壇"》1916年，益子参考館所蔵。
10-10　岸田劉生《静物（白き花瓶と台皿と林檎四個)》1918年4月12日，福島県立美術館所蔵。
10-11　バーナード・リーチ《楽焼ペリカン文皿》1913年，日本民藝館所蔵。
10-12　《English 18th Century Trailed Slipware by Thomas Toft. "The Pelican in her

piety"》. Bernard Leach, *A Potter's Book*, 2nd ed. 1945, London : Faber & Faber, 1976, pl. 19.

10-13 バーナード・リーチ《蛸絵大皿》セント・アイヴス，1928年，直径50.0cm，栃木県立美術館所蔵。リーチの意図を考えるならば，この写真は180度回転して掲載すべきであっただろう。

10-14 バーナード・リーチ《ガレナ釉筒描蛸文皿》セント・アイヴス，1929年，大原美術館所蔵。10-13と同様，リーチの意図を考えるならば，この写真も180度回転して掲載すべきだったかもしれない。

10-15 《Minoan Stem Cup, Wheel-Thrown but Unglazed》. Leach, *The Potter's Challenge,* p. 55.

10-16 《Potter jar decorated with an octopus》Mycenean, 1400-1300 B.C. (LHIIIa), Found at Ialysos, Rhodes. GR 1959. 11-4.1. British Museum.（筆者撮影，2000年5月）

10-17 Bernard Leach《Vase with mottled green & brown glaze and added brown decoration》St. Ives, 1923-24, Victoria and Albert Museum. Hogben, op. cit., pl. 26.

10-18 《高麗青磁鉄絵　七曜文小壺》，後藤茂樹編『世界陶磁全集』河出書房，1955年，13巻，図版115上。

10-19 バーナード・リーチ《炻器天目釉方壺》1966年，高さ40.3cm，大原美術館所蔵。

10-20 バーナード・リーチ《炻器天目釉方壺》1967-69年，高さ36.4cm，バーナード・リーチ旧蔵。ヒューストン，前掲書，図版132。

10-21 バーナード・リーチ《黒釉角瓶》セント・アイヴス，1965年頃，高さ37.5cm，日登美美術館所蔵。ワトソン，前掲書，図版156。

10-22 《飴釉面取壺（飴釉角瓶）》，高さ26.6cm。大阪市立東洋陶磁美術館所蔵，大阪市立東洋陶磁美術館編『東洋陶磁の展開』財団法人大阪市美術振興会，1999年，図版152。

10-23 濱田庄司《白釉面取方瓶》1963年，大原美術館所蔵。高さ30.5cm。

10-24 Bernard Leach《Jar and Cover》, St. Ives, 1963, Victoria & Albert Museum. H. 25.2 cm. Oliver Watson, *Studio Pottery : Twentieth Century British Ceramics in the Victoria and Albert Museum Collection,* London : Phaidon in association with the Victoria and Albert Museum, 1993, pl. 349.

10-25 バーナード・リーチ《黒釉面取蓋壺》セント・アイヴス，1969年，所有者不明。高さ26.0cm。バーナード・リーチ展実行委員会『日本の友・英国の陶芸家　バーナード・リーチ』1971年，陶154。

10-26 バーナード・リーチ《炻器鉄釉窯変面取蓋壺》1965-66年，個人蔵。直径19cm。ヒューストン，前掲書，図版124。

10-27 《Korean Covered Stoneware Jar》. Leach, *The Potter's Challenge*, p. 123.

10-28 バーナード・リーチ《楽焼葡萄文蓋付壺》上野，1914年頃，日本民藝館所蔵。高さ26cm。

10-29 バーナード・リーチ《楽焼蓋付飾壺》[上野]，1914年。高さ９寸。富本憲吉旧蔵。式場，前掲書，図版14。

10-30 バーナード・リーチ《楽焼飾壺》[上野]，1913-14年，京都国立近代美術館所蔵。高さ24.5cm。京都国立近代美術館『世界の工芸展』京都国立近代美術館，1993年，図版190（50頁）。

10-31 Bernard Leach《Vase, raku, the sides decorated with incised curved lines with blue and brown colouring on a cream ground》1913, owned by the artist. H 14 cm. Hogben, op. cit., pl. 13.

10-32 バーナード・リーチ《楽焼葡萄文花入》東京，1913-20年，個人蔵。高さ13.7cm。ワトソン『バーナード・リーチ』図版47。

10-33 バーナード・リーチ《楽焼色絵花入》上野，所有者不明。高さ14.5cm。濱田，前掲書，図版35。

10-34 リーチによる図解(1) Leach, *The Potter's Challenge*, p. 36.

10-35 《Sung Vase》Ting Type. Leach, op. cit., p. 81.

10-36 リーチによる図解(2) Leach, op. cit., p. 38.

10-37 《"Tenmoku" Bottle》Sung Dynasty. Leach, op. cit., p. 85.

10-38 富本憲吉の書《東西触接》富本憲吉記念館所蔵。筆者撮影。

11-1 Bernard Leach《Raku Ware Jar》東京，1912年，高さ10インチ。Leach, *A Potter's Work*, pl. I.

11-2 《マジョリカ草葉文小壺》スペイン，陶器，高さ7.3cm，日本民藝館所蔵。

11-3 スリップウェアの例。Charles J. Lomax, *Quaint Old English Pottery*, London : Sherratt and Hughes, 1909, pl. 9.

11-4 スリップウェアの例。Lomax, op. cit., pl. 10.

11-5 バーナード・リーチ《ガレナ釉筒描ペリカン図大皿》セント・アイヴス，1930年，直径43.5cm，アサヒビール大山崎山荘美術館所蔵。

11-6 トゥルーロのレイク・ポタリーでウェット・ハンドルの技法を習うバーナード・リーチ，その息子のデイヴィッドとマイケル，そして濱田庄司。1923年。式場，前掲書，図版107。

11-7　レイク・ポタリー跡地（トゥルーロ・バプティスト・チャーチ)。(筆者撮影，2000年６月）

11-8　トゥルーロ・バプティスト・チャーチに残る，レイク・ポタリーの水差し(1)。(筆者撮影，2000年６月）

11-9　トゥルーロ・バプティスト・チャーチに残る，レイク・ポタリーの水差し(2)。(筆者撮影，2000年６月）

11-10　トゥルーロ・バプティスト・チャーチに残る，レイク・ポタリーの水差し(3)。(筆者撮影，2000年６月）

11-11　バーナード・リーチ《ガレナ釉羽描組皿（２点組）その１》 セント・アイヴス，1936年，直径20.0cm，クラフツ・スタディ・センター所蔵。ワトソン，前掲書，図版105。© *David Leach/ Crafts Study Centre (2005)*

11-12　バーナード・リーチ，《ガレナ釉羽描組皿（２点組）その２》 セント・アイヴス，1936年，直径20.0cm，クラフツ・スタディ・センター所蔵。ワトソン，前掲書，図版105。© *David Leach/ Crafts Study Centre (2005)*

11-13　ロマックスの本に掲載された，人魚のスリップウェア。Lomax, op. cit., pl. 7.

11-14　聖セナラ教会，ゼノー St. Senara, Zennor.（筆者撮影，2000年３月）

11-15　聖セナラ教会の椅子。(筆者撮影，2000年３月）

11-16　聖セナラ教会の椅子の側面。(筆者撮影，2000年３月）

11-17　バーナード・リーチ《炻器コーヒーポット》セント・アイヴス，1965年，高さ６インチ ，バーナード・リーチ旧蔵。Leach, *A Potter's Work,* pl. 30.

11-18　バーナード・リーチ《炻器天目釉面取コーヒージャッグ》[セント・アイヴス]，1970年，高さ25.5cm，バーナード・リーチ旧蔵。ヒューストン，前掲書，図版152（118頁)。

11-19　バーナード・リーチ，富本憲吉合同展。ロンドン，ボーザール・ギャラリー，1931年。式場，前掲書，図版59。

11-20　《Chinese Sung Tz'ou Chou Stoneware Bottle》. Leach, *A Potter's Book,* pl. 32.

11-21　李王家博物館『李王家博物館所蔵品写真帖』李王職，1917年，上，中，下巻。セインズベリー日本芸術研究所リサ・セインズベリー図書館所蔵。

11-22　Bernard Leach《Egorai Shoyu Tsugi 1918》*An English Artist in Japan,* ed. Muneyoshi Yanagi, Tokyo : Matsutaro Tanaka, 1920.

11-23　Bernard Leach《Egorai Koro 1920》. Yanagi, op. cit.

11-24　Shoji Hamada《Vase》St. Ives : the Leach Pottery, 1923. h 19.5 cm, d 12.4 cm. Watson, *Studio Pottery,* pl. 21, no. 252 (p. 190). Victoria & Albert Museum

11-25　バーナード・リーチ《掛別県須花文四耳壺》セント・アイヴス，1931年，高さ

28.3cm，個人蔵。ワトソン，前掲書，図版90。

11-26　バーナード・リーチ《壺》セント・アイヴス，1931年頃，高さ31.0cm，マンチェスター市立美術館所蔵。© David Leach/Manchester City Galleries.

11-27　《Sung Tz'ou Chou Bottle》Leach, *A Potter's Book*, pl. 65.

11-28　「絵高麗」(1) 李王家博物館，前掲書，中巻挿図346。

11-29　「絵高麗」(2) 同上書，中巻挿図347。

11-30　バーナード・リーチ《鉄絵魚文壺 Vase "Leaping Salmon"》（部分）York Museums Trust (York Art Gallery)

11-31　《鉄絵魚文壺 Vase "Leaping Salmon"》（部分）York Museums Trust (York Art Gallery)

11-32　《鉄絵魚文壺 Vase "Leaping Salmon"》York Museums Trust (York Art Gallery)

11-33　《鉄絵魚文壺 Vase "Leaping Salmon"》（底部)。Riddick, op. cit., p. 64. York Museums Trust (York Art Gallery)

11-34　バーナード・リーチ《黄釉鉄砂彫絵蛙文大皿》島根県布志名，1953年，直径37.2cm，アサヒビール大山崎山荘美術館所蔵。ワトソン『バーナード・リーチ展』図版136。

11-35　Bernard Leach《Tea-Pot Stand》St. Ives, c. 1927, h. & w. 15.8 cm, York Museums Trust (York Art Gallery). Riddick, op. cit., no. 58.

11-36　Bernard Leach《Vase, incised with three "Tree of Life" motifs》St. Ives, c. 1946, h. 31.6 cm, York Museums Trust (York Art Gallery). Riddick, op. cit., no. 72.

11-37　バーナード・リーチ《ガレナ釉筒描生命の樹文大皿》セント・アイヴス，1923年，直径42.3cm。Victoria and Albert Museum. ヒューストン，前掲書，図版18。

11-38　バーナード・リーチ《素描 "生命の樹"》1923年。ヒューストン，前掲書，図版162（131頁)。

11-39　ダーティントン・ホール・トラスト内の建物，ウェスト・ウィングの部屋 "No. 21"。（著者撮影，2000年３月）Dartington Hall Trust Archive

11-40　ダーティントン・ホール・トラスト内の建物，ウェスト・ウィングの部屋 "No. 21" の暖炉に使われたリーチのタイル。（著者撮影，2000年３月）Dartington Hall Trust Archive

11-41　エドガー・スキナーとその妻の墓(1)。セント・アイヴス，バーヌーン墓地。（著者撮影，2000年３月）

11-42　エドガー・スキナーとその妻の墓(2)。挿図11-41に同じ。

11-43　エドガー・スキナーとその妻の墓(3)。挿図11-41に同じ。

11-44　アルフレッド・ウォリスの墓。セント・アイヴス，バーヌーン墓地。(著者撮影，2000年３月)

11-45　バーナード・リーチ《鉄絵組合せ陶板「獅子」》[セント・アイヴス]，1930年頃，高さ43.0 cm，幅 54.0cm，大原美術館所蔵。

11-46　バーナード・リーチ《鉄砂抜絵陶板組合せ陶板　森の中の虎》セント・アイヴス，1945-46年，日本民藝館所蔵。タイル部分は高さ，幅ともに46.0cm。

11-47　雑誌『白樺』表紙1913年。

11-48　バーナード・リーチ《鉄絵魚陶板》[セント・アイヴス]，1928年頃，高さ・幅10.0cm，ヒューストン，前掲書，図版34-Ａ。

11-49　バーナード・リーチ《鉄絵鹿陶板》[セント・アイヴス]，1928年頃，高さ・幅10cm，個人蔵。ヒューストン，前掲書，図版30。

11-50　バーナード・リーチ《鉄絵組合せ陶板「牧場風景」》セント・アイヴス，1928年，高さ47cm，幅46cm，日本民藝館所蔵。

11-51　バーナード・リーチ《白象嵌鳥絵壺》[セント・アイヴス]，1950年，高さ16.5cm，個人蔵。ヒューストン，前掲書，図版109。

11-52　バーナード・リーチ《青白磁刻線飛鳥文皿》[セント・アイヴス]，1967-69年，直径25.3 cm，ジャネット・リーチ旧蔵。ヒューストン，前掲書，図版136。

11-53　バーナード・リーチ《天目釉鳥文大皿》セント・アイヴス，1967年，直径35.3cm，京都国立近代美術館所蔵。ワトソン，前掲書，図版157。

11-54　バーナード・リーチ《失透釉彫絵飛鳥文扁壺》セント・アイヴス，1960年頃，高さ31.2cm，日登美美術館所蔵。ワトソン，前掲書，図版164。

11-55　バーナード・リーチ《巡礼》日本，1953年。筆，インク，紙。25.3*20.6cm。日本民藝館所蔵。

11-56　バーナード・リーチ《鉄釉抜絵巡礼扁壺》セント・アイヴス，1970年，高さ31.0cm，益子参考館所蔵。ワトソン，前掲書，図版159。

11-57　バーナード・リーチ《象嵌扁壺》麻布，1920年，高さ8寸４分，個人蔵。式場，前掲書，図版36。

11-58　バーナード・リーチ《巣番の図》日本，1935年。ペン，筆，紙。29.5*41.4cm。個人蔵。ワトソン，前掲書，図版27。

11-59　リーチ《鳥のスケッチ》Leach, *A Potter's Work*, drawing 56.

11-60　《木綿地手描藍染“鳥の巣模様”》制作年不明，バーナード・リーチ旧蔵。ヒューストン，前掲書，図版195。

12-１　バーナード・リーチの墓。ロングストーン墓地。(筆者撮影，2000年３月)